教育部人文社会科学重点研究基地项目基金资助

A STUDY OF
THE LOCAL CIVIL SERVICE REFORMS
IN
THE
LATE QING DYNASTY

清季外官制改革研究

刘伟　彭剑　肖宗志　／　著

社会科学文献出版社
SOCIAL SCIENCES ACADEMIC PRESS (CHINA)

目录 CONTENTS

绪　论 …………………………………………………… 1

第一章　立宪改官——清季外官制改革的启动 ………… 15
　第一节　立宪改官 ……………………………………… 15
　第二节　改革路径的选择 ……………………………… 21

第二章　省级行政机构改革 …………………………… 46
　第一节　行政机构的调整与增设 ……………………… 47
　第二节　部院改制与督抚权力 ………………………… 100
　第三节　宣统年外官制改革的重议 …………………… 108

第三章　直省谘议局的设立 …………………………… 127
　第一节　谘议局定位：由混合体制到议会机关 ……… 127
　第二节　谘议局的建立 ………………………………… 138
　第三节　谘议局与绅权膨胀 …………………………… 151
　第四节　谘议局与行政官厅 …………………………… 159

第四章　直省司法体制变动 …………………………… 168
　第一节　"司法"与司法改革 ………………………… 168

1

第二节　清季对司法体系的设计 ················· 175
第三节　提法司与审判厅之设立 ················· 199

第五章　道府州县行政改制 ················· 223
第一节　守巡道的裁撤与增置 ················· 224
第二节　府的存留与调整 ····················· 235
第三节　州县行政机构的变革 ················· 247

第六章　地方自治制度的施行 ················· 286
第一节　地方自治制度 ······················· 287
第二节　各省地方自治的渐次推进 ············· 301
第三节　地方自治的运行及其困境 ············· 323

第七章　外官管理制度的变动 ················· 348
第一节　外官选任制度的变革 ················· 350
第二节　外官考核、监督制度的调整 ··········· 391
第三节　外官官员俸禄的改革 ················· 410

余　论　清季外官制改革的成效与困境 ··········· 424

主要参考文献 ································· 436

索　引 ······································· 446

后　记 ······································· 455

Contents

Introduction / 1

Chaper 1　The Establishment of Local Civil Service Reform in the Qing Dynasty and the Choice of Reform Methods / 15
1. Reforms of the civil service systems under a new constitution / 15
2. The choice of reform methods / 21

Chapter 2　The Reforms of Provincial Administration / 46
1. Adjustment and expansion of administration / 47
2. Fabu and Daliyuan's reform and the power of governors and governors – general / 100
3. The renegotiation of local civil service reforms in Xuantong period / 108

Chapter 3　The Establishment of Provincial Assembly / 127
1. The character of provincial assembly: from composite institution to assembly / 127
2. The establishment of provincial assembly / 138
3. Provincial assembly and the expansion of local gentries' power / 151
4. Provincial assembly and administrative agencies / 159

Chapter 4　The Change of Metropolitian and Provincial Judiciary / 168
1. Judiciary and judicial reform / 168

2. The design of judiciary in the late Qing dynasty / 175

3. Judicial intendants and the establishment of court / 199

Chapter 5 The Administrative Reforms of Circuits, Prefectures, Districts and Counties / 223

1. Dissolution and expansion of circuits / 224

2. Reservation and adjustment of prefectures / 235

3. The administrative reforms of districts and counties / 247

Chapter 6 The Establishment of Local Autonomous System / 286

1. Local autonomous system / 287

2. The gradual implementation of local autonomy in every province / 301

3. The practice and predicament of local autonomous system / 323

Chapter 7 The Adjustment of Management of Local Civil Service Officials / 348

1. The adjustment of selection of local civil service officials / 350

2. The adjustment of evaluation and supervision system of the local service officials / 391

3. The wage reform of the local service officials / 410

Other Discussion   Achivements and Predicaments of the Local Civil Service Reforms in the Late Qing Dynasty / 424

Bibliography / 436

Index / 446

Postscript / 455

绪　论

一　选题缘起

一个国家的治理离不开"官"。中国古代治国经验中就有"明主治吏不治民"①之类的话，充分说明官吏在国家政治中的地位和作用。为保证国家政治制度的运作和长治久安，历代中央政府都把国家机构的建设和完善、对各级官吏的管理放在治国的中心地位，形成了一整套制度体系，从而有力地巩固和维系着国家统治机器的运行。正如清人陆世仪所说："设官分职，所以为民极也，故官制清则民志定……立官制而能使头绪井然，则治天下之道，思过半矣。"②正因为官制在维系政治运行中具有如此重要的作用，所以，每当社会变动需要变革之时，都会首先进行官制的调整与改革。正是这一次次的调整与改革，使政权得以巩固，也使中国古代的官制绵延发展，形成了自身的历史传统。

中国古代政治制度中的"官制"，即"设官分职"，是涉及机构、职官、俸禄、铨选和考察等的一系列制度体系。中国古代的官制是一个不断变动的体系，反映着"因时变通，相因有变"的发展规律，但自秦汉以来，都是在中央集权的皇帝制度的范围内，或增置，或裁撤，或

---

①　梁启雄：《韩子浅解》，中华书局，1960，第332页。
②　陆世仪：《论官制》，贺长龄辑《皇朝经世文编》卷13《治体》，沈云龙主编《近代中国史料丛刊》第74辑，文海出版社1986年影印本，第498~499页。

调整，或变通，既包含着"因时变革"的合理成分，也造成了制度叠加、程序烦琐等缺陷。钱穆说："中国的政治制度，相沿日久，一天天地繁密化。一个制度出了毛病，再订一个制度来防制它，于是有些却变成了病上加病。制度愈繁密，人才愈束缚。"① 这正是古代官制演变的特征。

然而，这一特征在清末却发生了根本性的变化。1906年9月1日清廷发布仿行预备立宪上谕，同时又称："目前规制未备，民智未开，若操切从事，涂饰空文，何以对国民而昭大信。故廓清积弊，明定责成，必从官制入手。亟应先将官制分别议定，次第更张……"② 官制改革，成为预备立宪的首要改革任务和核心内容。而在上谕发布前七天，出使各国考察政治大臣戴鸿慈等就上了一个洋洋数万言的"请改定全国官制以为立宪预备折"，援引日本明治维新先从官制入手改革之例，说明中国"时形竭蹶，弊患潜滋，不尽由于才智之悬殊，当归咎于制度之未备"，③ 所以当学习日本，进行中央与地方的官制改革。

正是在这样的背景下，清末的官制改革走出了传统中国仅在皇权体制内"因时变通"、"设官分职"的藩篱，成为君主立宪政治体制改革中的重要一环。清廷于1908年公布的《钦定宪法大纲》中，一方面宣称"君上有统治国家之大权，凡立法、行政、司法，皆归总揽"；另一方面又宣称"以议院协赞立法，以政府辅弼行政，以法院遵律司法"，在确定君主权力的同时，又确定了行政、立法、司法分立的原则。这就意味着预备立宪是一次政治体制的全面改革，它必将打破既有的权力格局，并使官制改革的内容超越原来的规制，发生重大的变化。

官制，历来是历史研究的重要论题，关于中国古代官制的研究成果

---

① 钱穆：《中国历代政治得失》，三联书店，2001，第174页。
② 《宣示预备立宪先行厘定官制谕》，故宫博物院明清档案部编《清末筹备立宪档案史料》上册，中华书局，1979，第44页。
③ 《出使各国考察政治大臣戴鸿慈等奏请改定全国官制以为立宪预备折》，《清末筹备立宪档案史料》上册，第368页。

汗牛充栋，有着深厚的积淀。但是，关于清末最后几年的官制改革，尤其是外官制改革的研究却相对薄弱，真正有所拓展是近十几年来的事。究其原因，主要是认识上的。由于长期以来，人们都把清末的改革视为一场"骗局"，是"走过场"，这种认识的偏差阻挡了人们对其的关注和兴趣。其次还有资料上的困难。清末的各种档案、文集、公私文献、报纸刊物种类繁多，虽然可用"浩如烟海"来形容，但是收藏分散，搜集不易；且内容记载上多有不同，难以领会，考订也就不易。这也成为难以吸引更多学者关注的一个因素。好在近十多年来，随着一批报刊等文献资料的影印出版，随着电子资源的开发利用，人们能更方便地接触清末的各种文献；加上一批学者的努力，清末官制改革，尤其是外官制改革研究已经取得了长足的进展，成为晚清政治史研究中发展最快的领域。但是，就清末外官制改革的内容和影响而论，研究还远远不够；与有着上千年研究历史的古代史、有着近百年研究历史的近代史相比，清末官制改革研究的积淀还很浅，这是一个需要并且值得深入研究的领域。

清末外官制改革是一次大规模的制度变革，也是一场权力的调整和重新分配，因而牵动上上下下各个层面官员的利益，继而又影响到社会的其他阶层。围绕外官制改革所形成的中央与各省、官与民之间的利益冲突，不仅影响着这一改革本身的面貌，也制约着政治体制改革的进程。从整体上看，清末外官制改革是一场未完成的改革，但它所开启的地方政府层级、机构、官员设置等方面的一系列变革，各级审判厅的设置、谘议局的建立、地方自治的推行，已在很大程度上改变了地方政府的政治体制，并从根本上改变了延续了近两千年之久的传统官吏制度，成为政治制度转型的一个重要突破口，并为民国后许多新制度的建立奠定了基础。清末的外官制改革虽然只有短短几年，但其潜在的影响则已达上百年。所以，通过对这一过程的研究，揭示其丰富和复杂的面向，探讨其成因，总结其经验，将有助于深入认识和了解近代中国的政治嬗变，乃至历史发展的走向。

二 学术研究概述

1. 20 世纪 30 年代至 40 年代

在民国时期的政治制度通史著作中，只有少数涉及清末官制变革，皆叙述简略。论文中，如张觉人《清代地方自治》（《地方自治半月刊》第 19 期，1941），涉清末府州县地方自治；李长傅《清代地方政府制度》（《地方行政》第 12 期，1944），只简单提到巡警道和劝业道等清末新设立的省级机构。值得关注的研究成果，是沈乃正在清华大学《社会科学》发表的《清末之督抚集权、中央集权与"同署办公"》一文，分别论述了东三省改制、《各省官制通则》和清末中央集权之策略，认为东三省"同署办公"制度"有使督抚之集权变本加厉之趋势"；《各省官制通则》的实质是"不过将当时督抚事实上享有之权力，著之成文典章"；而清末在兵、财、刑、外交诸方面的集权成就几等于零，原因就是督抚的"骄蹇之不从"。①该文对于清末中央集权状况做了初步的梳理，对其与各省关系的论述具有较高的参考价值。

著作中，值得关注的是施养成《中国省行政制度史》一书，认为 1907 年制定的《直省官制通则》是将省转为"地方行政制度"，但由于未能全面实施，"故省于清代法律中终未成为地方行政区域"。②

2. 20 世纪 80 年代至 90 年代

20 世纪 80 年代以来，学术界在不断扩大研究领域的过程中，开始注意到清政府的新政及其官制改革，并努力揭示这场改革与辛亥革命乃至民国以后社会发展之间的关联。

台湾学者王家俭《晚清地方行政现代化的探讨（1838~1911）》（载《中国近代现代史论集》第 16 编，台湾商务印书馆，1985）一文，比较全面地探讨了清代地方行政制度的特点、19 世纪 60 年代以来传统

---

① 沈乃正：《清末之督抚集权，中央集权，与"同署办公"》，《社会科学》第 2 卷第 2 期，1936，第 311~342 页。
② 施养成：《中国省行政制度史》，商务印书馆，1947，第 51 页。

政制的转变，系统阐述了清末外省官制的革新，并分析了中央政府集权举措失败的原因。

一批关于近代政治制度史的通史著作对晚清官制改革有所涉及，如史远芹、曹贵民、李玲玉著《中国近代政治体制的演变》（中共党史资料出版社，1990），王惠岩、张创新著《中国政治制度史》（吉林大学出版社，1989），李进修著《中国近代政治制度史纲》（求实出版社，1988），张晋藩等著《中国官制通史》（中国人民大学出版社，1992）等。白钢主编，郭松义、李新达、杨珍撰写的《中国政治制度通史·清代卷》（人民出版社，1996）中，有一个子目论述了"清末地方官制改革"，简略介绍了提学、提法二司和高等审判厅的官制。

其他相关著作，如刘子杨《清代地方官制考》（紫禁城出版社，1988），是对清代各级地方政府的设置、职官、职能、选任、考核等各方面问题进行全面论述的著作，最后专设一章论述清末官制改革中地方政府机构和官员设置的变化。侯宜杰《二十世纪中国政治改革风潮》（人民出版社，1993），是一部研究清末预备立宪和立宪运动史的著作，在"改革政治体制"一章中也论及地方体制改革试点，分别论述了督抚会商官制意见、东三省改制及《直省官制通则》的体制特点。另外，还有一批有关清末官制改革研究的论文问世，如吕美颐的《论清末官制改革与国家体制近代化》（《河南大学学报》1986年第4期）、徐军的《试论清末官制改革》（《贵州民族学院学报》1992年第2期）等，分别就清末的官制变革进行了具体的分析考察，但多探讨中央官制改革，对地方官制只略有涉及。

海外学者中，有美国学者裴士丹的《迈入20世纪的中国：张之洞与一个新的时代》（University of Michigan Press，1978）、麦金农的《晚清中华帝国的权力与政治：袁世凯在北京与天津》（University of California Press，1980），两书虽是研究个别人物与新政的关系，但作者都对晚清是否存在地方主义提出质疑，认为中央、督抚、地方士绅精英之间更多是合作关系,而不是竞争。① 任达《新政革命与日本——中国,1898~1912》一书第三编"新政体制革命:新的领袖,新的管理"论述了教育、军事、警察、司法方面的改革,虽然具体论及外官制的并不多,但其从20世纪中国社会发展趋势的角度阐述改革意义的观点值得重视。②

这一时期的研究,已不再采取简单否定和排斥的态度,而是将"官制改革"作为一个值得注意的历史现象进行研究,关注到改革的各个方面;在评价方面,已注意从现代化的角度给予积极的肯定。正如有学者指出的,地方行政的现代化乃是一个曲折而艰难的过程,"清末的改革,仅不过是由传统到现代的一个过渡,或漫长征途上的一个起点"。③

3. 2000年以来

进入21世纪以来,清末官制研究进入一个新阶段,在研究方法、范围和理论上都有新的突破。

著作方面,马小泉《国家与社会:清末地方自治与宪政改革》(河南大学出版社,2001),系统地考察了清末地方自治运动的发生发展进程,尤其着重考察了清政府在地方自治问题上的政策、措施以及清末地方自治在中国早期地方政治现代化历程中的地位和影响。魏光奇《官治与自治——20世纪上半期的中国县制》(商务印书馆,2004)第二章"近代县制改革的酝酿"探讨了晚清的县制改革措施,并讨论了清末州

---

① 参见崔志海《国外清末新政研究专著述评》,《近代史研究》2003年第4期。
② 作者在结束语中说:"在体制方面,他们按照外国模式,改变了中国长期以来建立的政府组织,改变了形成国家和社会的法律与制度。如果把1910年中国的思想和体制与1925年的以至今天中国相比较,就会发现基本的连续性,它们同属于相同的现实序列。另一方面,如果把1910年和1898年年初相比,人们发现,在思想和体制两大领域都明显地彼此脱离,而且越离越远。这是新政革命的成果。"见〔美〕任达《新政革命与日本——中国,1898~1912)》,李仲贤译,江苏人民出版社,1998,第215页。
③ 王家俭:《晚清地方行政现代化的探讨(1838~1911)》,《中国近代现代史论集》第16编,台湾商务印书馆,1985,第173页。

县制改革中的"官治"与"自治"关系。李启成《晚清各级审判厅研究》（北京大学出版社，2004），从清末各级审判厅的建立和运作入手，研究了清末的司法改革，其中涉及清末地方审判厅的设立和法官考试。李细珠《张之洞与清末新政研究》（上海书店出版社，2003），对张之洞与清末新政的关系做了深入细致的个案研究，其中第七章第二节专门讨论了张之洞与官制改革的关系。在其新著《地方督抚与清末新政——晚清权力格局再研究》（社会科学文献出版社，2012）中，作者从预备立宪决策、官制改革、各省谘议局等各个角度，全方位地探讨了地方督抚对新政决策的参与和影响，说明虽然清廷不断强化中央集权，但却激化了内部矛盾，其结果是造成了"内外皆轻"的权力格局。彭剑《清季宪政编查馆研究》（北京大学出版社，2011）一书，深入研究了各种官制草案的起草机构——宪政编查馆，其中专设一章论述了该机构与地方官制改革的关系，以及督抚集团争权对外官制改革的影响。迟云飞《清末预备立宪研究》（中国社会科学出版社，2013）是一部全面研究清末预备立宪的著作，该书对改革的诸多方面做了深入探讨，并有专章论述省级机构改革的酝酿与争论、机构变更与设置、人员任用等问题。该书认为"清末省级行政机构改革显然不是一次成功的改革"，原因就是清王朝已病入膏肓，"且中央政府的权威流失严重，已不可能完成对地方行政体系的全面改革了"。

此外还有一些从区域出发进行的研究成果，如沈晓敏《处常与求变：清末民初的浙江谘议局和省议会》（三联书店，2005），其中第一章论及了浙江省谘议局的选举、运作及官民关系。徐建平《清末直隶宪政改革研究》（中国社会科学出版社，2008），分别从行政、司法、地方自治、顺直谘议局等几个方面考察了外官制改革在直隶的实施情况。

在论文方面，值得关注的是关晓红教授关于清末外官制改革的系列论文：《清末州县考绩制度的演变》（《清史研究》2005年第3期）、《清季督抚文案与文案处考略》（《近代史研究》2006年第3期）、《从幕职到职官：清季外官制改革中的幕职分科治事》（《历史研究》2006年第5期）、《独断与合议：清末直省会议厅的设置及运作》（《历史研究》2007年第6期）、《清季外官改制的舆论及方案选择》（《近代史研究》2007年第6期）、《清季外官改制的"地方"困扰》（《近代史研究》2010年第5期）、《晚清直省"公费"与吏治整顿》（《历史研究》2010年第2期）、《清季三司两道改制》（《中华文史论丛》2011年第3期）、《清季府厅州县改制》（《学术研究》2011年第9期）、《晚清局所与清末政体变革》（《近代史研究》2011年第5期）、《清季外官改制的试办与成效》（《史学月刊》2011年第11期）。① 这些研究成果以丰富的资料、细致的分析，深入清末官制改革的具体过程之中，揭示了相关各方的现实利益冲突，以及这种冲突对于改革方案、制度形成和运行的影响，从而深入揭示出清末外官改制在制度设计上的内在矛盾和现实中的困境。这些研究对研究理论的发展、研究领域的开拓、研究内容的深化等方面，都起到了引领和启示的作用。

此外，鞠方安《试论清末选官制度的改革》（《北京社会科学》2000年第2期）、《清末官制改革中官员俸禄改革》（《中国人民大学学报》2002年第5期）分别探讨了清末选官和官员俸禄制度改革。魏光奇《晚清的州县行政改革思潮与实践》（《清史研究》2003年第3期）、《晚清州县官任职制度的紊乱——透视中国传统政治的深层矛盾》（《河北学刊》2008年第2期），对晚清州县改革思潮和州县官任职状况做了深入研究，反映了晚清时期州县制度的变化。彭剑《清季外官制改革中幕职分科治事补证》（《历史研究》2008年第1期）就督抚衙门幕职分科治事做了进一步的深化和发展。徐保安《清末地方官员学堂教育述论》（《近代史研究》2008年第1期）研究了课吏馆和法政学堂在"开官智"中的作用和局限，对了解清末选官制度变化有启示作用。潘

---

① 在这些论文的基础上，关晓红教授又出版了专著《从幕府到职官：清季外官制的转型与困扰》，三联书店，2014。

鸣《1907年地方官制改革方案筹议研究》(《清史研究》2011年第2期）探讨了地方官制方案筹议过程中的争议及其影响，说明《直省官制通则》只是一个过渡性方案。

此外，还有一批博士和硕士论文，分别从外官改制的各个机构入手，考察其建制和运行的过程，为我们深入了解这一时期改革的实际状态提供了各个方面的实证研究成果。这些论文包括：费秋香《论清末新政时期的地方官制改革》，华中师范大学2001年硕士学位论文；敖天颖《清季劝业道、劝业员初探》，四川大学2004年硕士学位论文；潘鸣《清末省级行政机构改革研究（1906~1911）》，首都师范大学2007年硕士学位论文；张季《清季铨选制度流变》，中山大学2008年博士学位论文；孙洪军《清代按察使的历史角色及其嬗变研究》，苏州大学2008年博士学位论文；王鸿志《兴利与牧民：清季劝业道的建制与运作》，中山大学2009年博士学位论文；徐文勇《清季直省学务机构建制及与地方社会的互动》，中山大学2009年博士学位论文；彭雪芹《纳物轨民：晚清巡警道研究》，中山大学2010年博士学位论文；史新恒《清末提法使研究》，华中师范大学2010年博士学位论文；曾作铭《清末劝业道探析》，华中师范大学2010年硕士学位论文。

近十多年的研究，在理论评价方面，不再简单地持批判态度，也不一概以"现代化"进行颂扬，而是从"历史场景"出发提出问题，注意那个时代的特定语境和思想观念，注意人们的不同知识体系和由此产生的认知对制度建构和运行的影响，注意改革中利益各方之间的矛盾冲突及其对改革进程本身的影响，注意到章程条文和实施过程的巨大差距。总之，近年来的研究成果，已突破了传统政治制度史研究单纯从章程条文出发进行静态研究的局限，开始深入改革的实际"过程"之中，既考察正式颁布的章程条文所形成的制度样式，也考察相关人事对制度形成和运行的制约，不仅深化和拓展了研究的内容与范围，也带来了理论方法的改进。

总之，清末的官制改革，尤其是外官制改革，是一场涉及面很宽的改革，也给我们留下了大量的历史文献，包括档案、报刊资料以及各种记载，既展现了改革的丰富性，也展现了改革的复杂面。上述研究虽然在改革方案和各个机构的研究方面取得了很大的进展，但是在改革的各个环节和进程方面，还有不够清晰之处；对外官制权力结构的变化，还需要深入其中具体考察，才能进一步把握实施过程和运行特征；对改革的整体情况和具体推进，还需要从各个地区的实施和变通中仔细分析；对改革的成效与影响，既需要制度层面的认真剖析，更需要从社会即由下而上观察。以上种种，都说明外官制改革还有进一步研究和发掘的空间与必要。

三　问题与思路

1906年8月25日（光绪三十二年七月初六日），出使各国考察政治大臣戴鸿慈等奏请改定全国官制，其中涉及外官改制部分包括：定中央与地方权限、内外重要衙门设辅佐官、变通地方行政制度、司法与行政两权分峙独立、内外衙署以书记官代吏胥、更定任用升转惩戒俸给恩赏等官吏体制。而"变通地方行政制度"中又包括裁守道知府两级，以州县直辖督抚，设民政、执法等八司，州县设警部、收税等辅佐官，设省议会、各府州县议会、市乡议事会和参事会。①

同年11月5日（光绪三十二年九月十九日），厘定官制大臣拿出两层改革计划征求各省督抚意见，其中州县改革包括分一省层级为府、州、县三等；每州县设六品至九品辅佐官同署办公；别设地方审判厅；设府州县、城镇乡议事会、董事会。省制改革则有两层办法，分设各司、高等审判厅等。②

及至1907年7月7日（光绪三十三年五月二十七日），总司核定官

---

① 《出使各国考察政治大臣戴鸿慈等奏请改定全国官制以为立宪预备折》，《清末筹备立宪档案史料》上册，第370~379页。
② 侯宜杰整理《清末督抚答复厘定地方官制电稿》，中国社会科学院近代史研究所近代史资料编辑室编《近代史资料》总第76号，中国社会科学出版社，1989，第51~52页。

制大臣奕劻等在续订直省官制通则的奏折中说，此次厘定直省官制所注重之处，一曰分设审判各厅以为司法独立之基础，一曰增易佐治各员以为地方自治之基础。改革的具体内容，则包括各司道的设置及职能、府厅州县层级的确定、设佐治各官、分期设立府厅州县议事会和董事会、分期设立各级审判厅。①

上述情况反映两个问题：一是外官制改革启动的初期，凡设立审判厅、各级议事机构、地方自治等项改革内容都是被包容进"外官制"之内的；② 二是清末外官制改革已经超越中国古代"设官分职"的范畴，成为涉及行政、司法、立法、地方自治各个方面的外官体制改革。

之所以发生这种变化，是因为这是一场在预备立宪范围内的变革，而行政、立法、司法分立是宪政改革的总体要求，尽管当时官员中有不同意见，但清廷的这一意向基本不变，这就使外官制改革的内容必然超越传统"设官分职"的范畴。另外，由于在此之前的外官制诸权合一，所以无论司法独立还是分设立法机关，都必然涉及对权力的分割和调整，也必然会使"官制"突破原有范畴，成为包含行政、司法、立法各项权力的确立和调整的外官体制改革。

就清末外官体制改革而言，起码包含了如下几个方面的内容。

第一，直省各级政府体制的权力结构变动。清代传统体制中的省、道、府厅州县各级衙门，不仅根本不存在协赞的立法机构，而且各级长官的行政与司法职能一体。而清末的改革，则是要将司法和立法从诸种职能合一的官府行政中分离出来，建立各级议政机构、审判机构，同时在府州县、城镇乡实行官治与自治并行的体制。总司核定官制大臣奕劻

---

① 《总司核定官制大臣奕劻等奏续订各直省官制情形折》，《清末筹备立宪档案史料》上册，第503~510页。
② 需要说明的是，1908年清政府公布筹备立宪清单时，又将谘议局、各级审判厅、地方自治的筹备与官制改革分别拟订。说明随着各项筹备工作的进行，"官制"逐渐限定到"行政"的范围。《申报》1911年9月29日《外官制草案脱稿》的消息有云："内阁法制院近编外官制草案业已脱稿，所拟地方行政长官大约分为三级，一知府，二知州，三知县，均管辖地方行政事务。"

11

等奏续订各直省官制情形折中就将"分设审判各厅以为司法独立之基础"、"增置佐治各员,以为地方自治之基础"作为直省官制改革的"注重之处"。① 这是对既往权力结构的分割和调整,不仅导致新机构的设立,也促使部分旧机构的转型,带来地方政府体制的根本变化。

第二,直省各级政府行政机构的改革。② 行政机构改革在外官制改革中居于重中之重的地位。既往地方政府的行政,无不具有"一人政府"、"家长制政府"的特征,故而不设辅助部门;虽有六房③,但只是书吏们分别处理相关事务和公文的地方。而清末的改革则是增设职能部门,促使行政职能分职化;同时取消科房,改造各级官署,实施会议厅、合署办公、分科治事等新的行政办事制度。这样,必将改变既往的行政运行方式,并带来各级官员职能的变化。

第三,直省各级官员管理制度的变革。官员的管理制度是官制的重要组成部分,包括官吏的选拔任用、监督、俸薪制度等等,它们是整个官僚体系运行的保障,也是中央和上级部门控驭各级官员的手段。长期以来,为保障整个官僚体系的有序运行,形成了繁密的制度,其与预备立宪宗旨相悖之处也日益显露。而各地常以新政需要、情形变化为由要求"因时变通",不仅造成既往制度的废弛,也削弱了中央对地方官员的控驭力量。因此,改革和调整官员管理制度,也成为外官制改革中的重要内容之一。

---

① 《总司核定官制大臣奕劻等奏续订各直省官制情形折》,《清末筹备立宪档案史料》上册,第504页。
② 中国古代虽有"行政"一词,但多是"推行政务"之义,故有"天子行政"、"臣子行政"之用法。19世纪末20世纪初,在中西文化交流的背景下,随着对西方三权分立制度的了解,"行政"一词的含义发生了很大的变化,不是笼统地被视为"行政务",而是成为与议事、执法分别的三权之一。(参见张帆《"行政"史话》,商务印书馆,2007)在这样的背景下,清季外官制改革中,"行政"被视为"执行机关",如出使德国大臣杨晟条陈官制大纲中说:"考各立宪国制度,莫不本立法、司法、行政三权鼎立之说为原则,而执行机关权在行政。"见《清末筹备立宪档案史料》上册,第389页。
③ "六房"指吏、户、礼、兵、刑、工房。见瞿同祖《清代地方政府》,法律出版社,2003,第70页。

绪 论

本书着眼于从清季外官制改革的自身发展出发，从"外官体制"入手来探讨这场改革。清末的外官制改革是在各方利益的冲突和争论中前行的，因此，我们的研究不能仅仅关注规章条文，而应该将其放到当时复杂、矛盾的历史现场之中，从纷繁的历史中梳理改革的各个方面，看看究竟改了什么，改的过程究竟怎样，改革的矛盾和纠结究竟何在，短短几年的改革究竟展现了一种怎样的趋势。这就是我们想通过研究所要解决的问题。由于问题很多，一本著作难以照顾全面，所以准备从整体出发，抓住几个方面来展开研究。

第一，从外官制改革所带来的权力结构变化出发，分别探讨立法、司法、地方自治各个方面的改革，揭示其制度设计与实施样态的差距及其成效和影响。

第二，探究各级政府的行政改革样态，包括机构的增设、调整、改制，以及随之而来的官员职能变化，并从改革中各方利益的争论和冲突中揭示改革的实际走向。

第三，探讨伴随着外官体制改革而开始的官员选任制度、考核监察制度、俸禄制度的变化，力求全方位地展现外官制改革的整体面貌。

在展开上述研究时，我们将在方法上努力实践以下两点：

第一，从人事与制度的互动中研究制度。钱穆说："要讲一代的制度，必先精熟一代的人事。若离开人事单来看制度，则制度只是一条条的条文。"[①] 实际是告诫我们，研究制度不能单看规章条文，还应该关注制定和执行规章的人，他们的知识和认知乃至利益取向，都会或多或少地影响制度的生成和运行。官制研究离不开规章条文，但必须放到当时的情境之中，从相关利益群体的态度、争论中探寻其产生和变化的轨迹，探寻清末外官制改革"何以至此"的潜因。

努力从历史现场出发分析问题，是我们努力遵循的原则和方向。诚然，我们的研究对象已是一百多年前的事了，时人的用语习惯、思考和

---

① 钱穆：《中国历代政治得失》，三联书店，2001，第4页。

论证问题的方法与今天已有很大的不同，这就需要我们抱着"了解之同情"的态度，时刻警惕不以今天之语言和思维习惯去简单比附。当然，由于资料的浩繁，官方档案资料不免夸大、虚报成绩，而报刊资料往往说法互异，增加了对客观历史现象做出合理判断的难度。这又需要我们抱着"小心求证"的态度，尽可能多地占有资料，以从中分辨和梳理出历史的"真相"。

第二，兼顾整体与部分、趋同与差异。这个"整体"，就是清末预备立宪这个大背景。尽管时间短促，许多改革只在中央或省一级进行，或者干脆停留在纸上，但在"宪政"名义下所确定的行政、立法、司法分立的原则，仍是外官体制改革的规范。正是在此规范下，才有了与此前各朝代官制完全不同的新内容，其意义不能简单地以"走过场"加以否定。而"部分"，也就是外官体制改革的各个方面，只有通过各个方面改革状况的具体分析，才能真正反映清末预备立宪整体的实际状况。

此外，由于各地条件不同，官员的执行力度有别，许多措施在各地的实施情况不一；也由于许多改革本身就是"摸着石头过河"，一时没有统一的规定，而各地由于财政、人才准备不足而一再延误，所以各个地方的改革面貌有很大的差异。这就要求我们以谨慎的态度进行研究和叙述，避免简单地概述和以偏赅全。但是我们也要看到，由于清末的改革是自上而下推进的，虽然各地情况不同，进展不一，但在朝廷的一再斥责下，各地也在有先有后地推进着各项事业，并不断依照中央要求加以整顿，朝着划一的方向发展。所以，从大量分散的资料中，我们还是能够描述出清末外官体制改革的基本脉络，并从中探寻这场改革的成败得失。

清末的外官制改革是一个有难度的研究课题，也许正因为此，我们才敢于承接这项课题，只是想通过我们的初步研究吸引更多的学者加入——只有更多人的参与和研究，互相发明、互相参照、互相批判，才有可能使我们一步步接近历史的事实本身。

第一章

立宪改官——清季外官制改革的启动

有清一代，对官制的因时损益颇多。每次损益，都有其特定的时代背景，而其最终的宗旨则一如，都是为了稳固大清的江山，更为有效地施行统治。因此，对于每次损益，只有找出其特定的时代因素，才算是切近实情的理解。在清季，对于外官制尚有一次引人注目的改革，其动作之大，为有清一代历次改革所仅有，甚至在秦以后的历史中也堪称空前。这一次外官改制的时代背景是什么？学术界对此探讨不多，一般认为之所以会有这次改革，跟咸同以降"外重内轻"局面的出现有关，清廷希望通过改革，能够改变这种局面，回复到清初"内重外轻"的格局中去，以挽救日益严重的统治危机。从内外权力格局的角度来审视清季外官改制，确实是一个不错的途径，但这么做，似乎也就无法看到这次改革独特的一面。这次改革独特的一面是什么？窃以为在于对宪政体制的追求。正是在追求宪政的独特背景下，外官改制启动了。

第一节 立宪改官

中国人其实比较早就注意到列强的政治体制与中国有重大差别。19世纪六七十年代以后，逐渐有人提出中国应该用西方列强的政治体制来改造自己固有的体制。① 19世纪90年代，康有为、梁启超等维新党人在鼓吹变法的时候，也提出过开议会、颁宪法的君主立宪主张，不过到了百日维新期间，则并未将这些主张付诸实施。② 20世纪初年，日俄战争以立宪的日本战胜专制的俄国而结束，在那之后，一股更大的鼓吹君主立宪的思潮兴起，并促使清政府在1905年派遣官员出国考察列国政治，为政治改革张本。这次派遣了五位大臣出洋，兵分两路，戴鸿慈、端方为一路，载泽、尚其亨、李盛铎为一路，各自带了一群随从，共考察了13个国家。③

考察归来之后，载泽、戴鸿慈、端方等在考察报告中以及在接受两宫召见时，都反复陈请，极力主张宣示国策，进行宪政改革。戴鸿慈和端方还在1906年8月25日就官制事宜特意递了一封很长的奏折。他们提出，中国的立宪，当有十五年或二十年的预备时期，而在这预备时期中必须有所作为，否则"转瞬期届"，④ 一切如旧，宪政无法实行。他们考虑到日本在颁布宪法之前曾经有过两次大的官制改革，建议清廷借鉴，也在"预备"期间大改官制。正是基于这样的考量，他们在这封奏折中对全国上下的官制作了通盘规划。两天之后（27日），他们又呈递了另一封奏折，提出要设立编制局专门负责官制改革事宜。⑤ 第二天，在外务部举行了一场有军机大臣、各部大臣、北洋大臣参加的关于

---

① 有学者认为王韬和郑观应在19世纪70年代率先提出要在中国建立君主立宪，至于究竟是王韬还是郑观应先提出，则见仁见智，孙必有、忻平等人认为是王韬，夏东元认为是郑观应。袁鸿林则提出，在王韬与郑观应之前，容闳在60年代就提出了要建立君主立宪的主张。见袁鸿林《再谈谁在中国最早提出君主立宪》，《史学月刊》1985年第4期。

② 孔祥吉：《〈戊戌奏稿〉的改篡及其原因》，《晋阳学刊》1982年第2期。

③ 《出使各国考察政治大臣载泽等奏抵日本东京并呈递国书日期折》、《出使各国考察政治大臣戴鸿慈等奏在美国考察大概情形并赴欧日情形折》等各奏折，见《清末筹备立宪档案史料》上册，第5~21页。

④ 《出使各国考察政治大臣戴鸿慈等奏请改定全国官制以为立宪预备折》，《清末筹备立宪档案史料》上册，第367页。

⑤ 《出使各国考察政治大臣戴鸿慈等奏请设编制局以改定全国官制折》，《清末筹备立宪档案史料》上册，第383~385页。

是否应该搞预备立宪的会议。在这次会议上，铁良也提出，宣示立宪国策之后，应该进行官制改革。①

受到这些主张的影响，当 1906 年 9 月 1 日宣示国策的时候，就强调预备立宪要从改革官制入手：

> 时处今日，惟有及时详晰甄核，仿行宪政，大权统于朝廷，庶政公诸舆论，以立国家万年有道之基。但目前规制未备，民智未开，若操切从事，涂饰空文，何以对国民而昭大信。故廓清积弊，明定责成，必从官制入手，亟应先将官制分别议定，次第更张……②

以官制改革为预备立宪的入手之法的国策就这样确定下来了。在这个问题上，清廷还颇雷厉风行，就在宣示"仿行宪政"国策的第二天，又颁发了一道上谕，派定了官制改革的官员，以便将官制改革落到实处：

> 昨已有旨宣示急为立宪之预备，饬令先行厘定官制，事关重要，必当酌古准今，上稽本朝法度之精，旁参列邦规制之善，折衷至当，纤悉无遗，庶几推行尽利。著派载泽、世续、那桐、荣庆、载振、奎俊、铁良、张百熙、戴鸿慈、葛宝华、徐世昌、陆润庠、寿耆、袁世凯公同编纂。该大臣等务当共矢公忠，屏除成见，悉心妥订。并著端方、张之洞、升允、锡良、周馥、岑春煊选派司道大员来京随同参议。并著派庆亲王奕劻、孙家鼐、瞿鸿禨总司核定，候旨遵行，以昭郑重。③

这是一个相当庞大的改革官制的班子。参与此事的官员，可以分为三类：一类是负责编撰官制的，以载泽为首，包括各部尚书和北洋大臣袁世凯；一类是负责核定的，包括奕劻、孙家鼐、瞿鸿禨几位军机大

---

① 《考政大臣之陈奏及廷臣会议立宪情形》，《宪政初纲》，《东方杂志》临时增刊，光绪三十二年十二月，"立宪纪闻"，第 3 页。
② 《宣示预备立宪先行厘定官制谕》，《清末筹备立宪档案史料》上册，第 44 页。
③ 《派载泽等编纂官制奕劻等总司核定谕》，《清末筹备立宪档案史料》上册，第 385 页。

臣；一类是只参与讨论的，包括端方、张之洞等几位总督派来的司道大员。不同类别的官员在官制改革中发挥的作用是不同的，就是同一类的官员，因其热心程度不同，所发挥的作用也不同。大致而言，几位总督派来"随同参议"的"司道大员"在官制改革中发挥的作用很小。①而负责编撰官制的众多大臣中，起核心作用的，也只有袁世凯等少数几人。②负责核定的几位大臣中，孙家鼐的作用比较特别，他曾对外官制改革的方向产生过影响（后文详）。

奉派改革官制之后，相关人员于9月4日在颐和园开第一次会议，并于9月6日在恭王府的朗润园成立了编制馆，③官制改革正式启动。

由此可知，这次官制改革最为直接的动因，在于预备立宪的启动。因为宪政改革的需要而进行官制改革，是这次改革区别于以往任何一次官制改革的特征。这种特征，在当时就有人注意到了，并将其称为"立宪改官"。④

立宪改官，改官立宪，因立宪而改官，通过改官以实现宪政，这次官制改革就这样与宪政改革紧密联系在一起了。由于这次官制改革是由预备立宪而起，因而在开始的时候，"官制改革"并不限于行政系统，而是涉及整个国家权力体系。由于清季的宪政改革有心引入三权分立的体制，官制改革之初的"官制"，其实涵括了行政、立法、司法三大板块。⑤

---

① 《会议官制余谈》，《盛京时报》光绪三十三年三月二十三日，第2版。
② 《官制未宣之原因》，《盛京时报》光绪三十二年九月九日，第2版。
③ 《更革京朝官制大概情形》，《宪政初纲》，《东方杂志》临时增刊，光绪三十二年十二月，"立宪纪闻"，第6页。
④ 太炎：《讨满洲檄》，《天讨》（《民报》专刊），第6页。《大学士孙家鼐奏改官制当从州县起并请试行地方自治折》（光绪三十二年九月十六日），《清末筹备立宪档案史料》上册，第461页。
⑤ "官制"的内涵由涵括整个国家权力系统缩小为主要指行政系统，当在1908年以后。是年公布的九年筹备清单中将官制改革一项与建立各级审判厅、建立谘议局、资政院等项并列而举，显示此时所说的"官制"，已不包括司法、立法两大板块的内容。（清）朱寿朋编《光绪朝东华录》，张静庐等校点，中华书局，1958，总第5981~5983页。

载泽等人为官制改革所定的宗旨中,有如下论述:

> 此次厘定官制,遵旨为立宪预备,应参仿君主立宪国官制厘定,以符圣训而利推行……立宪国通例,俱分立法、行政、司法为三权,各不相侵,互相维持,用意最善。立法者议院公议全国通行之法律而奏请君主裁定颁行之事也,行政者阁部按法律命令而施行之国家政务也,司法者裁判官纠判臣民有无违背法律命令之事也,三权分立而君主大权统之。现在议院遽难成立,先从行政、司法厘定,当采用君主立宪国制度,以仰合大权统于朝廷之谕旨。①

在这里,载泽等强调这次官制改革要模仿君主立宪国的官制,而立宪国官制的特点,是三权分立。他们虽然说目下只能从行政和司法两个系统入手,议院则"遽难成立",但很明显,在他们的心目中,"官制"是包括立法、行政、司法三权的。

并且,在厘定官制的过程中,他们在议院方面其实也是有所设计的。在论述改革宗旨的时候,载泽等人提到要设立一个资政院。在这里,他们强调资政院只是一个安置被淘汰官员的闲散衙门:"厘定官制之后,原衙门人员不无更动,或致闲散,拟在京另设集贤、资政各院妥筹位置,分别量移,仍优予俸禄。"② 但在稍后正式拟定资政院官制的时候,则强调资政院的议会性质。《资政院节略》一开篇即曰:

> 资政院设立之意,即为将来立宪预备。恭绎谕旨大权统于朝廷,庶政公诸舆论,仁至义尽,中外同钦,惟舆论贤否不齐究以何者为标准,采取舆论之法究以何者为枢机,此各国所以有议院选举

---

① 《编纂官制大臣镇国公载等奏厘定官制宗旨大略折》,《宪政初纲》,《东方杂志》临时增刊,光绪三十二年十二月,"奏议",第7~8页。
② 《编纂官制大臣镇国公载等奏厘定官制宗旨大略折》,《宪政初纲》,《东方杂志》临时增刊,光绪三十二年十二月,"奏议",第8页。

之法，为国民代表也。①

载泽等人显然是在将资政院比附于立宪各国的议院。在这一节略中，他们还大谈日本开设议院之后如何实现了强国，并强调设立资政院"采取舆论"之后，便不用担心内阁成立之后有总理大臣专权的问题。凡此，也都显示了起草者将资政院定位为准议会机关的倾向。另外，从他们所拟定的《资政院官制》来看，资政院人员的主体是"参议员"，其长官为总裁，"即为本院议长"，总裁以下为副总裁，"即为本院副议长"。参议员总额133人，或由钦选，或由会推，或由保荐，两年一任。② 这种设计，也早已偏离了开始时安置闲散人员的那种定位，而明显是按照议会机关进行设计。

因此，我们看到，这次官制改革所编订的内官制，既包括行政系统的内阁和各部，也包括司法系统的大理院，还包括立法系统的资政院，确实是按照立宪国家的制度进行设计的。不过，由于在编订期间，很多官员提出了对内阁总理大臣的疑虑，担心设立责任内阁会影响君主大权，造成"陵君"的局面，③ 使慈禧太后决心不建立责任内阁。于是改革的结果，是行政系统的改革限于各部，责任内阁的方案被放弃。④ 与此相连，具有防止内阁总理大臣专权作用的资政院也就没了下文。但即使如此，也不能否定，在当时改革者的心中，"官制"是包括整个国家权力机关的，官制改革的目标，是要建成三权分立的立宪体制。

---

① 《呈拟设资政院节略清单》（光绪三十二年九月十六日），中国第一历史档案馆藏录副奏折，档案号：03-9284-042。
② 《呈资政院官制清单》（光绪三十二年九月十六日），中国第一历史档案馆藏录副奏折，档案号：03-9284-036。
③ 《御史赵炳麟奏立宪有大臣陵君郡县专横之弊并拟预备立宪六事折》，《清末筹备立宪档案史料》上册，第124页。《御史刘汝骥奏总理大臣不可轻设以杜大权旁落折》，《清末筹备立宪档案史料》上册，第421~423页。《翰林院撰文李傅元奏厘定官制不能过促折》，《清末筹备立宪档案史料》上册，第458页。
④ 《裁定奕劻等核拟中央各衙门官制谕》，《清末筹备立宪档案史料》上册，第471~472页。

慈禧太后在裁决内官制的同时，谕令开始进行外官制改革："各直省官制著即接续编订，仍妥核具奏。"① 这次外官制改革是"立宪改官"的一部分，因此也以建立立宪体制为依归。

第二节 改革路径的选择

一 从州县入手

但外官制既包括省的官制，也包括州县的官制。为了实现"立宪改官"，是先从省入手，还是先从州县入手，或者齐头并进？改革之初，清廷中央是决定从州县入手。关于这一点，可以从编撰官制大臣所拟的一份外官制改革方案中看出来。这一方案，曾经以电报的形式发给各省将军、督抚，令其发表意见。

现遵谕旨，厘定官制为立宪预备，各省官制自应参仿京部官制，妥为厘定。

亲民之职，古今中外皆所最重。我朝承明制，管官官多，管民官少，州县以上府道司院层层钤制，而以州县一人萃地方百务于其身，又无分曹为佐，遂至假手幕宾，寄权书役，坏吏治、酿祸乱，皆由于此。今拟仿汉、唐县分数级之制，分地方为三等，甲等曰府，乙等曰州，丙等曰县。令现设知府解所属州县，专治附郭县事，仍称知府，从四品，其原设首县即行裁撤。直隶州知州、直隶厅抚民同知均不管属县，与散州知州统称知州，正五品。直隶厅抚民通判及知县统称知县，从五品。每府州县各设六品至九品官，分掌财赋、巡警、教育、监狱、农工商及庶务，同集一署办公。别设

---

① 《著奕劻等续订各省官制并会商督抚筹议预备地方自治谕》，《清末筹备立宪档案史料》上册，第472页。

地方审判厅，置审判官，受理诉讼；并画府州县各分数区，每区设谳局一所，置审判官，受理细故诉讼，不服者方准上控于地方审判厅。每府州县各设议事会，由人民选举议会，公议本府州县应办之事。并设董事会，由人民选举会员，辅助地方官，办理议事会所议决之事。俟府州县议事会及董事会成立后，再推广设城镇乡各议事会各董事会及城镇乡长等自治机关。以上均受地方官监督。仍留各巡道，监督各府州县，宜体察情形并按地方广狭、属县多寡，酌量增减，并分置曹佐。以上办法由各省督抚酌量推行。

至省城院司各官，现拟有两层办法。欧洲各国本土，鲜如中国之广，英之属地如加拿大、澳洲及美国各省，均设总督，略如中国行省。其民政、财政等官，皆为总督僚属，与唐初益州、襄州诸道尚书行台分设子部，元行省设平章丞参，明布政司设左右布政、参政、参议者相合。大要汇公牍于一署，则去承转之繁多，省批详之重叠，事可会商即决，最有益于治。拟仿我朝各边省将军衙署分设户礼兵刑工各司、粮饷各处办法，合院司所掌于一署，名之曰行省衙门，督抚总理本衙门政务，略如各部尚书。藩臬两司，略如部丞。其下参酌京部官制，合并藩臬以外司道局所，分设各司，酌设官，略如参议者领之。以下分设各曹，置五品至九品官分掌之。每督抚率同属官定时入署，事关急速者即可决议施行，疑难者亦可悉心商榷，一稿同画，不必彼此移送申详。各府州县公牍直达于省，由省径行府州县。每省各设高等审判厅，置省审判官，受理上控案件。行政、司法各有专职，文牍简壹，机关灵通，与立宪国官制最为相近。此为第一层办法。其次，则以督抚径管外务、军政，兼监督一切行政、司法；以布政司管民政，兼管农工商；以按察司专管司法上之行政，监督高等审判厅；另设财政司，专管财政，兼管交通事务，秩视运使，均酌设属官佐理一切。此外，学、盐、粮、关、河各司道仍旧制。以上司道均按主管事务，秉承督抚办理，并监督各该局所。此系按照现行官制量为变通，以专责成而清权限。

第一章 立宪改官——清季外官制改革的启动

此为第二层办法。

> 执事久莅封疆，外台利病皆所稔悉，此次厘定官制，关系颇重，究竟此时程度以何者为宜，务请迅赐电复，无任祈祷。厘定官制大臣。效。①

这一电文，从州县与省两个方面规划外官制，但州县官制在前，省官制在后，这种行文，就能在一定程度上反映出厘定官制大臣在改革先后方面的倾向性。而更为重要的，则是对州县官制与对省官制的规划相比，前者更为符合立宪的原则。

对府州县官制的规划有如下要点：（1）旧制中省以下的行政层级太多，拟在省以下只设府州县一级，并分为三等，甲等为府，乙等为州，丙等为县。（2）基于对旧制中地方官"无分曹为佐"的认识，②拟在府州县分设六品至九品官，分掌财赋、巡警、教育、监狱、农工商及庶务。并引进同署办公之制，县级行政官员同集一署办公。（3）引进司法独立之制，每府州县设立地方审判厅一所，并将每府州县分为数区，每区设谳局一所。地方审判厅和谳局都由审判官负责司法审判。有不服谳局审判者，准上控于地方审判厅。（4）每府州县分别设立议事会和董事会，议事会和董事会都由人民选举产生，议事会公议本县应办之事，董事会则辅助地方官，办理议事会所议决之事。待府州县议事会及董事会成立后，再推广设立城镇乡议事会、董事会及城镇乡长等自治机关。以上自治机关均受地方官监督。（5）保留巡道，用以监督各府州县，不过应根据各地具体情况酌量增减，道台以下也要设置曹佐。以

---

① 《厘定官制大臣致各省督抚通电》（光绪三十二年九月十九日），侯宜杰整理《清末督抚答复厘定地方官制电稿》，《近代史资料》总第76号，第51～53页。引用时分段略有调整。
② 后来督抚中有人指出这种认识不正确。如吴重憙说："州县本设有州同、州判、吏目、县丞、巡检、典史、学政、教谕、训导等官，由六品以至九品皆备……循名核实，与现议置曹分掌原无二致。"《江西巡抚来电》（十一月初六日未刻到），《近代史资料》总第76号，第76页。恩铭说："夫州县非无曹佐也，按之定制，各有专司。"《安徽巡抚来电》（十一月初六日酉刻到），《近代史资料》总第76号，第79页。

23

上诸要点中，改府为县、保留巡道等项涉及对旧有行政层级的调整，分设六至九品官、同集一署办公等项涉及对行政机关的改制，设立地方审判厅、谳局等项涉及司法审判，设立各级议事会等项涉及地方议会。因此，厘定官制大臣对府州县官制的设计，基本是按照三权分立的原则进行的，符合立宪的原则。

对省官制的规划则有两套方案（所谓"拟有两层办法"是也）。从"欧洲各国本土"到"此为第一层办法"是对"第一层办法"的介绍，"其次"以下是对"第二层办法"的介绍。"第一层办法"的要点为：（1）借鉴英国殖民地制度，唐、元、明的某些旧制以及清朝边省将军衙署的制度，设立"行省衙门"，将督抚、各司所掌合于一署。督抚领导"行省衙门"政务，有如各部尚书，布政使、按察使有如各部侍郎，合并布政司、按察司以外的司道局所，分设各司，各司长官的级别有如各部的参议。各司以下分设各曹，各设五至九品官。行省衙门实行同署办公之制，督抚应率同各官定时入署办公，"悉心商榷"、"一稿同画"，以提高行政效率。（2）每省设立高等审判厅一所，置审判官，受理上控案件。至于第二层办法，则对旧制变更小一些。

对这"两层办法"，厘定官制大臣自己的评价是：第一层办法"与立宪国官制最为接近"，第二层办法则"系按照现行官制量为变通"。学界对这两层办法的评价，多基于此。不过，值得注意的是，虽然第一层办法"与立宪国官制最为接近"，但所规划的，事实上只有行政、司法的分权，而对省级立法机关则无一语道及。也就是说，第一层办法其实只是一个"两权分立"的方案，而非"三权分立"的方案。有学者曾说"第一层办法"完全符合立宪方案，这是不准确的。至于第二层办法，虽然制定者自己也称只是对现行官制量为变通，但从"以按察司专管司法上之行政，监督高等审判厅"一语可以知道，在这一方案中，也是要创设高等审判厅的，不过不能实现司法独立，而要受到督抚等行政官员的控制。

总之，厘定官制大臣所制定的改革方案，在州县一级是考虑到了行政、立法、司法三种权力机关的调整与设立,而在省级官制方面,则只涉及行政与司法,对于立法机关毫无规划。立宪改官,在外官制方面从州县入手的特点比较明显。

那么,这次外官制改革为何会从州县入手呢?

从表面上看,这是遵旨办事。在谕令"接续编订"外官制的那道上谕里,确实特别强调改革州县官制的重要性。该谕旨去掉冗长的打头语"朕钦奉慈禧端佑康颐昭豫庄诚寿恭钦献崇熙皇太后懿旨",全文如下:

> 此次厘定官制,据该王大臣等将部院各衙门详核拟定,业经分别降旨施行。其各直省官制著即接续编订,仍妥核具奏。方今民生重困,皆因庶政未修,州县本亲民之官,乃往往情形隔阂,诸事废弛,闾阎利病,漠不关心。甚至官亲幕友肆为侵欺,门丁书差敢于鱼肉,吏治焉得不坏,民气何由而伸,言念及此,深堪痛恨。兹当改定官制,州县各地方官关系尤要,现在国民资格尚有未及,地方自治一时难以遽行,究应如何酌核办理,先为预备,或增改佐治员缺,并审定办事权限,严防流弊,务通下情,著会商各省督抚一并妥为筹议,必求斟酌尽善,候旨遵行。朝廷设官分职皆以为民,总期兴养立教,乐业安民,庶几播民和而维邦本,用副怀保群黎孜孜图治之至意。①

这一段谕旨,大部分文字都在谈改革州县官制的重要性,并特别强调"兹当改定官制,州县各地方官关系尤要"。谕旨还对州县改革的方案有所交代,即要为地方自治做一些预备工作,并增改佐治员缺。上谕对州县改革如此强调,外官改制从州县一级入手,而不是从省一级入手,似乎是在按照谕旨办事。

---

① 《著奕劻等续订各省官制并会商督抚筹议预备地方自治谕》,《清末筹备立宪档案史料》上册,第 472~473 页。

但上谕会注重州县，则跟当时人们对宪政建设的认识有关。清季的很多有识之士已经认识到宪政建设的关键，在于提高人民的素质，培养其自治精神，通过地方自治，夯实宪政的基础。这种思想，不但民间有识之士有之，很多官员亦有之。有关官员将这种想法写成奏折，上达"天听"，容易对"深宫"产生影响。

还在1905年清政府的有关驻外使节联名奏请立宪的时候，即提出为实行宪政，须从三个方面做准备：一为"宣示宗旨"，二为"布地方自治之制"，三为"定集会言论出版之律"。其讨论"布地方自治之制"一段曰：

> 今州县辖境，大逾千里，小亦数百里，以异省之人任牧民之职，庶务丛集，更调频仍，欲臻上理，夐乎其难。各国郡邑，辖境以户口计，其大者亦仅当小县之半。乡官恒数十人，必由郡邑会议公举，如周官乡大夫之制。庶官任其责，议会董其成，有休戚相关之情，无扞格不入之苦，是以事无不举，民安其业。宜取各国地方自治制度，择其尤便者酌订专书，著为令典，克日颁发各省督抚，分别照行，限期蒇事。①

驻外使节们根据自己在海外所见，发现各国地方政府所辖范围比中国州县要小很多，辖境大的也只赶得上中国小县的一半，但却有几十个乡官来治理。他们认为，这是各国地方能够"事无不举，民安其业"的原因所在。因此，他们要求在州县引入地方自治制度。

1906年，五大臣考察归来之前，江苏学政唐景崧为宪政改革提出四条建议，包括"发明立宪宗旨"、"断定立宪主权"、普及教育、地方自治，而对地方自治最为看重。一则说"地方自治政策，所以培成立宪基础，乃今日所最宜注意者也"；再则说"今日而欲创办宪法，舍国

---

① 《出使各国大臣奏请宣布立宪折》，《宪政初纲》，《东方杂志》临时增刊，光绪三十二年十二月，"奏议"，第2页。

第一章 立宪改官——清季外官制改革的启动

民自治其奚属哉",反复致意,并主张仿照日本的地方自治制度办理。①

在宣示"仿行宪政"国策之前,内阁中书刘坦呈递过一个条陈,为如何进行宪政改革献言,提出四条,第一条就是"先行地方自治",其言曰:

> 读各国立宪史,观其组织立宪之际,必与议院相维,人民朝考夕稽,地方自治之制早已完密,英国当七世纪,他文瑟佛勒定地方自治制度,为立宪机关之基础。中国人民尚无选举议员之知识,亦无可任议员之人才,则先行地方自治为教育陶铸之法。盖地方自治之议会组织及投票选举,实为议院之权舆,人民之知识,因练习而渐熟,不难养成适于立宪国民之资格。②

刘坦在这里是以英国为例,说明在中国这种缺乏选举传统,人民对选举茫然无知的国家,应该采用地方自治,以便养成适合于立宪的国民资格。

诸如此类的从地方自治入手推行宪政改革的主张,应该是前引谕旨中强调外官制改革要从州县入手的重要"舆论"基础。而孙家鼐在官制改革期间的一道封奏,可能是更为直接的促成因素。在这封奏折中,孙家鼐写道:

> 臣愚以为设官分职,皆以治民,则亲民之官尤为紧要。迩来吏治偷惰,贪酷横行,民不聊生,邪说易于鼓煽,士风不靖,民气嚣张,此非天下之细故也。欲改定官制以治今日之天下,当从州县起,而京朝百官犹其后焉者也。③

---

① 《江苏学政唐景崧奏预备立宪大要四条折》,《清末筹备立宪档案史料》上册,第116页。
② 《内阁中书刘坦条陈预备立宪之法呈》,《清末筹备立宪档案史料》上册,第121页。
③ 《大学士孙家鼐奏改官制当从州县起并请试行地方自治折》,《清末筹备立宪档案史料》上册,第461页。

孙家鼐当时系军机大臣,与奕劻、瞿鸿禨一样,是官制改革中负责核改的,处于权力的高层,容易对"深宫"产生影响。孙家鼐在此明确提出,官制改革当从州县入手。并且,在他看来,改州县之官制,比改中央官制都还重要。在孙家鼐呈递这一封奏之后四天,清廷颁布了前引强调州县官制的改革外官制上谕。

中央试图从州县入手,且请各省督抚详加讨论。那么,在讨论中,督抚们都提出了什么样的意见?

二　督抚的意见

各省督抚收到电报之后,大都做了回复,发表对外官改制的意见。州县官制中,设立各级审判厅和地方议会,是最关乎宪政改革的。但对这两项,督抚们大都发表了否定性意见。

对于设立地方审判厅与谳局一事,只有两广总督周馥表示赞同,但同时他又提出,每县只设一所谳局不够:"惟中国州县有辖地太广者,裁判既繁,每县只设谳局一所,尚恐不敷,必须计户口若干,分设一局,如村户稀少,亦须计里数设局,取其路近,小民赴诉易于往还。"①

除周馥以外,我们看到的全是反对的意见,而反对的理由,首先便是司法人才不够。如江苏巡抚陈夔龙提出,此事"于我国政治尚需逐渐仿行,或暂由本官督厅办理,一面实力讲求法政,养成裁判人才"。②四川总督锡良有与陈夔龙类似的看法,他认为,虽然司法独立、议会为各国所有,"洵宜取法",但因中国现在"法政之教育未溥,国民之程度犹低,而审判之刑事、民事、诉讼法尚未颁定",这些新制现在都不可行,"窃谓此时储审判、议事、董事之材不可缓,设审判、议事、董

---

① 《两广总督来电》,《清末督抚答复厘定地方官制电稿》,《近代史资料》总第76号,第72页。
② 《江苏巡抚来电》,《清末督抚答复厘定地方官制电稿》,《近代史资料》总第76号,第56页。

事之员不可急"。①

此外，河南巡抚张人骏从三个方面提出反对意见。一则新设审判机构，必增加官员，而"多一官多一需索，其弊更甚于书差"；二则厘定官制大臣所设计的审判机关层级太少，"民间难于上诉"、"上官疏于稽察"；三则解除历来各级官员所享有的审判权，将给施政造成混乱："州县不司裁判，则与民日疏；疆吏不管刑名，则政权不一。"② 关于解除各级官员的审判权将给施政带来坏影响，锡良也有相似的看法："今日州县尚能勉强集事者，幸赖执法为操纵，解削此权，即使司法皆得其人，牧令徒拥监督虚名，号召已难；万一非人，其弊滋大。"③

此外，陕西巡抚曹鸿勋虽然认为设立司法审判机关是一件好事，但反对无视地方差异，在全国一律推行："民有贤愚、地有繁简，以天下言，此省与彼省异；以一省言，腹地与边地异……似宜分别繁简，毋遽一律施行。"④

从督抚们所提的意见来看，有些是有建设性的，如当注意各地的差异、人才问题等等，但有些言论则显示了其时的督抚群体对司法独立之制的隔膜。厘定官制大臣在通电中明明说了每府州县要分设若干谳局，周馥却还将每县只设谳局一所作为靶子猛烈攻击一番，显示这位赞成司法独立的总督，却连厘定官制大臣的通电且未看懂。在反对设立地方审判厅和谳局的人中，张人骏和锡良都担心在实行司法独立之后，地方行政官员没有了审判权，将给施政造成影响，甚至是造成混乱，显示他们对司法独立将剥夺传统官员大权的担忧，在一定程度上埋下了预备立宪

---

① 《四川总督来电》，《清末督抚答复厘定地方官制电稿》，《近代史资料》总第76号，第63~64页。
② 《河南巡抚来电》，《清末督抚答复厘定地方官制电稿》，《近代史资料》总第76号，第62页。
③ 《四川总督来电》，《清末督抚答复厘定地方官制电稿》，《近代史资料》总第76号，第64页。
④ 《陕西巡抚来电》，《清末督抚答复厘定地方官制电稿》，《近代史资料》总第76号，第54页。

期间行政与司法争权的伏笔。

设立各级议会组织，对于宪政制度建设而言也是题中应有之义。厘定官制大臣所规划的府州县以及乡镇议事会，实是地方议会的别名，或可称之为准议会组织。不过，当时的地方议会是放在地方自治的范畴中规划的。既曰地方自治，就不但应该有议事机关，也当有执行机关，故在厘定官制大臣的规划中，与各级议事会一同设立的尚有各级董事会等。

对于厘定官制大臣所设计的地方自治方案，督抚们有表示欣赏的，也有表示否定的。

盛京将军赵尔巽、新疆巡抚联魁、山西巡抚恩寿、陕西巡抚曹鸿勋、江苏巡抚陈夔龙、湖广总督张之洞等都表示认可设立议事会、董事会。不过，他们中的大多数人，在表示认可的同时，又提出了很多意见。如联魁从整体上赞成搞自治，但落实到新疆则不可行，理由是"新疆民族，种类庞杂，程度太低，实无自治之资格"。① 恩寿则在表示赞成地方自治之后，提出要防止民气嚣张："晋省本有乡社董事名目，拟即就此基础推行议、董各会，但宜明定权限，毋令民气嚣张。"② 对"民气嚣张"的担忧，陈夔龙也一样有："查现在各处商学等会，风气已开，而冲突抵牾往往不免。"因此，他虽然说"程度以渐而进，亦未便因噎废食"，赞成搞地方自治，但同时又提出，要"明订规律，以昭严肃而杜弊端"。③ 曹鸿勋则强调，要重视地方差异，"分别繁简，毋遽一律施行"。④

---

① 《新疆巡抚来电》，《清末督抚答复厘定地方官制电稿》，《近代史资料》总第76号，第53~54页。
② 《山西巡抚来电》，《清末督抚答复厘定地方官制电稿》，《近代史资料》总第76号，第66页。
③ 《江苏巡抚来电》，《清末督抚答复厘定地方官制电稿》，《近代史资料》总第76号，第56页。
④ 《陕西巡抚来电》，《清末督抚答复厘定地方官制电稿》，《近代史资料》总第76号，第54页。

第一章　立宪改官——清季外官制改革的启动

至于湖广总督张之洞，在这方面是言之最长的。一方面，他认为设立议事会、董事会一条是"有关立宪本意的"，并认为可以设立；但另一方面，也提出了很多意见。其总的观点是："议事、董事两会，未尝不可设立，但一须正其名义，二须定其权限。"

在正名义方面，他反对以会为名："名义者，只可名局，不可名会。"其理由如下："查各省府县多有绅局……名沿其旧，则不僭不骄，屏去会名，则不致为江湖会、联庄会、三合会、哥老会各种作乱之会匪所影射。"

在定权限方面，他提出要限制参与议事、董事各局绅士的权力："议事之员但许有议事之职，不予以决断之权，其议决之可否，悉由官定，以审度其可行与否。至董事之员，只可供地方官之委任调度，不宜直加以辅佐地方官办事之名。若权限逾分，必至官为董制，事事掣肘，虽有地方官监督之说，徒拥虚文，而其为害殆不可思议。故议事之员能议而不能决，董事之员宜听官令而不宜听绅令。"

他还讨论了议事、董事各员的产生方法："议事、董事之员，须由本县人公同推举。其推举此项绅董者，必须家有中人产业，而又素行端谨者，方许列名为推举人，由官选定派充禀报，如公派不公，准其赴省控告，民举不公，准本县官停议另举。如此则民情可上达，公论可上闻，而纲纪等级尚未废弃破除，绅谋官断，互相补救，似与朝廷勤求民瘼之意相合。"①

吉林将军达桂、四川总督锡良、署闽浙总督崇善、湖南巡抚岑春蓂、山东巡抚杨士骧、浙江巡抚张曾敭、江西巡抚吴重熹等人则明确反对地方自治。② 而其反对的理由，几乎都是人民程度不足，无法建立良

---

① 《湖广总督来电》，《清末督抚答复厘定地方官制电稿》，《近代史资料》总第76号，第80~81页。
② 达桂只明确表态反对设立乡镇自治机关，对于府州县议事会、董事会等则未发表意见："边隅僻处，开发较迟，国民程度未高，骤语以乡镇自治机关，恐多退谢不敏。"（《近代史资料》总第76号，第53页）其余几人，则是反对整个地方自治。

好的自治组织。锡良之反对议事会、董事会,从前引"窃谓此时储审判、议事、董事之材不可缓,设审判、议事、董事之员不可急"可知。崇善反对议事会、董事会之言:"由毫无程度之国民举充会员,非慕于权势,即阿其所私,会员与会员不相洽,议事与董事不相能,地方官周旋其间,转多掣肘。窃谓宜俟各府州县学堂学生成效大著,国民程度稍高,再自选举,庶昭慎重。"① 岑春煊之言:"若夫议员、会董之设,诚自治之第一义。为立宪完全之政体,夫亦视乎得人与不得人而已……无如今日人民既无此知识,且寻于今日之士绅亦无此权力。是必俟学校修明,士绅廓然于自私自利之见,人民晓然于公是公非之理,乃能相与以有成。若遽行之今日,蚩蚩之氓但听豪右之嗾使,恂恂之士动为黠猾所抵排,众正蝺缩,党会蜂起,始则膻慕,继且狺争,徒滋沸羹,终属画饼。非鄙人之过计,实揆以今日之风气弊必至此。"② 杨士骧之言:"至议事会、董事会之分立,尤在选举人及被选举人均有国家思想,新政识解,公益热诚,而后具议事、董事之资格。否则绅衿沌渚不一,见有利于己,则开会以营求,设不遂其谋,则散会以挟制。自治之经费并不能筹,官出之经费转有牵制。此大可虑者也。"③ 张曾敭之言:"窃以为府州县下应照章先设视学官,其余且须注重教育,尤须亟办警监法政,以为预备。将来卒业渐多,佐员议董人材足用,乃可实行。"④

以上各员,都以人民程度不足为反对的理由,江西巡抚吴重熹则在提出人民程度不足之后,尚从另外两个方面立论,反对设立议事会和董事会。一则从已经开办的以绅士为主的教务公所、商会等来看,自治机

---

① 《署闽浙总督福州将军来电》,《清末督抚答复厘定地方官制电稿》,《近代史资料》总第76号,第65页。
② 《湖南巡抚来电》,《清末督抚答复厘定地方官制电稿》,《近代史资料》总第76号,第69页。
③ 《山东巡抚来电》,《清末督抚答复厘定地方官制电稿》,《近代史资料》总第76号,第74页。
④ 《浙江巡抚来电》,《清末督抚答复厘定地方官制电稿》,《近代史资料》总第76号,第67页。

关即使办起来,也达不成目的;二则有哥老会、"孙逆党",不可轻易变更政体。他的观点非常明确:"窃以为立宪基础尚未完备,此层更宜从缓。"①

在对设立议事会、董事会一事发表了意见的督抚中,反对的多,赞成的少。反对的声音中,以人民程度不及为最多。就是赞成搞地方自治的督抚,也提出了许多修正性意见,或说本省情况特殊不能实行,或说要根据各地情况分别办理,而要防止"民气嚣张",限制自治机关的权力,则是言之最多的。凡此,均很好地反映了督抚群体对民权的认识。

中央希望通过从州县入手来实现外官制的改革,但对于州县的"立宪改官",督抚们却多不以为然。至于省官制的"两层办法",督抚们也提出了很多意见,据《东方杂志》的观察,是"大抵主第二层办法者多于第一层,主第二层办法而请缓行者多于速行"。② 与立宪制度"最为相近"的第一层办法,同样遭到了比较多的反对。督抚们的态度如此,预示着以"立宪改官"为特色的这次外官制改革,难免荆棘满途。以下各章,我们将会对这种情况有所揭示。这里只交代一点,那就是到1908年宪政筹备九年清单出台的时候,在一定程度上已经放弃了"从州县入手"的方案。观这一预备立宪整体规划,在司法系统方面,是从建立省城与商埠各级审判厅入手,次府厅州县城治,最后才是乡镇;在立法系统方面,是先筹备省一级的谘议局,然后才是两级自治体的议事会。这些都有明显的"自上而下"的特点,与1906年通电中"从州县入手"那种"自下而上"的特点形成对照。

三 《直省官制通则》

在1906年关于外官制方案的讨论中,督抚意见虽然并不完全一致,

---

① 《江西巡抚来电》,《清末督抚答复厘定地方官制电稿》,《近代史资料》总第76号,第78页。
② 《编改外省官制办法及各疆臣之意见》,《宪政初纲》,《东方杂志》临时增刊,光绪三十二年十二月,"立宪纪闻",第10页。

但多数都比较保守，或反对改革，或主张逐步改革，或主张由一省先行试点。督抚们之所以如此，有两点原因：其一是厘定官制大臣电文称改制要使"行政、司法各有专职，文牍简壹，机关灵通"，要调整行政结构、转变行政运行方式。但这一改变，无论是合署办公、裁撤局所，还是司法独立，都会涉及已有的督抚权力，不能不引起他们的关注和反对。当然，因为改革方案还没有在更多的方面直接触动督抚的权力，中央各部的官制改革正在进行之中，各项上下贯通的制度设计尚未出台，所以有不少督抚还没有产生紧迫感。但这一切都将是此后更大冲突的开始。

其二是从督抚的复电看，在大势所趋的局面下，他们都已意识到外官制改革的不可避免，但又普遍担心改革步骤太急。他们考虑的是改革成本，即外官制改革需要的人力、物力严重不足，这种实际困难也使他们顾虑重重。张之洞是督抚复电中言辞最激烈、态度最明了的人，但此时他的态度的落脚点，是害怕改革步骤太快会带来政治与社会的危机。

督抚的顾虑和反对，使编制局认识到"若强以所难，必至各省纷歧不一，或废而勿举，又使良法沮格不行"，① 故而退而求其次，提出变通之法：一是阐明立宪必须实行行政、司法分立外，还就举办审判厅期限作了初步安排，计划分为五期，以三年为一期，京师、直隶、江苏、奉天为第一期；湖南、湖北、江西、安徽、浙江为第二期；山东、广东、广西、福建为第三期；四川、河南、山西为第四期；云南、贵州、新疆、陕西、甘肃、吉林、黑龙江为第五期，十五年一律办齐。设定了一个比较宽的期限。② 二是对地方官设佐治员问题，针对督抚无才无费的顾虑，提出各地劝学所和巡警已开始建立，需增加者只是主计和劝业两员，并允许各州县自行选举，不拘官绅详候酌委。③

---

① 《编制局对于议改外省官制之办法》，《申报》1907年2月5日，第2版。
② 《附编纂官制大臣泽公等原拟行政司法分立办法说帖》，《东方杂志》第4年第8期，光绪三十三年八月，第416~423页。
③ 《附编纂官制大臣泽公等原拟地方官设佐治员并酌拟佐治员任用办法说帖》，《东方杂志》第4年第8期，光绪三十三年八月，第424页。

第一章 立宪改官——清季外官制改革的启动

1907年3月,《盛京时报》刊载了一个《厘定各省官制总则草案》,定各省设布政、提学、提法三司,受本管督抚节制。各省视地方情形酌设盐运司、盐法道或盐茶道、督粮道或粮储道、关道、河道。以上司道除主管事务外,不得兼管地方行政事务。此外,"增设警察使,归民政部节制;设劝业使,归农工商部节制"。①

但官制草案迟迟未见入奏,个中原因据媒体分析,是"闻慈宫以改变中央官制一利未兴百弊已见,且各部员缺多未奏定,而外间早有烦言,是以外省官制不欲大加更动",厘定官制大臣惧拂上意,进退两难。② 又说因军机大臣瞿鸿禨谓此中有修改之处,"必待庆邸政躬稍豫详慎参酌方可缮折奏闻"。③

此时朝野内外关于外省官制是否举办的议论也非常激烈。监察御史赵启霖是主张缓办的代表。他提出京官改制已经半载,诸臣仍多数因循未能破除情面,若又更改外省官制,恐怕会徒增纷扰,并警告说:"各处因捐激变之事、伏莽窃发之患,时有所闻……若各省改易官制,添无数之员,筹无数之费,积习如故,苛敛更多",搞不好"群情益生怨"。④ 但也有官员主张速改外省官制,某御史上折称外官制既经议定,若因内官制多滋流弊,致将议定外官制延不宣布,"不惟贻笑于外,实亦失信于全国"。折上留中。⑤ 徐世昌亦上折请朝廷"速定大计",又拜见庆亲王,"请将外官制仍照原意办理",庆王"为之默然动容,许以从长计议"。⑥ 5月3日,新任邮传部尚书岑春煊在接受召见时首先就提出"外官制请变通议改"。⑦ 这些言论明显触动两宫。有报纸说:"外官

---

① 《厘定各省官制总则草案》,《盛京时报》光绪三十三年正月二十一日、二十二日,第2版。
② 《改外省官制折尚未入奏》,《申报》1907年3月1日,第3版。
③ 《京师近信》,《申报》1907年3月2日,第2版。
④ 《监察御史赵启霖请缓行外省官制折》,《申报》1907年4月2日,第2版。
⑤ 《侍御请速发外省官制》,《申报》1907年4月6日,第2版。
⑥ 《徐督力持外官改制之议》,《盛京时报》1907年4月21日,第2版。
⑦ 《电一》,《申报》1907年5月4日,第3版。

制事已将中辍,俟因中外大员多电请仍旧开办,不可因一二人之言而作罢,后岑宫保至京又竭力提倡,并请先开内阁会议,故近日政府中对此事已渐有转圜之意。"① 于是,总核大臣对官制草案进行核议,"善化(瞿鸿禨)所改颇多,寿州(孙家鼐)亦略改定,庆邸(奕劻)未动笔",由邓邦述拟稿上奏。②

1907年7月7日,《直省官制通则》终获朝廷批准,其中确定:"一省或数省设总督一员,总理该管地方外交军政,统辖该管地方文武官吏","每省设巡抚一员,总理地方行政,统辖文武官吏","唯于该省外交军政事宜,应商承本管总督办理,其并无总督兼辖者,即由该省巡抚自行核办"。

在省制上,各省设三司:布政司、提学司、提法司;此外还设劝业、巡警两道,皆"受本管总督节制"。此外可视地方情形,酌设盐运司、盐法道或盐茶道、督粮道或粮储道、关道、河道。这些司道除主管事务外,不得兼管地方行政事宜。

在督抚制度方面,总督巡抚衙门各设幕职,佐理文牍,分科治事。并要求"所有原设各项局所,应视事务繁简,酌量裁并"。"督、抚于本署设会议厅,定期传集司道以下官会议紧要事件,决定施行"。

在督抚与中央部院关系方面,章程规定:"总督巡抚于各部咨行筹办事件,均有奉行之责。但督抚认为于地方情形窒碍难行者,得咨商各部酌量变通,或奏明请旨办理。"很明显,督抚仍有军政权力,可对各部议决之事提出不同意见,并可越过各部,自行请旨取得事权。

关于地方,通则定各省所属地方得因区划广狭、治理繁简,分为三种:府、直隶州、直隶厅,各设知府、知州、同知。各府所属地方为州(散州)、县;直隶州所属地方为县。直隶州、直隶厅及各州县酌设警务长、视学员、劝业员、典狱员、主计员等佐治各官;另定各州县分若

---

① 《外官制渐有转机》,《大公报》1907年5月16日,第3版。
② 《丁未五月四日京陈丞来电》,转引自李细珠《张之洞与清末新政研究》,上海书店,2003,第314页。

第一章　立宪改官——清季外官制改革的启动

干区，各置区官一员，掌理本区巡警事务，以取代巡检。另外还定各省应就地方情形，"分期设立府州厅县议事会、董事会"、"分期设立高等审判厅、地方审判厅、初级审判厅"。①

显然，通则在一定程度上吸收了督抚的意见，做了很大的调整。不仅用"会议厅"取代了督抚强烈反对的"同署办公"，而且在内容上偏重督抚和省级机构的设计，对厅州县则是强调增设佐治员，最后各有一条涉及府州县议事会、董事会和各级审判厅问题，但允许各省就地方情形分期设立。可见通则改变了先前厘定官制大臣征求草案"从州县入手"的设想，把省级机构改革放到了前面。

关于将劝业、巡警两机构设为"道"而不是"司"的问题，学术界或沿用刘锦藻的说法，是因"司属三品，非部曹应升之阶，抑之为道，可以简放改官制专为京员谋出路，可议者此其一端也"。② 或认为司必须奉旨简放，而道可以由督抚奏署奏补，此一设置是中央与督抚博弈的结果。③ 此两说均有一定的道理，但还需要从当时实际状况进行进一步考察。晚清的制度变革有多种情况，有的是直接借鉴西制而来，如三权分立，设置各级审判厅等；但相当一部分则是在旧制基础上的变通与改革，在这个过程中，旧有制度的影响和现实情况的考虑是制约某一项制度创设的重要因素。就以提学使司而言，本来在省一级就有学政的设置，学政为中央派遣官员，位分较尊，事权不属于督抚。袁世凯原奏主张规复清初办法设提学道，为学部所驳。学部认为，"近来地方有司办理新政，恒视上司督催权力之所及以为进退"，"若学政改设提学道，恐体制大异于从前，督饬或难于见效"。④ 这说明与旧制衔接和现实考虑是学部奏设提学使司的主要原因。

---

① 《总司核定官制大臣奕劻等奏续订各直省官制情形折》，《清末筹备立宪档案史料》上册，第503~510页。
② 刘锦藻：《清朝续文献通考》卷134《职官二十》，商务印书馆，1936，第8945页。
③ 王鸿志：《由"司"至"道"：清季劝业道之议设》，《学术研究》2010年第11期。
④ 《学部政务处奏议请裁撤学政设直省提学使司折》，上海商务印书馆编译所编纂《大清新法令（1901~1911）》（点校本）第2卷，商务印书馆，2011，第175页。

37

同样，在原有体制中，就有"道"的设置，道有分管一地的道和分管一事的道两种。就分管一事的"道"而言，具有因事设置、事权较专的特点。20世纪初，在一些省会城市和通商繁盛之地，为了加强社会治安，纷纷设立巡警，建立警察局所，多以臬司负责，督办、会办则多为道府大员。1906年5月，巡警部援引学部奏将学政改设提学使司例，提出各省设巡警使一员，但遭到否决，理由就是"政府以各省办理警务向归道员监制，拟毋庸再设专司，以省繁冗"。①8月，出使各国考察政治大臣戴鸿慈和端方奏官制改革折，从"上下对接"的角度，主张省级机构都为"司"。其中布政、提法两司为原有设置，提学使司为学政改制而来，比较好办，而巡警、劝业等则是新设机构，这样一来，就需要增加新的经费和新的官员，而这两条，恰恰是各省督抚最为顾虑的事。实际上，在第一次官制讨论时，厘定官制大臣拿出的方案中，对于设司还是设道的问题并没有十分明确的表述，督抚中除个别人，大多数都没有对司道问题发表具体意见。在督抚中具有重要影响的张之洞的主张是"旧制暂勿多改"；两广总督周馥虽然认为"京师既添设各部，则外省应亦添设各司"，但又认为，现时廉俸难筹，"自应仍以各局所委员充当"，不必"遽开生面"。②

在这种情况下，最后公布的通则退而求其次，将巡警、劝业改为"道"，同时要求裁撤分守分巡道，这样，既设置了新机构，也没有增加新的负担。当时报章亦有反映："厘定官制大臣议于各省添设巡警劝业两司，本已议定，近闻总司核定王大臣以外省款项支绌，添设监司大员经费不易筹措，拟暂作罢论。"③所以，巡警、劝业最终为道，既延续了旧有惯例，也有从实际出发的现实考量。事实上，此后各省巡警、劝业两道的设置中，不少省都是走裁撤旧道、设置新道的路子，并将旧

---

① 《巡警使司将驳》，《大公报》1906年7月11日，第3版。
② 《湖广总督来电》、《收两广总督来电》，《清末督抚答复厘定地方官制电稿》，《近代史资料》总第76号，第86、89页。
③ 《外省添设警察劝业两司作罢》，《申报》1907年4月15日，第3版。

道的经费转为巡警、劝业两道的经费。

当然，新的巡警、劝业两道与旧的掌管一事的道有本质的不同。旧有的掌管一事的道多不兼任地方行政，而新设之巡警、劝业两道则成为督抚的辅助官，成为掌管一个方面事务的省级行政官员。

总之，通则所确定的省制，除确定行政、司法分立的原则和增设行政机构外，其余基本延续旧制，督抚权力得到确认，这也是通则公布后督抚大都没有表示异议的原因。

1907年7月总司核定官制大臣奕劻等在续定《直省官制通则》的奏折中说："惟各直省地方，风俗之不齐，人民知识之未瀹，措手不易，扞格必多，有不仅如各督抚所虑人才难得，款项难筹者。若必同时并举，其势有所不能"，故提出以东三省先行开办，直隶江苏择地先为试办，其余各省分年分地逐渐推行的办法。督抚如何推行亦有较大的自主权，"一省之中，何处宜先，何处宜缓，并由该督抚体察情形，斟酌办理，惟须于十五年内，务令一律通行"，即其他省可分年分地请旨办理。① 得到朝廷认可。通则并没有汲取编纂官制大臣载泽等说帖的分期办法，采取了先试点、后铺开的宽松政策，不仅提出由东三省先办，直隶、江苏试办，而且各省何者先办、何者缓办，都可由督抚根据情况自行斟酌，期限则是15年。

行动较快的是直隶。实际上，在直省官制通则颁布之前，直隶就已经开始了改革步伐。1905年，直隶总督袁世凯鉴于"若官智不开，何以责民"的考虑，遴派实缺州县无论选补先赴日本游历三个月。同年率先颁布《劝学所章程》，定各州县设劝学所；警察制度也在一些州县出现；1906年成立天津府自治局，第二年试办天津县议事会（详见第五、六章）；还成立了天津府高等审判厅、县地方审判厅和乡谳局。直隶的改革偏重在府州县层面上展开。

---

① 《总司核定官制大臣奕劻等续订各直省官制情形折》，《清末筹备立宪档案史料》上册，第505页。

东三省由于新建省制，所以主要集中在省与道府州县的建制方面。1907年，新任东三省总督徐世昌等奏拟东三省官制，定三省各设行省公署，以总督为长官，巡抚为次官，公署内分设承宣和谘议两厅，设左、右参赞各一员；分设交涉、旗务、民政、提学、度支、劝业、蒙务七司，各设司使一员，各司分科办事，设置佥事、科员等人。"各员逐日入署，事则公商，稿则会画，以期赴机迅速，简省繁文。"另外还"专立司法"，三省各设提法使一员，专管司法行政，兼理裁判事务，"别为一署，暂受督抚考核，节制应设高等裁判以下各官"。对于道府州县，也有一些与内地不同的做法，如在黑龙江设置兵备道，加重军事权力；并对府、厅与州县的关系作了调整，即有的府不设首县，知府自理地方，以道为监督；而边疆和重要地方仍由府辖县，但府的权力有所加重（具体详见第五章第二节）。①

显然，东三省官制与内地有很大的不同。首先在总督巡抚的权限划分方面，三省公署堂印由总督佩带；凡奏咨批札稿件均依先总督、后巡抚的顺序进行，重要事件必须电商总督定夺，三省公事皆由督抚联衔具奏。其次是在办公体制上，三省各设公署，置承宣和谘议两厅，各设左右参赞，各司入署共同办公。

东三省官制既通过同署办公打破了既往的督抚独断体制，又通过督、抚的主次之分将权力集中到总督，虽然适应了三省建制的客观情况，但也因此饱受评击，被指斥为"冗员太多，用款太巨"。② 1909年锡良就任东三省总督后，认为"大官太多，新政所病"，奏请裁奉天左、右参赞与承宣、谘议两厅，遵照直省官制通则改设幕僚分科办事。③ 又奏请裁

---

① 《东三省总督徐等会奏遵议东三省设立职司官制及督抚办事纲要折》，《东方杂志》第4年第6期，光绪三十三年六月，第286页。
② 《东三省总督锡良奏遵旨考察东三省情形裁并差缺撙节经费折》，《大清新法令（1901～1911）》（点校本）第6卷，第34页。关于东三省官制的争议，关晓红在《清季外官改制的试办与成效》中做了详尽的分析，见《史学月刊》2011年第11期。
③ 《东三省总督锡良奏请裁奉天左右参赞员缺折》，《大清新法令（1901～1911）》（点校本）第5卷，第396页。

奉天巡抚,会奏事件参用变通办法,例行之事由两省巡抚主稿,会列总督后衔具奏;关系紧要及特别事件,或由该省巡抚主稿咨送核定,或先电商定稿,再行缮奏拜发。① 即改变先前三省公事必须总督领衔具奏的规定。经过锡良的变通,东三省省级机构除设置与内地略有不同外,② 其余与直省官制通则已无大的区别。

江苏省的官制改革则主要集中于清理积弊、裁并局所方面,省级新机构,如巡警道、劝业道的设置还落后于其他省份。③ 筹办地方自治局也是仿照直隶办法,于1908年2月上折具陈。④

三个先办、试办的地方,东三省官制显然与内地情况不同,最后在各方压力下,不得不通过变通向《直省官制通则》靠拢;江苏改革的力度和影响不大,只有直隶的做法为一些省所效法。

四 筹备立宪清单

但这种从试点开始而后逐步推开,并以15年为期的改革路径很快就无法维持。当时国内革命形势发展迅速,立宪派也开始集结,立宪团体纷纷成立,成为推动清政府加快立宪的外在力量。在这种局面下,朝廷上下都有了"国势阽危,人心浮动,内忧外患,岌岌堪虞"的危机感,不得不加快筹备立宪的步伐。1908年8月27日(光绪三十四年八月初一日),清廷公布宪法大纲和逐年筹备事宜清单,将各项筹备事宜的轻重缓急排了个次序:预备自上者,以清理财政、编查户籍为最要;而融化满汉畛域、厘定官制、编纂法典、筹备各级审判厅次之。预备自

---

① 《东三省总督锡良奏吉江两省会奏事件分别例行特别办法片》,《大清新法令(1901~1911)》(点校本)第6卷,第38页。
② 三省原无布政使,因而均设度支司,另设民政司,巡警事宜由民政司兼管,但三省设置的省级机构并不完全一致。见《东三省总督锡良奏遵旨考察东三省情形裁并差缺撙节经费折》,《大清新法令(1901~1911)》(点校本)第6卷,第34~37页。
③ 参见关晓红《清季外官改制的试办与成效》,《史学月刊》2011年第11期。
④ 《两江总督端方等奏江宁筹办地方自治局情形折》,《清末筹备立宪档案史料》下册,第722页。

下者，则以普及教育、增进智能为最要；而练习自治事宜次之。① 依照这个安排，重要筹备工作均自上而下推进，涉及中央部门者，由有关部筹办，涉及地方者，由相关部门和各省督抚同办。② 并确定了地方自治、各级审判厅、巡警、内外官制从筹备到设立的时间表：

地方自治：第一年，即光绪三十四年公布章程，然后按照先城镇乡、后厅州县的顺序展开，即第二年开始筹办城镇乡地方自治，至第五年粗具规模，第六年一律成立；厅州县自治从第三年开始筹办，第七年一律成立。

各级审判厅：按照先筹办省城商埠各级审判厅，次筹办府厅州县城治各级审判厅，最后筹办乡镇初级审判厅的顺序展开。省城商埠各级审判厅第二年筹办，第三年成立；府厅州县城治各级审判厅第四年筹办，第六年一律成立；乡镇初级审判厅第六年筹办，第八年一律成立。

各级巡警：先办厅州县巡警，第三年完备；次办乡镇巡警，至第八年一律完备。

内外官制：第二年编订文官考试、任用、官俸章程，第四年实行；第三年厘订直省官制；第五年颁布新定内外官制，第九年一律实行。③

这个清单确定了改革的路线图。值得注意的有三点。

一是宪政编查馆和资政院在会奏中说："窃维东西各国立宪政体，有成于下者，有成于上者，而莫不有宪法，莫不有议院。成于下者，始于君民之相争，而终于君民之相让；成于上者，必先制定国家统治之大权，而后锡予人民闻政之利益。""大凡立宪自上之国，统治根本，在

---

① 《宪政编查馆资政院会奏宪法大纲暨议院选举法要领及逐年筹备事宜折》，《清末筹备立宪档案史料》上册，第56页。
② 清单规定中央部门和各省督抚同办的事项有：筹办城镇乡和府厅州县地方自治、设立自治研究所；调查、汇报各省人户总数；调查各省岁出入总数，试办各省预算、决算；筹办省城及商埠、府厅州县城治各级审判厅，筹办乡镇初级审判厅；创设厅州县简易识字学塾；筹办州县、乡镇巡警。
③ 《逐年筹备事宜清单》，《清末筹备立宪档案史料》上册，第61~67页。宣统二年十二月，清廷在内外压力下宣布修正逐年筹备立宪清单，将颁布施行内外官制的时间提前到宣统三年。见《清末筹备立宪档案史料》上册，第90页。

于朝廷。"① 宪政馆所要论证的是先颁布钦定宪法的必要,但也说明,此时清廷已经明确了自上而下加快推进改革的方针。

二是在时间上,认为改革非三五年所能完成,但"亦断不至延至十年之久",所以定"九年将预备各事一律办齐"。

三是正式将地方自治、各级审判厅、各级巡警的筹办分别作为一个系统,与内外新官制分开,使"官制"集中到行政官员"设官分职"的范围中。其改革路径是先编订文官考试、任用、官俸章程,再颁布新定内外官制。

1906年11月中央官制改革方案奏定后,新设和改组各部很快完成了新官制的建设,② 为加强中央集权,各部又很快制订了相应的省级对应部门的官制,③ 这些官制章程不仅确立相关部门的设置与职责、与督抚和上级部门的关系,还规定了其下级,即州县一级相应机构的设置。这样,从1906年至1910年,省级行政部门——布政使司、提法使司、提学使司、巡警道、劝业道相继完成了调整、改设或新设的工作。三司两道成立后,一方面禀承上级部门的指令实施各项新政措施,另一方面又接受督抚的直接领导,使各项改革的推进有了具体的责成部门。

为了加快改革的步伐,各部又制定了筹备立宪的时间表,分别规划改革步骤。如民政部拟订的逐年筹备事宜清单中,关于城镇乡地方自治的安排,进一步细化为宣统元年指定繁盛城镇地方,宣统二年指定中等

---

① 《宪政编查馆资政院会奏宪法大纲暨议院选举法要领及逐年筹备事宜折》,《清末筹备立宪档案史料》上册,第55页。
② 各部奏定官制的时间是:民政部,光绪三十二年十二月;度支部,光绪三十三年三月;陆军部,光绪三十三年四月;法部,光绪三十二年十二月;农工商部,光绪三十二年十二月。新设的邮传部于光绪三十三年六月奏定官制。另外学部官制是光绪三十二年闰四月奏定的。
③ 光绪三十二年,学部奏定各省学务官制和提学使办事权限;光绪三十四年民政部拟订直省巡警道官制;同年农工商部拟订劝业道职掌任用章程。各省提法使官制则于宣统元年核订。见《大清新法令(1901~1911)》(点校本)第2卷,第177、181、185、192页;第6卷,第400页。

城镇地方，宣统四年督催偏僻各乡，分别成立议事会、董事会。关于府厅州县自治，则是先办省会地方首县议事会、董事会，再办冲繁厅州县，再办偏僻各厅州县。关于巡警，则是按照省会、外府首县、商埠地方—各厅州县—繁盛市镇—中等市镇—各乡地方的顺序展开。①

法部的筹备清单中，确定审判厅的举办顺序为：先从建立省城与商埠各级审判厅入手（宣统元年筹办，宣统二年成立），次府厅州县城治（宣统三年筹办，宣统四年粗具规模），最后才是乡镇（宣统五年筹办，宣统六年粗具规模）。②

通过上述各项安排，外官体制改革将循着"自上而下"的路径发展，由于时间紧，涉及外官体制的各个方面——官制、地方自治、设立审判厅、巡警等等，又都几乎是同时铺开，齐头并进。从安排来看，先繁盛、后偏远，或者先省城商埠，后厅州县、城镇乡的步骤，体现了逐步推进的原则，有其合理性。但从整体来看，许多改革第一年筹备，第二年就要粗具规模，缺乏必要的准备和基础，导致改革流于形式，或者只是数字统计。并且，中国幅员广大，各省情况不一，许多省督抚在具体实施过程中不得不寻求变通，许多改革步骤并没有完全按照朝廷和各部的安排进行。

清单公布后，很快就有官员提出不同意见。御史赵炳麟上《请确定行政经费疏》，认为依照九年清单办理宪政，各项新政费用浩繁，会带来名不副实的后果。所以建议"分年算定预筹的款"，即分别轻重缓次，次第施行，并将某年举办何事，需经费若干，在何处筹定，在何处指拨，分年列表，详议具奏。③

湖北布政使王乃澂也认为财政困难，"无以供新政之用"，只能采

---

① 《民政部奏遵拟逐年筹备事宜折并清单》，《大清新法令（1901～1911）》（点校本）第5卷，第241～244页。
② 《法部奏统筹司法行政事宜分期办法折并清单》，《大清新法令（1901～1911）》（点校本）第5卷，第256～258页。
③ 《请确定行政经费疏》，《赵柏严集》"谏院奏事录"卷6，沈云龙主编《近代中国史料丛刊》第31辑，第1189页。

用"就款办事之策",将实业建设放在军政建设之前。①

两人都主张区分轻重缓急举办新政。1910年7月,清廷令在京各衙门、各督抚就赵、王条陈详议具奏。从《政治官报》刊登的部分督抚奏折看,都罗列了本省举办各项新政所需费用,无不表示筹款困难,赞成区分轻重缓急。有的还提出急办和缓办的办法,如署理两广总督袁树勋就提出教育、巡警、审判厅当纳入"应办而仍宜变通者";调查户口应暂予展缓,等巡警遍设、识字学塾稍多之时再进行;地方自治则因无举办之资而"应办而尚宜酌缓"。②

不过,客观形势的发展已不允许朝廷和官员再就轻重缓急之事坐而论道。革命党人活动的发展,立宪派的全国请愿国会浪潮,迫使清政府不得不在1911年1月17日(宣统二年十二月十七日)修正宪政逐年筹备事宜清单,所有各项事宜均"酌改年限","提前赶办",定宣统三年颁布施行内外官制,宣统四年直省府厅州县城治各级审判厅一律成立,宣统五年开设议院。地方自治作为变通各项,笼统确定为各年续办。③

此后,各省加快审判厅、巡警、地方自治的办理步伐,各种办理宪政成绩的册报六个月一报,但结果,诚如赵炳麟所言:"纸片上之政治与事实上之政治全不相符。从纸片上之观之,则百废具举,从事实上之核之,则百举具废。"④许多改革成果只是停留在纸面上。

---

① 《湖北布政使王乃澂奏筹备宪政酌分缓急等折》,《政治官报》第974号,宣统二年六月初十日,第10页。
② 《署理两广总督袁树勋奏筹议逐年行政经费并酌分缓急折》,《政治官报》第1072号,宣统二年九月二十日,第10~11页。
③ 《宪政编查馆大臣奕劻等拟呈修正宪政逐年筹备事宜折》,《清末筹备立宪档案史料》上册,第88~92页。
④ 《请确定行政经费疏》,《赵柏严集》"谏院奏事录"卷6,沈云龙主编《近代中国史料丛刊》第31辑,第1189页。

第二章

省级行政机构改革

　　1906年7月,出使各国考察政治大臣载泽在慈禧召见时谈到,中国与英法情况不同,难以强效;唯日本"以立宪之精神,实行其中央集权主义,施诸中国,尤属相宜"。① 9月1日清政府宣布预备立宪,确定了"大权统于朝廷,庶政公诸舆论"的集权立宪的基本方针,同时确定改革先从官制入手。但就西方的中央集权宪政体制而言,既有地方一切服从中央的中央集权,也有中央与地方适度分权的中央集权。清政府意欲学习日本的中央集权模式,但如此改革,将会面临法理与现实的两大难题。从法理上看,督抚具有双重身份,并不是完全的地方官,改革将会触动既往的督抚体制;② 从现实来看,清廷面临的是咸同以后督抚事权扩张的局面,所以在一些人看来,中央集权就是要把督抚的财权、兵权收归中央;中央集权被理解为中央政府掌握一切行政权。③ 这从一开始就注定了外官改制将会是一场尖锐的利益之争,并成为制度改革中难以突破的瓶颈。

---

① 转引自侯宜杰《二十世纪初中国政治改革风潮——清末立宪运动史》,人民出版社,1993,第68页。
② 关于这方面,关晓红有深入的分析,见氏著《清季外官改制的"地方"困扰》,《近代史研究》2010年第5期。
③ 如铁良就说:"立宪非中央集权不可,实行中央集权非剥夺督抚兵权财权、收揽于中央政府则又不可。"转引自侯宜杰《二十世纪初中国政治改革风潮——清末立宪运动史》,第79页。

第一节　行政机构的调整与增设

一　裁学政设提学使

清代主管一省教育的是学政。学政为中央差遣官，多由进士出身的侍郎、京堂、翰林、科道及部属等官简充，三年一任。① 地位在督抚之下，藩臬之前。其职责是："掌学校政令，岁、科两试。巡历所至，察师儒优劣，生员勤惰，升其贤者能者，斥其不率教者。凡有兴革，会督抚行之。"②

晚清以来，历经洋务新政、戊戌新政，在朝野上下有识之士的呼吁下，各种新式学堂创办起来，这些学堂皆在学政职能管辖之外，于是，一些省开始设置管理新式学堂的机构。1902年，湖广总督张之洞设立湖北全省学务处，设文武提调各一人；③ 1903年，直隶设置学校司，下分专门教育、普通教育和编译三处，设督办一员，并由藩司兼任总理。④

1904年，清政府颁布《奏定学堂章程》，在总纲《学务纲要》中提出，京师专设总理学务大臣，"至各省府厅州县遍设学堂，亦须有一总汇之处以资管辖。宜于省城各设学务处一所，由督抚选派通晓教育之员总理全省学务，并派讲求教育之正绅参议学务"。⑤《学务纲要》公布后，湖北参照《奏定京师学务处分设属官章程》，在学务处下设审订、

---

① 张德泽：《清代国家机关考略》，中国人民大学出版社，1981，第228页。
② 赵尔巽：《清史稿》卷116《职官三》，中华书局，1977，第3345页。
③ 张之洞：《札委学务处总办等》，苑书义主编《张之洞全集》卷146，河北人民出版社，1996，第4108页。
④ 袁世凯：《省城设立学校司片》，廖一中、罗真容整理《袁世凯奏议》（中），天津古籍出版社，1987，第598页。
⑤《学务纲要》，舒新城编《中国近代教育史资料》上册，人民教育出版社，1985，第216页。

普通、专门、实业、游学、会计六科。直隶也将学校司改称学务处,三处改称为"局",1905年又改设总务、普通、专门、实业、图书、会计、游学七课。① 此后,许多省陆续建立学务处。

各省学务处都是直属督抚的机构。如直隶学校司章程规定:学校司"专司通省学校事务,径归总督统辖",其督办由总督遴选,各处总办均由督抚选用。督办掌通省学校事务,"大事上之总督,小事由司酌核办理","其有不决者,呈候总督核办"。② 浙江全省学务处也是由巡抚派委藩臬运三司总理其事。③ 此时中央虽然设立了总理学务处,但却不能在行政上直接统辖各省学务处,对其只有业务督导关系。④ 这种状况显然与清廷中央集权的宪政改革宗旨是相悖的。

各省学务处的陆续设立,使新式学堂有了专官管理,而学政职责则主要偏向科举。在新式学堂蓬勃发展和裁停科举的呼声不断高涨的情况下,各省学政权限与能力有限,处于十分尴尬的地位。1906年初,云南学政吴鲁奏请裁撤学政,教育责成督抚办理;直隶总督袁世凯专折陈述学务未尽事宜,建议规复清初设提学道旧制,改学政为提学道。⑤ 朱批令政务处学部议奏。经过一番讨论,1906年4月25日(光绪三十二年四月初二日),学部与政务处正式奏请裁撤学政设直省提学使。关于为什么要裁撤学政,该折说:

> 现在停止科举,专办学堂,一切教育行政及扩张兴学之经费,督饬办学之考成,与地方行政在在皆有关系。学政位分较尊,当权较为不属,于督抚为敌体,诸事既不便于禀承;于地方为客官,一

---

① 《直隶学务机构沿革》,朱有瓛等编《中国近代教育史资料汇编——教育行政机构及教育团体》,上海教育出版社,1993,第30页。
② 《直隶新设学校司章程》,朱有瓛等编《中国近代教育史资料汇编——教育行政机构及教育团体》,第32~33页。
③ 《浙江巡抚聂奏设立浙江全省学务处折》,朱有瓛等编《中国近代教育史资料汇编——教育行政机构及教育团体》,第37页。
④ 关晓红:《晚清学部研究》,广东教育出版社,2000,第103页。
⑤ 《缕陈学务未尽事宜折》,廖一中、罗真容整理《袁世凯奏议》(下),第1249页。

切更不灵于呼应。即有深明教育之员补苴一二，为益已鲜。且各省地方辽阔，将来官立公立私立之学堂日新月盛，势不能如岁科各试分棚调考之例，而循例按临，更有日不暇给之虑，劳费供张，无裨实事，学政旧制，自宜设法变通。

关于一省学务是否责成督抚办理，以及机构设司还是设道的问题，该折称：

> 袁世凯原奏主规复提学道之制，近来地方有司办理新政，恒视上司督催权力之所及以为进退，藩臬两司统辖全省道员，则范围已隘，权限稍轻，若学政改设提学道，恐体制大异于从前，督饬或难于见效。至吴鲁原奏主责成督抚办理，封疆大吏一切吏事、兵事、财政皆其统筹兼顾，势不能专心教育。

学部奏请各省改设提学使司，设提学使一员，秩正三品，"统辖全省地方学务，归督抚节制"。①

裁撤学政的根本原因，是其职能已不能适应新式学堂发展的需要；设司而放弃设道，则是着眼于建立学部与各省学务机构之间的上下贯通关系。其中包含着通过改制，将清末各省督抚控制的教育行政权统一归学部统辖的意图。正如学部在随后奏陈的各省学务官制中说："惟是地方官应办之学务，统系不定则推诿恒多，权限不明则侵轶可虑……尤重在教育行政与地方行政之机关各有考成，不相扞格，期于实力奉行，徐图推广。"②

各省提学使受学部领导。首先，学部对提学使有开单奏请简放权，即人事任命权。1906年5月13日（光绪三十二年四月二十日），经学

---

① 《学部政务处奏请裁学政设提学使司折》，朱有瓛等编《中国近代教育史资料汇编——教育行政机构及教育团体》，第39页。
② 《学部奏陈各省学务官制折并清单》，《大清新法令（1901～1911）》（点校本）第2卷，第177页。

部开单奏请，清廷任命了 23 位提学使。① 学部对提学使还有随时考查权，有不得力者，即行奏请撤换。督抚只有在两种情况下对提学使的任命有参与权：一是提学使出缺，督抚可遴选人员署理；② 二是署理提学使由督抚考察，加具考语，奏请实授。③

提学使衙门为学务公所，设议长 1 人，由督抚咨明学部奏派；议绅 4 人，由提学使延聘。学务公所设总务、专门、普通、实业、图书、会计 6 课，各设课长、副课长一人，课员若干人，④ 另设省视学 6 人，均由提学使详请督抚札派，同时每年均要由提学使开具简明清单，由督抚会咨学部查核。⑤

其次，各省提学使工作直接受学部指导。各省提学使设立后，学部制订了一系列章程，也通过行政文件方式下达各种指令，为提学使确定权限和职责，对其工作加以规范与指导。如札行各省提学使通饬各府厅州县调查学区划分等一切有关教育之办法；⑥ 规定自高等学堂以至小学堂监督、堂长、教员等，皆由提学使分别聘用委派，并受提学使节制；⑦ 规定各省中学堂毕业生举行毕业考试后，由提学使调省复试一

---

① 各省设提学使一人，其中江苏省设江苏、江宁提学使各一人。中国第一历史档案馆编《光绪朝上谕档》第 32 册，广西师范大学出版社 1996 年影印本，第 75 页。

② 《两江总督张人骏江苏巡抚瑞澂奏请以李瑞清署提学使片》，《政治官报》第 785 号，第 9 页；《署理湖南巡抚杨文鼎奏委黄以霖署提学使折》，《政治官报》第 925 号，第 12 页；《又奏委候补道李孺署提学使片》，《政治官报》第 958 号，第 18 页。这些省均遴选候补道、试用道等署理。

③ 《新疆巡抚联魁奏提学使杜彤请实授片》，《政治官报》第 960 号，宣统二年五月二十六日，第 13 页。

④ 光绪三十四年八月学部下文将学务公所六"课"改为六"科"。见《学部通咨各省本部前奏学务公所分六课为六科文》，《大清新法令（1901～1911）》（点校本）第 2 卷，第 183 页。

⑤ 《山西巡抚丁宝铨奏汇陈学务公所各科员等衔名折》，《政治官报》第 819 号，宣统元年十二月二十五日，第 22 页。

⑥ 《学部札行各省提学使司通饬府厅州县调查境内一切有关教育事宜文》，《东方杂志》第 3 年第 3 期，光绪三十三年三月，第 51～52 页。

⑦ 《节录苏提学使札所属文》，《南洋官报》第 70 册，光绪三十三年正月二十日，"学务"，第 1 页。

次，将成绩详请督抚咨部奏奖，并为将来升入高等专门学堂作准备。①在清末，随着法部、农工商部的建立，纷纷下令要求各省对应部门设立法政、实业等专门学堂，形成各类学堂林立、多头管理的情况。如奉天提学使向学部报告，该省法政学堂由督抚派参赞为监督，并另派专员为副监督；而森林、农业等校均隶属于劝业道管辖，致使提学使无从过问这些学校事务。为此，学部专门下文，称依据学务官制，法政学堂教课设备及用人管理诸事，"皆在提学司管理权限之内，不应另派参赞或藩臬司专管"。而森林、农业等实业学堂，其所有教课、设备规程以及管理、教员、学生等一切事务，毕业考试之类，应由承办各员禀承提学使司酌核办理，并由提学使随时认真督察，详报学部，"不得因设立学堂之经费筹自他处，或学生毕业以后应归他处任用，遂将该学堂管理之权划归他处"。② 即将各类实业学堂管理统一纳入提学使管辖范围。

与此同时，提学使要随时向学部报告工作。每学期及年终都要将本省学堂办理一切情形详报于学部，以备考核。如有重要事件，可随时径达学部。

提学使又是督抚之属官，归其节制考核。这种节制考核关系主要表现在三个方面。

一是对地方学务的筹办，由各省督抚按定章筹定举办，提学使督饬地方经办并考查。如有"延宕玩视并办不以实者，提学使可具其事状详请督抚分别记过、撤参"；对举办有成绩者则由提学使详请督抚从优奏奖。每届年终将各府厅州县兴学状况，出具考语，报予督抚办理。

二是在教育经费的筹措方面，提学使会同藩司筹划并详请督抚办理。实际上，各省所办学堂，主要由地方就地筹款解决。其来源主要是地方"公款"和各种加收与捐税。有的由督抚与藩司、提学使筹定后，

---

① 《又奏各省中学堂毕业生嗣后均由提学使调省复试等片》，《教育杂志》第1年第11期，宣统元年十月二十五日，"教育法令"第64页。
② 《学部通咨各省各项学堂皆归提学使管辖考核文》，《大清新法令（1901~1911）》（点校本）第3卷，第487~488页。

由各州县地方官与劝学所执行；有的由地方自行确定，由劝学所报提学使转报督抚备案。

三是提学使要随时向督抚报告所办事务并由督抚咨报学部。对不得力的提学使，督抚也可奏参。①

提学使的设置，使各省有了一个主持新式教育的行政机构。提学使设立后，各州县纷纷设立了劝学所，还划分学区设置劝学员。以各级教育行政机构的设立为发端，各省新式教育进入了一个快速的发展期。

但提学使设置的意义更在于它改变了以往各省督抚与中央部委之间的内外制约关系，开创了一种新的体制。提学使要受双重领导，学部对各省提学使有开单奏请简放权和监督权，对各省教育有制定法令法规权，对提学使有行政命令权。这些均是提学使履行职务的依据，并由此建构起提学使直接对上级部门负责的制度关系。另外，提学使在履行职务的过程中要受督抚的考核，并在督抚的统筹与监督下履行兴办学堂和实施各类学堂管理的职责。这种制度建构，民国时期有研究将其称为"共管机关之分权方法"，即中央主管部与督抚共同节制同一机关，是在不破坏督抚特殊地位之范围内，寻求所以集权于中央各部之方法。② 不过从其运行的角度而言，中央部门与督抚已不再是均等的内外关系，而是显现出权力的落差。因为通过具体的制度安排，中央部门操纵大政方针和最重要的人事权，能通过省级对接部门直接下达命令，由此强化了中央政府的权力；而各省督抚只拥有对具体职能执行过程的组织和监督权力，其权力在事实上被极大地削弱了。

本来，实行宪政的理想状态，是通过宪法和法制建设，建构起中央与各省的合理关系与制度体系。但是，督抚制度的特殊性及其存在的强

---

① 《学部奏陈各省学务官制折并清单》，《大清新法令（1901～1911）》（点校本）第2卷，第178～179页。
② 沈乃正：《清末之督抚集权，中央集权，与"同署办公"》，《社会科学》第2卷第2期，1937，第334～335页。

大惯性力量，晚清以来督抚权力扩大的事实和其对自身权力的自觉维护，朝廷加强中央集权的意图，都使中央与各省关系的建构成为外官制改革中难以突破的瓶颈。而通过省级部门的设立，建立起中央部门与督抚对其的双重领导体制，在保留督抚制度的前提下达到集权于中央的目的，就自然而然地成为改革的首选。故学部与各省提学使的这种制度模式建立起来以后，成为度支部、法部、民政部、农工商部设计对接省级部门官制的效法对象。

但这种建构有其不可调和的矛盾。因各部拥有关键性的人事任免和大政方针的拟订权，其对各省有关事务的绝对权力就必定大大超过督抚。但在此后一年颁布的《直省官制通则》中，清廷却又屈从于督抚的压力，维持督抚原有的权力地位。这样，势必就在部院改制造成的事实状况与督抚权力之间造成极大的矛盾和冲突。督抚在事实上无法与各部平起平坐，乃动用直接上奏权，对于部章或者以地方情形特殊为由奏请变通，或者以直接奏请皇上的方式予以抗争，为增强对决策的影响力，又互相联合电奏。而朝廷加强中央集权的宗旨，也使各部能够通过制定直省三司两道官制的机会，在事实上削弱督抚的权力，由此造成了外官制改革中中央各部与各省督抚之间不断的争执与角力，成为外官制难产的根本原因。

二 布政使职能的调整

清代布政使掌一省之行政，司全省财赋之出纳。具体职掌为：宣布朝廷政令于各级府厅州县，董率其行；管理监督各级官吏，按时颁发府厅州县官俸禄，察核其治行并报告督抚；掌管全省赋税征收、财政收支，每十年将户籍、田数等统计造册呈报督抚，上达户部；管理乡试，充任提调官；参与全省政务。[①] 从二品。布政使司衙门设经历司、照磨

---

① 白钢主编，郭松义、李新达、杨珍著《中国政治制度通史》第10卷，人民出版社，1996，第192页。

所、理问所等机构，分掌收发文书、照刷案卷、勘合刑名案件等事，并设库大臣掌管库藏出纳。①

布政使原为一省行政之长，但自总督巡抚制度定型化以后，由于其"统制文武，董理庶政"，布政使的地位降低，故1748年（乾隆十三年）正式确定："督抚总制百官，布、按二司皆其属吏，应首列督抚，次列布、按。"布、按二员的职权虽然没有变化，但"凡诸政务，与督抚会议，经划而行之"，②布政使与按察使成为督抚的属官。

咸同以来，随着"就地筹款"的举行，省级财税机构纷纷涌现。如军需方面有军需局、报销局、筹饷局、查办销算局、转运局等；厘金方面有牙厘局、百货厘金局、洋药厘捐局等；盐务方面有纲盐局、督销局、两淮票盐分局等；此外还有清查藩库局、清源局（清查各款）等。还有一些因事而设的财税机构。如陕西同治年间就有专为新疆用兵筹饷而设的厘税局，有专抽土药税厘而设的本销局。③光绪初年，在朝廷的一再申斥下，各省对局所进行了一些裁并整顿，其中对财税机构的整顿主要是裁并了一批厘金局卡，另将军需机构并入善后局。所以在光绪初年后，很多省都出现了善后局（也有的省称军需局）这样的财政机构。善后局初期以筹措饷糈为主，以后职权逐步扩大，成为一省款项出入之处。但是善后局还不是一省统一的财政机构，原因就在它所经收和支出的款项，还不是一省所有的财政收支款项。如湖南善后局，只负责各省协饷、云南铜本、内务府经费和本省部分军队、新政费的支出；它的收入，由司库和厘金督销局从地丁、厘金、淮盐、川粤盐加价中拨给。与它并行的还有厘金局等税收机构。在收支运作方面则是统收统支，一有不足，则从别的财税机构贷借，造成大量亏欠，最后"究不知其致亏

---

① 张德泽：《清代国家机关考略》，中国人民大学出版社，1981，第217页。
② 《钦定大清会典事例》（嘉庆朝）卷20《吏部》，第14页。
③ 朱寿朋：《光绪朝东华录》，中华书局，1958，总第1879页。

之由在某数某款"。①

光绪末年,由于各种杂捐杂税大量增加,税收机构更多更乱。其中有专为收某种税而设的,如奉天的生丝局、陕西的盐斤加价局;江苏的木厘局、米厘局、茶税局、糖捐局、房捐局、膏捐局;吉林的饷捐局、山海税局、烟酒木税局、蒦药局、官蒦税局、木植公司等。在管理方面,也是分头所属。如吉林各局有归将军者,有归副都统者,也有归吉林道及地方官员者,造成员司冗多,毫无统系的状况,②使机构重叠,行政开支扩大,藩司的财政权进一步旁落。另外,各财税机构虽都受督抚节制,但由于督抚之下并无统一财政之机关,所以财政运作也是漫无头绪,常常出现同一性质税捐由不同机构征收,或同一机构支出分别支付不同对象的情况。这不仅使督抚无法真正了解一省收支情况,而且也直接影响到财政收入。正如两江总督端方所言:财务机构"各不相属,及察其内容,有同一款而分收分放者,有此局垫款而彼局认还者,既已复杂难稽,即不免日久滋弊,且出纳判为两事,综核将无所施,盈亏各不相闻"。③

上述局面的出现对清末财政造成了深远影响。多数局所皆督抚直接派员掌管,各局所收支皆自成体系,使用皆有专项,而藩司只负责传统的田赋漕粮征收,这不仅使藩司总司一省财政的权力受到极大削弱,而且形成了户部无从掌管的各省"外销"收入。

1906年厘定官制大臣提出外官改制的两层办法征求各省督抚意见。第一层办法是院司合为一署,由督抚总理衙门事务,藩臬两司略如部丞,"合并藩臬以外司道局所,分设各司,酌设官",每日督抚率同属官定时入署,"一稿同画"。第二层办法是"以布政司管民政,兼管农

---

① 《湖南财政款目说明书·总说》,国家图书馆影印室辑《清末民国财政史料辑刊》第13册,北京图书馆出版社2007年影印本,第19页。
② 刘锦藻:《清朝续文献通考》卷48《征榷二十》,第8025页。
③ 《整理财政归并各局折》,《端忠敏公奏稿》卷7,沈云龙主编《近代中国史料丛刊》第10辑,第917页。

工商";"另设财政司,专管财政,兼管交通事务"。第一层办法定布政使为督抚辅佐,但"同署办公",则又会使其失去"自行文牍"的权力。第二层办法是对布政使职能的调整,即将民政与财政分离,以布政使为专管民政的官员。① 各省督抚的回电中,署闽浙总督福州将军、浙江巡抚、两广总督、湖广总督、四川总督等对此或明确反对,或表示疑虑。

反对者反对同署办公,认为如此则会带来"轻重无别";认为旧有设置本自分明,不必再别设财政司。其中态度最为明确的是湖广总督张之洞。他认为同署办公"必致草率敷衍";同画一稿,如果督抚骄矜,则又可能带来"两司徒画黑稿"的情况。"民政以警察为大端,乃臬司分内事,今乃不属臬司而属藩司。理财乃藩司分内事,今乃不属藩司而又别立财政司,且通省财政关系极重,而秩视运司,转较学臬为小。即如现在藩学臬运粮盐关河,权限本自分明,不相混淆,乃亦议改变,则尤可不必矣。"② 四川总督锡良认为别设财政机构需要时间,而一省之财政如丁粮、津捐等项,向系专隶藩司,其余牙厘等局皆归领衔,所以"应留各局所,以司道依衔切领,而督抚总其成,似觉有条不紊"。③

疑虑者更多的是担心财政司的设置会改变原有的行政运作体制,削弱布政使的权力,并直接削弱督抚的财政权。署闽浙总督崇善从一省财政应事权归一的角度提出自己的疑虑:"藩司为用人理财专官,若第司民政,另设财政司专管财政,而府州县之升迁调补应归何司主政?用人理财,事权贵一,分之有无窒碍?"④ 浙江巡抚张曾敫则担心布政使改

---

① 《厘定官制大臣致各省督抚电》,《清末督抚答复厘定地方官制电稿》,《近代史资料》总第76号,第52~53页。
② 《湖广总督来电》,《清末督抚答复厘定地方官制电稿》,《近代史资料》总第76号,第84页。
③ 《四川总督来电》,《清末督抚答复厘定地方官制电稿》,《近代史资料》总第76号,第64页。
④ 《署闽浙总督福州将军来电》,《清末督抚答复厘定地方官制电稿》,《近代史资料》总第76号,第65页。

制将影响行政运作:"现在布政司事务极繁,若另设财政司专管财政,布政司但管民政与农工商,则事务较简,尚不以兼顾为难。"他的态度,是中国之大,欲尽去数百年之旧,而新者又未预备,"骤然改制,恐致纷扰",不如"受之以渐",即逐步改革。①而两广总督周馥则直接指出,如督抚失去财政权将危及新政:"如今日兴学练兵颇急,而群向藩司索款,几无以应。然犹勉强图维者,以藩司为一省领袖,督抚得以通盘筹计,移缓就急。若另立财政司,直隶度支部,则督抚省事,藩司更不过问,欲兴新政,其道无由。"②

山东巡抚杨士骧的意见比较折中,他不同意别设财政司,但从上下贯通的角度认为:"吏、礼两部,近仍其旧,户部改为度支部,外省有应相表里者",藩职用人理财,似宜改称度支司,"兼管民政司,与度支、民政二部相表里",并裁撤牙厘、善后、支应等局所。③

督抚意见的分歧和反对,使清廷在外官制方案的决策方面采取了谨慎的态度。在1907年公布的《直省官制通则》中,布政使职能没有很大的变动,"受本管督抚节制,管理该省户口疆理财赋,考核该省地方官吏";但要求布政司所属经历、理问、都事、照磨、库大使、仓大使等官,应仿照提学司属员分科治事。④ 即职能基本不变,但机构变动。

之前,东三省已率先建立统一的财政机构——度支司,"掌办理财赋等事",设度支使一员总办司事,司下分科治事;同时设民政司"掌办理民治巡警缉捕等事"。⑤ 将财政事务与民政事务分别设司掌理。第

---

① 《浙江巡抚来电》,《清末督抚答复厘定地方官制电稿》,《近代史资料》总第76号,第67页。
② 《两广总督来电》,《清末督抚答复厘定地方官制电稿》,《近代史资料》总第76号,第73页。
③ 《山东巡抚来电》,《清末督抚答复厘定地方官制电稿》,《近代史资料》总第76号,第75页。
④ 《总司核定官制大臣奕劻等奏续订各直省官制情形折》,《清末筹备立宪档案史料》上册,第507页。
⑤ 《东三省总督徐等会奏遵议东三省设立职司官制及督抚办事要纲折》,《东方杂志》第4年第6期,光绪三十三年六月,第284页。

二年，吉林巡抚陈昭常设立省税务处，将旧有捐税各局所公司暨专供支应之粮饷处概行裁撤，并归该处经管。处内分四所：稽征所、支应所、庶务所、核销所，皆派委得力人员分任。①

与此同时，有的省也从整理财政出发对财政机构进行了归并，出现了财政局一类的机构。1907年两江总督端方将支应、筹饷、筹款三局合并，设立江南财政总局。② 此后，浙江、福建、陕西等省也先后成立财政局。但这些机构只是省内财政机构的合并调整，而且设置不一。

当时朝野上下改革财政、统一财政的呼声不绝于耳。1908年御史赵炳麟奏统一财权整理国政折，指出：

> 我朝财政之散，实由于财权之纷。各部经费各部自筹，各省经费各省自筹，度支部臣罔知其数。至于州县进款出款，本省督抚亦难详稽，无异数千小国各自为计。

他提出的改革之法，是划分国税地税，布政使改为度支使，统司全省财政出入，征收国税及地方税，直接度支部，仍受督抚节制；各州县设主计官，限一年设立，归度支使管辖，分收各州县租税。度支使每年将出入款项造册报部。国税听部指拨，地方税则留为各省之用。③ 其改布政使为度支使的提议，是一种将布政使改为专司财政官员的方案。

会议政务处议复时，赞同将国税地方税划分两项而统其权于度支部，但对改布政使为度支使和州县主计官限一年设立一节却明确表示："应俟将京外政治办有头绪，再行发端，一律实行新官制，以示大同，暂可无庸置议。"认为当务之急是"饬下各该督抚先将该省出入各款专

---

① 刘锦藻：《清朝续文献通考》卷48《征榷二十》，第8025页。
② 《整理财政归并各局折》，《端忠敏公奏稿》卷7，沈云龙主编《近代中国史料丛刊》第10辑，第917页。
③ 《掌京畿道监察御史赵炳麟奏请统一财权整理国政折》，《政治官报》第233号，光绪三十四年五月二十三日，第6页。

委精核人员通盘调查",同时将外销款一律核实造报。① 然而,此时度支部统一财政的决心已下。1909年1月,度支部拟订清理财政办法,核心是强调度支部对财政的统一综核之权,强调"各省关涉财政之事宜随时咨部以便考核","直省官制未改以前各省藩司宜由部直接考核"。本来会议政务处议复时还认为,若令藩司每报督抚之件皆令随时报部会"未免过烦","日久徒成具文"。但度支部具奏时却斩钉截铁地说:"藩司为臣部行政之官,更应声息相通,以收指臂相联之效,嗣后遇有关涉财政稍为重大事件,除随时详报该管督抚外,仍应一面径报臣部,以重考核。"② 但折上后各省未见切实遵行。③

此时各省陆续设置的提学使、巡警道、劝业道均直接学部、民政部、农工商部,这些既为度支部提供了样板,也使度支部意识到,要收统一财政之效,必须依靠各省与以前的户部有联系的藩司。但现实情况是,各省财政局所林立,藩司地位边缘化,在这种情况下,唯有强化藩司的地位和职权。恰在此时,护理云贵总督沈秉堃电奏,"极言各省财政往往特设局所,另委专员,藩司虽居会核之名,并无察销之实",所以"欲廓清积弊,确定预算,非统一财政机关划清权限力专责成不为功"。此言对正在筹议办法的度支部而言,是一重要启示。随即于1909年5月奏请将各省财政统归藩司考核,指出各省局所烦冗,致使藩司"徒拥虚名",认为"多一局即多一分靡费,于事体则为骈拇,于财用则为漏卮",要求除盐粮关各司道外,其余关涉财政一切局所均次第裁撤,全省出纳款目统归藩司或度支使经管。④

---

① 《会议政务处奏议覆御史赵炳麟奏统一财权整理国政折》,《政治官报》第281号,光绪三十四年七月十二日,"折奏类",第6页。
② 《会议政务处奏遵度支部奏请清理财政明定办法折》、《度支部奏遵旨妥议清理财政办法折》,《大清新法令(1901~1911)》(点校本)第4卷,第161~162、第167页。
③ 此为度支部语。见《度支部奏各省藩司请实行由部考核折》,《大清新法令(1901~1911)》(点校本)第7卷,第28页。
④ 有研究者指出,沈秉堃的电奏对度支部的决断具有重要的启发作用。见刘增合《由脱序到整合:清末外省财政机构的变动》,《近代史研究》2008年第5期。《度支部奏各省财政统归藩司综核折》,《大清新法令(1901~1911)》(点校本)第5卷,第379页。

折上，朝廷立即下旨："各省财政头绪纷繁，自非统一事权，不足以资整理。嗣后各省出纳款目，除盐粮关各司道经管各项按月造册送藩司或度支使查核外，其余关涉财政一切局所，著各该督抚体察情形，予限一年，次第裁撤，统归藩司或度支使经管。"① 裁撤局所并将一省财政统归藩司经管，是统一财政的第一个重要环节。但长久以来，藩司只是督抚的属官，所以，要使度支部掌握各省财政，还必须建立部与藩司的制度通道。该年12月，度支部又上折请援照提学使、巡警道、劝业道等官除由该管督抚节制考核外，一面由部考查之例，再次要求将各省藩司实行由部考核，即"各省凡关涉财政稍为重大事件，除详报该管督抚外，一面径报臣部以资考核"，由部奏参奖惩。随即得旨：依议。②

谕旨和度支部的奏请均表现了清廷统一财政的决心，并建构起了藩司同时向度支部负责并汇报工作的体制。

清廷规定的改革期限是一年，这样，从1909年5月起，各省纷纷裁撤财税局所，建立财政机构，并分科治事。但各省设置的机构名称不一，其中广西、广东、云南、四川、山东、河南、山西、安徽、湖南设置了财政公所；湖北、江苏、福建设度支公所；直隶在天津设财政总汇处；陕西、贵州设藩署政务公所；江西则为布政公所；还有新疆、浙江两省就藩司机构改制。名称虽然不一，但都实行了分科治事。由于布政使原来有"考吏治而兼理财政"之责，在建立专门的财政机构之时，出现了几种不同的情况。

一是以财政公所专管财政，另设专科主管吏政。如江苏度支公所设总务、田赋、筦榷、典用、主计各科，每科又分十三课，而"藩司衙门吏治民政事宜核与财政无关，亦应划清界限，另设专科"。③ 广西也

---

① 《谕旨》（宣统元年四月初六日），《大清新法令（1901～1911）》（点校本）第5卷，第367页。
② 《度支部奏各省藩司请实行由部考核折》，《大清新法令（1901～1911）》（点校本）第7卷，第28～29页。
③ 《江苏巡抚程德全奏统一财政开办度支公所情形折》，《政治官报》第1006号，宣统二年七月十三日，第9页。

是在设立财政公所时，将吏政另列一门，专就财政分为总务、主计、库藏、编核、理财五科。①

二是将吏政等职责一并纳入财政机构之内，如湖北省设立度支公所，内设民政科，下设铨叙、礼制、民事三课。江西也是在财政公所设铨叙科，② 使财政公所兼管吏政民政。山西共设吏治、制用、厘税三科，每科再视事务之繁简分设数股。③

三是在以"政务公所"、"布政公所"命名的省份，仍循旧有藩署体制实行分科，如新疆设置了总务、统计、吏科、财赋、俸糈、军需、交通、礼学、法科、实业十科；陕西分设总务、吏治、田赋、军需、厘税、粮务六科；江西分为总务、铨叙、田赋、税务、制用、会计六科。④ 体现了财政、吏政职能并在的色彩。

由于朝廷和度支部并没有就藩司改制拿出一个统一的官制规划，所以各省的改制并不一致。有的省改革比较彻底，将原有财税局所统统裁撤，统归公所委员经理，以后各局署应支款项均依照预算赴司署请领，并称"决不假手书吏"。⑤ 即将各种财税局所都整合到财政公所之内，由公所审核收支，布政使居于综核一省财政总汇的地位。⑥ 而有的省则

---

① 《广西巡抚张鸣岐奏司署遵设财政公所筹办事宜折》，《政治官报》第841号，宣统二年正月二十四日，第7页。
② 《署理湖广总督瑞澂奏裁撤局所归并藩司拟设度支公所分科治事折》，《政治官报》第909号，宣统二年四月初四日，第11页；《江西巡抚冯汝骙奏归并财政局所设立公所分科治事折》，《政治官报》第1113号，宣统二年十一月初一日，第13页。
③ 《山西巡抚丁宝铨奏藩署设立财政公所折》，《政治官报》第1043号，宣统二年八月二十日，第8页。
④ 《新疆巡抚联魁奏筹办统一财政裁并局所于藩司署内分科治事折》，《政治官报》第963号；《度支部奏议复陕抚奏陕省财政归藩司综核经费请作正开支折》，《政治官报》第865号；《江西巡抚冯汝骙奏归并财政局所设立公所分科治事折》，《政治官报》第1113号。另参见刘增合《由脱序到整合：清末外省财政机构的变动》，《近代史研究》2008年第5期。
⑤ 《署理两广总督袁树勋奏统一财政依限成立筹办情形折》，《政治官报》第894号，宣统二年三月十八日，第17页。
⑥ 《云贵总督李经羲奏设财政公所筹拟办法折》，《政治官报》第903号，宣统二年三月二十七日，第13页。

保留一定的旧制，将藩司职权分为两途，地丁正耗漕折等项仍归布政使直接经理，其"司署向有吏治钱谷等事仍归幕友办理"；其余厘税等出入各项则以财政公所为总汇之地，分科治事；① 河南省也在设财政公所并分三科的情况下，仍然声称"仍酌聘幕友在所分任其事，得以互相讨论"；② 山东财政公所在分置总核、田赋、榷算、俸饷、庶务五科的同时，又强调"藩司用人行政，仍由该司自行徵辟幕僚，照旧办理。"③ 这些省布政司署的办公体制出现了旧制与新制并存的双轨制。

财政公所和度支公所的设立，引起了制度上两方面的变化，一是布政司署设置财政独立机构，这些机构或设在署内，或另建，将过去的支发机构和税收机构合并为一，内部分科分股治事，初步形成了科层管理模式，从而改变了过去财税机构重叠和不统一的纷乱状况。二是将一切财政收支归并于藩司，强化了布政使的财政管辖权，实现了一省财政收支的统一领导。各省财政公所大多以藩司为总办，以运司、粮道、厘捐局之候补道为会办。1909年度支部奉旨要求各省"除盐粮关各司道经营各项按月造册送藩司或度支使查核外，其余关涉财政一切局所，予限一年次第裁撤，统归藩司或度支使经营"。④ 各省藩司受督抚节制，但又直接向度支部负责。这样，在各省财政归之于藩司或度支使的同时，也有利于向统一方向发展。

布政使改制重在财政权的强化与集中，而吏政民政方面的职权因吏部、礼部等相关职能部门改革的迟缓而未能改革。⑤ 但也应看到，随着

---

① 《山西巡抚丁宝铨奏藩署设立财政公所折》，《政治官报》第1043号，宣统二年八月二十日，第8页。
② 《开缺河南巡抚吴重憙奏藩署设立财政公所折》，《政治官报》第943号，宣统二年五月初九日，第6页。
③ 《山东巡抚孙宝琦奏裁并各局悉归藩司筹设财政公所分科治事折》，《政治官报》第959号，宣统二年五月二十五日，第7页。
④ 《记载一》，《东方杂志》第6年第6期，宣统元年六月，第284页。
⑤ 关晓红在研究中指出：由于吏部、礼部的去留存在争议，使布政使司的吏治与民政职能变动不大，主要变化集中于财政方面。见氏著《清季三司两道改制》，《中华文史论丛》2011年第3期，第87页。

各项新政事业的发展，这些职能呈现萎缩之势。新政期间，由民政部负责展开了大规模的全国户口调查，该项工作在各省均以巡警道为总监督，户口管理也成为地方警察的职责，原有的布政使掌管全省户籍的职能随着新政的进展而分离出来。随着科举制的废除，布政使的乡试管理权也已失去。在对地方官员的考绩方面，自州县改为事实考核后，各项新政业绩成为考核州县的内容与标准，而这些布政使已难以全面把握，不得不依靠其他部门。如安徽省商务局就拟订州县功过章程，以"工艺种植"、"倡导开办公司"为考核内容，由商务局考核并分别最优等、优等、平等、次等四个等级，再将功过详报抚宪批示并移会藩司。① 藩司在这个过程中只处于汇总与册报的地位。

以布政使的财政权而论，在运行中也远远没有达到统一财政的目的，原因就是有的旧财税局所虽然裁撤，但很多地方衙门和新设局所往往在"就地筹款"的名义下仍然自收自用，征收乱象仍然存在。正如广东财政说明书所云：中国"有行政之职者亦并有筹款之责"，"每筹一款无不标立名目，以示界限，如学费警费之类是也，此就州县以上之官厅言之也。下至教职佐杂营巡各衙门，无一不有自收自用之租息，无一不有应得之例规，如匹夫之有私积然，凡此皆与国库无与也"。② 布政使改制不仅涉及外官制的整体改革，也与国税地税的划分息息相关，在相关改革尚无眉目的情况下，单一的统一财政必然会大打折扣。

三 按察使改设提法使

清代按察使之设沿袭明朝，正三品，"掌一省刑名按核之事，以振风纪而澄吏治"。其衙署为"提刑按察使司"，设经历司掌收纳文书与

---

① 《安徽商务局移覆藩司拟定各州县功过章程文》，《南洋官报》第74册，光绪三十三年二月三十日，"商务"，第3页。
② 《广东财政说明书》卷1《总说》，北京图书馆影印室辑《清末民国财政史料辑刊》第9册，北京图书馆出版社，2007，第21页。

勘察刑名之事，照磨所掌照刷案卷，司狱司掌检察监狱事务。①

在司法审判方面，按察使"办理阖省刑名案件，勘核词状，管理囚犯"，但按察使并不是完全独立办案。凡重大之案件，必须与布政使会议办理；徒罪以上案件复审时，按察使是第四审衙门，省级复审的最高级别是督抚；在斩监候的秋审中，"臬司核办招册，务须先期定稿，陆续移咨在省司道，会同虚衷商榷，联衔具详，督抚复核定拟。至期，会审司道等官，俱赴督抚衙门办理。"② 由于督抚、布政使都有参与司法的权力，形成行政官兼有司法权的局面，导致按察使的职能在实践中有名实不符的可能。正如编纂官制大臣载泽等在一份说帖中就行政司法合一的弊端时说：

> 吾国地方审判之事向兼之于州县，而总之于臬司，其他司道之过堂固为形式，督抚之勘转亦属具文。然州县为地方行政之官，一州县之政务总于一人，何能监理词讼？冲繁之区，莫不另派发审委员，平时不亲讼狱，有时因行政之事而滥用其司法权，例如里正催科稍迟，因而擅责笞杖矣；上司限期交犯，因而血比差役矣，诸如此类，向非司法兼之行政则彼无辜之里正差役何至枉受非刑。彼里正差役之惧受非刑也，于是严催小民，横逮无辜，其弊不可胜问矣。至臬司本为问刑专官，因事简缺瘠，于是以调剂为名兼摄种种行政事务，向之问刑专责反若视为兼差，名实不符，莫此为甚。③

州县官本为行政之官，因事务较多，不得不依靠胥吏差役，带来吏治问题；按察使本为问刑官，然因事简缺瘠，不得不兼其他行政事务，以致造成名实不符。预备立宪开始后，学习西方宪政，朝廷内外行政司法分立、司法行政与审判分立的呼声不绝于耳。1906年11月6日（光

---

① 张德泽：《清代国家机关考略》，中国人民大学出版社，1981，第218页。
② 转引自那思陆《中国审判制度史》，上海三联书店，2009，第241页。
③ 《附编纂官制大臣泽公等原拟行政司法分立办法说帖》，《东方杂志》第3年第8期，光绪三十二年八月，第418~419页。

绪三十二年九月二十日），清廷令改刑部为法部，责任司法，大理寺改为大理院，专掌审判。中央司法审判体制改革启动后，次年法部拟定各级审判厅试办章程，确定了地方各级审判厅的职能。在这种局面下，省级司法制度改革必须提上日程。

本来，在1906年8月出使各国考察政治大臣戴鸿慈等人奏请改定全国官制折中，建议直省设置八司，其中专管司法行政的是"执法司"。① 但在该年11月厘定官制大臣就外官制方案致各省督抚电中，则是提"以按察使专管司法上之行政，监督高等审判厅"。无论更改新名，还是仍用旧名，其关键点是将司法行政与司法审判分离，并直接触动督抚的司法审核权，故多数督抚都持反对意见（详见第一章第二节）。各省督抚回复后，编纂官制大臣载泽等拟定了一个行政司法分立办法说帖，强调"此次厘定官制最切要最平易最少窒碍而最有关系者，莫如将行政司法分而为二"。为打消督抚认为设审判厅"多此纷歧"的顾虑，该说帖就司法审判分离后臬司的职责转换说道：

> 若以地方词讼尽分归之于各等审判厅，严定法律，使之遵守，而以监督之权寄之臬司，一切司法上行政事务如设厅分官等俱为其专责，一转移间，而向之所谓简司者，今且视为繁缺；向以发审为附属者，今且变为专衔，如此则行政官无干预司法之权，司法官无兼摄行政之事，责有攸归，事无不举实力奉行。

针对督抚"财力不足、程度不齐"的说法，说帖提出了一个在15年之内分期举行的方案：

> 以中国幅员之广，若同时于全国而设多数之裁判所，不但财力困难，更恐根基不固，转致有名无实。窃以为，吾国审判厅分立之

---

① 《出使各国考察政治大臣戴鸿慈等奏请改定全国官制以为立宪预备折》，《清末筹备立宪档案史料》上册，第377页。

办法，当分为五期，以三年为一期，期以十五年，而后全国之裁判制度以备。京师为首善之区，直隶、江苏交通较便，风气较开，奉天则更新伊始，以上四处宜列为第一期。湖南、湖北、江西、安徽、浙江列为第二期；山东、广东、广西、福建列为第三期；四川、河南、山西列为第四期；云南、贵州、新疆、陕西、甘肃、吉林、黑龙江列为第五期。①

观此可知，当时的制度设计者考虑到财政困难，建议花15年的时间来完成各级审判厅的设立。15年又分为5期，每三年之中责令一些省区完成各级审判厅的建立。设计者还对各省进行了具体分期，可以说还是花了心思的。但为何东三省的奉天在第一期，而吉林、黑龙江却在第五期，令人不得其解。若说"更新伊始"，则不但奉天是这样，吉林、黑龙江也都是这样。同是"龙兴之地"，同是"更新伊始"，一个被划到第一期，而另两个却被划到最后一期，确实不知何所据而云然。

与此同时，在编纂官制大臣载泽等原拟的直省官制总则草案中，第13条提出："各省提法司置提法使一员，秩正三品，以原设提刑按察使改设，受本管督抚节制，管理该省司法上之行政事务，监督各审判厅局，并调度检察事务。但各省于审判制度未经更改以前，应暂仍按察使旧制。"②不仅将各省按察使改称"提法使"，而且确定提法司的改设要与各省审判厅的设置同步。这就意味着在当时的设计中，各省不会在短期内同时改设提法使，有的省份会比较早，有的省份则要到15年之后。

但到1907年《直省官制通则》颁布时，以15年为期分期办理审判厅并改设提法使的计划就改了。奕劻等在上奏这一通则的时候，没有

---

① 《编纂官制大臣泽公等原拟行政司法分立办法说帖》，《东方杂志》第4年第8期，光绪三十三年八月，第414~421页。
② 《附编纂官制大臣泽公等原拟直省官制总则草案》，《东方杂志》第4年第8期，光绪三十三年八月，第411页。

对此的特别说明,但对整个官制该如何推广有如下规划。提法使的设置之法,自然涵括其中了:

> 各直省地方,风俗之不齐,人民知识之未瀹,措手不易,扞格必多,有不仅如各督抚所虑人才难得,款项难筹者。若必同时并举,其势有所不能,臣等审酌再三,窃以东三省根本重地,经画宜先,且一切规模,略同草创,或因或革,措置亦较易为功。此次官制办法,拟请从东三省入手,除实与内地情形不同者,应听其量为变通,期于推行尽利,余应令查照此次通则,酌核办理,俾为各省之倡。直隶、江苏两省交通较便,风气已开,亦宜及时举办,其余各省,分年分地逐渐推行,即一省之中,何处宜先,何处宜缓,并由该督抚体察情形,斟酌办理,惟须于十五年内,务令一律通行。①

通则确定了"次第施行"的原则,令东三省先行开办,直隶、江苏两省择地先为试办,俟有成效,再逐步推广。② 1907年东三省总督徐世昌等遵议东三省官制章程,首先定三省"专设提法使",秩正三品,"专管司法行政兼理裁判事务,别为一署,暂受督抚考核节制",③ 并于1907年5月奏派了奉天和吉林的提法使。④ 同年黑龙江也设提法使,以"现有之分巡道秉按察使衔裁改";⑤ 1908年1月,试署黑龙江提法使秩

---

① 《总司核定官制大臣奕劻等奏续订各直省官制情形折》,《清末筹备立宪档案史料》上册,第505页。
② 《各直省官制先由东三省开办俟有成效逐渐推广谕》,《清末筹备立宪档案史料》上册,第510页。
③ 《东三省总督徐等会奏遵议东三省设立职司官制及督抚办事纲要折》,《东方杂志》第4年第6期,光绪三十三年六月,第285页。
④ 《东三省总督徐世昌等奏请掌京畿道监察御史吴钫简署奉天提法使并直隶候补道吴焘简署吉林提法使事》(光绪三十三年四月十五日),中国第一历史档案馆藏录副奏折,档案号:03-5095-018。
⑤ 《东三省总督徐等奏请设司缺派员试署并陈变通办法折》,《大清新法令(1901~1911)》(点校本)第2卷,第228页。

桐豫报告了上任日期。① 另外，据云贵总督李经羲的一道封奏中的如下话语，可知湖北也比较早改设了提法司②（具体时间则不清楚）：

> 臣恭阅电钞，宣统二年七月二十一日奉上谕，法部奏请改补按察使为提法使一折，前奉先朝明谕，预备立宪，本年为改选各省提法使之期，除东三省、湖北业经改设外，云南提法使著秦树生补授。③

东三省的试办为其他各省的推广提供了经验。1908年1月（光绪三十三年十二月），法部在参考东三省官制的基础上，"酌加损益"，酌拟提法司官制，经宪政编查馆核订后于1909年11月奏报朝廷。章程定提法使"承法部及本省督抚之命，管理全省司法之行政事务，监督各级审判厅、检察厅及监狱"。其下分总务、刑名、典狱三科。④

提法使官制明确是"以原设提刑按察使司改为提法使司"，即在旧有的按察使基础上把按察使转化为提法使。这样，提法使的任用就是重要问题，并需要做一定的准备。先是1910年1月，朝廷令各省将现有之按察使历任事实电奏具复，考察他们是否深通法律，有无与司法阻碍之处，以便年终实行甄别。⑤ 而此时的法部为能操控提法使的任用，表

---

① 《署黑龙江提法使秋桐豫奏报试署黑龙江提法使到任日期并谢恩事》（光绪三十四年十二月十八日），中国第一历史档案馆藏录副奏折，档案号：03－5498－002。该件主题页上标注时间为"光绪三十四年十二月十八日"，但观奏折末尾，奉朱批"知道了"的时间是光绪三十四年二月初一日，可知所署"十二月十八日"的上奏时间当系光绪三十三年十二月十八日，而非光绪三十四年十二月十八日。

② 苏云峰的《湖北新设机构分期分类统计表》关于提法司的设立时间，只写了一个"宣"字，以明湖北提法司设立于宣统年间。见氏著《中国现代化的区域研究湖北省，1860～1916》，台北，中研院近代史研究所，1981，第170页。

③ 《云贵总督李经羲奏为云南改设提法使请饬部铸造云南提法使印信事》（宣统二年十月二十三日），中国第一历史档案馆藏录副奏折，档案号：03－7446－116。

④ 《宪政编查馆奏考核提法使官制折并清单》，《大清新法令（1901～1911）》（点校本）第6卷，第402页。

⑤ 《军机处分寄廷谕之述闻》，《大公报》1910年1月7日，第1张第4版。

现出异乎寻常的积极态度，提出仿照提学使出洋考察之例，派按察使赴日考察各级裁判制度，半年为期，归国后仍授原职或奏请擢用，并一律改为提法使。① 并向各省调取各按察使详细履历，以为请简提法使之预备。② 1910年2月，朝廷决定甄别各省按察使，法部确定了甄别的具体内容：（1）现任各省臬司之出身履历；（2）各省审判厅筹办之成绩；（3）改良刑讯是否实行及进行之迟速；（4）各该臬司有无嗜好。③

但是由于形势发展很快，按部就班实施改设似已不可能。1908年9月，清廷在公布《钦定宪法大纲》时又公布了筹备立宪的清单，各级审判厅的筹备工作从宣统元年就要分步展开，监狱改良也迫在眉睫，各省司法改革刻不容缓。1910年3月，会议政务处认为："本年各项新律将次奏颁实行，与司法独立有切要关系。提法使一缺，本为组织督率之总汇机关，若不急于建设，则责任不专，必至多生阻碍，于司法独立之贻误匪浅"，决议由宪政编查馆会同法部立即筹措改设提法使计划，于宣统二年内一律实行改设。④ 8月，经法部奏请，清廷任命了直隶、江苏、安徽、山东、山西、河南、陕西、甘肃、福建、浙江、江西、湖南、四川、广东、广西、云南、贵州17省的提法使，⑤ 其中浙江是个特例。该省巡抚在清廷派提法使之前，就已于当年4月奏报，该省已经按照提法使官制设立提法司加以"先行试办"了。⑥ 加上此前东三省和湖北已经改设，全国除新疆外，各省提法使均已设立。这17省中，除

---

① 《提法使出洋考察之预闻》，《大公报》1910年1月28日，第2张第1版；《提法使也须留学》，《大公报》1910年3月20日，第2张第1版。
② 《法部调取按察使履历》，《大公报》1910年2月23日，第2张第1版。
③ 《甄别各省臬司办法》，《申报》1910年6月21日，第1张第4版。
④ 《议设各省提法使》，《申报》1910年3月23日，第1张第4版。
⑤ 《宣统二年七月二十一日内阁奉上谕》，第一历史档案馆编《宣统朝上谕档》第36册，广西师范大学出版社1996年影印本，第270页。
⑥ 《浙江巡抚增韫奏为裁撤原设审判厅筹备处信照提法使衙门官制分科治事先行试办事》（宣统二年四月初一日之前），中国第一历史档案馆藏朱批奏折，档案号：04-01-01-1105-069。

69

安徽、广东两省外,均为按察使改任。①

四 增设巡警道

20世纪初,在清廷实行新政的背景下,一些省陆续建立了警察并设置警察局。1902年,北京仿照西方巡警章程创设工巡局;同年,张之洞在武昌裁撤保甲局,设立警务公所,以臬司督理局务;随后袁世凯先后在保定、天津设立警务局,招募巡警。1903年,又有四川、安徽、江西、山东、河南等省先后在省城商埠等地建立警察机构。②

1905年10月,清廷下谕旨设置巡警部,"各省巡警,并著该部督饬办理"。③ 鉴于各省巡警已先后办理但规制不一的混乱状况,设置各省巡警事务管理专官、统一各省巡警建制就提上了议事日程。

在巡警部最初的设想里,各省应设置巡警道。后受各省设提学使的启发,转而主张设巡警司,其职官为巡警使。④

在出国考察政治大臣戴鸿慈等关于改定全国官制折中,也提议设置巡警司,作为一省行政机关之一,"为督抚之最高辅佐官"。⑤ 出使德国大臣杨晟在条陈官制大纲中,则主张每省设置四司,其一是"民政兼巡警",督抚有节制诸司各府之权。⑥

1906年11月厘定官制大臣拿出外官改制的方案电各省督抚裁酌,其中关于省级机构的设想,第一层办法是"分设各司";第二层办法是

---

① 参见关晓红《清季三司两道改制》,《中华文史论丛》2011年第3期,第73页。
② 关于各地警察的创办过程,在彭雪芹的学位论文中有一定的论述,参见氏著《纳民轨物:晚清巡警道研究》,博士学位论文,中山大学历史学系,2010,第25~38页。
③ 朱寿朋:《光绪朝东华录》,总第5408页。
④ 《各省设巡警司》,《大公报》1906年3月5日,第1张第3版;《各省添设巡警使》,《大公报》1906年5月21日,第1张第3版;《请简巡警使之消息》,《大公报》1906年5月23日,第3版。
⑤ 《出使各国考察政治大臣戴鸿慈等奏请改定全国官制以为立宪预备折》,《清末筹备立宪档案史料》上册,第377页。
⑥ 《出使德国大臣杨晟条陈官制大纲折》,《清末筹备立宪档案史料》上册,第399页。

"以布政司管民政";① 而此时中央官制改革已把巡警部"正名为民政部"。② 鉴于朝廷内外关于设司还是设道的议论分歧，该办法没有列出省级机构的具体名称，但也已把"合并藩臬以外司道局所"、设立专职机构并分曹治事作为省级机构改革的方向。督抚回电中，有两种意见。

一种意见是明确反对由藩司兼管巡警，但又意识到省亦应设置与中央对应的相关职能部门。署闽浙总督崇善认为藩司若司民政，则有碍"用人理财事权贵一";③ 盛京将军赵尔巽则主张与中央对接，"内设一部，外设一司";④ 山东巡抚杨士骧认为"藩司似宜改称度支司，兼管民政司，与度支、民政二部相表里"，裁并巡警局。⑤ 在他们的言论里，似乎还没有明确反对省级机构均为"司"的主张。

另一种意见是不主张遽然变革，或者维持既有状况。张之洞说："民政以警察为大端，乃臬司分内事，今乃不属臬司而属藩司"，是"尤多窒碍之处"，明确表示反对。他的意见是"就现有各衙门认真考核，从容整理，旧制暂勿多改"。⑥ 两广总督周馥一方面认为"京师既添设各部，则外省应亦添设各司"，以资承转；另一方面又认为廉俸难筹，所以仍应以各局所委员充当，"其事相联属者必须兼摄，如藩司兼理财政，臬司兼理巡警之类，不必遽开生面"，⑦ 即维持原状。

---

① 《厘定官制大臣致各省督抚通电》，《清末督抚答复厘定地方官制电稿》，《近代史资料》总第76号，第52~53页。
② 《庆亲王奕劻等奏厘定中央各衙门官制缮单进呈折》，《清末筹备立宪档案史料》上册，第465页。
③ 《署闽浙总督福州将军来电》，《清末督抚答复厘定地方官制电稿》，《近代史资料》总第76号，第65页。
④ 《盛京将军来电》，《清末督抚答复厘定地方官制电稿》，《近代史资料》总第76号，第70页。
⑤ 《山东巡抚来电》，《清末督抚答复厘定地方官制电稿》，《近代史资料》总第76号，第73页。
⑥ 《湖广总督来电》，《清末督抚答复厘定地方官制电稿》，《近代史资料》总第76号，第84~86页。
⑦ 《收两广总督来电》，《清末督抚答复厘定地方官制电稿》，《近代史资料》总第76号，第89页。

可见，就当时的情况来看，督抚最初并不都是反对设"司"，有的也认同与中央机构相表里之说，他们总的倾向是既承认改革是大势所趋，又反对遽然改革。所顾虑者，一是缺乏人才，二是财政困难。因为各项改革措施主要都是通过督抚在各省落实的，所以他们对现实中由于人才缺乏、经费支绌而带来的种种困难有着更为切身的体会。与宪政编查馆的坐而论道相比，身为封疆大吏的督抚更拘泥于现实的困境，更偏向保守。张之洞分析当时所面临的时局时说："督抚支左绌右，救过不遑，但能抚绥镇遏，平静无事，已自不易。若改变太骤，全翻成局，需费太多，课虚责有，不惟官吏耳目眩惑，无从措手，权力改变，呼应不灵……一切纪纲法度立致散乱逾越。"① 督抚这种态度的出发点是复杂的，害怕改革的进一步发展会危及自身的权力地位是一个因素，基于现实困难的考量则是另一个不可忽略的因素。

督抚们的顾虑不能不对朝廷的决策产生重要影响。② 1907 年 7 月清廷颁布《直省官制通则》，直省改制分为两种模式：一是保留原有的布政、按察两司的设置，但按察使司改为提法使司。而提学则是基于原有学政的特殊地位，也称"司"，属于"改设"。二是增加新的专管一事的巡警、劝业两道，属于"增设"。《盛京时报》曾披露改司为道的缘由："（外官制）原拟设立九司，统照东三省办理，嗣经世中堂奏各省地方辽阔，又裁分守分巡道，未免鞭长莫及，不如设立巡警道、劝业道缺，或驻省城或驻府，较为得力。至兵备道，以现值匪乱仍留，至发表时竟以此议取决。"③ 世续为编制官制大臣，他建议改司为道并起到一锤定音的作用，完全是出于分守分巡道裁撤后需加强地方的现实考量。

---

① 《湖广总督来电》，《清末督抚答复厘定地方官制电稿》，《近代史资料》总第 76 号，第 85 页。
② 当时有报纸报道：外官制方案"政府以直督鄂督所复为基础，督抚藩臬仍旧，道员除关道盐道粮道外均裁撤。"见《盛京时报》光绪三十二年十一月二十一日，第 2 版。
③ 《外官制改订内情》，《盛京时报》光绪三十三年六月初五日，第 2 版；《外官改制之窒碍》，《盛京时报》光绪三十三年六月十七日，第 2 版。

可见通则中改制的两条路径，无论是"改设"也好，还是"增设"也好，都是屈从现实、在旧有制度基础上的改良，试图走一条成本较低的改制路线。

不过，在先行试办的东三省，官制与通则并不完全一致。在该年5月东三省总督徐世昌奏定的官制中，设置交涉、旗务、民政、提学、度支、劝业、蒙务七个司，其中由民政司掌办理民治、巡警、缉捕等事。在各司使补署办法方面，强调各司司使"品秩较崇责任綦重，拟照各省布按两司办法作为特简之缺，惟现在东事万棘经营草创，非慎选得力人员不足以资赞助，拟均由臣等奏保堪胜人员请旨简放，或先奏请试署，以昭慎重。"① 即各司使任用虽没有突破旧有制度，但督抚的"奏保"，却使东三省督抚在各司使的人事任用方面获得了主动权。

东三省官制提出后，多有与通则不合之处，所以实施时奉天曾改为五司两道，② 吉林、黑龙江两省，因警务初兴，巡警事仍统辖于民政司。然东三省官制不断受到言官的批评，指其冗员太多，要求"斟酌损益以节糜费"，1909年徐世昌又对官制加以酌核，裁撤奉省巡警道并归并民政司。③ 但奉天、吉林均保留了劝业道，而黑龙江省则只有民政、提学、提法、度支四司。④

有的省率先积极响应。1907年9月，时任湖广总督的张之洞奏请设立巡警、劝业两道缺，并以候补知府冯启钧试署湖北巡警道缺。⑤ 该年年底，署山东巡抚吴廷斌奏请裁撤山东督粮道并增设巡警、劝业两道。折中引用的依据，就是1904年6月（光绪三十年五月二十七日）

---

① 《东三省总督徐等会奏遵议东三省设立职司官制及督抚办事要纲折》，《东方杂志》第4年第6期，光绪三十三年六月，第280~286页。
② 《改七司为两道五司》，《盛京时报》光绪三十三年七月初七日，第2版。
③ 《东三省总督徐世昌奏酌核奉天官制详陈办理情形折》，《大清新法令（1901~1911）》（点校本）第5卷，第164页。
④ 《东三省总督锡良奏遵旨考察东三省情形裁缺缺搏节经费折》，《大清新法令（1901~1911）》（点校本）第6卷，第35~36页。
⑤ 《湖广总督赵尔巽奏新设劝业巡警两道援案支给廉俸折》，《政治官报》第89号，光绪三十三年十二月十九日，第10页。

的一道谕旨："现在物力维艰,自应力除冗滥,用资整顿。凡各项差缺有应行裁汰归并者,著各督抚破除情面,认真厘剔,奏明裁并以节虚糜。"认为山东粮道自粮运停办、漕粮改折后,事甚清简,"本应早日裁撤"。要求援照陕西、湖北裁撤粮道成案,裁撤粮道,其原有公费提存后作为增设巡警、劝业两道缺经费。还提出人选由其遴选人地相宜之员,先行奏请简补一次,以后出缺再遵部章办理。①

1907年11月,安徽巡抚冯煦奏请裁撤安庐滁和道缺,并添设巡警道,援照湖北成案遴员试署。② 次年2月,湖南巡抚岑春蓂奏请增设巡警道缺并以湖南候补道赖承裕试署。③ 4月,贵州巡抚庞鸿书奏请裁撤分巡贵西兵备道,改为巡警道。④ 陕西巡抚恩寿奏改盐巡道为巡警道,但仍兼盐法水利。⑤

上述省先期设立巡警道时,均没有制订相应的章程,其中一个重要原因,是朝廷颁布直省官制通则时,已令民政部制订分科治事细则,因此各省都在等待。1908年4月,民政部"参酌学部奏定各省学务详细官制章程",制订了巡警道官制并分科办事细则,经宪政编查馆考核后公布。核定后的巡警道官制有如下值得注意的内容。

(1)巡警道管理全省巡警事宜,"归本省督抚统属"。在人员选拔上,"由该省督抚在实缺道府暨本省候补道员内遴保二三员,出具切实考语,奏请简放,或先行试署;民政部亦可就所知堪胜此项人员胪列事

---

① 《署东抚吴奏裁撤山东督粮道增设巡警劝业两道缺折》,《大清新法令(1901~1911)》(点校本)第2卷,第229页。
② 安徽巡抚冯煦上奏时间为光绪三十三年十月,吏部遵旨批复时间为光绪三十四年四月。见《吏部等会奏议安徽道缺分别裁改折》,《大清新法令(1901~1911)》(点校本)第2卷,第236页。
③ 《湖南巡抚岑春蓂奏遵旨增设巡警道缺请遴员试署折》,《大清新法令(1901~1911)》(点校本)第5卷,第81页。
④ 《贵州巡抚庞鸿书奏请将粮储道贵西道裁改为巡警劝业两道折》,《大清新法令(1901~1911)》(点校本)第5卷,第442页。
⑤ 《陕西巡抚恩寿奏请改盐巡道为巡警道折》,《大清新法令(1901~1911)》(点校本)第5卷,第443页。

实，预保存记。遇有缺出，由军机处开单，一并进呈，恭候简用"。

（2）巡警道受督抚节制考核，同时又接受民政部随时考查。巡警道举办一切事宜，应随时申报督抚，年终造册列表申报民政部；但重要事件，要一面申请该督抚核办，一面报部备案。

（3）巡警道在所治地方设立警务公所，内分总务、行政、司法、卫生四课。每课设课长、副课长各一员，课员若干人。其巡警人员当先从办理巡警学堂入手。各州县设警务长一员、分区区官若干员，以下为巡官、巡长、巡警。

宪政编查馆在考核巡警道官制折中特别提道："各省财力拮据，恐有所不支。应请饬下各省督抚，迅将应裁守巡各道妥议裁撤，一面增设巡警道缺。"①

之后，除东三省巡警事务归民政司管，新疆暂缓设立外，其余各省均陆续设置了巡警道。有两种情况：一是裁撤旧道缺，改设巡警道缺。如四川裁撤分巡成绵龙茂道缺，改设巡警道，归并旧有之巡警总局。② 河南裁撤粮盐道缺增设巡警劝业两道。③ 江西裁撤粮道，增设巡警劝业两道，就裁撤粮道公费等项腾出款内拨给各道经费，以两道衙署为巡警道衙门及警务公所。④ 山西省因"财力拮据"，裁撤雁平道，腾出经费改设巡警道。⑤ 福建亦是裁撤粮道，增设巡警道。⑥

二是因无道可裁，只得添设巡警道缺。如云贵总督锡良奏请设立巡

---

① 《宪政编查馆奏考核直省巡警道官制细则并清单》，《大清新法令（1901～1911）》（点校本）第2卷，第189～192页。
② 《四川总督赵奏拟裁分巡道缺增改巡警劝业两道折》，《大清新法令（1901～1911）》（点校本）第2卷，第242页。
③ 《河南巡抚吴重憙奏裁撤粮盐道缺增设巡警劝业两道折》，《大清新法令（1901～1911）》（点校本）第6卷，第123页。
④ 《度支部会奏核复赣抚等裁撤粮道筹议巡警劝业两道及盐法道移驻萍乡事宜折》，《大清新法令（1901～1911）》（点校本）第6卷，第246页。
⑤ 《山西巡抚宝棻奏改巡警道遴员请简折》，《政治官报》第550号，宣统元年三月二十二日，第21页。
⑥ 《闽浙总督松寿奏裁粮道增设巡警劝业两道缺》，《政治官报》第913号，宣统二年四月初八日，第14页。

警道折中说，云南原有分巡道或远驻边方，或兼管关务粮盐，亦各有专司，实无可裁之缺"，只得另筹经费，增设巡警道缺。① 广东亦是新设巡警道，但人员则是遴选试用道、候补道二员，出具切实考语，奏请简放。② 此外广西、浙江、直隶、江苏、甘肃均是如此。③

巡警道的设立，使各省警务有了一个统一的行政领导机关。在职能运作方面，巡警道要受民政部的监督并向其报告工作：每届三年期满，由督抚出具切实考语胪列奏闻，由部切实考核，并分别等差奏闻，请旨惩劝；成绩昭著者随时请旨奖叙，反之则随时据实奏参；巡警道办事成绩应分类造册列表申部，每六个月一次。民政部还制定了"违警律"、"考核巡警道属官任用章程"等法规，对各省巡警工作加以规范和指导。其于1910年12月制定的"警务要旨"29条，是一个关于巡警行使职务时的规范。④

作为督抚的属官，巡警道要受其节制与监督：各项警务事件，均先呈报督抚；各项警察经费和警捐的抽取，均禀请督抚筹拨或呈报督抚批准；巡警道属官的考试任用，须详请督抚派员监试，其高等考试合格者，由巡警道按照成绩及原有官阶出身，详请督抚分别派署；每届三年，由巡警道查验科长、副科长、科员及警务长办事成绩并出具考语，详请督抚奏请分别升黜，办事不力者详请督抚撤换。⑤

巡警道有监督全省警务之责。民政部厘订巡警道职权片中特别强调，巡警道与"藩学臬三司权限无殊"，凡各省地方官员补署举核等事

---

① 《增设巡警道以杨道福璋试署折》，《锡清弼制军奏稿》卷6，沈云龙主编《近代中国史料丛刊续编》第11辑，文海出版社1976年影印本，第807页。
② 《两广总督张人骏奏请简巡警道折》，《大清新法令（1901~1911）》（点校本）第5卷，第167页。
③ 各省巡警道设置的详细情况，可参见彭雪芹《纳民轨物：晚清巡警道研究》，博士学位论文，中山大学历史学系，2010，第48~65页。
④ 《民政部咨行警务要旨文》，《大清新法令（1901~1911）》（点校本）第10卷，第404~407页。
⑤ 该章程已将"课"改为"科"。《民政部奏酌拟巡警道属官任用章程折并单》，《大清新法令（1901~1911）》（点校本）第8卷，第345~347页。

会同藩学臬劝业道一同会详。① 巡警道掌管全省巡警,其设立后,各省原有警察局纷纷并入并改设巡警公所,分科治事。警察职能也发生分化,形成了执行不同职能的警察,如承担缉捕任务的司法巡警、承担户口登记管理的守望巡警;负责防火救火的消防巡警、负责铁路巡防的铁路巡警等。各省巡警道在办理警察学堂、维持社会治安、推进州县巡警建立等方面做了一系列工作,初步形成了一个城乡联系的治安体系。

五 增设劝业道

与巡警道一样,劝业道也是一个新设的机构。1895年,在甲午战争惨败、清廷意欲振兴工商实业的背景下,御史王鹏运奏请讲求商务,提出于沿海各省会设立商务局一所。总理衙门议复后奏请朝廷饬下各督抚于省会设立商务局,由官为设局,一切仍听商办,由各商公举一般实稳练素有声望之绅商,派充局董,驻局办事,"将该省物产行情综其损益,逐细讲求"。并建议各府州县于水陆通衢设立通商公所,"各举分董以联指臂"。② 但多数省对此大都奉行故事,仅张之洞奏准在苏州、上海、江宁设立商务局;山西巡抚胡聘之奏请在山西设商务局。维新变法时期,在朝廷的指令下,张之洞在汉口、刘坤一在上海分别设立了商务局。20世纪初,又有山东商务局、福州商务局、芜湖商务局先后设立。在有的省,则成立了农工商局。③

与此同时,各省还陆续设立了一些主管工商矿业的局所,如垦殖局、矿务局、工艺局等。这些局所大都由督抚委员管理,成为其附属机构,也成为督抚安置属员的地方。

1903年商部成立后,曾要求各省督抚遴选商务局驻局总办或提调并出具考语,造送履历清册到部,由部加札委用,作为商务议员。商务

---

① 《又奏厘订巡警道职权片》,《政治官报》第885号,宣统二年三月初九日,第8页。
② 朱寿朋:《光绪朝东华录》,总第3723页。
③ 参见朱英《晚清经济政策与改革措施》,华中师范大学出版社,1996,第158~163页。

议员遇有公事,一面径行申部听候办理,一面详报本省督抚查核。① 试图通过这种办法将各省商务局作为商部的下属机构,以加强对各省兴办农工商业的掌控权。

然而从另一方面来看,各省商务局也有一定的局限性:第一,商务局、农工商局的定位不一。多数省为官办机构,一般由督抚委派候补道总办,但也有的省直接由相关官员兼任。如江西农工商局成立时,巡抚委藩司柯逢时、督粮道总其事,再酌派候补道府州县各员分任帮办提调文案。② 甘肃农工商局总办为兰州道。③ 也有的省采取官督商办形式。如河南省商务农工局就是"以官督商办为宗旨,以开民智收实效为指归";④ 奉天商务局也是在盛京将军赵尔巽的监督下,由商家公举董事二三人办理。⑤

第二,很多省商务局总办虽由督抚遴员产生,但毕竟没有正式的官缺,在履行职务时就有很大的限制,其经费来源也主要由省自己筹措。正如两广总督张人骏所说:农工商局虽"力为提倡,而无专官以资董率,仍恐实效难期"。⑥ 商部虽然赋予商务局人员以商务议员身份,但由于没有正式官缺,且由督抚遴选,所以商部很难与各省商务局建立起实质性的上下贯通关系。

第三,各省商务局、农工商局名称不一,内部建制也不一致。名称方面,有称商务局、商政局的,有称农工商矿局、商务农工局的。在内

---

① 《议派各省商务议员章程》,《大清新法令(1901~1911)》(点校本)第4卷,第233~235页。
② 《江西巡抚李奏立农工商局片》,邓实辑《政艺丛书》,光绪二十八年,《艺书通辑》卷5,沈云龙主编《近代中国史料丛刊续编》第28辑,第981页。
③ 《陕甘总督升允奏设立农工商矿局举办实业情形折》,《政治官报》第112号,光绪三十四年正月二十日,第5页。
④ 《河南巡抚陈奏筹设商务农工局大概情形折》,《东方杂志》第1年第2期,光绪三十年二月,第7页。
⑤ 《各省商务汇志》,《东方杂志》第3年第3期,光绪三十二年三月,第36页。
⑥ 《两广总督张人骏奏保陈望曾补授劝业道折》,《大清新法令(1901~1911)》(点校本)第5卷,第166页。

部建制方面，福建商政局原设保惠、货殖、艺术、会计、陈列、调查六所，光绪三十四年改为农工商局后，为节省冗费，改为农务、工务、商务、庶务四科；① 贵州农工商总局分农务、工务、商务、庶务四所。②

1906年预备立宪宣示后，清政府发布中央官制改革方案，商部改组为农工商部。与此同时，外官制改革也提上日程。出使各国考察政治大臣戴鸿慈等提出设置八司，将农工商纳入民政司，而民政司掌管事务还包括监督全省州县及乡市之行政，察核官吏。而在出使德国大臣杨晟的官制方案中，每省设置四司，其中一为"财政兼商务"。可见在外官制方案的筹议过程中，农工商不仅有设司还是设道的讨论，还有是否为独立建制的问题。正因为此，在该年11月厘定官制大臣提出两层办法与各省督抚会商通电中，都没有将农工商作为独立建制，第一层办法只笼统提到"分设各司"，第二层办法以布政司管民政，兼管农工商。③

各省督抚的复电中，只有山东巡抚杨士骧提出应别设农工商司，兼管邮传司，以与农工商、邮传二部相表里，裁并商务、路矿、工程、工艺等局所，"设副员以分任之"。④ 湖广总督张之洞则连发三电，反对改变太骤，认为省级机构仍可沿袭现有藩学臬运粮盐关河体制。⑤ 两广总督周馥也极力主张"仍旧为便"，"廉俸难筹，自应仍以各局所委员充当"，⑥ 意思是不再另设专官，农工商事务仍可由原有局所担当。

1907年1月，农工商部厘定本部职掌暨分司隶事办法，内中称：

---

① 《东方杂志》第1年第3期，第44~45页；《又奏蚕桑学堂改归提学使管理并裁并农桑局片》，《政治官报》第31号，光绪三十三年十月二十日，第7页。
② 《农工商部议复贵州巡抚奏报开办农工商总局以兴实业折》，《政治官报》第94号，光绪三十三年十二月二十四日，第5页。
③ 《厘定官制大臣致各省督抚通电》，《清末督抚答复厘定地方官制电稿》，《近代史资料》总第76号，第52~53页。
④ 《山东巡抚来电》，《清末督抚答复厘定地方官制电稿》，《近代史资料》总第76号，第75页。
⑤ 《湖广总督来电》，《清末督抚答复厘定地方官制电稿》，《近代史资料》总第76号，第84页。
⑥ 《收两广总督来电》，《清末督抚答复厘定地方官制电稿》，《近代史资料》总第76号，第89页。

"臣部管理全国农工商政暨森林、水产、矿务、河防水利以及商标、专利、权衡、度量等各项事宜，并综核各直省农工商政、河道各官及农工商各项公司、学堂、局厂。"① 农工商部职掌的厘定，使其拥有综核各省农工商政的职责，建立上下对应的省级农工商机构也就成为必然。正是在这种情况下，经过了设司还是设道的讨论，同年7月，在清廷颁布的直省官制通则中，提出各省设劝业道"专管全省农工商及各项交通事务，并将按察司旧管驿传事务，改归该道兼管"。②

此后，各省劝业道陆续设置。其中，1907年奉天、湖北、吉林三省设立；③ 1908年山东、湖南、贵州、安徽、云南、广东、江西、四川等省先后设立；1909年设立的有陕西、浙江、河南、广西等省；1910年为直隶、江宁、山西、福建、甘肃几省。④

与巡警道一样，各省劝业道道员均为督抚在实缺道员中遴员保奏或试署。其中也有两种情况：一是裁撤旧道缺后设置新道缺。如陕西裁粮道一缺改为劝业道；⑤ 福建是裁撤粮道增设巡警、劝业两道，将粮道所管水利归劝业道兼管。⑥ 如此办理的还有贵州、河南、江西、山西等省。山东则是裁粮道和库大使两缺，将其公费作为增设巡警道劝业道两缺经费。⑦ 吉

---

① 《农工商部奏厘定本部职掌员缺折》，《大清新法令（1901~1911）》（点校本）第2卷，第140页。
② 《总司核定官制大臣奕劻等奏续订各直省官制情形折》，《清末筹备立宪档案史料》上册，第507页。
③ 在徐世昌等人奏请的东三省官制纲要中，是设置"劝业司"，但《直省官制通则》公布后，即改为劝业道，但黑龙江未设劝业道，农工商事务由民政司兼管。见《请派署奉省司道各缺并遵旨增改官缺折》，《退耕堂政书》卷9，沈云龙主编《近代中国史料丛刊》第23辑，第488~489页。
④ 参见曾作铭《清末劝业道探析》，硕士学位论文，华中师范大学中国近代史研究所，2010，第29~32页。
⑤ 《陕西巡抚恩寿奏遵设劝业道折》，《大清新法令（1901~1911）》（点校本）第5卷，第45页。
⑥ 《闽浙总督松寿奏请裁粮道增设巡警劝业两道折》，《政治官报》第913号，宣统二年四月初八日，第15页。
⑦ 《署东抚吴奏裁撤山东督粮道增设巡警劝业两道缺》，《大清新法令（1901~1911）》（点校本）第2卷，第229页。

林裁改驻省分巡道为劝业道;① 四川是裁撤分巡成绵龙茂道,将其原管水利事务归劝业道兼管。② 甘肃增设劝业道最晚,情况也比较特殊。宣统二年十二月陕甘总督长庚于奏请以兰州道兼理劝业道,理由是兰州道彭英甲先已经手农工商局事务并颇著成效,由其监理可节省另行建署的费用。③ 但上谕则未同意,而是令其裁撤兰州道改设劝业道,并着彭英年补授。④

二是在无旧道可裁的情况下增设新道缺,如湖南、广东、浙江、广西、直隶等省。

各省劝业道任命后,有的省劝业道不断受到弹劾。四川劝业道周善培被劾以"交杂跋扈";江西劝业道被举劾为"嗜好各员"。还有督抚奏参劝业道工作不力而奏请开缺者,如东三省总督锡良奏参奉天劝业道黄开文"毫无振作";⑤ 云贵总督李经羲奏核云南劝业道刘孝祚"才力不称"。⑥ 御史胡思敬则上折批评部院掌用人之权:"顷岁以来,学部设提学使,度支部设监理官,民政部保巡警道,农工商部保劝业道,法部保提法使,各安置私人,攘取地方一部分之事……欲堕坏行省规制而侵天子用人之权。"⑦ 在这种情况下,1910 年 5 月(宣统二年四月初十日)上谕要求各省考核巡警道和劝业道。上谕在谈到各省巡警道和劝业道的用人时说:"各省或将裁缺人员改授,或于候补班中按资请补,

---

① 《吏部议复东督等奏更改吉林各道缺折》,《大清新法令(1901~1911)》(点校本)第 8 卷,第 387 页。
② 《四川总督赵奏拟裁分巡道缺增改巡警劝业两道缺折》,《大清新法令(1901~1911)》(点校本)第 2 卷,第 242 页。
③ 《陕甘总督长庚奏甘肃应设劝业道拟以兰州道兼理折》,《政治官报》第 1175 号,宣统三年正月十一日,第 11 页。
④ 《十二月二十五日内阁奉上谕》,《申报》1911 年 2 月 2 日,第 1 张第 5 版。
⑤ 《东三省总督锡良巡抚程德全奏特参贪劣不职各员折》,《政治官报》第 665 号,宣统元年七月十九日,第 18 页。
⑥ 《云贵总督李经羲奏劝业道刘孝祚才力不称请开缺者》,《政治官报》第 889 号,宣统二年三月十三日,第 9 页。
⑦ 胡思敬:《劾度支部尚书载泽把持盐政折》,《退庐全集·退庐疏稿》卷 2,沈云龙主编《近代中国史料丛刊》第 45 辑,第 19 页。

名为公道而人不称职,则事多废弛,闾阎无以保治安,实业亦无振兴之望。"① 之后,有 11 个省的劝业道出现更动,其中邮传部与农工商部会同预保四人。报纸评论,这是"农工商部以该部政事清简,拟为司员稍谋出路,现已议有办法二条:择优预保劝业道记名请简;派赴各省调查农工商矿各项差使"。② 当然,大部分劝业道仍受督抚操纵。③

各省劝业道就所治地方设置公所,内分总务、农务、工艺、商务、矿务、邮传六科,每科各设科长一员,副科长一员,科员若干人。劝业道设立后,各省纷纷将原有的一些农工商矿局所并入,原来隶属于臬司的驿传事务也转入劝业道管理。这样,各省就有了一个管理农工商业的职能部门。

劝业道在职能行使方面要接受双重领导:作为农工商部的对应机构,要禀承农工商部和邮传部的指令办事;作为督抚的属官,也要向其报告工作并在督抚的督饬下工作。督抚对劝业道有节制考核权,每三年俸满均由督抚将其办事情况详细咨明农工商部和邮传部,由两部胪列奏闻;农工商部和邮传部也可随时考查,不得力者可据实奏参。劝业道调查、筹办各省农林商矿各实业和推广船路邮电事宜,要随时呈明农工商部、邮传部及本省督抚,并每年将兴办实业交通事项详列册、说帖报部。同时,劝业道与巡警道一样,可参与会详地方官补署、举劾等事。④

有的省劝业道设立后,一些地方有关债务的商事诉讼,如不服府州县判决者,便归劝业道复讯。1911 年,鉴于各商埠审判厅先后建立,此项审判劝业道再不受理。⑤

另外,各厅州县应设劝业员一员,受劝业道及该地方官之指挥监

---

① 《上谕四月初十》,《大清新法令(1901~1911)》(点校本)第 8 卷,第 300 页。
② 《邮农两部预保劝业道》,《申报》1910 年 7 月 2 日,第 1 张第 4 版。
③ 参见曾作铭《清末劝业道探析》,硕士学位论文,华中师范大学中国近代史研究所,2010,第 37~48 页。
④ 《农工商部会奏续订直省劝业道职掌事宜折》,《大清新法令(1901~1911)》(点校本)第 9 卷,第 408 页。
⑤ 《农工商部通咨商事诉讼应分别已未结清各办法文》,《大清新法令(1901~1911)》(点校本)第 11 卷,第 261 页。

督,掌该厅州县实业及交通事宜,每年终各州县将举办实业交通等各种情况制成统计表格报劝业道查考。

各省劝业道设立后,最有成效者不外"开商智"、"振兴农林"两方面。"开商智"方面如开办商业、农林学堂;举办工艺传习所、桑蚕传习所,创办报刊,劝办商品赛会等。在"振兴农林"方面,举办各种农林试验场、推广农业改良,促进垦荒。据1911年3月农工商部的会核各省农林工艺情况折中的统计,全国开垦荒地报部有案者约计7373万多亩;种植树木已成活者约计2580万株;归入农林下的各学堂公司局厂试验场农务总分各会等计10973处,归入工艺项下各学堂公司局厂等计1115处。① 其中不可避免有虚报和浮夸的成分,但不可否认,清末最后这几年,却是农工商业发展较快的时期。

六 督抚衙门改革:会议厅与幕职分科

1. 会议厅的设置

在清代,督抚作为一省最高行政总管和监督官,由于其具有中央派遣大员的身份,处于居高临下控驭一切的地位。布政使与按察使虽是其属员,但均别署而立,各自承担一方面主管事务,受督抚监督和控驭。这种体制下的督抚衙门既无职能部门,也无辅佐官,与其商讨工作的只有属于私人关系的幕僚。鉴于此,有学者将督抚称为"独任之机关"。②

晚清以来,督抚主掌一省地方的各项事务增多,权力由以监督控驭为主走向以主持各种新政事务为主,体现了由"虚"走向"实"的特点。这样,原有的体制不能适应,于是督抚纷纷设置局所以分管各方面事务;③ 另外扩大幕府,以集思广益,加强行政决策。局所的出现和幕

---

① 《农工商部奏汇核各省农林工艺情形折》,《政治官报》第1231号,宣统三年三月初八日,第5页。
② 关于督抚的决策与行政特点,关晓红有精到的论述,参见氏著《独断与合议:清末直省会议厅的设置及运作》,《历史研究》2007年第6期。
③ 晚清以来各省纷纷成立的局所是督抚地方事务权力扩大后出现的,各局所由督抚直接派人管理,反映了原有督抚体制的职能扩展。

府的扩大,都是督抚行政职能扩展和变化的表征。

1904年,湖南巡抚赵尔巽饬司道开设议事公所,定章14条,"一切应行新政事宜均就所中议办,先行选举议董,以投票多数为定,再行送由中丞核准,方得与议",并分常会、特会。常会月朔举行,特会为有地方大事或巡抚交议之件而设。①因资料缺乏,现在尚无法了解湖南议事公所的实际存在和运作情况,但它的出现,是将合议形式纳入督抚行政体制的最早实践。

1906年,出使德国大臣杨晟在条陈官制大纲中,提出省开设参事会的建议。该参事会以诸司及名誉职员组织之,另加派省中高等官吏参与之,而以督抚为会长。②"参事会"是杨晟"察内国之宜,略采外国之制"后提出的,说明当时官员们已注意到督抚行政体制与宪政不相吻合,并力图参照宪政体制,实行行政合议制度。

既然实行宪政的目标已定,那么,改革督抚制度就是必然的选择。1906年厘定官制大臣拿出两层办法电商各省督抚时,在第一层办法中提出了"同署办公"一法,即"合院司所掌于一署,名之曰行省衙门,督抚总理本衙门政务,略如各部尚书。藩臬两司,略如部丞。其下参酌京部官制,合并藩臬以外司道局所,分设各司,酌设官,略如参议者领之。以下分设各曹,置五品至九品官分掌之。每督抚率同属官定时入署,事关急速者即可决议施行,疑难者亦可悉心商榷,一稿同画,不必彼此移送申详"。并认为此法"与立宪国官制最为相近"。③

然而多数督抚反对"同署办公"。④他们或认为同画一稿,会"轻

---

① 《记湖南议事公所》,《东方杂志》第1年第1期,光绪三十年正月,"内务",第6页。
② 《出使德国大臣杨晟条陈官制大纲折》,《清末筹备立宪档案史料》上册,第399页。
③ 《厘定官制大臣致各省督抚通电》,侯宜杰整理《清末督抚答复厘定地方官制电稿》,《近代史资料》总第76号,第52页。
④ 在这一次讨论中,云贵总督岑春煊驳斥了同署办公会削减两司职权,公文周转会"应接不暇"的言论,明确表示请将第一法毅然行之。见《云贵总督来电》,《清末督抚答复厘定地方官制电稿》,《近代史资料》总第76号,第71页。

第二章 省级行政机构改革

重无别",造成权限无分和互相推诿;① 或认为同署办公虽"极为省便",但人才缺乏,财力竭蹶,难以实行。② 山东巡抚杨士骧则认为同署办公只适应于边疆"地僻政简"之省份,内地应"仍宜其旧","分署置事",只在遇有疑难时,可随时会议。③ 还有的认为设立公署,分置各曹,办法虽好,但无经费则一切托诸空谈。④

如果单从行政学的角度而言,"同署办公"本来是有利于建立统一的省级政府行政体系,有利于省级行政长官的集权的。但如此一来,将会有两方面重要影响:一是省级政府作为地方最高行政机关的形成;二是这种体制可能会改变督抚的权力行使。当时引发督抚直接反对的是后者。因为晚清以来,各省纷纷成立的局所皆由督抚直接领导,每有重要事件,均是由督抚与司局"着重之一二员或二三员便坐燕见","纵谈深透,反复筹思,乃能筹定一议"。⑤ 所以他们认为同署办公不仅会带来草率敷衍、牵制推诿的问题,而且会影响自身独断权力的行使,故而竭力反对。

但面临宪政的巨大压力,督抚衙门不能不改。江苏巡抚陈夔龙提出变通之法:"于院署设一议政公所,院司道局各官每日定时聚会,将各署局紧要事件公同议决施行。"⑥ 云贵总督丁振铎则认为,若同署办公,易使"坐言则应接疏而用力少,起行则应接密而用力多,一日之间,外交军政势必遍接各司,庞杂鞅掌,纵姿禀过人,几何不外强中干、架

---

① 《河南巡抚来电》、《两广总督来电》,《清末督抚答复厘定地方官制电稿》,《近代史资料》总第76号,第63、73页。
② 《署贵州巡抚来电》,《清末督抚答复厘定地方官制电稿》,《近代史资料》总第76号,第69页。
③ 《山东巡抚来电》,《清末督抚答复厘定地方官制电稿》,《近代史资料》总第76号,第75页。
④ 《江西巡抚来电》,《清末督抚答复厘定地方官制电稿》,《近代史资料》总第76号,第79页。
⑤ 《湖广总督来电》,《清末督抚答复厘定地方官制电稿》,《近代史资料》总第76号,第82~83页。
⑥ 《江苏巡抚来电》,《清末督抚答复厘定地方官制电稿》,《近代史资料》总第76号,第57页。

支度日也"。他建议,于院署设值班处,"司道以类相从,以序相及,务间日一周,重要者立禀商,届班则各司道率其属咸集,分稿为奏、为电奏、为札、为电报,一事同议,一议同决,一决同诺,此外无私谒"。①

从"同署办公"到"设议政公所"、"值班处",不仅仅是名称的改变,而是对督抚衙门的不同方向的改革。"同署办公"是将司道局所并入督抚衙门,分设各职能部门——司,公文"一稿同画",这样一来,督抚衙门将成为一个内部结构层次复杂的实体,将向省级政府转化。而"议政公所"、"值班处"则只是一种临时性的合议场所,它是在不改变原有督抚衙门结构的前提下,通过行政合议办法,改变决策机制,改革幅度和对督抚的影响都小得多。

两人的建议启发了编制馆,遂采取成本最小的改革方案,"参照闽督丁(丁的电报是以滇督身份发的,此时已调任闽督——引者注)、苏抚陈之议,于院署设一议政处,院司道局各官定时聚会,将各署局紧要事件公同议决施行。"② 这样,在随之草拟的《直省官制通则草案》中,将议政处改为会议厅,提出了"各省督抚应于本署设会议厅"的改革目标。

在次年7月公布的《直省官制通则》中,要求"各省督抚应于本署设会议厅,定期传集司道以下官会议紧要事件,决定施行。如有关地方之事,亦可由官酌择公正乡绅与议。"③ 依据这一规定,会议厅只是督抚与官员会商与决策紧要事件的地方,督抚衙门的改革只在行政决策层面上,由督抚的"独断"转成"行政合议体之制"。④

---

① 《云贵总督来电》,《清末督抚答复厘定地方官制电稿》,《近代史资料》总第76号,第58页。
② 《拟设督抚衙门幕职》,《盛京时报》光绪三十二年十二月二十一日,第2版。
③ 《总司核定官制大臣奕劻等奏续订各直省官制情形折》,《清末筹备立宪档案史料》上册,第507页。
④ 《宪政编查馆奏议覆吴士鑑奏请申明议案权限折》,《政治官报》第821号,宣统元年十二月二十七日,第9页。

较早设置会议厅的是安徽巡抚冯煦。1907年《东方杂志》有一则报道：

> 皖抚冯梦帅以续订直省官制抚署应设会议厅，特师其意，暂设立于本署，厅事自七月初一日起，每值刚日辰初至巳正，会现任司道以下及督练公所、营务处、警察局各总办、提调；柔日辰初至巳正，会各局所总办、提调，各学堂监督、提调。凡于地方行政有应决议者，则各衙门局所先开事由，复杂者用说帖单，简者用标目，所议政策有当时定议者，则立二簿记之，一存抚署，一存藩署，以待实行。有当时未议定者，亦记其往复辩难之故，以待再议。再议不决，则博访通才，旁采舆论，俾得所折衷以施行之。惟至星期则延在省之乡先生及列于学会商会者，咨询利病，斟酌损益，亦立簿以备采择，藉收集思广益之助。①

这段记载详细说明了安徽会议厅的运作情况，安徽省抚署会议厅不仅具有决策功能，还有咨询作用。唯"行之未久，旋复中辍"。②

同年10月，闽浙总督松寿也于督署设立"会议堂"，"召集官绅定期开会，藉以研究本省行政事宜"，后因筹办谘议局，该会议堂举行数次后停止。③

其他各省多按兵不动。直到1908年7月清廷公布谘议局章程后，情况才有所变化。原因是章程第12条有：常驻议员受督抚召集的时候，"可至会议厅以备询考"；第26条规定，谘议局于本省行政事件及会议厅议决事件有疑问，可以呈请督抚批答。④ 这些规定都使会议厅与谘议

---

① 《各省内务汇志》，《东方杂志》第4年第10期，光绪三十三年十月，第504页。
② 《又奏遵设会议厅片》，《政治官报》第898号，宣统二年三月二十二日，第14页。
③ 《督宪松札本署设立会议厅文》，《福建教育官报》第16期，宣统元年十一月，"附录"，第4页。
④ 《宪政编查馆等奏拟订各省谘议局并议员选举章程折》，《清末筹备立宪档案史料》下册，第674、677页。

局产生关联。而在此前一年的10月,清廷就谕令各省速设谘议局①。经过一年的筹备和选举,至1909年,各省谘议局开办在即,这使各省会议厅的举办也变得紧迫起来。在这种情况下,1909年三四月开始,先后有直隶、江苏、吉林、广东等省先后设立会议厅。江苏巡抚陈启泰在奏折中说:

> 宪政日有进步,民智不患不开,所虑者各属地方官吏政治上之识见迂庸,事实间之应付失当,则以其昏昏,使人昭昭,官与民将有冲突之损而无辅助之益,是则新政前途大可忧也。臣近年体察属吏情形,约有两弊:一则新政未能贯通,往往于札饬应办之件面从心违,以延宕为得计;一则办法未有条理,往往于严定限期之件潦草塞责,以敷衍为能事。此皆政策无统一、名实无综核之故也……臣窃以为谘议局未立之先,应亟遵照官制通则,参仿日本办法,传集地方官吏会议,俾宪政筹备事件得以整齐划一,不致参差。②

出于对谘议局召开后民智将会大开,而官员则依旧识见迂腐,进而招致官民冲突的担心,督抚欲以会议厅谋求抵制,是他们突然对会议厅持积极态度的重要原因。③《东方杂志》就有评论云:"谘议局将开,官先开会议以谋抵制,亦一政界之进步。"④

此时设立的会议厅组织中,以直隶较为完备。直隶会议厅以总督为议长,定期传集会议,以现任司道暨所议事件主管各局所总办为议员,"督宪得随时命幕僚为临时议员参与会议,但不得加入议决之数。如有关地方事务,亦可传集谘议局议员到场,以备询考"。所议事件包括

---

① 《九月十三日上谕》,《大清新法令(1901~1911)》(点校本)第1卷,第47页。
② 《江苏巡抚陈启泰奏遵设会议厅筹备宪政事宜折》,《政治官报》第531号,宣统元年三月三日,第13~14页。
③ 参见彭剑《抗衡民权与清季行省会议厅的建立》,《华中师范大学学报》2010年第2期。
④ 《宪政篇》,《东方杂志》第6年第4期,宣统元年四月,第199页。

"督宪交议暨谘议局议案，谘议局呈请裁夺事件，对于总督所提出谘议局议案得陈述意见，答申总督咨询事件，其他本省重要行政事件"。会议分定期与临时两种，定期会议于每年正月举行，集议全年政务，参与者为全体议员和本省各府直隶厅州地方官。临时会议由总督决定随时定期开议。议员议案要得总督同意后在开议前预先布告，由总督裁决施行。如所议事件与局所有关，局所总办始得参加。另设立办事处，分议事、庶务两课，设提调一员、书记若干员。①

值得注意的是，直隶会议厅所讨论的内容已与先前安徽会议厅大不相同。安徽会议厅只是新政事项的讨论、咨询、决策场所，而直隶会议厅则把交付和讨论谘议局议案作为主要内容。总督杨士骧就说："拟就臣署设立会议厅，饬拟章程定期集议，撮其大端随时编辑议案，以备谘议局提议之用。"② 很明显，在杨看来，会议厅就是为指导和约束谘议局所设，这反映督抚对谘议局开办将会使民权（主要是绅权）高涨的担忧和警惕。与此同时，办事处和提调书记的设立，也使会议厅有了常设机构。所以，会议厅功能和组织的转变，始于1909年直隶会议厅。

但吉林巡抚陈昭常却不以为然。他认为，直隶江苏等省的会议厅"大都皆为筹办宪政及预备议案而设，与会议厅原制亦稍有不合。"会议厅不能仅办宪政，也不能仅是提出和审核谘议局议案，而应是一个如同内阁那样的行政决策机关。所以，他与司道反复筹议，"仿各国阁议制度，参以各省已办成规，特于公署设行政会议处，会议一切行政事宜，而宪政筹备即于此为总核之所。"③ 吉林的行政会议处议长为督抚，正、副议员由司道、旗务、蒙务处长官和熟悉法政的官员担任，由督抚委任。在会议程序上，"凡关系本省最重要之行政事件由督抚定期召集

---

① 《直隶督署会议厅规则》，甘厚慈辑《北洋公牍类纂续编》卷3《吏治一》，全国图书馆文献缩微复制中心2004年影印本，第2024~2025页。
② 《又奏本署设立会议厅片》，《政治官报》第516号，宣统元年闰二月十七日，第15页。
③ 《督抚宪通饬公署添设行政会议处文》，《吉林官报》第12期，宣统元年四月十一日，"公牍辑要"，第5页。

正、副议员开正式会议，凡得多数议员之同意者即由议长核定施行。""寻常行政事件由督抚指交副议员一人或数人条议，呈候核定施行"。① 具有鲜明的行政决策核心机构的色彩，同时也确保了督抚在行政合议中的核心地位。

江苏巡抚则依据日本明治八年及十一年的地方官会议来理解会议厅，"盖以为地方官者练习政治"，"筹画民政，以立议院始基"。会议厅讨论一切应行筹备及地方兴革之件，各属官吏可条陈所见，互相考究，议定后各回本治实力奉行。江苏会议厅以藩司为议长，以学臬两司为副议长，粮道及局所总办会办各府直隶州均与议为议员。会议采取四种形式：凡筹备新政及绅民条陈事件属"公议"，公同议决；凡关系机要紧急事件则属"密议"，举行特别会议议决之；凡关于各署局地方彼此交涉事件，则以"合议"公同议决；凡关于一署局地方疑难事件，则属"交议"公同议决。会期由"大会"（十日或半月定期举行）、常会（每月会议两到三次）、临时会（遇有事故特别召集）三种。② 江苏巡抚虽不担任议长，但会议厅设于巡抚衙门，每次会议巡抚皆"亲临会场"，并亲自遴选两名参议官预备议案，居于掌控一切的核心地位。

到此时为止，已成立的会议厅在功能上的差别大致分二类：第一类如吉林、江苏，会议厅主要是行政议决机关；第二类如直隶等省，会议厅兼具行政议决和审查谘议局议案两种功能，并更强调以会议厅来指导、监督谘议局。这反映了督抚对会议厅的不同认知和偏好。

然而对许多督抚来说，当务之急是如何应对谘议局，如何通过对议案的操控，加强对谘议局的控制，所以，各省更愿意效法直隶会议厅规则和做法。督抚们对谘议局开办后民权高涨的担心也并非空穴来风。1909年各省谘议局召开后（新疆除外），出现多起与督抚冲突事件，使得

---

① 《吉林行省行政会议处缘起》，《吉林官报》第11期，宣统元年四月初一日，"附刊"，第1~3页。
② 《苏抚为设会议厅事通饬各府州文》，《东方杂志》第6年第5期，宣统元年五月，第105~106页。

督抚们大为反感（详见本书第三章）。1909年11月（宣统元年十月），翰林院侍读吴士鑑上了一份奏折，对谘议局的权限进行了猛烈抨击：

> 今就各省已开议之谘议局而论，督抚提议事件，谘议局驳回者每居多数，而谘议局提议事件，于督抚仅有交局复议、送院核议之权，是于"裁夺"二字之义未免名实不符，督抚实行监督上大有妨碍……现在官制未定，财政未理，谘议局所议事件既无一定之准则，安能尽见诸实行？况仓卒期间所选之议员，贤者固不乏人，然亦岂能一律骤假以民主国议院之特权？现在尚无对待之上议院以酌济之，其弊患何可胜道。愚臣一得之见，莫如以各省行政官之会议厅与谘议局作为对立，遇谘议局不应议决之议案，呈请督抚施行，即由督抚发交会议厅公同审查，说明原委理由，行局知照，不交复议。其应付复议者，仍照章办理。①

宪政编查馆复议时除对《谘议局章程》有关条款进行解释外，认为吴折所提"以各省行政官之会议厅与谘议局作为对立"等语"不为无见"，又提出"会议厅第属行政合议体之制，而无审查谘议局事件之职，若将审查之权寄诸该厅，则非另行编制不可"，于是提出于会议厅内分设两科：一参事科，专司参议庶政施行之件；一审查科，专司审查谘议局议决案件，"呈请督抚裁夺施行者，由督抚发交该科公同审议，取决多数。"②

吴士鑑奏折经宪政编查馆复议后，也就是1909年底至1910年，先后有贵州巡抚庞鸿书、两江总督张人骏、黑龙江巡抚周树模、江西巡抚冯汝骙、安徽巡抚朱家宝、山西巡抚丁宝铨、四川总督赵尔巽奏报成立

---

① 《吴士鑑跪奏为拟请申明裁夺议案权限以保行政秩叙敬陈管见恭折》，宪政编查馆档案，第48卷，第一历史档案馆藏，转引自彭剑《抗衡民权与清季行省会议厅的建立》，《华中师范大学学报》2010年第2期。
② 《宪政编查馆奏议复吴士鑑奏请申明议案权限折》，《政治官报》第821号，宣统元年十二月二十七日，第8页。

会议厅，另有东三省总督锡良奏报奉天成立会议厅。在各省督抚的奏报中，都强调会议厅为与立法、司法分立的机关，并认为在各省谘议局已成立的情况下，设置会议厅有其必要性。黑龙江巡抚周树模说："立宪首重分权，而大权统于行政，行政之要义专在执行，而执行之造端先由决议，故必有最高体制乃能统筹全局，定施政之方针必有合议机关乃能博采群言，收断行之效果。"① 从加强行政权力的考虑，黑龙江参酌吉林的办法，成立行政会议厅。

从会议形式看，这一时期成立的会议厅大都分经常性会议与临时召集的会议两种，但名称不一。如黑龙江分通常、临时两种会议形式；② 贵州则分通常、特别两种；③ 安徽分经常、临时两种；④ 四川分定期、临时两种。⑤ 在组织与职能方面，江苏以会议厅为议决机关，宪政筹备处为执行机关，"相辅而行"；⑥ 奉天则按宪政编查馆的新章分设参事、审查两科，"凡本省应行事件必须妥筹熟计者，隶参事科，凡谘议局呈请事件分别应行与否应复议与否、必须公同抉择者，隶审查科"。⑦ 四川虽没有明确分为两科，但将会议厅应议事件分成"执行事件"和"审查事件"两部分，"执行事件如整理庶政及预备发交谘议局议案等事"，"审查事件如审议行政诉讼及谘议局呈请施行等事"。⑧ 与其他省

---

① 《黑龙江巡抚周树模奏遵设行政会议厅办理情形折》，《政治官报》第890号，宣统二年三月十四日，第7页。
② 《黑龙江巡抚周树模奏遵设行政会议厅办理情形折》，《政治官报》第890号，宣统二年三月十四日，第8页。
③ 《贵州巡抚庞书鸿奏设立会议厅及宪政考核处办理情形折》，《政治官报》第811号，宣统元年十二月十七日，第12页。
④ 《又奏遵设会议厅片》，《政治官报》第898号，宣统二年三月二十二日，第14页。
⑤ 《四川总督赵尔巽奏设立会议厅办理情形折》，《政治官报》第970号，宣统二年六月初六日，第13页。
⑥ 两江总督张人骏：《又奏设立会议厅片》，《政治官报》第892号，宣统二年三月十六日，第7页。
⑦ 《东三省总督锡良奏奉省公署遵设行政会议厅折》，《政治官报》第910号，宣统二年四月初五日，第15页。
⑧ 《四川总督赵尔巽奏设立会议厅办理情形折》，《政治官报》第970号，宣统二年六月初六日，第13页。

第二章 省级行政机构改革

相比，四川会议厅更偏重对谘议局议案的审核和制约。

1910年9月，宪政编查馆鉴于各省会议厅"条例仍未能一律"，为收画一、整齐之效，拟订了《各省会议厅规则》。规则规定了督抚对会议厅人事的操控权：会议厅参事科人员均由督抚遴派之司道府厅州县官、各局所总办和幕职承充；审查科人员除由督抚遴充的司道暨府厅州县官、通晓法律人员或现任司法官承充外，还有本省士绅，由谘议局按照督抚所定原数加倍公推，再呈请督抚派充。

在职能方面，参事科以议决本省行政事件为主，审查科以审查谘议局议决案件为主。值得注意的是关于"本省单行章程"的规定。本来依据谘议局章程，谘议局有议决本省单行章程规则之增删修改的权力。但会议厅规则则规定："凡本省单行章程提交谘议局以前，先由参事科核订"；谘议局通过的"本省单行章程规则"及督抚衙门训令，也要由审查科审查，"如有与国家现行法令抵牾之处，得呈请督抚核办"。这样，会议厅就有了凌驾于谘议局之上、对其立法工作进行事前核订、事后审查的最高权力。而"督抚之训令"一条，在直隶总督提出异议后，宪政编查馆马上表示："审查科本属补助机关，与谘议局地位不同，督抚所发训令如有与国家法令抵牾情事，仍由督抚负责，其应付审查与否，自可由督抚酌量办理。"① 督抚训令是否交审查科审查，完全由督抚自行决定。

在会议厅权限职能扩大的同时，还明确规定会议厅的会期由督抚指定、会议事件及其次序由督抚宣布、两科会议决议事件呈候督抚核夺施行。② 这样，督抚不仅是会议厅的召集人，还是决议的最后决定者。之后，宪政编查馆又对督抚与两科关系解释道："督抚对于两科议决事件

---

① 《宪政编查馆收复各督抚电》，《政治官报》第1155号，宣统二年十二月十三日，第8页。
② 《宪政编查馆奏拟订各省会议厅规则折并单》，《大清新法令（1901～1911）》（点校本）第9卷，第280～282页。

不以为然，可另定办法，交令再议。"① 督抚仍然具有最后的行政决断权。

此外，在行政审判厅未设以前，所有行政审判事件均归审查科处理。即具有行政诉讼的裁决权。当时已有官员注意到规则颁布后会议厅功能的变化，湖广总督瑞澂说："是现在会议厅范围甚广，与官制通则原定仅属行政合议体之制迥然不同。"② 在督抚处于行政核心的情况下，合议制如何运行，将会完全依赖督抚个人的偏好。

《各省会议厅规则》公布后，各省纷纷进行了改组，设置两科并制定细则，规定会议程序。但两科人员仍表现出差异。浙江参事科人员遴选司道府厅州县官各局所总办与幕职担任，审查科由司道分别兼充，并遴选府厅州县官通晓法律人员与谘议局公推复选之士绅组成；③ 陕西省参事、审查两科分别十五人，"就属僚幕职中资望允孚、品学兼裕者分别遴派充任"，审查科士绅则先由谘议局加倍公推，再由巡抚"复选五人派充"。④ 安徽参事科由巡抚遴派现任司道各局所总办和幕职充任，审查科由巡抚遴派司道以下官暨通晓法律者八员，由谘议局公推士绅遴派八员。⑤ 尽管人数和组成成员有差别，但除遴选司道局所人员外，还强调"通晓法律"，这对于行政决策的优化是有利的。

尽管1910年会议厅规则颁布后，各省会议厅功能发生变化，但其行政合议体制的引入，一省之重大事件必通过定期的或临时召集的各级

---

① 《宪政编查馆复吉抚电》，《政治官报》第1072号，宣统二年九月二十日，第4页。
② 《督部堂瑞札委本衙门会议厅驻厅参事文》，《湖北官报》第131册，宣统二年七月十一日，"公牍"，第2页。
③ 《（浙江巡抚）又奏会议厅遵章另行组织片》，《政治官报》第1126号，宣统二年十一月十四日，第14页。
④ 《陕西巡抚又奏遵设会议厅片》，《政治官报》第1140号，宣统二年十一月二十八日，第10页。
⑤ 《安徽巡抚又奏开办会议厅片》，《政治官报》第1149号，宣统二年十二月初七日，第13页。

官员开会讨论议决后施行的机制建立，对改变督抚的独断体制还是有益的。① 但另一方面，会议厅功能的转化历程也表明，清末外官制改革的每一步，无不受相关利益者的左右和牵制。虽然标榜三权分立，但整个官僚系统并不希望民权（立法权）大于行政权；虽然想引入合议制度以改变督抚独断体制，但在督抚的具体操弄下，行政合议制度在运行中仍然受到督抚个人的牵制。

2. 幕职分科

在督抚制度中，督抚衙门既没有分工的政府组织，也没有庞大的附属官员，督抚"署中一切案牍，自有幕友襄理"。② 幕友是督抚自聘的助手，不属公职。如何聘幕友，聘多少幕友，仍是幕主自己的事。因此，幕府可以看作是一个非正式机构。

晚清以来，随着督抚权力的扩大，各种文书工作日益繁杂，督抚多札委幕友承担。如"张之洞莅鄂，废去聘请之幕宾刑名师爷，刑名、钱谷皆领以札委之文案，文案决事于本官"。③ 而经张之洞所札委的文案，多称"委员"。张之洞幕府中就有各种洋务委员、文案委员、矿政局委员、无烟药厂委员等。④ 札委改变了幕友与幕主之间私人性质的非正式关系，使其向正式的录用关系方面转化。与此同时，随着各种文案委员的设置，督抚衙门中逐渐形成了"文案处"一类的办公场所。⑤

不过文案处并非正式机构，文案委员也多为幕僚，所以并未摆脱昔

---

① 关于直省会议厅的运行实效及局限，可参见关晓红《独断与合议：清末直省会议厅的设置及运行》，《历史研究》2007年第6期。
② 刘锦藻：《清朝续文献通考》卷132《职官十八》，第8913页。
③ 刘禺生：《世载堂杂记·张之洞罢除宾师》，中华书局，1960，第49页。
④ 郑天挺：《清代的幕府》，《中国社会科学》1980年第6期。
⑤ 关晓红在研究中指出，督抚文案处为行营文案演变而来，并认为文案处是晚清幕府演变的一个阶段。督抚文案处大约在同治年间形成。参见氏著《清季督抚文案与文案处考略》，《近代史研究》2006年第1期。不过要指出的是，清末督抚文案处由一部分承担文案的幕僚组成，但并没有完全取代幕府，因为在札委一些幕僚充当各种委员的同时，作为私人关系的、商讨有关事件的幕僚仍然存在。另外当时一些督抚在奏章中谈及幕职分科的必要性时，也常常是从幕府、幕僚的局限出发的。

日幕府的缺陷，尤其晚清督抚迁调频繁，"入幕者大率随官移易，其势不能持久，不免视同传舍"，责任不能担当；即便有了文案处和文案文员，但具体办事仍依靠书吏，而督抚明知书吏之害，所以"姑念其熟悉成案，亦遂惮于改作"。① 其种种弊端不仅影响吏治，而且影响行政效能。

上述变化虽体现出原有的督抚衙门制度在职能扩展的现实要求面前，不得不顺势而变的特点，但毕竟没有触动督抚行政制度。1906年出使各国考察政治大臣戴鸿慈等经过考察，眼界开阔了，对此别有一番新的认识：

> 各国官制，凡各衙署皆有主任官与辅佐官，主任官即一署之长官，辅佐官次于长官一等，承长官之指挥而辅佐其职权者也……各省督抚责任至重，藩、臬两司既各有职守，善后局、营务处等又各担一部分之责任，遂令督抚之下无一完全之辅佐官，至为可异。间有宏开幕府，妙选宾僚，虽亦稍收臂指之效，实则不受分毫之责。夫至任事而不受其责，则贤者或相率诿卸，而不肖者转得以营私，推至藩、臬、府、县各官，均有地方责任，亦皆独臂巨细，绝少分司，漏略阙疏，殊多未善。

该折提出的建议，是设参事以代幕僚，设秘书以代文案。至于各局所，除裁撤和归并外，存者悉为专官，并隶督抚。②

出使大臣欲借鉴西方各国官署制度，以正式设置的参事、秘书等辅佐官取代非正式职官系列的幕僚和文案，以达"责任分明，诸务必举"之效，具有将督抚衙门科层化的意图，如能实行，将是对督抚衙门的重大改造。

---

① 《署两广总督袁树勋裁汰书吏酌留分科改称一二三等录事等片》，《政治官报》第1102号，宣统二年十月二十日，第9页。
② 《出使各国考察政治大臣戴鸿慈等奏请改定全国官制以为立宪预备折》，《清末筹备立宪档案史料》上册，第370~371页。

第二章 省级行政机构改革

1906年厘定官制大臣拿出外官改制方案会商各省督抚时，在省制改革中只提到"合署办公"和机构改革问题，并没有具体涉及幕府。但各省督抚回电中对于增设官员会加重经费困难、对于"骤然改制，恐致纷扰"的种种担忧，则使官制大臣不得不采取谨慎态度。报载："现编制馆大臣会议谓，若强以为难，必至各省纷歧不一，或废而勿举，又使良法沮格不行。二者相权，惟有寓第一层宗旨于幕职之中，听督抚自行征辟。"① 可见，实施幕职分科之制，是退而求次之法。

次年7月，《直省官制通则》经总核官制大臣奕劻等奏定后公布。其第4条为："总督巡抚衙门各设幕职，佐理文牍，分科治事。"第5条规定的幕职员数、职掌为："秘书员一人，承督抚之命，掌理机密折电函牍，凡不属各科之事皆隶。"设交涉科、吏科、民政科、度支科、礼科、学科、军政科、法科、农工商科、邮传科，每科设参事员一人，"承督抚之命，就主管事务，掌理各项文牍"，如事简者可酌量合并以一员兼任三科以下之事。另特别规定："秘书员参事员不作为官缺，统由各省督抚自行征辟，无庸拘定官阶大小，但每年应将各员衔名及到差年月，分别奏咨存案。"秘书员参事员以下酌设助理及缮写人员，由各该省督抚酌定。②

幕职分科既继承了原有的幕府办法，由督抚自行征辟，但又采用新的科层办法，对应中央部院和新政事务分设各科，用统一的规制将原来的人数不定的非正式的幕府改造为统一编制的幕职，使之各有职守，各有责成，改变了过去幕府"往往视为优游养望之地，漫无责成"③的状况，是督抚衙门的重要转变。

---

① 《编制局对于议改外省官制之办法》，《申报》1907年2月5日，第1张第2版。
② 《总司核定官制大臣奕劻等奏续订各直省官制情形折》，《清末筹备立宪档案史料》上册，第506页。
③ 《浙江巡抚增韫奏遵章设立幕职分科任事折》，《政治官报》第817号，宣统元年十二月二十三日，第12页。

然而此一改革还有两点值得注意：一是此时的幕职分科与晚清以来督抚"札委"幕僚不同。"札委"是委任幕僚承担某一方面具体行政事务；而现在则是将幕职职掌限定在"佐理文牍"方面；"分科"则意味着掌理不同方面的文牍事务。也就是说，幕职实际是督抚衙门中辅佐督抚的办公机构。

二是幕职分科是对应中央部院而具体设置，而这种变化本身也是适应了晚清和新政以来督抚职权扩展的事实需要。其中暗含了一个事实：即在职权扩展的条件下，在中央不断下达指令，要督抚具体承担各种新政事务的情况下，督抚的职权越来越由"虚"走向"实"，督抚掌理的地方性事务日益增多，督抚作为一省之地方大吏的身份也日显突出，幕职分科实际也是适应这种变化的产物。

当然，由于实施还会遇到许多具体问题，所以各省实施幕职分科的时间拖得比较长。① 各省的幕职分科表现出以下特点：首先，各省幕职多由文案处改设，但亦有不同情况。如广东将文案改为幕职，一切文牍电函均由总督"董率幕僚，手自撰拟"。② 也就是说，广东是将文案幕僚转为幕职。也有的省保留了一部分旧有幕僚。如浙江增韫于宣统元年就任后，将巡抚衙门原有文案处改定幕职，设秘书参事助理各员。但由于有关词讼、田赋、官员升转之事属旧有的职能范围，所以仍然由原有的刑名钱谷幕僚办理。③ 还有的省是从各种候补或补用的道员、知府、同知、知县中遴选秘书员、参事员，并注意选用有所历练之人。如贵州巡抚庞书鸿认为："欲求佐理行政机关，非延揽人才无以收集思广益之

---

① 关晓红认为，当时督抚调动频繁是影响幕职分科落实进展的一个重要因素。据她研究统计，1907年8月至1911年7月，全国至少有7督12抚先后实行了幕职分科治事。参见氏著《从幕府到职官：清季外官制改革中的幕职分科治事》，《历史研究》2006年第5期。
② 《署两广总督袁树勋奏裁汰书吏酌留分科改称一二三等录事折》，《政治官报》第1102号，宣统二年十月二十日，第9页。
③ 《浙江巡抚增韫奏遵章设立幕职分科任事折》，《政治官报》第817号，宣统元年十二月二十三日，第12页。

效",所以选拔巡警道和知府各一员派充秘书员,各参事员也都从补用和实缺知州、知县中选拔。①

其次,各省在设立幕职的过程中,在人员安排和内部机构方面对规则进行了一些变通处理。如江苏、山东、浙江、广东、贵州等省因秘书一人不敷任用,设置二名秘书官;安徽、江西、甘肃等省则设总秘书一名,副秘书二名;湖北除派二人为秘书外,还派四名参事兼任秘书。在科的设置方面,多数省设为十科,但也有减少或调整的。如河南巡抚因监管河工之事,所以专设河工参事一员;② 广东交涉事务向由附设在督署的交涉局办理,所以不再另设交涉科参事。③ 黑龙江则增设旗蒙、边务两科,设参事6人,各兼两科之事。秘书、参事均从候补或补用道府州县等员中选拔。④

最后,各省在设立幕职后,督抚署中开始出现"办公处"、"办公厅"作为幕职的办公之地。贵州设置办公厅后,要求幕职各员"逐日按定时刻由臣督同各幕职齐集办事,庶期昕夕讨论,案无留牍"。⑤ 江苏的办公厅也由巡抚"督同各幕职莅厅办事"。⑥ 然而因幕职与督抚的关系密切,所以在运行中不免会超越通则中"佐理文牍"的规定。就督抚本人来说,他们也更愿意把它看成"集思广益"之场所。河南巡抚宝棻就说,他到河南任职后,即将随带幕僚暨原旧在署人员遴委文案各职,"数月以来颇收集思广益之效",故他所理解的幕职就有"赞助

---

① 《贵州巡抚庞书鸿奏设立幕职分科治事折》,《政治官报》第1245号,宣统三年三月二十二日,第11页。
② 《河南巡抚宝棻奏遵章改设幕职分科治事折》,《政治官报》第1173号,宣统三年正月初九日,第17页。
③ 《两广总督又奏设立幕职分科治事片》,《政治官报》第1215号,宣统三年二月二十一日,第11页。
④ 《黑龙江幕职新定分科治事》,《申报》1910年10月25日,第1张后幅第1版。
⑤ 《贵州巡抚庞鸿书奏设立幕职分科治事折》,《政治官报》第1245号,宣统三年三月二十二日,第11页。
⑥ 《江苏巡抚程德全奏遵章设立幕职折》,《政治官报》第1022号,宣统二年七月二十九日,第5页。

行政参预机谋"之责。① 湖广总督瑞澂也说,湖北幕职所有各员"或随臣办事有年,学行俱堪取信,或由臣就地延访,资望亦属相孚,数月以来,臣遇事咨询,咸能称职"。② 显然,瑞澂已把幕职视为个人的咨询机构了。

此外,在设置幕职分科的同时,一些省还裁撤衙门书吏,如浙江在裁撤书吏的同时,又对原有书吏进行考试,录用者为"录事"、"写生"。还革除书吏之私权规费,统一发给月薪。③ 广东裁撤书吏后又分别考核,"择其勤慎趋公者酌量留用,分隶各科,改称一、二、三等录事,其月给廪饩,以是为差",④ 也就是以给予一定薪俸的录事等取代书吏。

第二节 部院改制与督抚权力

清末官制改革中,各部官制的制定较外官制改革要早一步启动。1906年11月内官制方案奏定后,改组各部很快完成了新官制的建设,并通过这一建设强化了对各省司道的直接领导权。

首先是人事权。清制,布政使、按察使缺出,除特旨授外,主要由吏部按照品级考内所载开列具题,听取上裁。道一级官员缺出,督抚可在本省内拣选人员,题咨吏部查复后引见补授。⑤ 除吏部外,其他部院

---

① 《河南巡抚宝棻奏遵章改设幕职分科治事折》,《政治官报》第1173号,宣统三年正月初九日,第17页。
② 《湖广总督瑞澂奏遵章设立幕职分科治事折》,《政治官报》第1023号,宣统二年七月三十日,第12页。
③ 《浙江巡抚增韫奏遵章设立幕职分科任事折》,《政治官报》第817号,宣统元年十二月二十三日,第12页;《浙江巡抚增韫奏裁汰书吏办理情形折》,《政治官报》第910号,宣统二年四月初五日,第17页。
④ 《署两广总督袁树勋奏裁汰书吏酌留分科改称一二三等录事折》,《政治官报》第1102号,宣统二年十月二十日,第9页。
⑤ 参见艾永明《清代文官制度》,商务印书馆,2003,第77~78页。

对直省司道并没有直接的人事权。

直省官制通则公布后,各省设三司两道,皆分科治事,通则中将两道以及三司属员如何设置细则的制定之权都交给了有关部院。而各部院则强调自己的统辖之权,纷纷涉足司道人事任用。

提学使是裁撤学政后的新设官员。1906年学部在各省学务官制中提出,各省提学使员缺直接由学部以京外所属学务职员开单,奏请简放;提学使三年俸满,由督抚将其所办事项详细兹部,由部奏闻,以决定其去留;不得力者由部考查,即行奏请撤换。① 从而打破了原有各省藩、臬两司皆简放、主控权在吏部的铨选格局,使职能部门拥有选任司使的主动权。

之后各部纷纷效法。1909年法部在奏宣统二年应行筹备事宜中,援引学部可开单奏请简放提学使的成例,奏请由法部在司法官应行升转各员中遴选提法使;各省督抚虽可在各该省实缺道员内深明法律者酌选一二员,但应开具事实履历咨部,由部考核后开单预保。②

各省布政使延续旧制,但度支部也要求"照提学使等官直接臣部"之例,由度支部考核各省关涉财政事件。所谓"考核",即"不得力者,即行随时奏请撤换"。③

而在巡警道和劝业道的任用问题上,最能显示部院对省级司道人事权的争夺。1908年4月民政部拟直省巡警道官制,直截了当地提出各省巡警道员缺要由民政部遴选相当人员开单,分别奏请简放或试署。虽然也说"各省如有历办警务熟悉情形人员,准由各该督抚开单",但要

---

① 《学部奏陈各省学务官制折并清单》,《大清新法令(1901~1911)》(点校本)第2卷,第178~179页。
② 《法部奏豫拟宣统二年应行筹备事宜折》,《大清新法令(1901~1911)》(点校本)第7卷,第146页。
③ 《度支部奏各省藩司请实行由部考核折》,《大清新法令(1901~1911)》(点校本)第7卷,第28页。

先出具切实考语,咨送民政部,由民政部遴选开单,奏请简放。① 但宪政编查馆考核时并未同意,而是定巡警道缺出,仍由各省督抚遴保人员奏请简放,或先行试署;民政部只可预保人员请旨存记。②

1909年12月,有御史奏各省警察腐败,请饬部速定民政司巡警道选任章程。民政部看准此一机会,复奏认为,各省督抚所保人员中"学问不出专门,保奏非因乎才力"者在所不免,再次要求以后各省巡警道员,由臣部"就熟悉警务应放道员人员内,预保存记,遇有缺出,由军机处开单请简。其余各省督抚,如有所知合格人员,一面开列该员姓名事实,出具考语,咨送臣部考核;一面仍由督抚预保存记,遇有缺出,一并开单。其有违章奏保或临时指明请简者,准由臣部随时奏请更正,以昭划一"。③ 所拟办法再次强调部应有"预保存记"权,督抚的"遴保奏请"虽也保留,但要受部考核,从而将民政部的权力放在督抚之上。还强调了对督抚行使遴选权力时的监督考核更正权,体现了部院的强势。该折得到朝廷的批准,使巡警道的任用出现内外并举的状况。

同样,农工商部也希望各省劝业道由农工商部奏请简放,并且要求将本部人员随时察看,"如果资格深、办事得力者,保以劝业道记名,遇有缺出,开单请简"。④ 但清廷对此并不完全赞同。1908年8月,经宪政编查馆修订后的劝业道官制细则公布,称"劝业道秩正四品,为督抚之属官,归其节制考核,应禀承农工商部、邮传部及本省督抚办理全省农工商业及各项交通事务,并应由农工商部、邮传部随时考核。"⑤ 劝业道缺出由督抚在实缺道府暨本省候补道员内遴保二三员,出具切实

---

① 《民政部奏拟订直省巡警道官制并分科办事细则折并细则》,《大清新法令(1901~1911)》(点校本)第2卷,第186页。
② 《宪政编查馆奏考核直省巡警道官制细则并清单》,《大清新法令(1901~1911)》(点校本)第2卷,第189页。
③ 《民政部奏议复御史麦秩严奏各省警察腐败有碍宪政恳饬速定民政司巡警道选任章程折》,《大清新法令(1901~1911)》(点校本)第7卷,第279页。
④ 《预备劝业道人员》,《大公报》1908年8月25日,第4版。
⑤ 《农工商部奏拟订劝业道职掌任用章程折并章程》,《大清新法令(1901~1911)》(点校本)第2卷,第194页。

考语，奏请简放，或先行试署；但同时农工商部、邮传部"亦可会同就所知堪胜此项人员胪列事实，预保存记，遇有缺出，由军机处开单一并进呈，恭候简用"。① 同样实行督抚遴保与农工商部预保存记双轨制。

关于省级机构属官的任用，部院亦有相应的限制。如法部奏订提法司各科科长、科员的任职，除相应的法政法律学堂毕业、举人以上出身等资格要求外，还必须通过提法使主持的考试，考试合格者详由督抚咨达法部奏补。② 民政部亦称："其巡警道属官任用办法，应仿照奏定各省提法司属官考用章程，严定资格，一体考试，非经考试及格，不得率请补用。"③

时人评述部院争夺外省司道任用权的情况时说："自中央集权之说钻入政府诸公之耳，各部长官遂皆议以外省司道直隶内部为入手。盖一以收揽外省之实权，一以位置本部之闲曹，诚一举两得之妙法也。于是本有者则改其名，本无者则添其官，如度支部则请简度支司，外交部则请简交涉司，学部则请简提学司，法部则请简提法司，民政部则请简民政司、巡警道，农工商部则请简劝业道。近闻邮传部亦有请简交通司之议。是则各部皆如愿以偿矣。"④

其次是建立对各省司道的上下统辖关系。在清朝体制中，旧有六部虽然主掌全国各方面的事务，并对各省督抚事权有驳议之权，但总的来说，各部在直省并没有相应的对接部门。布政使、按察使的相关职责要受部考核，但并不完全对应。如布政使对府州县各级官吏有察核之权，除报告督抚外，还要向吏部报告；每十年统计全省户籍、税役、民数、

---

① 《宪政编查馆奏考核直省劝业道官制细则酌加增改折并清单》，《大清新法令（1901～1911）》（点校本）第2卷，第196页。
② 《宪政编查馆奏考核提法使官制折并清单》，《大清新法令（1901～1911）》（点校本）第6卷，第403页。
③ 《民政部奏议复御史麦秩严奏各省警察腐败有碍宪政恳饬速定民政司巡警道选任章程折》，《大清新法令（1901～1911）》（点校本）第7卷，第279页。
④ 《闲评一》，《大公报》1910年8月31日，第3版。

田数等项报告督抚，同时上达户部。① 其职责不仅掌管一省财赋，而且还包括管理、监督地方官吏和管理乡试之权。并非户部的对接机构。按察使办理全省刑名案件，同时还有乡试监试官、大计考察官，还兼管驿传事务，并非刑部的下接机构。

而此时改组和新建的中央各部则是综理某一方面社会事务的职能部门，各项职能又必须通过各省具体落实，所以各部无不强调对各省有关事务的"综核"之责。

如农工商部称："臣部管理全国农工商政暨森林、水产、矿务、河防水利及商标、专利、权衡、度量等各项事宜，并综核各省农工商政、河道各官及农工商各项公司、学堂、局厂。"② 邮传部成立后，亦称自己对京外官商轮船铁路各公司、厂局及电局、邮局并关涉本部各学堂，"有统辖考核之权"。③

1907年东三省总督徐世昌等上折，提出奉省与别省不同，欲将无附廓县的府审判厅改为厅丞，升为从四品。④ 法部认为，厅丞地位较崇，不可滥设。对于其他变通要求也一一反驳，还态度强硬地提出，各省不能"自为风气"，并申明："臣部有管理全国司法上行政之责，而提法司为一省司法行政机关，不啻为臣部之分司，即应以臣部为总汇。现当新旧递更之会，虽不得不受节制于督抚，以谋行政之便利，然非直隶臣部，不足收法权统一之效。即将来法官请简请补各事宜，亦应由开办审判厅各省随时开单咨达臣部。"⑤

正是本着这一精神，1909年法部奏核订各省提法使官制，明确提出各省提法使"实乃法曹之分司，其制虽为各国所无，而其集权中央

---

① 白钢主编，郭松义、李新达、杨珍著《中国政治制度通史》，第193页。
② 《农工商部奏厘定本部执掌员缺折》，《大清新法令（1901~1911）》（点校本）第2卷，第140页。
③ 《军机处邮传部奏遵旨拟议邮传部官制事宜折并清单》，《大清新法令（1901~1911）》（点校本）第2卷，第150页。
④ 朱寿朋：《光绪朝东华录》，总第5826~5829页。
⑤ 朱寿朋：《光绪朝东华录》，总第5829页。

之旨则一也"。提法使于筹办司法一切事宜，除随时申报督抚由督抚咨报法部外，每年年终还应造册列表申报法部查核。重要事件一面申报督抚，一面径达法部核办。在司法审判方面，提法使于死罪案件，应备缮供勘，详由督抚奏交大理院覆判、法部核定汇案具奏；军流以下人犯汇案由督抚咨报法部存案。①

学部拟定的各省学务官制中，虽然也说提学使为督抚属官，归其节制考核，但内容限定在具体事务上，督抚只是筹定地方学务，这还必须"按照定章"；提学使年终应将本省学堂办理一切情形详报于学部；各省办理学务之款也要兹报学部；提学使有紧要事件出省考察，必须报部批准。②

除了上述对对应职能部门的综核外，还要求督抚将有关事项向部报告。1908年4月民政部奏："臣部职掌略与各国内部相当，凡地方行政之得失，有司之贤否，均应详加甄察，严定考成，以收统一内治之功而免彼此隔阂之弊。惟现行制度，地方官吏铨选除授之事属于吏部，而激扬举劾之权，又分属于各省督抚，臣部虽有统属之名，曾无考核之实"，因此要求各省督抚将州县事实表册，咨送该部详细考核，"以收统一内治之功"。③

最后是加强对各省相关事务的监督。为达到"综核"的目的，各部还通过设置专官、赴各省巡视及调查等办法，试图加强对各省的指导和监督。

在农工商部厘定的本部职掌中就重申："臣部奏设之顾问官、议员、矿务委员、商务议员、商务随员所掌事宜，悉仍旧制。"④ 邮传部

---

① 《宪政编查馆奏考核提法使官制折并清单》，《大清新法令（1901~1911）》（点校本）第6卷，第400~404页。
② 《学部奏陈各省学务官制折并清单》，《大清新法令（1901~1911）》（点校本）第2卷，第175、177页。
③ 《民政部奏实行考核各省民政通饬造册送部折》，《大清新法令（1901~1911）》（点校本）第3卷，第2页；朱寿朋：《光绪朝东华录》，总第5829页。
④ 《农工商部奏厘定本部职掌员缺折》，《大清新法令（1901~1911）》（点校本）第2卷，第140页。

成立后，也仿照农工商部之例设议员，并称"商部原派路务各员即由臣部加札委派"。① 各商务、路务议员均由部加札委派，承担整顿、监督各省农工商务之责，并向部报告工作。

1909年，学部制定视学官章程，将全国分成十二个视学区，学部每年派视学官若干人，每人每年视察三四个区，每三年视察一周。视学官除驻扎省城视察外，还要视察府县或乡镇学务情况；凡发现不合部定章程之事，可要求提学使或劝学区办事人员、学堂监督、堂长、教员等加以整顿。②

度支部借清理财政之际，向各省派监理官，负责"稽察督催"各省清理财政工作。所有正监理官由部自丞参以下开单请简，副监理官也由部奏派。③

就是民政部，也于1909年2月制定了警察巡阅章程，准备每年由部派员分赴各省巡视禁烟、地方自治、户籍、巡警等"本部所管一切事务"，司道有不称职者，报部据实纠参。但由于经费无多，到次年年底，仅巡视了沿海沿江之两广、两江、安徽等地。④

各部收权于中央的举措还体现在军政方面。陆军部和军咨府成立后，力谋将军权收归中央，采取了一系列措施。1909年10月，陆军部认为军政不应归行政长官节制，因此通咨各省设立陆军提督专缺，管理一省新军事宜，"藉收独立统一之效"。⑤ 1910年9月，军咨处奏将陆军

---

① 《军机处邮传部奏遵旨拟议邮传部官制事宜折并清单》，《大清新法令（1901~1911）》（点校本）第2卷，第150页。
② 《学部奏拟订视学官章程折并单》，《大清新法令（1901~1911）》（点校本）第6卷，第424~428页。
③ 《宣统政纪》卷8，宣统元年二月庚辰，《清实录》第60册，中华书局1987年影印本，第157页。
④ 《民政部奏议复御史麦秩严奏各省警察腐败有碍宪政恳饬速定民政司巡警道选任章程折》，《大清新法令（1901~1911）》（点校本）第7卷，第280页；《巡视民政员将次来皖》，《申报》1910年8月2日，第1张后幅第3版。
⑤ 《陆军部通咨各省设陆军提督独立专缺文》，《大清新法令（1901~1911）》（点校本）第6卷，第312页。

各镇收归陆军部统一管辖;① 12月，陆军部又以部中堂官拟改为大臣、副大臣的机会，奏请将各省督抚所兼之陆军部尚书、侍郎加衔一并裁撤。② 次年4月，陆军部奏设各省督练公所，"办理该省新旧各军编练、裁改、筹备粮服军械、测绘一切事宜"，以该省原管之将军、都统、督抚兼充督办，但公所除文官外，其余军事参议官及以下各员人事权由陆军部开单奏候简派或请旨补充。③ 1911年6月，湖广总督瑞澂电奏争取参议官任用权，称督练公所由督抚督办，参议官禀承督抚督率办理各事，应选于本省军事情形最熟之员方能胜任，所以应由督抚奏派，其余副官科局长由督抚分别委派。但陆军部复奏时认为与定章不合，予以驳回。④

1907年制定直省官制通则时，并没有划分中央与督抚权限的通盘考虑，所以此后的官制改革出现了两个方面并进的情况：一方面延续旧制，保留督抚的大部分权力，确定司道为督抚属官；另一方面随着中央各部官制的确立，各部又力图建立人事、行政和监督的上下垂直统驭关系，将各省新政悉数纳入中央部院管理体系。在这种情况下，督抚虽然名义上还是封疆大吏，有节制一省司道之权，但在实际运作中则处处受部院掣肘，权力有被架空的危险。当时《国风报》有一篇文章评论道：

> 我国近今之制度也，骤闻中央集权之说而歆美之，乃不揣其本而齐其末，东涂西抹伸其冥顽不灵之指爪于四方。于是学部则有提学司之设焉，民政部则将有巡警司之设焉，农工商部则有劝业道之设焉，甚至而陆军部则有军政司之设焉，外务部则有交涉司之设

---

① 《军咨处奏整顿陆军各镇请归部直接管辖折》，《大清新法令（1901~1911）》（点校本）第9卷，第352页。
② 《又奏请将各督抚陆军部尚书侍郎兼衔一并裁撤片》，《大清新法令（1901~1911）》（点校本）第10卷，第33页。
③ 《陆军部会奏酌拟各省督练公所暂行官制纲要折附单表》，《大清新法令（1901~1911）》（点校本）第11卷，第119~120页。
④ 《陆军部奏鄂督电奏拟派督练公所人员核与定章不符折》，《大清新法令（1901~1911）》（点校本）第11卷，第290页。

焉，其意皆欲以此为我部之出张也。殊不思彼司道者，既为督抚之属吏，则自惟以服从督抚为义务，岂能超此一级之势力范围而直接以自达于部，以此而谋集权，其去集权之道不亦远乎！若果由此道而能集权，则是纂一省行政之统一，益治丝而棼之也。

所以该文开出的药方，是"将一国之政务辨其性质明其系统，孰为可以委诸地方者，孰为必须握诸中央者，划而分之"。①

第三节 宣统年外官制改革的重议

1907年直省官制通则颁布时，清廷提出15年通行的期限，并允许督抚们"酌量变通"，说明它只是一个过渡性的方案。② 然而，随着各省谘议局的设立和各级审判厅的筹设，立法、司法与行政权力的关系成为一个亟待解决的问题而凸显出来，外官制改革也无法回避。

1909年6月，考察宪政大臣李家驹上折请速釐定内外官制。指出各省谘议局已经成立，资政院也将成立，"立法机关之权限恒与行政机关权限相缘"，而官制不定，则一切法令亦不能定，国税、地方税之划分、本省预算决算也将无从而议决之，所以"为今日计，惟有将内外官制速行釐定，提前试办"。在详细介绍日本的官制后，提出以中国之制，单纯的地方分权与中央集权皆不适用，应分直接官治、间接官治、地方官治、地方自治四类。在这个体系中，督抚为全省行政长官，对于地方官治之事务有直接处理与监督之权；对于本省立法机关，有监督谘议局之权，有召集、停会、解散之权，有提出议案及裁夺之权；对于地方行政机关及所属官，则有指挥、监督、训令、惩戒之权，"凡在责任

---

① 长舆：《论中央地方之权限及省议会之必要与其性质》，《国风报》第1年第32号，宣统二年十一月，第47~48页。
② 潘鸣：《1907年地方官制改革方案筹议研究》，《清史研究》2011年第2期。

范围以内之事务，即可自为行政之计划，并有上奏之权"。但关乎直接官治之事务，如军政、外交，财政中的编制预算、司法，民政中关于全国划一事项和关于全国者，必由中央政府上奏；其受中央政府委托行使的间接官治，如收税、依法令而行之的财政等，督抚咨报各部，应否具奏，由各部酌定。在督抚应否列为内阁大臣的问题上，他认为，中央与地方的事务既已划分，中央政府之权限本不涉于督抚，而且督抚远驻各省，无法随时参与阁会，所以提出变通办法，"仿日本地方长官会议之意，每年定期，督抚咸集京师，会同国务大臣集议一次"。①

此前直省官制通则还只是在维持既有督抚体制下的局部改革，此后随着部院改制的进行，官制改革又向着加强中央集权的方向进行，这两个方向的相悖而行及其所带来的矛盾，都是不利于宪政的。而李家驹的这个官制案从宪政理念出发，兼采取中央集权与地方分权体制，想通过中央与各省的权限划分，使督抚从中央官员转化为地方最高行政长官，从根本上改变既往的督抚体制。折上，据说政务处意欲将各种方案加以讨论，但由于资政院的筹设、各省谘议局的选举和各级审判厅的筹备，使中央与督抚都无暇顾及，外官制改革在实践层面并无进展。②

然而该方案却又提出了各省的"中央政府特设官吏"一说，称"此种官吏，专理直接官治事务，有通省只设一员者，如巡警道之类；有不止一员者，如关道之类；又不止一级者，如盐运司盐大使之类；惟其所事，则皆不属省务之范围，而直接京师，受京部大臣节制。其有应由督抚就近监督者，特别定之"。③ 这样一来，巡警道被划入中央官制行列，使原本开始清晰的中央与地方官制系列又变得复杂起来，督抚权力受到削弱。正如当时有人评论的："中央官厅与地方官厅之别，非以

---

① 《考察宪政大臣李家驹奏考察日本官制情形请速厘定内外官制折》，《清末筹备立宪档案史料》上册，第 532~535 页。
② 关晓红：《种瓜得豆：清季外官改制的舆论及方案选择》，《近代史研究》2007 年第 6 期。
③ 《考察宪政大臣李家驹奏考察日本官制情形请速厘定内外官制折》，《清末筹备立宪档案史料》上册，第 532 页。

其官厅之或在京师或在直省",而在于政务,"如提学使、交涉司、巡警道、劝业道,乃至清理财政官等,将归诸京师乎?抑归诸直省乎?夫现行官制之缺点虽不一端,而最甚者,莫如将中央与地方分作两撅,界限不清而互相侵越、互相推诿,今厘定新官制,是无异为中央与地方划定一新界约也"。①

1910年1月,山东巡抚孙宝琦奏请厘定直省官制,主张为督抚特设责任专法,依据权力来源分为四个方面:"禀承庙谟者以谕旨临时特定为断;依据法令者以法令成文及新旧典制例案为法令所认可者为断;受之政府命令者,果有窒碍许其陈论,而受事之后不得推诿,政府勿掣其执行之权,督抚有维持政策统一之责;出自督抚建白者,规画之初,预立经纬,既经政府许可,即以全权委任行之,设或不符原议,必须声明理由,非有确据,不得自卸责任。"此外,督抚对于司道知府正印长官有直接监督之权,对于司道知府所属副贰有间接监督之权,州县则受双重监督;建议分布政为民政、度支两司,定司道职守,各员独立责任而统受监督于督抚,并各设副官,唯交涉、军政为督抚专责。还建议加重知府的权力,使其与司道平行;除州县回避之例。②

孙宝琦认为:"今日地方制度之害,莫甚于督抚虚拥泛博无限之权,而每举一事,又辄支拙扞格,无贯彻始终之实力,集权分权两失所当。"所以他的方案的着眼点是在承认政府集权的局面下,通过厘清督抚的权责来维护督抚的实际权力。折上仅获朱批:"宪政编查馆知道。"故未引起大的反响。

进入1910年,外官制问题的讨论突然喧闹起来,不仅会议政务处重开议论,而且各省督抚也一再联衔电奏,形成一种上下互动、各执己见的局面。其中的首要原因是,自载沣为摄政王以后,中央集权的步子

---

① 志伊斋:《庚戌资政院议案草》卷4,沈云龙主编《近代中国史料丛刊三编》第80辑,文海出版社1989年影印本,第239页。
② 《山东巡抚孙宝琦奏厘定直省官制谨陈管见折》,《国风报》第1年第4号,宣统二年二月,第75~85页。

大大加快，故而引起督抚的普遍不满。《东方杂志》刊文评述道：

> 自革命之论大昌，孝钦皇后于汉臣中舍张之洞、袁世凯殆无深信者，以故十年以来，内而军机则庆王为领袖，陆军则铁良，度支则泽公，民政则肃王，学部则荣庆；外而督抚亦满人占其多数焉。今上即位，醇邸监国多仍先朝之旧，而洵涛两贝勒乃以懿亲之故，一跃而加入政治舞台。涛握军咨处，洵握海军处……陆海度支既为亲贵所握，于是中央集权之策，乃能实行。在平时，各省督抚之力未尝不足以敌中央，而在今日，各省督抚之力断不足以敌亲贵。以几等封建诸侯之权，一朝为亲贵所削夺，督抚未必甘心一也；立宪清单限年筹备，财政既被掣肘，筹备复有责成，督抚益不能无愤二也；夫集权之事，以财政为最显，督抚对于地方之事，无一不与财政有关，财政既为中央所干涉，即无事不受中央之干涉，督抚既抱此恶感，于是督抚与中央情意分离，而督抚与督抚因同病之故，乃相怜相亲焉。盖一人之力不足与中央抗，思互相联合，以为与中央争持之基础也。且自筹备清单既出，宪政之事皆非督抚所素习，遂不能不参用留学生，从而督抚政治上之见解与前渐异。①

在清代的督抚体制中，督抚以中央大员身份总制地方，拥有控驭地方的军政权力，而中央又通过内外相维、上下相制的一系列制度限制督抚的权力，通过奏折和黜陟权牢牢地控制督抚。19世纪中叶以后，督抚逐步扩大了军事、财政、用人等实权，"外重内轻"的局面开始显现。在这种局面下，朝廷欲通过改革削弱督抚的权力，不能不引起他们的反弹。

然而现实的情况是，朝廷中央集权的步骤有加快之势。先是3月就有报纸报道，会议政务处开会重议外官改制问题，有人提议自督抚以下

---

① 宣樊：《政治之因果关系论》，《东方杂志》第8年第12期，宣统二年十二月，第291页。

皆直接隶于该管各部，凡是与本部门有关之奏折，皆直达于所管之部，不必向本省督抚禀商，督抚不得从中干预，"以免阻挠分歧之弊"。但也有人不同意，提出必须电商各疆臣后方能决议入奏。① 4月，《申报》载政务处通咨改良外官制办法，称"王大臣会议以非改良官制无以兴办庶政，非直接管理更无以通达隐情"。政务处咨商各省的这个办法，核心是确定省级机构直接各部管理：地方行政官佐治员直接各厅州及各督抚，径隶吏部管理；审判厅官直接提法使，径隶法部管理；主计官直接度支使，径隶度支部管理；警察长吏、董事会董、议事会员直接民政司，巡警道径隶民政部管理；劝学官直接提学使，径隶学部管理；劝业官直接劝业道，径隶农工商邮传两部管理；地方谘议局议员径隶资政院管理；地方军队各官直接督练使，径隶陆军部管理。并准备奉旨批准后再开单详咨。② 依照这个办法，督抚之权将全面削夺。

更有舆论从现实出发，主张裁撤督抚。《大公报》一则评论称："按诸今日之督抚，其权力之所及已膨胀至不可思议。举凡一省之财政、学务、军备、警察诸要政，无不归其掌握，政府虽有黜陟升降督抚之势分，究无真实过问之实权，而督抚乃俨然成一小政府，各自为政，各不相谋，无整齐划一之规，有彼界此疆之象"，所以"欲谋实际的中央集权，以挽回尾大不掉之势，则尤非裁撤督抚不可"，但就区域而论，又不得不留省之一级，所以提出将督抚作为一省行政之最高官厅，"论其性质实不啻为地方与中央之承转机关"。③

当然，在当时的裁督舆论中，并不完全是从外重内轻的角度出发的。梁启超就从宪政与现实两个方面揭示督抚制度的矛盾，即从宪政出发，督抚制度当改为地方行政长官，但实行中是否有利仍值得怀疑；但从现实出发，督抚制度又不能骤改，所以"惟有废督抚而集权于中央

---

① 《会议中央集权之办法》，《大公报》1910年3月11日，第1张第4版。
② 《政务处通咨改良外官制办法》，《申报》1910年3月23日，第1张第5版。
③ 无妄：《论中央集权宜裁撤督抚》，《大公报》1910年3月23日，第1张第3版。

之一法"。① 也有言论认为，在当时的情况下，既要实行中央集权，又无法废除督抚，首要之事"在各明责任不相推诿为第一义，严立权限，使不相侵越为第二义"。②

在加强中央集权的舆论主导背景下，裁督言论不绝于耳，督抚处于非常不利的地位，在这种背景下，督抚因同病相怜之故，加强了相互之间的联系，彼此电商，并以联衔电奏形式发表意见，以此影响中央决策。

另一个直接因素，是宪政编查馆于1910年4月编订了一个《行政纲目》。宪政编查馆的奏折中认为当时中国情况是"国家行政与地方行政界限不明"，"行政事务何者应归中央直辖，何者应归地方管理，究其性质本有专司，不容牵混。现制每有应归中央直辖之重要事务而举以责诸地方者，相沿日久，遂难分析，以致政令不齐无从画一"，又说以中国情形，"纯然中央集权与纯然地方分权之制均难适用"，所以延续李家驹的思路，提出直接官治（由中央政府依据法令直接管辖或由部特设专员分赴各省办理直达部者）、间接官治（由中央政府委任各省官吏遵照法令执行者）、地方官治（由各省官吏遵照法令奉行者）、地方自治（由各自治职遵照法令奉行者）四级行政机关的方案。

纲目的提出，不能不引起督抚的强烈关注。一是折中最后只提出将纲目咨送各部核酌，两个月内将意见咨复到馆，请旨钦定后作为厘定官制清理财政的依据，③似乎有意避开各省督抚的意见；二是纲目中各项权力的分配表中，属于直接官治的居大多数，与督抚权责有关的间接官治、地方官治则居于次要地位。以财政事务分配表而论，直接官治54项，间接官治7项（地丁正耗完欠奏销、新增地丁随粮各捐、筹议垦

---

① 梁启超：《外官制私议》，《饮冰室合集》文集之二十三，中华书局，1989，第79页。
② 蛤笑：《论政府中央集权之误》，《东方杂志》第3年第2期，光绪三十三年二月，第26页。
③ 《宪政编查馆奏酌拟行政事务明定权限办法折》，《大清新法令（1901~1911）》（点校本）第8卷，第257~258页。

务、稽核常洋各关收支、考核进出税则发给关单执照、考核官物暨新法制造应否免税、查核各关出入口货税收数比较各事宜），地方官治13项（筹议垦务、清丈田亩、筹备兵米赈抚谷数、稽核商货税杂税、筹计各省新增税项、发给各省田房税契货商牙帖印花、稽核各省司道库储新旧案减平银册、稽核京外王公百官廉俸、稽核各项工程领款、编订各省预算决算、核订各省特别经费及报销、筹计地方公债、核算摊派偿还的赔款）。从中可以看出，除保留新增税项外，督抚失去了绝大部分财政自主权。军政权中，更是强调全国统一，为直接官治，唯驿传、器械制造存贮销用、陆军征调补充、军装学堂局厂建造等项因三十六镇未经练齐，"暂委各省督抚筹办"。①

按此纲目，督抚将失去大部分军政、财政等方面的实际权力，剩下的只有举办工商农林、创办学堂、办理自治等事务的执行权，所以引起了督抚对宪政编查馆的极大反感。云贵总督李经羲在致电各督抚联衔请改官制的电报中直言批评："宪政馆有坐言之权，无起行之责，微特不悉外情，且亦难综内政，势必专凭理想，仍蹈前辙，（官制）恐一旦颁行，一误再误。"② 为争取话语权并影响官制决策，督抚们不能不联合力争。

同年9月，由云贵总督李经羲发起、19名督抚、将军联名致电军机处代奏，称："今日大患，在于政务太繁，财用日绌，有内阁统一政策，国币始可酌盈剂虚，有国会协赞，岁用要政始不因噎废食"，要求朝廷"亲简大臣，立即组织责任内阁；特颁明诏，定以明年开设国会"。③

督抚们突然表现出对内阁的热心，关键还是由于清廷一味集权中央的一系列举措，引起了他们的不满。有言论评论督抚们是"深慨今日国事之纷纭，政令之错杂，一切措施动皆责成于督抚，而督抚之权日见

---

① 《行政纲目总论》，《大清新法令（1901～1911）》（点校本）第8卷，第259～299页。
② 《云贵总督李经羲致周树模电》，《清末筹备立宪档案史料补遗》，《历史档案》1993年第3期，第56页。
③ 《各省督抚合词请设内阁国会奏稿》，《国风报》第1年第26号，宣统二年九月，第31～32页。

削夺，动多掣肘，不足以举职而图功。乃谋建立统一之机关，以期中外之协洽"，"彼之用意之所在，固欲争中央地方之权限"。① 借速设责任内阁之请，期待早日划清权力，摆脱权力渐失而事务反而愈繁的困境，以保护自身的权力地位，是督抚们合词请设责任内阁的真实目的。②

11月，在督抚和各省谘议局立宪派的压力之下，清廷颁布上谕，将立宪事宜提前赶办，定于"宣统五年实行开设议院，先将官制厘订，提前颁布试办，预即组织内阁，迅速遵照《钦定宪法大纲》编订宪法条款，并将议院法、上下议院议员选举法及有关于宪法范围以内必须提前赶办事项，均著同时并举。于召集议院之前，一律完备"。还令各省督抚"凡地方应行筹备各事宜"，当"督饬所属，妥速筹办"。③

谕下，督抚却顾虑重重，感觉最为困难的是财力不足。两广总督张鸣岐途经武昌与湖广总督瑞澂面商后致电编查馆，认为提前赶办"尤当以官力民财所能办到者为标准"，各项提前赶办的事宜有十六项，难以"同时并举"。④ 督抚们相互电商，互诉困难，江苏巡抚程德全致东三省总督锡良等，态度强硬地提出："费笔墨之事业可以提前，费钱之事业不能提前……筹备事项缓亦无效，急亦无效，是可断言者也。"他们形成了提前赶办当分"先后缓急"的共识。

在何者先办的问题上，督抚们开始并无一致看法。江苏巡抚程德全认为"仍以赓续催设内阁为上策"。⑤ 此后他又两次电奏要求清廷速设

---

① 长舆：《粤督滇督请立责任内阁折书后》，《国风报》第1年第15号，宣统二年六月，第13页。
② 关晓红在研究中指出："督抚们要求开国会与设责任内阁，更多地并不是站在清廷或民众的立场，而在于如何解脱自身困境并争取有利于己的外官改制办法。"是有见地的。见氏著《种瓜得豆：清季外官改制的舆论及方案选择》，《近代史研究》2007年第6期，第33页。
③ 《宣统二年十月初三日上谕》，《大清新法令（1901~1911）》（点校本）第9卷，第430页。
④ 《武昌瑞莘、张坚帅来电》，《庞鸿书讨论立宪电文》，《近代史资料》总第59号，中国社会科学出版社，1985，第62页。
⑤ 《江苏巡抚程德全致锡良等电》，《清末筹备立宪档案史料补遗》，《历史档案》1993年第3期，第51页。

责任内阁,以使各项筹办事宜先后缓急有主持之机关。① 浙江巡抚增韫、安徽巡抚朱家宝等与其意见相同。② 云贵总督李经羲致电周树模等人,认为先有责任内阁提纲挈领,才能分别缓急修正筹备清单,然现在之所以迟迟未立内阁,是因为官制未定,集权分权未能明确,所以"今欲促成内阁主决筹备事宜,则官制尤为急中之急"。这个意见从与各省督抚密切相关的官制问题入手,分析内阁与官制的轻重关系,主张"不如专注力于官制"。③ 随即提出了行政组织内外统筹的三级说,引起了督抚的广泛讨论,并获得多数赞成。④

12月中旬,东三省总督锡良根据督抚们的意见,拟出了14个意见分歧而又需要进一步讨论的问题,包括:督抚应否为国务大臣问题、司法权问题、外交权问题、军事权问题、各司主管事务应否直接京部问题、各司应否由督抚酌荐问题、府厅州县佐治员应否由府厅州县自酌问题、加重知府责任问题、僻远地方酌设巡道问题、各司同署办事州县直接督抚问题、内厅问题、改清理财政局为审计局问题、差缺合并问题、品职分离问题。⑤ 核心是督抚的权责。

督抚应否为国务大臣问题,是督抚地位的关键,也彰显出既有的

---

① 《苏抚催设内阁电奏》、《苏抚第二次催设内阁之电奏》,《国风报》第1年第33号,宣统二年十二月,第65、67页。
② 《安庆朱经帅来电》,《近代史资料》(总第59号),第68页;《浙江巡抚增韫致周树模电》,《历史档案》1993年第3期,第53页。
③ 《云贵总督李经羲致周树模电》,《清末筹备立宪档案史料补遗》,《历史档案》1993年第3期,第56页。
④ 李经羲的三级说最早是什么时候提出的,因资料缺乏,还无法确定,但该年十月十七日贵州巡抚庞鸿书复电李经羲,表示对三级之说"极佩伟识"(《庞鸿书讨论立宪电文》,《近代史资料》总第59号,第92页);宣统二年十一月十三日东三省总督锡良致周树模电中,称"仲帅三级之说,已经多数赞成"(《清末筹备立宪档案史料补遗》,《历史档案》1993年第3期,第52页),据此推断,三级说大约是在十月上旬提出的。
⑤ 其中"内厅问题",即有人建议仿照内阁制度,将会议厅改置内厅,"内厅各司为省务大员,总督为长",但锡良不赞成此法。见《东三省总督锡良致周树模电》,《清末筹备立宪档案史料补遗》,《历史档案》1993年第3期,第52页。

第二章 省级行政机构改革

督抚制度在宪政改革中的尴尬局面。因为在原有的督抚制度中，督抚皆有钦差身份，为中央派出大员统摄地方。如按旧制，督抚应为国务大臣。吉林巡抚陈昭常说："省之一级为我国一种特别阶制，其趋势已如国家行政范围。总省政者为督抚，故督抚之权实含有国务性质。"并据此认为关于国家根本问题，总督得预议，列入副署，负连带责任；关于全国或数省重要问题，总督得内阁通知，有条议权；君主视为重要事件或本省重要事件，督抚得入阁会议，有副署责任。① 黑龙江巡抚周树模坚持认为，行省应"自内而分，非由外而立，故督抚必带京衔，纯属部院性质"，他担心，如督抚为地方官，"专管内务，是为一部之分支，非中央政府全体之分支，恐失一统之效"。② 直隶总督陈夔龙态度鲜明地主张督抚应兼参预政务大臣，可对阁议发表意见；对地方行政事务，督抚也可"自为规划，直行具奏，各部亦不得侵越"。③

湖南巡抚杨文鼎、署两广总督张鸣岐、两广总督张人骏、东三省总督锡良等人则认为督抚应属地方行政长官，不入国务大臣之列。他们援引立宪国例，认为在立宪国家，"国务大臣必与国会对待，且必与总理大臣同进退。若将各省议会变为国会性质，则一国中有十余国会，乃世界之所无。总理大臣进退之时，各部各省概须更动，亦觉政局变迁太大，将来政党激争，殊非国家之福。"④ 署理两广总督张鸣岐建议按行政类别来分配中央与地方之权，其中内务行政范围最广，属地方行政范围者居多，"宜专属诸督抚，中央但授其权，不为牵制。其中间有应属

---

① 《吉林陈简帅来电》，《庞鸿书讨论立宪电文》，《近代史资料》总第59号，第71页。
② 《黑抚电》，《续录各省督抚筹商官制电》，《国风报》第1年第33号，宣统二年十二月，第73页。
③ 《直隶总督陈夔龙奏请划分中央与地方行政权限并议各省分设六司留府裁县折》，《清末筹备立宪档案史料》上册，第545页。
④ 《盛京督帅来电》，《庞鸿书讨论立宪电文》，《近代史资料》总第59号，第63页。两广总督张人骏也认为，如督抚兼国务大臣，会产生"内阁倾倒一摇百动之弊"。见《南京张安帅来电》，《庞鸿书讨论立宪电文》，《近代史资料》总第59号，第71页。

国家行政范围者，则以中央之命令委任督抚行之"。①

湖广总督瑞澂也认为以中国之形势，地方行政尚难直接于中央。他提出变通之法，即距京最近的直隶可裁总督，以民政司直接辖于中央，其余行政直辖于各部；腹地各省则裁督留抚或改督为抚，但"当划清中央与地方行政之权限，使其负完全之责任"；边地各省仍设总督，同时加重权力，除司法独立外，一省行政之得失，"悉责任于督抚"。待十多年后交通便利、行政敏活之时，再考虑裁撤督抚。②但这个方案难以得到其他督抚认同，安徽巡抚朱家宝就认为，"区分各省等级恐难支配适合"，"似仍各省一律之为当也"。③

外交、军事、司法权关系督抚权力的大小和范围，亦是督抚们讨论的热点和力争的关键问题。张鸣岐认为，外交、司法、军事依照各国通例均应集权中央，但以中国现有情况，督抚均应有一定之权，如各省有领事租界，"故外省不可无应付之人"；司法方面，"就地正法四字，既为目前事实所万不能废，即为督抚所必争"，为表示督抚不干涉司法之权，他提出一个狡猾的建议，即将"就地正法"之权划入军事范围；④在军事权方面，他提出外省所争首先应该明确所争的不是负国防责任的新军，而是"负省防责任之巡防队。此种营队，专在弹压地方，缉捕土匪，只可同为一种特别巡警，不得谓之军队"，所以应将新军之权集之中央，巡防队留外省。⑤但有的督抚对此并不满意，东三省总督锡良

---

① 《署粤督电》，《各省督抚筹商官制电》，《国风报》第1年第30号，宣统二年十一月，第85页。
② 《武昌督帅来电》，《庞鸿书讨论立宪电文》，《近代史资料》总第59号，第66页。
③ 《安庆朱经帅来电》，《庞鸿书讨论立宪电文》，《近代史资料》总59号，第66页。同样表示明确反对的还有两江总督张人骏，他认为"裁撤督抚，即京畿似亦难办到"。见《南京张安帅来电》，《庞鸿书讨论立宪电文》，《近代史资料》总第59号，第71页。
④ 黑龙江巡抚周树模认为将"就地正法"归入军事范围而不侵司法权，"实精当不可易也"。见《续录各省督抚筹商官制电》，《国风报》第1年第33号，宣统二年十二月，第73页。
⑤ 《署粤督电》，《各省督抚筹商官制电》，《国风报》第1年第30号，宣统二年十一月，第86页。

和黑龙江巡抚周树模认为，督抚还应有军队的调遣权。锡良说："今军政已直隶中央，征调训练，督抚将不能过问，所宜请者，地方遇有急变，督抚应有调遣之权。"① 周树模进一步强调："若督抚无调遣新军之权，恐难负封疆之责耳。"②

关于各司是否直接各部的问题，也引起督抚们的广泛讨论。山东巡抚孙宝琦提出了区分权力，"以行政各司为各部之分设机关，直接中央各部，以军政外交为督抚完全之责"的意见。但东三省总督锡良直截了当地表示反对说：各司"直接京部，各自为谋，畛域既分，意见互异，必有涣散杂乱之虞"，"中国积弱，由于内外不负责任。若各司直接中央，则督抚只类一名誉监督，不如裁撤之为愈矣。"③ 他还进一步要求，中央对于各省只用督抚一人，各司皆由督抚指名请简，"庶能指臂相维"。④ 浙江巡抚增韫也说："若以各司直接各部，恐部中无此大意包举，局势散漫，呼应不灵，各司意见未融，中央亦鞭长莫及。"⑤ 河南巡抚宝棻则提出了一个折中办法，即各司"一面直接中央，一面秉承督抚"。⑥ 实际是在承认部院官制改革以来各部加强对司道垂直领导局面的情况下，确保督抚的实权。

对合署办公，督抚中以反对者居多。锡良提出两点：其一，督抚每日与司道督同科员定时聚集，稿件积叠，准驳处分取决俄顷，容易造成

---

① 《东督电》，《续录各省督抚筹商官制电》，《国风报》第 1 年第 33 号，宣统二年十二月，第 70 页。
② 《黑抚电》，《续录各省督抚筹商官制电》，《国风报》第 1 年第 33 号，宣统二年十二月，第 73 页。关于督抚的军队调遣权，江西巡抚冯汝骙也极表赞成，"军事权内'节制、调遣'两层，皆国家之安危所系，督抚既负其责，不能不争"。见《南昌冯星帅来电》，《庞鸿书讨论立宪电文》，《近代史资料》总第 59 号，第 69 页。
③ 《东督电》，《续录各省督抚筹商官制电》，《国风报》第 1 年第 33 号，宣统二年十二月，第 70 页。
④ 《盛京督帅来电》，《庞鸿书讨论立宪电文》，《近代史资料》总第 59 号，第 64 页。
⑤ 《杭州增固帅来电》，《庞鸿书讨论立宪电文》，《近代史资料》总第 59 号，第 74 页。
⑥ 《开封抚帅宝来电》，《庞鸿书讨论立宪电文》，《近代史资料》总第 59 号，第 78 页。

疏略；其二，合署办公必定要有极大之公署房舍，以目前论，还缺乏条件。① 河南巡抚宝棻也认为院司同时办公既无许大公廨，且东三省行之，也颇有窒碍，难以实行。②

各督抚正在议论之间，云贵总督李经羲于12月29日（十一月二十八日）致电各督抚，强调"官制不定，内阁难立；定而不妥，权责不明，政纲仍难确立"，表示虽身体不好，但"时机已迫"，若因商决迟延，转失初意"，③ 于是由瑞澂和程德全先拟大纲，经李起草，勉成一稿，于十二初二日发给各督抚征求意见。

1911年1月8日（十二月初八日），经云贵总督李经羲主稿、以东三省总督锡良领衔，15位督抚致电宪政编查馆并请代奏，提出"内外统筹"的三级官制办法：第一级内阁与各部，其权责在计划国务统一政纲；第二级为督抚，其权责在秉承内阁计划，主决本省行政事务；第三级为府厅州县，各治一邑，不相统辖，其权责在禀承督抚命令，整理本属行政。并提出"省制略如部制"，裁道设司，以补助督抚，"各就其主管事务，对于督抚负责"；边要地方酌设巡道，注重巡察，"为督抚考察属吏特别指挥之补助，不委以专门事务"。其中强调，督抚虽非国务大臣，但对于一省行政负完全责任，因此各司应由督抚保荐，府厅州县之进退也应决于督抚。

该电奏提出督抚应有部分外交权，即"纯系乎外人私权上之利益者"、京部"指定事件委托督抚"者，督抚负有一定责任。在军事方面，"防军权责宜专归督抚，新军权责可直接中央"，但督抚"对于新军宜仍带兼衔，俾得节制调遣，以备变起非常，因机应付"。还提出边

---

① 《东督电》，《续录各省督抚筹商官制电》，《国风报》第1年第33号，宣统二年十二月，第71页。
② 《开封抚帅宝来电》，《庞鸿书讨论立宪电文》，《近代史资料》总第59号，第78页。
③ 《云南李仲帅来电》、《云贵督帅李来电》，《庞鸿书讨论立宪电文》，《近代史资料》总第59号，第75、76页。

地省份督抚在外交、财政、军事、司法方面的权力，应比腹省酌量加重。①

与宪政编查馆的四级方案比较，两个方案都注意到既有的督抚制度与各宪政国家不同之处，都想沟通新旧，在保留督抚制度的前提下在宪政与既有制度之间找到一个契合点，重新架构从中央到各省的各级行政体制。但他们各自立场和方案差异很大。宪政馆站在加强中央集权的立场，着眼于上下控驭，所定方案大大削减了督抚的实权。而督抚的三级方案更强调中央与各省的"分权"，即"京部负有统筹国务权职"，督抚虽要"秉承内阁计划"，但对于本省行政事务具有"主决权"；尤其是各司"各就其主管事务，对于督抚负责"，力图在"本省行政事务"方面切断部院改制后建立的上下垂直统辖关系。尽管督抚们在讨论中还有不同意见，但通过这一联衔电奏，基本认同了督抚为"地方行政长官"的地位。

督抚电奏的最后，强调官制办法"须内外协商，以期完善"，请皇上敕下宪政编查馆随时与督抚电商，"协同妥订"。鉴于晚清以来各省督抚在内政问题上日益增长的话语权，朝廷也不敢轻易忽视督抚所表达的意见。四天后就接到谕旨，令东三省总督锡良、直隶总督陈夔龙、两江总督张人骏、湖广总督瑞澂四人参与拟订外官制事宜，"会同宪政编查馆王大臣悉心参酌，遇有紧要节目，随时电商"。② 后在锡良的力争下，又添派了云贵总督李经羲。③ 宪政编查馆原来打算拟订官制"不令疆臣与闻"，待起草好后直接请旨颁行。但督抚的干预，使他们左右为

---

① 《东三省总督锡良等致周树模电》，《清末筹备立宪档案史料补遗》，《历史档案》1993年第3期，第62~63页。直隶总督陈夔龙未在此电奏署名，他曾在十一月十七日单独上奏，有些观点与十五省督抚联电不同，如坚持督抚要有参预政务大臣衔，各省设立六司，留知府以统各属。见《直隶总督陈夔龙奏请划分中央与地方行政权限并议各省分设六司留府裁县片》，《清末筹备立宪档案史料》上册，第545页。
② 《宣统政纪》卷46，宣统二年十二月癸未，中华书局1987年影印本，第828页。
③ 《宣统政纪》卷47，宣统二年十二月丙戌，第833页。

难，外官制方案迟迟不能定稿。①

然而如将督抚作为地方行政长官，那么就必然要对内阁负责并受国务大臣监督，如此一来，将会危及督抚的权力。他们担心两个问题：一是各部长官为内阁大臣而督抚不是，督抚权力将会受到各部的掣肘。为争取对内阁官制的话语权，会商外官制五总督联名电请宪政馆宣示内阁草案。内中鲜明地提出："国务为通筹全国计划，内阁权责所在，自应力谋统一。各省行政但使不背内阁政纲，因时因地应由督抚主决。"②即督抚在一省范围内应有主决之权。但得到的宪政编查馆的答复却是："各部对于各省除寻常事件径行照章准驳外，凡事关重大者，统由部送交阁议。"③

二是担心内阁成立会危及督抚的上奏权。1911年4月，直隶总督陈夔龙致电会商外官制之四督抚，称闻内阁和各部官制草案将定，并传闻内阁成立后，督抚将失去直接上奏权。他说："各部与各省将军督抚向例处于平等地位，有稽核之责，无节制之权。我国疆宇辽阔，各省督抚本与东西各国总督体制相同，非如日本府县知事可比。若一意摹仿将各部大臣对于督抚如府县知事一例，得以发训示及停止撤销其所设施，窃恐各省政权未能统一，必至窒碍良多。总之各省督抚似应直接君上，承隶内阁，断难分属各部，此为外省官制根本所系。"④并建议联合陈奏。

各督抚回电中，云贵总督李经羲认为："一省行政督抚既负完全责任，除关系国务外，其余行政上奏权难遽削夺。"⑤他建议专就上奏权

---

① 彭剑：《清季宪政编查馆研究》，北京大学出版社，2011，第198~204页。
② 《五总督要求参与阁部官制原电》，《申报》1911年5月16日，第1张第4版。清末内阁官制于该年5月8日公布，《申报》在报道该电时的按语称："此电虽以明日黄花，然亦足见各督抚对于外官制主张之一斑。"说明该电发布日期当在此之前。
③ 《宪政馆电复督抚权限》，《申报》1911年5月25日，第1张第5版。
④ 《附各省闻内阁取缔各督抚行政上奏权事筹商电·直隶督院陈江电》，《云南官报》第5期，宣统三年三月，"要电"第3页。
⑤ 《督院李为筹议各督抚行政上奏权事致东直江鄂各督电》，《云南官报》第5期，宣统三年三月，"要电"第1页。

事联衔电奏。两江总督张人骏也说："督抚位置宜于法律上对君主代负责任，于行政上得内阁之同意，督抚原有之上奏权不宜剥削"，同意联衔并请锡良主稿。① 但东三省总督锡良在电商中却提出一个观点：依据立宪制度，仅内阁及议院有奏事之权，"今拟督抚承隶内阁，不专折奏事，此宪法所必然。如督抚仍直接君主，则内阁可不负责任，恐政见歧出，仍无统一机关"。所以他认为督抚"应隶于内阁之下方合立宪政体"，不赞成联奏。② 湖广总督瑞澂赞成锡良意见，也不赞成联奏。由于意见不一，联衔电奏并未实现，但也反映，在面临既有制度与宪政体制冲突的情况下，督抚们左右为难的处境。因为如果按照旧制，将督抚列为国务大臣，将来一旦内阁变动，督抚将与之共进退，况中国地大，边远省份不可能经常入阁参与会议，而不参与内阁会议，兼衔将为虚设；但如依照宪政体制，督抚为地方行政长官，权力不仅会受到内阁的制约，还会受到议院的牵制；而一旦没有了上奏权，督抚就会失去参与国政决策的机会，失去直接承奉上命独立行事的权力，并处处受各部的掣肘。在这种局面下，他们唯一能做的就是强调中外情况不同。

在内外压力之下，清政府不得不成立责任内阁。1911年5月8日，内阁官制颁布，确定了督抚隶于内阁并受其训示与监督的体制。关于上奏权，只规定"在内外新官制未经施行以前，凡例应奏事人员及言官奏劾国务大臣，仍得自行专折入奏，候旨裁夺"。③

---

① 《附各省闻内阁取缔各督抚行政上奏权事筹商电·两湖督院瑞江电》，《云南官报》第5期，宣统三年三月，"要电"第4页。
② 《附各省闻内阁取缔各督抚行政上奏权事筹商电·东三省督院锡鱼电》，《云南官报》第5期，宣统三年三月，"要电"第4页。
③ 内阁官制清单中规定："内阁总理大臣就所管事务对于各省长官及各藩属长官得发训示"；"内阁总理大臣就所管事务监督指挥各省长官及各藩属长官，于其命令或处分如有认为违背法令或逾越权限者，得暂令停止，奏请圣裁"；"各省将军督抚除请安请训及奉特旨召见外，其于国务有所陈述者，应先商明内阁总理大臣、协理大臣或主管各该部大臣会同入对。"见《大清新法令（1901～1911）》（点校本）第11卷，第195～197页。

从李家驹的四级说，到宪政编查馆行政纲目中的四级说，① 再到督抚们的三级说，总的趋势是将督抚作为地方行政长官，并通过划分中央与地方权限以解决在集权立宪过程中所带来的督抚权责上的种种矛盾。实际上，在当时情况下，尽管裁督舆论不绝于耳，但无论是朝廷还是督抚，都认为督抚是一下子难以裁撤的，这里不仅仅是权力分配和利益争夺的问题，还是对现实情况的担忧，以及在各省会党和革命党人活动日渐活跃的局势下，朝廷在安定地方秩序方面对督抚的依赖。就是社会舆论中，也有人认为以中国情形，不能缺督抚一级："我国幅员之广，为当世诸立宪国所莫能并，即有能并者，亦大率由联邦组织而成。我则不尔，故我国行政阶级之划分，不能取模范于他国。夫以各省阂隔之远，利害之殊，重以交通机关，百不一备，虽以管乐当内阁之任，使之谋全国之乐利，势固不周，故壹如今制，以政治计画之一大部分委诸督抚，实为得宜。"②

这说明，中国历史上数度分裂割据的历史经验、元代以来行省制度形成对中央集权拱卫和加强的历史效应，咸同以来督抚事权扩大的既成事实，现实中加强中央集权的客观需要，都成为制约督抚制度改革的"路径依赖"，使外官制改革成为一个难以突破的瓶颈。

内阁虽然成立，但外官制方案仍难确定。外部有督抚的抗争，内部则有新旧两派争执，报纸分析方案难产原因是："政府所持纯系集权主义，各督抚均以责重权轻恐事事掣肘，故十九反对。此外则经济上之顾虑，将来改定官制，表面上虽裁缺减员，而实际之开支必数倍于今日，即此一事已屡议未能解决。"③

各方出于利益的较量，财政的困境，都使方案的制定异常艰难，其

---

① 宪政编查馆公布的行政纲目是李家驹四级说的具体化，据说"出自李家驹一人之手"。见御史胡思敬《劾宪政编查馆妄拟行政纲目坏乱官制折》，载刘锦藻《清朝续文献通考》卷115《职官一》，第8759页。
② 梁启超：《外官制私议》，《饮冰室合集》文集之二十三，中华书局，1989，第72页。
③ 《外官制阻力种种》，《申报》1911年6月9日，第1张第4版。

核心则是"督抚问题极难解决妥善之法"。① 因为一方面中央集权需要加强中央各部对省的控驭，但同时也要依靠督抚拱卫中央集权；实行宪政需要削减督抚权限，但现实中新政的推行、地方秩序的维护，动乱的弹压，又需要赋予督抚相应的权力。无论是清廷最高统治者还是各省督抚，维护统治地位和秩序永远是第一位的。所以，尽管当时无论官僚还是社会中都有人提出通过划分中央与地方权限解决督抚权责问题，但都难以实现，外官制改革最终不是服从宪政而是屈从于现实需要。

该年8月、9月间，报纸不断有外官制方案即将出台的消息。9月29日，《申报》有消息称外官制草案脱稿，第二天专电称外官制草案已送交内阁核议，"用两级制，一督抚，一府州县"。②

一边是方案已定的消息，另一边则是督抚的继续抗争。两江总督张人骏再次就外官制改革上奏，其中就督抚权责问题云：

> 我国疆域广远，疆臣奏事不能直达，必致贻误事机。今应申明一切具奏事件，悉仍旧制。通则所拟军政仍责任督抚，然有为中央集权之说者，欲将外省军政直隶内部将领，不归督抚任用节制，一旦有事，缓不济急。今应申明督抚有调遣兵队、节制进退将领之权。至外交虽统属于外部，然通商游历传教皆在外省，遇有事端若在外了结，可免国际交涉。今应申明督抚有办理本省外交之权。③

云贵总督亦以外官制中军权任用两项多有未合电阁争持。④ 他们依然在做着争取扩大军事、外交和用人权的最后努力。

1911年9月3日，《申报》发表一篇评论，分析新官制将会是三种前途：一是"新旧并用主义"，即以调和之法保全双方，新旧参半，

---

① 《外官制概闻》，《申报》1911年9月13日，第1张第5版。
② 《外官制草案脱稿》，《申报》1911年9月29日，第1张第5版；《专电》，《申报》1911年9月30日，第1张第3版。
③ 刘锦藻：《清朝续文献通考》卷115《职官一》，第8750页。
④ 《专电》，《申报》1911年10月1日，第1张第3版。

"其结果,亦形式上之改革,名称上之变易"。二是"中央集权主义",这是内阁最想做的,但"此种主义之实行,必中央政府有此实力,有此准备而后方不托诸空谈",否则,不仅集中之效果未收,"适以招督抚之恶感,遇有财政军政事项,内外互相推诿,终至无一担负责任之人,其影响于国家者甚大"。三是"因陋就简"主义,内阁"内部既乏振刷之精神,又怵于将来之纷扰,于是以因陋就简为敷衍之塞责行为,或稍易以名称,或稍变其组织,对于旧设之官厅,决不肯为根本之取消"。①

  官制改革本来就是权力和利益的重新分配过程。清政府"集权立宪"的宗旨,督抚基于自身利益的抗争,终使督抚问题成为一个难以逾越的"结",最后不得不"因陋就简"地草草了事。当时报纸披露的消息是,新的方案基本延续了现行制度,但司道皆由督抚奏保,权力有所扩大。② 而此时武昌起义的枪声已响。

---

① 《论新官制之前途》,《申报》1911年9月3日,第1张第3版。
② 详见关晓红《从幕府到职官:清季外官制的转型与困扰》,三联书店,2014,第535~536页。

第三章

直省谘议局的设立

晚清外官制改革中,在立法系统方面的设计,是在省一级设立谘议局,在省以下设立各级议事会。关于各级议事会的问题,将在后文讨论,本章专门讨论谘议局的制度与设立。谘议局最终被建成省一级的议会,但在建设过程中,关于谘议局的定位曾经发生过一些分歧。我们的讨论,就从谘议局的定位开始。

第一节 谘议局定位:由混合体制到议会机关

较早向清政府提出要在省城设立谘议局并确实促成了谘议局出台的,是岑春煊在1907年6月10日的一道奏折。在这道封奏中,岑春煊对各级议会机关有所筹议,建议在中央设立资政院为上议院,以都察院为下议院,在各省省城设立谘议局,各府州县设立议事会。

为什么省一级设立的不称议院或议会?岑氏没有明确说明理由。但从他对谘议局的规划来看,似乎他并无将谘议局建成一个完全的西方式议会的意思,而是准备将其建设成一个官绅混合的机构。虽有议会的影子,但又不是一个完全的议会,因此他不称之为省议会,而称为谘议局吧。另,在岑氏这一封奏出台前不久,东三省出台了一份新官制,其中有一个机构叫作"谘议厅"。这一机构"不设官缺,酌派议员、副议员、顾问员、额外议员，皆选明达政治者充之，以资研究"，① 显然也有一点点议会的影子。"谘议局"与"谘议厅"，只有一字之差，岑氏是否从东三省的新官制中受到了启发？这是需要进一步论证的问题。此外，"谘议"是一种古来就有的官衔名目，晚清官制改革中也有以这一名目设置官员的时候，"谘议局"的名称是否也可能是受此启发而来，同样有待考证。

但不管怎么样，自从岑氏提出要在省城设立"谘议局"以后，"谘议局"这种机构便真的建立起来了。不过，最终建成的谘议局与岑氏设计的谘议局，差距还是颇大的。

岑氏对谘议局的设计是这样子的：

> 一省者府州县之所积也，其风气之不同，财力之不同，此州县之视彼州县，亦犹此省之视彼省也。则宜于各省城设谘议局，选各府州县绅商明达治理者入之，候补各官及虽非本省官绅，而实优于政治熟于本省情形者亦入之，皆由督抚会集官绅选定，以总督充议长，次官以下充副议长，凡省会实缺各官皆入谘议局。督抚监督之办法有三：一以州县所报政事询之绅商，而核其虚实。一令在局各官员、绅商条举利病，而下之州县询其能行与否，并酌筹划一办法。一令州县于上司政令有所难行，辖境利病有所兴革，皆准本人来局会议，其岁终会议则由州县官派得力绅士来省赴院禀议，一如各督抚派员赴京会议办法。议既决则请督抚批准行之，欺罔推诿者核之，有效者奖之。凡谘议局议行者，后任督抚不得辄改，下至州县亦如之。②

岑氏所设计的谘议局，其要点如下：（1）谘议局是由官、绅、商

---

① 朱寿朋：《光绪朝东华录》，中华书局，1958，总第5669页。
② 《两广总督岑春煊奏请速设资政院代上院以都察院代下院并设省谘议局暨府州县议事会折》，《清末筹备立宪档案史料》上册，第501页。

三种人组成，但官员是主体；（2）以总督为议长、次官为副议长；（3）强调督抚对谘议局的监督权；（4）行政官员对谘议局所议决的事项，并非非执行不可，"不辄改"即可。这种设计，与真正的议会显然有很大的差距。因此，虽然岑春煊称谘议局是"各省之总议院"，① 但实际上他所规划的谘议局并不具备真正意义上的省议会性质，而更像是行政会议厅。

岑春煊的提议受到了高度重视，清廷谕令"各省督抚妥议具奏"。② 我们没有看到各省督抚的意见，倒是看到了法部的一份说帖。法部对岑春煊的设计提出了比较激烈的否定性意见：

> 其次各省谘议局，原奏仿台湾办法，实缺各官均令到局会议。查日本治台湾系用新领土主义（各国扩张殖民政策，凡占得新地曰新领土），全院以行政官组织，而无公举之代议员，其实际即以行政官兼立法，为强迫人民服从起见，非立法之原旨，然且另设习惯调查会以防民间之利病。其台湾府会议乃一部分之内阁，不可作议会观也。今以其法治数千年固有之领土，不独与预备立宪令人民皆得有参与政权之旨相悖，抑且外视国家领土，非所以得民心也。夫法律未颁、地方议会未立，则各省谘议局上无法守、下无根蒂，譬如地址未坚遽建层楼，风雨飘摇，倾倒可待。施行之序，宜令各省通饬各属设立自治研究会，俟有成绩，再设立地方议事会。又复若干年限，然后设立各省议会。③

在法部看来，岑氏所规划的谘议局是仿照台湾的办法，是用治理殖

---

① 《两广总督岑春煊奏请速设资政院代上院以都察院代下院并设省谘议局暨府州县议事会折》，《清末筹备立宪档案史料》上册，第501页。
② 中国第一历史档案馆藏，军机处录附奏折，全宗号：3，胶片号：667，胶片页码：1989。
③ 《法部会议立宪阶级说帖》，中国第一历史档案馆藏，会议政务处档案，全宗号：35，案卷号：1063。

民地的手段来治理本国，不但违背预备立宪要使人民能参与政权的本旨，且还有外视国家领土之嫌，不可推行。法部主张，先从地方自治入手，然后设立地方议事会，待地方议事会办得有经验了，然后设立省议会。在讨论中，法部也暗示，岑氏的设计，"是行政官兼立法"，与真正的立法机关有差距。

江苏士绅对于岑氏的设计也表示了不满。按当岑氏的方案奉旨交各省督抚讨论之后，江苏督抚令司道讨论，相关司道则"照会在沪江苏教育总会等十二团体公同拟议"，十二团体即推举了七个起草员，"研究两月之久"。正在讨论中，清廷于10月13日谕令各省设立谘议局。① 江苏士绅做了进一步的探讨，并将此前由十二团体拟定的《谘议局章程草案》定稿。② 在研讨的过程中，江苏士绅认为，按照岑氏的设计，谘议局既不像议会机关，也不像行政机关，是不妥的。其言曰：

> 谘议局章程起草时，首当解决之问题，即所谓谘议局者，将为各省之意思机关乎，抑为各省之行政机关乎？如曰意思机关，则谘议局有地方议会之性质，与日本之府县会相类也。如曰行政机关，则谘议局有地方参事会之性质，与日本之府县参事会相类者也。岑督原奏，言谘议局之地位，则曰各省之总议院，言谘议局之组织，则曰选各府州县绅商明达治理者入之，曰候补各官及虽非本省官绅而实优于政治熟于本省情形者亦入之，曰省会实缺各官皆入谘议局，是合议会参事会二种之性质而为一机关者也。按之法理既有所不可，度之事实亦有所不能。③

应该说，江苏士绅对岑氏的批评是有道理的。他们还注意到，10

---

① 《著各省速设谘议局谕》（光绪三十三年九月十三日），《清末筹备立宪档案史料》下册，第667页。
② 《江苏绅士上两江总督江苏巡抚公呈》，单页，夹在《谘议局章程草案》中。《谘议局章程草案》，单行本，中国社会科学院中国近代史研究所藏，编号：史790/0070。
③ 《谘议局章程草案理由书》，单页，夹在《谘议局章程草案》中。

月13日的上谕与岑氏的设计有出入。10月13日的上谕有言：

> 前经降旨于京师设立资政院以树议院基础，但各省亦应有采取舆论之所，俾其指陈通省利弊，筹计地方治安，并为资政院储材之阶。著各省督抚均在省会速设谘议局，慎选公正明达官绅创办其事，即由各属合格绅民公举贤能作为该局议员，断不可使品行悖谬营私武断之人滥厕其间。凡地方应兴应革事宜，议员公同集议，候本省大吏裁夺施行。遇有重大事件，由该省督抚奏明办理。将来资政院选举议员，可由该局公推递升。如资政院应需考查询问等事，一面行文该省督抚转饬，一面径行该局具复。该局有条议事件，准其一面禀知该省督抚，一面径禀资政院查核。①

显然，这一谕旨所规划的谘议局，是一个与中央的资政院相同的机构，并可与资政院直接联系，其议员且可递升为资政院议员。督抚不再是谘议局的议长，议员中也不再有各级现任或候补官员。按照这种设计，谘议局显然是一个纯粹的议会机构。江苏士绅也准确地注意到，岑氏的设计糅合了议会与参事会，而按照10月13日的上谕，"谘议局之性质为议会而非参事会明甚"。②

既然如此，那其所起草的《谘议局章程》理应把谘议局定位为省级议会机关才对。但是，江苏士绅基于以下考虑，将谘议局设计成了由谘议局议会和谘议局参事会两部分组成的机构，还是糅合了议会和参事会两种性质的事务，反映了起草者思维的混乱：

> 然一省之大，但有意思机关而不为行政者设一合议机关，则各行政官厅均与议会成直接对待之势，不特易起官绅间之冲突，且意思机关之效用亦有不能完全之虑。各国地方制度，一市以上必设参

---

① 《著各省速设谘议局谕》（光绪三十三年九月十三日），《清末筹备立宪档案史料》下册，第667页。
② 《谘议局章程草案理由书》，单页，夹在《谘议局章程草案》中。

事会以为行政合议机关,而与议会相对待。今谕旨既不曰省议会而曰谘议局,则无宁推而广之,以谘议局为议会及参事会之总称,而分其内容为议会与参事会二部,称议会曰谘议局,称参事会曰谘议局参事会。①

按照这一思路起草的《谘议局章程草案》共57条,依此,"每省设谘议局议会为全省之议事机关,设谘议局参事会为全省之行政合议机关","谘议局议会以厅州县议事会所公举之议员组织之","谘议局参事会以督抚、司道及谘议局议会所公举之参事员组织之",②对谘议局议会和谘议局参事会都有所规划。但这种规划可以说是完全不得要领的。因为其一,当年7月7日总司核定官制大臣所奏准颁行的《各省官制通则》第六条所规划的督抚衙门会议厅本具有行政合议机关的性质,③而现在又要以谘议局参事会为全省行政合议机关,岂不要造成叠床架屋?其二,其时地方自治尚在起步阶段,全国厅州县成立了议事会者为极少数,而草案规定谘议局议会以厅州县议事会所公举的议员组成,显然不具备可操作性。这样,草案所规划的谘议局,其参事会有与会议厅重叠之嫌,而其议会则在短期内无从建立起来,这一草案确实潦草之至。

江苏士绅起草这一章程的时候,本有将其作为一个范本,将来推行于全国各省的用心,④但事实上并未能发生如此大的作用。别说在全国,就是在江苏也行不通。两江总督端方以其把行政与立法糅合在一起,与10月13日谕旨不合而加以否定。端方之言曰:

---

① 《谘议局章程草案理由书》,单页,夹在《谘议局章程草案》中。
② 《谘议局章程草案》,单行本,中国社会科学院中国近代史研究所藏,编号:史790/0070,第1页。
③ 《总司核定官制大臣奕劻等奏续订各省官制情形折》,《清末筹备立宪档案史料》上册,第507页。
④ "此项章程皆依据法理,并采取各国地方议会制度及天津自治局章程参酌而成,原期通行于各省。"《江苏绅士上两江总督江苏巡抚公呈》,单页,夹在《谘议局章程草案》中。

第三章　直省谘议局的设立

循绎九月十三日懿旨，似谘议局之设，专为议院之预备，而无执行之性质。今于谘议局分立议事、参事二会，实仿日本地方行政制度。现据该绅等另呈并附说帖，申明两会分立之理由，虽组织具有苦心，究与懿旨所定权限稍有未符。①

讲到将谘议局弄成"四不像"，除了江苏士绅的这一份草案之外，至少还有安徽制定的一份《谘议局选举权限简章》。这一份简明章程，也将谘议局分为"谘议局议会"和"谘议局参事会"，"谘议局议会为全省议事之机关，参事会为全省议事合议之机关"，同样不得要领。② 而这么一份不得要领的章程，安徽巡抚冯煦还将其郑重上奏了。可见，安徽官绅对于谘议局的理解，也未完全跳出岑春煊的藩篱。

如此规划谘议局的，似乎不限于安徽。据报载，在1908年初，某军机大臣对宪政编查馆的官员发过如下牢骚："谘议局原为预备立宪始基，而现在各省所议之参事会、议事会似与日本地方行政制度相仿，谘议局原无执行之权，若两会并立，实与谕旨不相符合。"③ 这位军机所批评的不是安徽，而是"各省"，似乎说明当时准备将谘议局建成行政与立法相糅合的机构的并非只有江苏、安徽二省。

平心而论，岑春煊所设计的谘议局，以官员为主体，以督抚为议长，与其说是议会，不如说是一个行政合议机构，不过允许部分绅士参加，因而具有官绅合议的性质。而江苏士绅和安徽等省所设计的谘议局由谘议局议会和谘议局参事会组成，督抚只能领导谘议局参事会，谘议局议会则具有比较完全的议会性质。从这个角度来看，不能不说安徽等省的设计与岑氏的规划相比，使谘议局更像是一个议会了。但其中的参

---

① 《江督端制军之批词》，《申报》1908年2月5日，第2张第4版。
② 《呈安议设谘议局拟定选举权限简章清单》（光绪三十三年十二月初四日），中国第一历史档案馆藏录副奏折，档案号：03-9292-018。
③ 《宪政馆之谘议局章程》，《盛京时报》光绪三十四年二月二十三日，第2版。

133

事会,确实有与《直省官制通则》中的会议厅重叠之处,且整个设计,使谘议局不是一个单纯的议会机构。

当各省官绅为谘议局体制煞费苦心的时候,中央也在为此努力,其主角是宪政编查馆。① 在军机大臣否定了安徽等省将谘议局分为议会与参事会的方案之后,宪政馆加紧了起草谘议局章程的进程,经过"斟酌再三"、"屡成屡易"之后,② 终于在1908年7月22日与资政院会衔具奏了《谘议局章程》和《谘议局议员选举章程》。

按照宪政编查馆的规划,谘议局只是单纯的议会机构,而不再把参事会的事务糅合到谘议局里。在上奏《谘议局章程》的奏折中,宪政编查馆称:"谘议局即议院之先声",③ 与资政院一样,是"议院之基础"。④《谘议局章程》第1条规定:"谘议局钦遵谕旨,为各省采取舆论之地,以指陈通省利病、筹计地方治安为宗旨。""采取舆论"是预备立宪期间高层对议会职权的通俗表达,只提"采取舆论"而不再提行政合议,表明章程已经完全把参事会一层去掉,把谘议局限定在议会的范畴中。章程第31条的按语更是明确说道:"谘议局为一省之议会。"⑤

谘议局是"一省之议会",这一提法值得玩味。它其实有一个深层次的含义,那就是宪政编查馆是将谘议局定位为省议会,而不是各国的地方议会。关于这一点,看了宪政编查馆上奏《谘议局章程》时的如下话语就能明白:

---

① 《宪政编查馆咨行各省谘议局现正会订章程各省无庸另订规则文》,《政治官报》第86号,光绪三十三年十二月十六日,第18页。
② 《宪政编查馆会奏各省谘议局章程及按语并选举章程折》,《政治官报》第266号,光绪三十四年六月二十六日,第6页。
③ 《宪政编查馆会奏各省谘议局章程及按语并选举章程折》,《政治官报》第266号,光绪三十四年六月二十六日,第4页。
④ 《宪政编查馆会奏各省谘议局章程及按语并选举章程折》,《政治官报》第266号,光绪三十四年六月二十六日,第5页。
⑤ 《宪政编查馆会奏各省谘议局章程及按语并选举章程折》,《政治官报》第266号,光绪三十四年六月二十六日,第15页。

第三章　直省谘议局的设立

伏查各国立宪制度，皆设上下议院于国都，其下多直接地方自治之议会。惟联邦之制，各邦自有国会，帝国但总其大纲。中国地大民众，分省而治，各省之政主于督抚，与各国地方自治直接国都者不同。而郡县之制异于封建，督抚仍事事受命于朝廷，亦与联邦之各为法制者不同。谘议局之设，为地方自治与中央集权之枢纽，必使下足以裒集一省之舆论，而上仍无妨于国家统一之大权。①

观此可知，在宪政编查馆看来，谘议局不同于各国的地方议会，也不同于联邦体制下的邦议会，而是独具中国特征的"省议会"，是地方自治与中央集权的"枢纽"。这是由行省的特点决定的。中国的行省，既不同于很多国家的"地方"，也不同于联邦制下的邦，而具有自己的特点。那就是，在省以下才是"地方"，各省的长官是听命于中央的，因而与联邦制下的联邦各为法制也不同。这种考虑，可以说是具有苦心的，既显示了谘议局的设立要服务于中央集权的用意，也显示了起草者对中国自身政治体制的反思，而非一味照搬。

但是，当时却有人硬是要将谘议局比附于各国的地方议会。于式枚奉命到德国考察宪政，他就发现，宪政编查馆所设计的谘议局，与德国的地方议会制度差别太大，因此参了宪政编查馆一本。他说：

宪政编查馆原奏所称"各国皆设上下议院于国都"，即指资政院也，又称"其下直接地方议会"，即指谘议局也。谘议局章程自应查照各国地方议会之制，不能假借中央国会之权……兹既奉使驻德经年，于普国地方议会详细考查，并参稽各君主立宪国制度情形，立法用意实与原奏章程不合。②

---

① 《宪政编查馆会奏各省谘议局章程及按语并选举章程折》，《政治官报》第266号，光绪三十四年六月二十六日，第4~5页。
② 《考察宪政大臣于式枚奏各省谘议局章程权限与普国地方议会制度情形不符折》，《政治官报》第663号，宣统元年七月十七日，第13页。

于式枚的奏折奉旨交宪政编查馆"妥议具奏"。宪政编查馆对于式枚的指责进行了反驳。在辩论中，宪政编查馆也强调不可将谘议局比附于各国议会：

> 谘议局之范围权限已明定于煌煌圣训之中，本非各国地方议会所得而比拟。考各国地方行政，除联邦各有议院外，凡本国地方皆直隶中央政府。至分配地方官吏及其执行政务，亦均受成于内务大臣，合全国为一行政区域，而集权中央，与中国之部臣疆臣显分内外，地方行政可由督抚主持命令者截然不同。其地方行政之范围既小，故辅助行政机关仅有上级自治制之地方议会，而不必别立制度。中国地大政繁，久已分省而治，而督抚实立于一省行政最高之地位，求之各国本鲜此制。督抚之权限既视各国地方行政长官为较广，则辅助行政机关之权限自应与之相称，而不能仅据各国之上级自治以为准则。谘议局之设，用意盖即在此，臣馆原奏所以有"谘议局为地方自治与中央集权之枢纽"一语也。故谓谘议局为联邦议会固属不符，即比之各国上级自治制亦有区别，惟其为中国特别制度，自不能与普国地方议会相等。①

就这样，宪政编查馆更详细地阐释了其在上奏《谘议局章程》时的观点，认为谘议局不可比附于普鲁士等国的地方议会或联邦国家的邦议会，而是一种中国的"特殊制度"。这种特殊制度，用宪政编查馆所定位的"一省之议会"，是比较妥帖的。

因为中国的行省制度不同于各国的地方制度，因而造成中国的省一级议会机关不同于各国的地方议会机关，这大概是研究中国宪政历史的时候值得注意的一个问题。笔者注意到，有不少学者将晚清的谘议局称为"地方议会机关"，这恐怕是不太妥的，不但忽视了当时的

---

① 《宪政编查馆奏议复考察宪政大臣于式枚奏陈谘议局章程权限折》，《政治官报》第663号，宣统元年七月十七日，第6~7页。

制度设计者的良苦用心，也容易对谘议局的实际权限与运作造成错解。

由本节所述可知，从岑春煊提出要在各省设立谘议局到宪政编查馆制定的《谘议局章程》出台，谘议局的定位发生了有趣的变化。在岑春煊的设计里，谘议局中虽然有议员，但却是行政官员为主体，与其说是议会，不如说是行政合议机关；在江苏绅士与安徽等省官绅的设计里，谘议局则既包括议会也包括行政机关；而宪政编查馆的设计里，谘议局只是一个议会机关，不再将行政事务杂糅进来。几种不同的设计，真实地反映了谘议局的定位过程。在此过程中，中央的意见一直是明确的，那就是要把谘议局建设成省一级的议会，而很多省份的官绅对谘议局的理解则难免存在偏差。谘议局能最终建设成省一级的议会机关，应该说与中央的正确定位是分不开的。

不过，这种正确，也只能说是大体正确。在宪政编查馆与于式枚辩论的时候，一方面强调谘议局是省一级议会，但同时又反复强调，谘议局是行政机关的"辅助"机关，真有点莫名其妙。既然谘议局是省一级的议会，那就应该与省一级行政机关并立，而不是行政机关的"辅助"。强调谘议局的"辅助"性质，其背后的用心，当在对民权壮大的担心。

讲到对民权的担心，宪政编查馆在上奏《谘议局章程》时还有如下一段议论，其心事明白如画：

> 为川之道，固不可使之壅塞而不流，亦不可任其泛滥而无纪，必也宽予之地，俾其畅行无阻，而仍遥筑堤防，不容溢出于界域之外。议院者，予水畅行之地也；规则者，不容外溢之堤防也。既将创设议院，若不严定规则，预为之制，曲为之防，流弊有不可胜言者。①

---

① 《宪政编查馆会奏各省谘议局章程及按语并选举章程折》，《政治官报》第266号，光绪三十四年六月二十六日，第4页。

在这里，宪政编查馆把民权比作水，将议院比作让水畅行之所，而将议院章程比作防止"水"满溢的堤防，强调创设议院之初，必须严定规则，"预为之制，曲为之防"，唯恐民权之水冲破了堤防，泛滥成灾，危及清廷的统治。

那么，谘议局中的民权之"水"，是波澜不惊，完全按照"堤防"的方向流动，还是漫溢出来，变成了"洪水猛兽"？这是一个颇有意思的问题。在这之前，我们还是先看一看谘议局的成立情况吧。

第二节　谘议局的建立

1907年6月10日，岑春煊提出在各省设立谘议局的建议。同年10月13日，清廷颁发谕旨，令各省设立谘议局。11月29日，中央又通电各省，要求以"明年三月为期"设立谘议局。① 但由于当时连全国划一的谘议局章程都没有出台，各省只好"摸着石头过河"，步伐难免凌乱，各省设立的"谘议局"可谓五花八门，没有划一的形式。有的省份称为"谘议局"，② 有的省份则称为"谘议局创办所"，③ 称为"谘议局"的，有的是单独设立，有的则附设于地方自治局内，④ 有的省份只挂了一个谘议局的招牌，有的省份则着手起草了本省的谘议局章程。

---

① 《光绪三十三年十月中国大事记》，《东方杂志》第4年第11期，光绪三十三年十一月，第28页。
② 如安徽、奉天等，见《护安徽巡抚文一件：为建设谘议局开办日期片录旨知照由》（光绪三十四年九月二十五日），宪政编查馆档案，全宗号：9，案卷号：25；《东三省总督徐世昌奏改设谘议局筹办处并附设自治研究所折》，《政治官报》第411号，光绪三十四年十一月二十三日，第7页。
③ 如江西、湖北等，见《记谘议局筹办处》，《盛京时报》，光绪三十四年八月二十七日，第3版；《东方杂志》第4年第12期，光绪三十三年十二月，"光绪三十三年十一月中国大纪事"，第29页。
④ 如两江总督端方就将谘议局设立在地方自治局内。中国第一历史档案馆藏，军机处录附奏折，全宗号：3，胶片号：667，胶片页码：1989。

这种混乱的状况，到1908年7月22日宪政编查馆制定的《谘议局章程》和《谘议局议员选举章程》出台之后才宣告结束。《谘议局章程》和《谘议局议员选举章程》上奏之后，当日即得到批准，同时谕令："即著各督抚迅速举办，实力奉行，自奉到章程之日起，限一年内一律办齐。"① 宪政编查馆也恪尽职守，迅速将章程通行各省，要求各省依章筹划，并整顿此前的混乱状态，撤销各省已经设立的"谘议局"等名目，将其一律改称谘议局筹办处，专门负责本省谘议局的筹办事宜，"俟一年内筹办就绪，谘议局成立后，即按照此次奏定章程办理，将筹办处概行裁撤"。② 这几乎等于宣布此前大半年的谘议局筹备工作无效，要重新来过。

对于一个没有议会传统的国度而言，要建成省一级的议会，不是一件轻松的事情。按照《谘议局章程》尤其是《谘议局议员选举章程》，为了建成谘议局，必须完成如下工作：1. 确定哪些人有选举资格，哪些人有被选举资格；2. 划分初选举区和复选举区；3. 确定"办理选举人员"；4. 办理初选举；5. 办理复选举。这些工作中的任何一项，要落到实处的时候都相当不轻松。

以第一项而言，因《谘议局章程》对选举资格与被选举资格的规定相当复杂，办理起来就颇不容易。《谘议局章程》关于选举资格与被选举资格，有如下规定：

> 第三条　凡属本省籍贯之男子，年满二十五岁以上，具左列资格之一者，有选举谘议局议员之权：一、曾在本省地方办理学务及其他公益事务满三年以上著有成绩者；二、曾在本国或外国中学堂或与中学堂同等或中学以上之学堂毕业得有文凭者；三、有举贡生员以上之出身者；四、曾任实缺职官文七品武五品以上未被参革

---

① 朱寿朋：《光绪朝东华录》，总第5949页。
② 《宪政编查馆通咨各省设谘议局筹办处文》，《政治官报》第277号，光绪三十四年七月八日，第18页。

139

者；五、在本省地方有五千元以上之营业资本或不动产者。

第四条　凡非本省籍贯之男子，年满二十五岁，寄居本省满十年以上，在寄居地方有一万元以上之营业资本或不动产者，亦得有选举谘议局议员之权。

第五条　凡属本省籍贯或寄居本省满十年以上之男子，年满三十岁以上者，得被选举为谘议局议员。

第六条　凡有左列情事之一者不得有选举权及被选举权：一、品行悖谬营私武断者；二、曾处监禁以上之刑者；三、营业不正者；四、失财产上之信用被人控实尚未清结者；五、吸食鸦片者；六、有心疾者；七、身家不清白者；八、不识文义者。

第七条　左列人等停止其选举权及被选举权：一、本省官吏或幕友；二、常备军人及征调期间之续备后备军人；三、巡警官吏；四、僧道及其他宗教师；五、各学堂肄业生。

第八条　现充小学堂教员者停止其被选举权。①

规定得如此复杂，确实给确定选举资格与被选举资格带来了困难。其中尤其是第三条，依此，谘议局选举既不是通行的普通选举，也不是一般的限制选举。依当时各国通行的普通选举，成年男子均有选举权；限制选举也只在财产上做限制。但按照《谘议局章程》，财产只是限制条件之一，如果财产方面不合要求，而在文凭、功名等方面符合一定的要求，也可以享有选举资格。这是一种有"大清特色"的选举，按照这种规定，享有选举资格的人要比一般的限制选举多一些。制度设计者认为，在初行选举的时候，不适合用普通选举，但若用一般的限制选举，"又易启民间嗜利尚富之风"，因此"于财产限制之外，另设资望、学识、名位等格，以与财富并重，有一如此，即为合格"，② 可谓用心

---

① 《谘议局章程》，《政治官报》第266号，光绪三十四年六月二十六日，第7~10页。
② 《谘议局章程》第三条按语，《政治官报》第266号，光绪三十四年六月二十六日，第8页。

良苦。然这样一来，各省在筹办谘议局的过程中，为了确定选举资格，就更加"良苦"了。加上有些省份具有选举资格的人，对于投票选举这样的新事物兴趣也不大，就更使办理者感觉苦不堪言了。如两广总督张人骏就发现，他所治下的人民，"不知选举权利，即备有资格之人，亦往往不愿入册"，经"多方劝导"，才出现"踊跃争趋"的局面。[①]

确定选举资格与被选举资格只是为建立谘议局做前期的准备工作，至于办理初选复选事宜，那就更不易了。按照《谘议局议员选举章程》，为了顺利进行初选，必须在初选3个月前将本初选举区划分为10个以内的投票区，每个投票区内设置一个投票处。必须在6个月前将选举名册办妥，并于初选举3个月前颁发到各投票所公示。[②] 初选举完成之后，应该将当选人员名册榜示，并通知当选人。当选人在20日之内应呈明愿意当选。其后，给当选人发执照。最后，将确定的当选人名册榜示，并往上一级提交报告。[③] 初选结束之后举行复选，选举者为初选当选人，被选举者为谘议局议员。[④] 复选监督应于选举前一个月颁布选举告示，选举结束之后，也需要榜示、发给执照，然后报给督抚，由督抚咨报给民政部和资政院备案。[⑤] 因为事在草创，有很多很细节的东西都需要用心设计，如投票点的设置，投票纸、投票柜、当选执照的设计等等，要做到完美，确实不易。

事情如此复杂，要有专人负责才能办好。

1908年8月27日公布的筹备宪政九年清单，是对预备立宪进程的一个整体性规划，对1908～1916年间在预备立宪方面应该做的事情分

---

① 《奏报粤东筹办谘议局情形》，《申报》1909年8月13日，第2张第2版。
② 《谘议局议员选举章程》，《政治官报》第266号，光绪三十四年六月二十六日，第21页。
③ 《谘议局议员选举章程》，《政治官报》第266号，光绪三十四年六月二十六日，第24页。
④ 《谘议局议员选举章程》，《政治官报》第266号，光绪三十四年六月二十六日，第24页。
⑤ 《谘议局议员选举章程》，《政治官报》第266号，光绪三十四年六月二十六日，第25～26页。

年列表，并规定了每一事项的负责人。根据这一清单，筹办谘议局的责任人是各省督抚。① 督抚的入手办法，则是成立一个谘议局筹办处，由谘议局筹办处的官绅来具体操办此事。

以四川为例，川督赵尔巽接到要设立谘议局筹办处的咨文之后，立即遵照设立，并以贡院为办公场所，委任布政使王人文为总理，提学使方旭、巡警道高增爵、在籍翰林院编修胡峻、在籍即用知县邵从恩为协理，分法制、选举、文牍、庶务四科，并从法政学堂的绅班以及自治研究所的毕业生中挑选人员，集中研讨，以便分派各属选举事务所，"助理初复选举事宜，综核调查选举实绩"。②

有的省份，在谘议局筹办处成立时，督抚还亲自到场，表示自己是负责人，要与大家共勉，促成谘议局的成立。如江苏宁属谘议局筹办处成立的时候，两江总督端方就曾亲临，发表演说，要求与事官绅"毋推诿"、"毋误解名义"。③

从谘议局筹办处的体制来看，各省谘议局显然是在督抚的领导下，由官员和绅士共同筹办起来的。上述四川的筹办处，其总理是现任官员布政使王人文，而江苏宁属筹办处的总理则是大名鼎鼎的绅士张謇。四川的筹办处，总理以下的职员，是官绅杂糅。别的省份的情况，也大致如此。

还不仅仅是谘议局筹办处是官绅杂糅，在省以下，参与谘议局筹办工作中的也还大有人在，同样是官绅杂糅。

在谘议局议员选举中，有所谓"办理选举人员"。这些办理选举人员，全都参与谘议局的筹办工作中，贡献了自己的一份力量。按照《谘议局议员选举章程》，"办理选举人员"包括初选监督、复选监督、

---

① 朱寿朋：《光绪朝东华录》，总第 5981 页。
② 《四川总督赵尔巽奏为设立谘议局筹办处并选派自治研究所毕业生分派各属选举事务所助选事》（光绪三十四年十二月初一日），中国第一历史档案馆藏朱批奏折，档案号：04-01-30-0109-003。
③ 《各省筹办谘议局·江苏宁属》，《申报》1908 年 11 月 6 日，第 3 张第 2 版。

投票管理员、投票监察员、开票管理员、开票监察员等。另外，在选举之前为确定选举资格与被选举资格必须进行调查，调查员当然也是筹备谘议局的参与者了。所有这些人员中，初选监督和复选监督都是行政官员，①而调查员、投票、开票的管理员和监察员则多系绅士，绅士不够时，还会从学堂毕业生中抽调有关人员办理相关事务。端方所述江苏在办理调查过程中的用人情况，可以很好地说明在筹备谘议局的过程中，官、绅配合的情况。

> 事属创举，若非官民同心合力，则迟误固所不免，流弊亦恐难防，因饬遵照馆章，各以府州厅县本衙门为办理选举事务所，复选本地明达士绅另设选举调查事务所，专调查合境人民具有选举资格者，编定名册，呈由本管府厅州县察核送省。其各厅县中有因发起较迟查造不及者，则遴委法政毕业员绅为司选员，分赴各属帮同赶办。绅以辅官之所不逮，而司选员又以辅绅之所不逮。②

可见为了筹办谘议局，确实动员了本省大量官绅投入其中。江苏如此，他省大致亦如此。当然，参与谘议局筹办工作中的除了各省的大量官绅之外，尚有中央的机构，其中尤其是宪政编查馆。九年清单中没有说宪政编查馆是筹办谘议局的责任机关，但各省在筹办过程中遇到的困惑实在太多，纷纷向宪政编查馆询问，请示办法，宪政编查馆也就当仁不让，发号施令，指示机宜。宪政馆从1909年初（宣统元年正月）开始将各省在筹办谘议局过程中遇到的疑义和该馆的解答及其他一些文件

---

① 按《谘议局议员选举章程》："初选举以厅州县为选举区，复选举以府直隶厅州为选举区，各以所辖地方为境界。"初选举区的监督，厅是该厅的长官同知通判，州是该州长官同知，县是该县长官知县。复选区的监督，府是该府的长官知府，直隶厅、直隶州是该直隶厅、该直隶州的长官同知、通判。见《谘议局议员选举章程》，《政治官报》第266号，光绪三十四年六月二十六日，第19页。
② 《奏为遵设江苏省城谘议局筹办处并胪陈第一年办法情形事》（宣统元年闰二月十九日），中国第一历史档案馆藏录副奏折，档案号：03-9295-024。

陆续编辑成《谘议局章程及选举章程解释会钞》，通行各省，"以备参考"。到1911年宪政馆被裁并时为止，该馆先后刊印《谘议局章程及选举章程解释会钞》共达11册之多。① 即此可以看出，谘议局的建成与运作，宪政编查馆也确有一份苦劳。

从宪政编查馆与各省的往来电文等文件判断，各省在创办谘议局的过程中遇到的疑难，有的是属于比较根本性的问题，有的则属于比较细节性的问题，有的问题属于某一个或某些省份的特殊问题，有的问题则在各省具有普遍性。

最具有普遍性的一个问题，是初选的日期。《谘议局议员选举章程》规定，每一届谘议局的复选日期是当年的农历三月十五日，初选日期则是当年的农历正月十五日。② 这就意味着创办谘议局的时候，初选当在是1909年2月5日举行。而为了初选能顺利进行，章程同时规定，必须在初选6个月之前将具有选举资格的人调查清楚，造具表册。如果严格按照这种规定办事，宣统元年正月十五日（1909年2月5日）要举行初选，在光绪三十四年七月十五日（1908年8月11日）之前必须办妥选举名册。但是，宪政编查馆上奏《谘议局章程》与《谘议局议员选举章程》以及清廷谕令各省按该章程于一年内建立谘议局的时间，是1908年8月20日。即使当天各省督抚能够看到这一谕旨，并立即启动筹备工作，也没法在初选之前六个月完成选举名册的工作，更何况在当时的通讯条件下，很多省份不可能在颁布谕旨当天知道谕旨的内容，即使知道了，也几乎不可能在当天就开展工作。事实也证明，没有一个省那样做了。

---

① 档案显示，宪政馆将《谘议局章程及选举章程解释会钞》第10册通行各省是在宣统三年二月，见中国第一历史档案馆藏，宪政编查馆档案，全宗号：9，案卷号：33。而宣统三年六月《政治官报》所刊登的售书广告中，有《谘议局章程及选举章程解释会钞》，并注明"已出十一册，每册大洋一角"，其时宪政馆已经裁并。笔者据此推断共出11册。

② 《谘议局议员选举章程》，《政治官报》第266号，光绪三十四年六月二十六日，第20页。

怎么办？只能变通。端方在一封奏折中谈了不能不变通的理由：

> 查宪政编查馆章程，原定于正月十五日举行初选，三月十五日举行复选。惟创办之始，前无所承，一切措施，均须临时组织。况人民程度尚浅，非将选举之事详定细则、刊布告示，则于被选之责任、投票之权限皆必茫然。至于合格绅民，尤须调查确实，更非一朝一夕之故。此皆初选以前所最繁难之事。至于复选，则已有□可寻，较之初选，为力稍易。故将初选投票之期展至闰二月初一日举行，其复选投票仍照馆章，以三月十五日为期，庶几循序而进，不误谘议局九月成立之限。①

对于诸如江苏这样的变通办理的要求，宪政编查馆都表示了认可。但初选不能如期举行，复选要如期举行也就很难。宪政编查馆后来就发现，能够保证在三月十五日举行复选举的，只有"督率有方"的江苏一省，其余各省都不能如期。②

新疆的情况就更麻烦了。

宪政编查馆在督促各省建立谘议局的过程中，发现新疆跟陕西、甘肃、四川、湖南、奉天、吉林等省没有及时汇报筹办情形，怀疑这些省份在筹办过程中都有迟缓之嫌，于是在1909年1月6日给这些省的督抚发了一封电报，要求他们加紧办理：

> 奉天、成都、广州、兰州各制台、吉林、南昌、长沙、迪化、西安各抚台鉴：查谘议局章程，明年正月十五日为初选举日，三月十五日为复选举日，开会系自九月初一日起，期限极迫，所有一切应办事宜，亟应迅速依限举行，免致延误要政。希将现办情形克日

---

① 《奏为遵设江苏省城谘议局筹办处并胪陈第一年办法情形事》（宣统元年闰二月十九日），中国第一历史档案馆藏录副奏折，档案号：03-9295-024。
② 《宪政编查馆奏考核京外各衙门第一届筹办宪政并胪陈第二届筹办情形折》，《政治官报》第590号，宣统元年五月初三日，第6页。

电复。宪政编查馆。删。①

这种督催敲响了相关督抚的警钟,使他们纷纷复电,保证不会延误谘议局开会之期,② 不过,新疆是个特例。虽然宪政馆点名督催,但新疆巡抚联魁却没有表示能够按期完成筹备,而是痛陈新疆的特殊情形,要求本省缓办谘议局。他在给宪政编查馆的复电中写道:

> 惟查谘议局章程,要在选举之员重在土著。新疆地处边陲,种类庞杂,一切迥殊内地,选举一事,尤为甚难。如土尔扈特、布鲁特、哈萨克诸部落,以游牧为生,家无恒产,而又自为风气,自为语言,不能行选举者无论矣。即就北路各属论之,土著少而客籍多,客籍之中,又汉民少而回民多,族类各殊,性情隔阂。兼之此种门耗,大半商贾及下苦谋生之人,来去无常,有今岁居此明年即弃而之他者。加以地属遐荒,人不识字,自设提学使以来,虽极力劝导,入学者不过五六千分之一,且多系童蒙,微特有被选之资格者无几,即有选举之资格者亦无几。南路悉为缠回,语文皆异,现设学堂,公家出费,然非强迫不可。执此生獠野蛮,骤语以选举,皆茫然不解其何故。惟此等要政,事在必行,又不可操之过急。拟照东西各国治边疆属地特别之法,如英德诸国之治阿非利加、日本之治北海、冲绳诸政,现奉部饬改谘议局为谘议局筹办处,拟先筹办培植议员之法,于省城中学堂添课法制一门,并饬各地方官于宣讲所将自治之书籍章程随时宣讲,以开民智。至于选举、议事各事宜,则期以四五年后,学堂毕业,民智渐开,人格渐高,再行次第筹办。③

---

① 《十二月十五日宪政编查馆发奉天等省各督抚电》,《政治官报》第439号,光绪三十四年十二月二十二日,第7页。
② 《宪政篇》,《东方杂志》第6年第1期,宣统元年正月,第14~15页。
③ 《十二月二十二日宪政编查馆收新疆巡抚电》,《政治官报》第447号,光绪三十四年十二月三十日,第5~6页。

第三章 直省谘议局的设立

当别的省份因为时间过蹙而要求将初选举日期稍微延后的时候，新疆却列举了一大堆现在根本不能举行选举的理由。不能选举的原因何在？关键在于教育落后，经济欠发达，不但能当选为谘议局议员的"无几"，就是符合选举资格的也"无几"。因此，他提出，新疆现在还没有到筹办谘议局的时候，尚停留在"筹办培植议员"的时候，谘议局的建立，要等四五年之后。那时，学堂毕业生多了，民智稍微开通了，选举才能举行。

在给宪政编查馆发以上电报之外，联魁同时还向清廷呈递了一道封奏，痛言新疆目前办理谘议局选举的五种困难，"边腹异制，民生异俗，难以强同"。① 强烈要求变通办理。面对联魁的反复陈请，宪政编查馆答应了其要求，允许新疆推迟三年成立谘议局："将应办事宜于三年内急为筹备，届举行第二次选举之期即应如期照办，以应九年实行预备之诏。"②

连新疆这种要求暂不开办谘议局的要求政府都应允了，那岂不是破坏了宪政的进程？其实，与其说是破坏了宪政的进程，不如说是关于宪政进程的设计有问题。1907年下半年，在对谘议局尚无通盘规划，甚至连谘议局的定位都没有搞清楚的时候就命令各省设立，甚至要求"以明年三月为期"，就显示了清政府对宪政进程的设计不得要领。1908年再度谕令各省设立谘议局的时候，已经有章可循，自然比较具有操作性，并且要求在一年之内办齐，其步伐也比前一年的设计要慢一些。但是，中国幅员辽阔，各省之间在经济、文化等方面的差异非常大，完全不顾及这种差异，要求西部省份与东部省份同时建立起谘议局，这种设计还是有问题的。当时日本有一位名叫北鬼三郎的法学家，对于中国在谘议局方面的设计就颇有意见。他认为，最好是先选择两三

---

① 《新疆巡抚联魁奏筹备立宪第一届事宜并将谘议局选举章程酌拟变通办法折》，《政治官报》第584号，宣统元年四月二十七日，第6~9页。
② 《宪政编查馆奏考核京外各衙门第一届筹办宪政并胪陈第二届筹办情形折》，《政治官报》第590号，宣统元年五月初三日，第5页。

个省试办，渐次在各省变通应用，全国划一的制度当在 10 年以后才能建立。① 不顾省与省之间的差异，搞一刀切，结果是给像新疆这样的省份带来莫名的困扰，无法推行下去，只有申请变通。当然，面对新疆的申请，清廷能够接受其变通要求，说明清廷还不算顽固不化，处理政务，尚懂得因时因地制宜。

然清廷做出的答复，依然有值得推敲的地方。新疆巡抚请求在四五年之后再建立谘议局，是有自己的考量的，那就是四五年之后，新式学堂的学生才能毕业，民智程度才会稍微提高一些，选举事务才略有把握。宪政编查馆虽然答应变通办理，却要求在三年内办齐。宪政编查馆当然也有自己的考虑，那就是谘议局三年为一届，它希望第一届不能开会的新疆，能在第二届时与其他各省同步开会。问题是三年之中，新疆的民智依然未开，筹备事宜仍然无从下手，又如何能完成任务？

讲到最初规划不周而后来因地制宜的事项，还有一件也颇有代表性，那就是关于华侨的选举权与被选举权问题。

清廷对于流寓海外的侨民，在相当长时间里都采取漠视甚至敌视的态度。到了 19 世纪中后期才开始改变态度，加意保护华侨。那么，进入宪政改革时代，要不要给华侨参政权？清政府开始的时候并未考虑这个问题。因此，宪政编查馆起草的《谘议局章程》没有关于华侨参与选举与被选举的只言片语。

华侨较多的广东、福建等省在筹备过程中发现了这一问题，并由粤督首先发问，向宪政馆提出华侨的政治权利问题。宪政馆在 1909 年 4 月 22 日复电："凡营业外洋，愿回籍，得有选举权者，应准变通入册投票。"② 这是追认了华侨的选举权，至于华侨有没有被选举权，则没有涉及。广东石城县商务分会总理柳龙章发现了这一问题，向两江总督和农工商部上了一道禀文，提出：（1）华侨应该有被选为议员的权利；

---

① 〔日〕北鬼三郎：《大清宪法案理由书》，手抄本，北京大学图书馆藏，第 124 页。
② 《宪政篇》，《东方杂志》第 6 年第 7 期，宣统元年七月，第 354 页。

（2）可以采取就近原则，南洋华侨的选举在广东，日本华侨则在福建或浙江进行。两江总督将此禀文转交给宪政编查馆，宪政编查馆在复电中说：

> 兹复据该商会总理禀陈，就华侨所在地方，调查人数，限定名额，公选议员一节，查营业外洋，离国较远，一经被举，势不能回籍应选，窒碍殊多。盖必有选举区之隶属，而后选举能行。亦必有谘议员之列席，而后决议有效。所称遇有条议事件就近禀明使馆核办之处，究与定章所指议员名义不符。至选举议员以本省之人为限，所称南洋各埠附近粤东，日本各埠附近闽浙，应令就近分隶各该谘议局，尤与定章多所未合，碍难照准。惟华侨人数甚多，关心桑梓，若于本省利病兴革事件一概不令与闻，自不足以昭平允。本馆详加察核，应准令各埠华侨按照人数多寡，酌量公推公正绅商若干名作为各该本籍省份谘议局参议员，遇有应行条议事件，即由参议员胪陈所见，呈由本国驻使咨送该省督抚交谘议局提议。似此办理，华侨既得与闻本省之政务，而于谘议局章程亦无抵触。①

就这样，宪政编查馆虽以与《谘议局章程》不符为由，对柳龙章提出的从华侨中直接选举谘议局议员的方案予以否定，但又准予变通，允许华侨以省籍为准，推举谘议局参议员。华侨参议员可以将自己关心的事务写成文本，由中国驻当地使节咨送相关督抚，由督抚交谘议局讨论。这样一来，华侨就不但可以回籍参与谘议局议员的选举，而且有机会在海外被选举为谘议局参议员，在选举权和被选举权方面都受到了一定的重视，对《谘议局章程》忽视华侨参政权的状况做了较大的修改。

从以上所举几例可知，在筹备谘议局的过程中，对《谘议局章程》和《谘议局议员选举章程》还是做了较大调整的。所举几例都是筹备过程中比较大的事例，至于各省遇到的比较具体的问题，那就非常多

---

① 《宪政篇》，《东方杂志》第6年第7期，宣统元年七月，第354页。

了。从选举票、当选执照的格式、投票匦的式样，① 到谘议局议员免扣资俸的期限、② 谘议局开会前假定议长、副议长的选举、③ 谘议局开会时的礼节、④ 保卫、⑤ 以致督抚等行政官员在会场的座次⑥等问题，只要略有疑义，负责办理的官绅都会通过督抚，向宪政编查馆咨询请教一番。翻阅保存至今的众多往来电文，我们可以真切地感受到当时的人们在筹办谘议局时的认真劲以及他们的困惑与担心。

对于清廷和各级官府而言，其所担心的不仅仅是谘议局不能如期开议，他们还担心谘议局开议之后，谘议局议员"不守规矩"，民权之水会冲破他们精心设置的"堤防"。因此，我们看到，在各省经过调查选举与被选举资格、初选、复选等程序之后，终于要召开谘议局的时候，清廷颁发了如下一道谕旨：

> 兹届九月初一日各省招集议员开议之期，用特重申诰诫：各该谘议局议员，于地方利弊情形，均当切实指陈、妥善计划。务各恪遵前奉懿旨，勿挟私心以妨公益，勿逞意气以紊成规，勿见事太易而议论稍涉嚣张，勿权限不明而定法致滋侵越。各该督抚亦当虚公采纳，裁度施行，以期上下一心，渐臻上理。至开局以后，各该督抚尤应钦遵定章，实行监督，务使议决事件不得逾越权限、违背法

---

① 《宪政编查馆通咨各省设谘议局筹办处文》，《政治官报》第277号，光绪三十四年七月八日，第18页。
② 《宪政编查馆奏议复礼亲王等奏请将京旗专额议员援案免扣资俸等折》，《政治官报》第657号，宣统元年七月十一日，第3～4页；《宪政编查馆致各省督抚将军督统电》，《政治官报》第658号，宣统元年七月十二日，第5页。
③ 《浙抚致宪政编查馆电》、《宪政编查馆复浙江巡抚电》，《政治官报》第656号，宣统元年七月十日，第5页；《川督致宪政编查馆电》、《宪政编查馆复川督电》，《政治官报》第681号，宣统元年八月六日，第4页。
④ 《川督致宪政编查馆电》、《宪政编查馆复川督电》，《政治官报》第665号，宣统元年七月十九日，第4页。
⑤ 《湘抚致宪政编查馆电》、《宪政编查馆复湘抚电》，《政治官报》第724号，宣统元年九月十九日，第5页；《四川谘议局致宪政编查馆电》、《宪政编查馆复川督电》，《政治官报》第734号，宣统元年九月二十九日，第5页。
⑥ 《宪政编查馆致各省督抚电》，《政治官报》第714号，宣统元年九月九日，第6页。

律，共摅忠爱以图富强，上以副朝廷勤求民隐之衷，下不失官民守分尽职之义，朕实有厚望焉。著将此谕敬谨缮录，悬挂各省谘议局议场，一体钦遵。①

这道谕旨颁发于谘议局开议的头一天（1909年10月13日），其基调就在于告诫谘议局议员要守规矩，不得有半点逾越权限之处，同时要各省督抚加强对谘议局的监督，并将这道上谕抄录悬挂在谘议局会场，时时警醒议员。谘议局的助产士，清廷的御用机构宪政编查馆恪尽职守，在谘议局开议当天将上谕原文以电报告知各省督抚，并督促他们"即恭录悬挂议场"，末了，还叮嘱督抚们"务须随时监督，毋令逾越权限，致有纷扰窒碍，转阻宪政进步"。②

第三节 谘议局与绅权膨胀

1909年10月14日（宣统元年九月初一日），新疆以外的各省谘议局如期开议。当官方在担心谘议局成立之后民权之"水"冲决"堤防"的时候，民间却一片欢呼，认为这一天"为中国许人民议政之始"。③

但是，谘议局的成立，绝不仅仅是使中国第一次有了省一级的议会机构，人民从此多了一条参与政治的渠道。历史上有的机构的设立，只对"事务"产生影响，有助于特定事务的解决；而有的机构的设立，则会对"群体"产生影响，使某些特定群体通过这一机构而发生变化，并进而影响时代的风云。谘议局就是那种对特定群体的发展产生了重要影响的机构。它的成立，受影响最大的群体当系绅士。我们经常听到学

---

① 《宣统政纪》卷20，宣统元年八月丙午，《清实录》第60册，中华书局1987年影印本，第376页。
② 《督部堂恭录谕旨悬挂议场以资法守札》，隗瀛涛、赵清主编《四川辛亥革命史料》（上），四川人民出版社，1981，第142页。
③ 《宣统元年九月大事记》，《东方杂志》第6年第11期，宣统元年十一月，第433页。

者讲清季出现了"绅权膨胀"的现象,有学者还讨论了地方自治对绅权膨胀的影响。窃以为,清季绅权之所以能够"膨胀",与各种议会机构的设立有很重要的关系,而其中起关键作用的则是谘议局。在清季预备立宪的语境下,谘议局并不属于地方自治的范畴。

绅士是中国社会中一个有着久远历史的群体,作为社会的精英,一直对社会的发展与维系起着重要作用。但是,绅士一直又是一个极端松散的群体,几乎没有全国性的联合。之所以会如此,与没有相应的制度使其联络有很大关系。这种情况到20世纪初有了比较大的改观。1904年1月11日,商部奏请颁行《商会简明章程》,同日"奉旨允行",① 此后商会便在全国范围内普遍设立起来。商会的建立对于绅商的形成具有重大意义,并且使绅商可以借助各级商会加强联络,并在必要时实现联合。绅商群体在晚清崛起并活跃于政治、经济舞台,实与此有非常大的关系。对此,学术界已经有比较深入的研究。不过,绅商只是绅士集团中的一部分,其数量只占到绅士阶层总人数的3.3%左右,② 商会的设立对于绅士集团整体的影响还是比较小的。

对整个绅士集团发展有较大影响的,是开启预备立宪之后各级议会机构的设立。预备立宪期间设立的议会机构,除了本章所论谘议局之外,尚有资政院和各级议事会。关于各级议事会的建立情况,我们将在下文涉及。至于设立资政院,在1906年的官制改革中就提出了。当时主持官制改革的载泽等人意欲通过资政院来限制内阁总理大臣,"尊君权而抑相权"。③ 不过,当时清廷没有批准责任内阁,《资政院官制》也就成为废案。到了1907年9月20日,清廷才颁发谕旨,命令设立资政院,"以立议院基础",并派溥伦、孙家鼐为总裁。④ 但这次并没有选举

---

① 朱寿朋:《光绪朝东华录》,总第5132页。
② 马敏:《官商之间:社会剧变中的近代绅商》,天津人民出版社,1995,第105页。
③ 《资政院节略》,中国第一历史档案馆藏,军机处录副奏折,全宗号:3,胶片:667,胶片页码:592。
④ 《设立资政院派溥伦、孙家鼐为总裁并会同军机大臣拟订院章谕》(光绪三十三年八月十三日),《清末筹备立宪档案史料》下册,第606页。

议员开院议事,因此,在那之后,虽有资政院之名,却并无资政院之实。诚如《东方杂志》所论:"该院久设总裁、协理、帮办等官,论其职掌,实为筹办资政院而设。"① 因此,1908年公布的九年筹备清单重新规定,资政院开院的时间为1910年。② 经过一番筹备,资政院在1910年9月23日正式召集议员,宣布该院成立,并于同年10月3日(宣统二年九月初一日)正式开院议事。③

中央有资政院,省有谘议局,府厅州县和城镇乡均有议事会,这是清季预备立宪在议会方面的整体设计,可以说是比较完备的。其中资政院和谘议局均如期成立了,各级议事会也成立了一些。这些议会机关,使绅士群体被比较系统地组织起来。清季绅权能够壮大甚至"膨胀",与此有绝大关系。而谘议局处在"中央"与"地方"之间,居于"枢纽"地位,对绅士群体的组织化,影响尤为明显。

首先,谘议局使省内的绅士在一定程度上组织化了。

各省谘议局的议员,基本上都是本省德高望重的绅士,并且,谘议局议员的确定,是由宪政编查馆规定各省议员的总额,各省再按照本省各府厅州县选民的多少,确定各府厅州县的当选人数。④ 这样,谘议局实际上是由各府厅州县的议员组成。虽然各府厅州县的议员们在谘议局中难免会因各自的地方利益而产生竞争,但是,作为"民"的代表,在与督抚衙门等行政官厅较量、捍卫谘议局权益方面,他们则是有共同利益的。因此,也可以说,谘议局的成立,实现了全省各府厅州县绅士一定程度的联合。各省谘议局的议员虽然不算很多,但其在实现全省绅士联合方面的意义却是非常重大的。

---

① 《宪政篇》,《东方杂志》第6年第5期,宣统元年五月,第246页。
② 朱寿朋:《光绪朝东华录》,总第5981页。
③ 《资政院总裁溥伦等奏资政院成立及开会日期折》,《清末筹备立宪档案史料》下册,第645~646页。
④ 《谘议局章程》第2条按语:"其府厅州县划分名额之法,则以选举人多寡为标准,由各省督抚按照另定选举章程办理。"《宪政编查馆会奏各省谘议局章程及按语并选举章程折》,《政治官报》第266号,光绪三十四年六月二十六日,第7页。

谘议局在实现全省绅士联合方面的作用，还体现在其与全省各级议事会的关系上。《谘议局章程》第 21 条所规定的谘议局应办事项中，第 11、12 两项使谘议局与各级议事会联系起来，第 11 项为"公断和解本省自治会之争议事件"，第 12 项为"收受本省自治会或人民陈请建议事件"。① 并且，按照宪政馆的统一规划，在筹办谘议局的一年里，各省谘议局筹办处兼办全省地方自治，待谘议局成立之后，才将谘议局筹办处改为地方自治筹办处专办地方自治，② 也就是说，各省筹办谘议局和筹办地方自治的其实是同一批人，这无疑也容易加强谘议局与各级自治会之间的联络。虽然《谘议局章程》所规定的谘议局与各级议事会之间的联系是有限的，宪政馆后来且为防止谘议局与各级议事会有太多接触而设置过障碍，③ 但是，毕竟还是无法阻断上下之间的联络沟通。同出自绅士集团，同属与行政官厅处于分权制衡的议会系统，以及地缘、血缘等因素，使谘议局与各级议事会、上级议事会与下级议事会之间容易形成联合。1911 年，在革命的炮火声中，有人如此描述直隶士绅的情形："士绅于今日最有关系者约分二部，一天津谘议局，为全省总机关，一各地自治会，为全省分机关。"④ 实则不独直隶如此，谘议局和各级议事会的成立，已经使各省绅士形成以谘议局为全省总机关、以各地议事会为全省分机关的局面。

---

① 《宪政编查馆会奏各省谘议局章程及按语并选举章程折》，《政治官报》第 266 号，光绪三十四年六月二十六日，第 13 页。

② 《宪政编查馆奏核议城镇乡地方自治章程并另拟选举章程折》（并单二件），《政治官报》第 445 号，光绪三十四年十二月二十八日，第 9 页。

③ 如当四川总督向宪政馆询问谘议局办理"公断、和解本省自治会之争议事件"，"究应用何种程式方合分际"的时候，宪政馆答复："自治会争议事件经谘议局公断、和解后，应仍用公文呈由督抚转饬遵照，不能由该局径自行文该自治会。"（见《川督致宪政编查馆电》、《宪政编查馆复川督电》，《政治官报》第 1083 号，宣统二年十月一日，第 3 页）谘议局虽然有权公断、和解自治会争议事件，却无权将处理结果直接下达自治会执行，而必须呈由督抚，由督抚转饬自治会执行，这就凸显了督抚的权力，限制了谘议局的权力，并减少了谘议局与自治会接触的机会。

④ 《北直弭乱说帖》，中国第一历史档案馆藏，责任内阁档案，《宣统三年十月信函档》，全宗号：7，案卷号：3。

其次，谘议局还在绅士群体突破省界，走向全国联合方面起了"枢纽"作用。主要表现有二：一个是为资政院输送议员，另一个是成立直省谘议局联合会。

从1907年筹议谘议局起，谘议局就被赋予为资政院"储材"的职能。按照1909年制定的《资政院章程》，资政院议员由以下人员中年满三十岁以上者选充：

一、宗室王公世爵，一、满汉世爵，一、外藩（蒙、藏、回）王公世爵，一、宗室觉罗，一、各部院衙门四品以下七品以上者，但审判官、检察官及巡警官不在其例，一、硕学通儒，一、纳税多额者，一、各省谘议局议员。①

乍一看，谘议局议员只是资政院议员的来源之一，但如果考虑到定制者把来源不同的议员分为钦选议员和互选议员（民选议员）两类，来自各省谘议局的议员单独构成资政院的民选议员，其余来源的议员共同构成钦选议员，②则可以看出来自各省谘议局的议员在资政院中的地位非同一般。并且，当时规定，资政院议员共200人，而由各省谘议局互选产生者占了一半，钦选议员名目虽多，而其总数也只占到资政院议员之半，并且其中的纳税多额者也还属于"民"的范畴。

资政院的100名民选议员的产生，依《资政院章程》的规定，要按照各省谘议局议员的多少，确定各省的名额，由各省谘议局分别选出本省的议员，呈由督抚"复加选定，咨送资政院"。③ 为了资政院如期

---

① 《资政院会奏续拟院章并将前奏各章改订折》，《清末筹备立宪档案史料》下册，第631页。
② 《资政院会奏续拟院章并将前奏各章改订折》，《清末筹备立宪档案史料》下册，第632页。
③ 《资政院会奏续拟院章并将前奏各章改订折》，《清末筹备立宪档案史料》下册，第632页。

开院，各省谘议局在第一届年会上纷纷选举了本省的资政院议员，并由各省督抚咨送给资政院了。这样，1910年资政院的开院，其意义就不仅仅在于中国从此有了一个准国会组织，中国的政治又从专制政治向立宪政治迈进了一大步，而且也在于各省绅士通过向资政院选派议员，有了参与国家大政的机会。并且，绅士们作为民选议员，容易互相认同，在资政院中自发采取相同的步调，形成联合，与钦选议员展开博弈，与中央各行政衙门进行斗争。这样，资政院就不啻为绅士群体走出本省并形成全国的联合提供了一个法定的场所。

谘议局联合会是各省谘议局自动成立的一个组织。

在谘议局第一届年会期间，江苏谘议局为了请愿速开国会的需要，派员到各省谘议局展开联络，邀请各局在闭会后到上海开会，"俾通国谘议局联络一气"，推动请愿运动的发展。① 这一号召得到各省谘议局的响应，1909年12月底，有16个省的谘议局代表50多人聚集上海，会中有人提出要设通信机关于上海，有人则提出当在每年农历六七月间派代表到上海开会一次，② 不过由于这次会议的主题在于讨论请愿，所以关于如何建立机构以达到"通国谘议局联络一气"的问题没有能够深入讨论。1910年1月28日由各省谘议局代表组成的请愿代表呈递请愿书被拒绝之后，请愿代表乃约定要"在京设各省谘议局联合会，每年六月开会一次"，③ 设立谘议局联合会的问题正式提上了议事日程。经过一番筹备，同年8月12日，联合会成立并正式召开了会议。1911年，则召开了联合会的第二届年会。依据《直省谘议局联合会章程》，联合会以各省谘议局所派遣的议员组成，也可派遣由本局选出的资政院议员。未经派遣的资政院议员，可请其为会员；联合会开会的时间为每年农历六月，开会地点是北京；联合会的议事范围包括各省谘议局共同的利害问题、向资政院的提案，本会的章程及其他规则；各省谘议局应

---

① 《记事》，《东方杂志》第6年第12期，宣统元年十一月，第394页。
② 《宪政篇》，《东方杂志》第6年第13期，宣统元年十二月，第446页。
③ 《宪政篇》，《东方杂志》第7年第1期，宣统二年正月，第22页。

预备议案，派人参加会议；议案一经议决，各省谘议局应该采取一致行动。①

在谘议局成立之后出现的谘议局联合会，作为各省谘议局的联络机构，有助于打破绅士群体的省界，形成全国的联合，实可视为绅士群体的一个全国性组织。

"组织化"了的绅士群体，立即在当时的政治生活中展现了"组织的力量"。这里仅以国会请愿运动为例作简要说明。

绅士群体的国会请愿运动，在它通过谘议局等各级议会机构实现组织化之前就有过，这就是1907～1908年间各地绅民的请愿之举。② 不过由于缺乏能够上下连贯一气的组织网络，那次请愿没有获得什么成果。

随着1909年谘议局的成立和1910年资政院的开院，以及各级议事会的相继成立，这种情况发生了很大改变。

谘议局第一届年会期间，由于江苏谘议局的倡议，各省谘议局也"无不以请愿速开国会为第一义"，③于是在闭会之后派代表开会于上海，商讨了请愿速开国会的有关问题，并于1910年1月28日向都察院呈递请愿书，揭开了1910年国会请愿运动的序幕。

第一次请愿本以各省谘议局为主体，而在请愿之前，请愿代表又曾致电各省谘议局，要求它们"或分电政府，或呈恳当道奏达舆情"，④以图达到目的。不过，这次请愿遭到拒绝，上谕宣布要"俟将来九年预备业已完全，国民教育普及"，才"定期召集议院"。⑤

此后，请愿代表马上做出决定，"先行电告各省绅商学团体"，组

---

① 侯宜杰：《二十世纪初中国政治改革风潮——清末立宪运动史》，第294页。
② 耿云志：《论清末立宪派的国会请愿运动》，《中国社会科学》1980年第5期，第42～43页。
③ 《宪政篇》，《东方杂志》第7年第1期，宣统二年正月，第1页。
④ 《记国会请愿代表进行之状况》，《东方杂志》第7年第2期，宣统二年二月，"中国时事汇录"第27页。
⑤ 《俟九年预备完全定期召集议院谕》，《清末筹备立宪档案史料》下册，第642页。

织即开国会同志分会,并决议通电各处华侨,请派代表来京参与请愿,且要求各省谘议局,如果开临时会,则要将请愿速开国会作为议案呈请督抚代奏。① 这样,第二次请愿就以各省谘议局为中心,将请愿者的范围扩展到了各省城的各种团体和海外各埠华侨。经过精心策划,第二次请愿呈递的请愿书共有 10 封之多,分别由直省谘议局议员代表孙洪伊、直省商会代表沈懋昭、苏州及上海商会代表杭祖良、南洋雪兰莪二十六埠中华商会代表陆乃祥、澳洲华侨代表陆乃祥、直省教育会代表雷奋、江苏教育总会代表姚文枬、直省政治团体代表余德元,直省绅民及旗籍绅民代表李长生、文耀,东三省绅民代表乔占九领衔,于 6 月 16 日向都察院呈递。②

这次请愿仍然没有能够打动朝廷,奉旨"仍俟九年筹备完全,再行降旨定期召集议院"。③ 绅士集团再接再厉,马上做出一系列调整,着手准备下一轮请愿。他们决定,此前请愿团的成员都是谘议局议员,此后要扩充范围,凡各代表在京者均可加入;国会请愿同志分会不但各省要有,还要以各级议事会为依托,成立府厅州县分会;代表团、各省谘议局要对资政院施加影响,向其上书;各谘议局及各团体要做好督抚的工作,使其允为代奏。④ 这样,请愿的发动工作,向下深入到府厅州县自治组织,向上则直达资政院,并策动能对国家大政产生重大影响的督抚集团,其广度和深度都已经达到了相当的水平。此后,请愿代表一再上书资政院、摄政王、政务处王大臣,资政院奏请提前开国会,各省督抚联衔奏请将内阁和国会同时成立,形成第三轮请愿的高潮。⑤

由于绅士群体精诚可感,加上督抚集团的影响,清廷不得不于 11

---

① 《记国会请愿代表进行之状况》,《东方杂志》第 7 年第 2 期,宣统二年二月,"中国时事汇录",第 27~28 页。
② 《宣统二年五月大事记》,《东方杂志》第 7 年第 6 期,宣统二年六月,第 84 页。
③ 《仍俟九年预备完全再定召集议院谕》,《清末筹备立宪档案史料》下册,第 645 页。
④ 《宣统二年五月大事记》,《东方杂志》第 7 年第 6 期,宣统二年六月,第 84~86 页。
⑤ 《宣统二年十月中国大事记》,《东方杂志》第 7 年第 11 期,宣统二年十一月,第 143~156 页。

月4日发布谕旨,宣布"缩改于宣统五年,实行开设议院"。① 虽然与绅士群体所希望的"即开国会"有相当距离,但是请愿运动毕竟还是取得了可观的成果。

此后,绅士集团中的一部分人认为请愿已经成功,于是偃旗息鼓,而直隶、东三省等处的绅士则不满足于这一成果,于是继续掀起第四次请愿的波涛。第四次请愿很快被清廷压制下去,但我们也可以看到各级准议会组织在其中的作用。在奉天铁岭,"本邑自治界,城乡区域共分为九乡,以是此次国会请愿同志会亦名九乡同志会",② 在该省其他地方,也有"镇乡同志会"③ 的名目,而直隶总督逮捕请愿代表温世霖之后,天津40乡议事会议员都行动了起来,为温世霖辩护。④ 可见在第四次请愿运动中,已经利用城镇乡议事会、董事会等机构来发动基层绅士,这较之第三次之发动到府厅州县一级,实是深入的表现。

绅士群体在谘议局成立之后,以谘议局为纽带,实现了一定的组织化,从而使其力量变得强大起来,可以说从国会请愿运动中得到了比较好的体现。这种力量,已经强大到足够动员上自资政院,下至城镇乡的精英人物,掀起时代的风潮,促使清廷做出让步。民权之"水",确有"满溢"之势。

不过,作为省一级的议会,最为重要的是处理与行政系统的关系。那么,在这个方面,民权之"水",表现又如何?下面对此略作探讨。

第四节 谘议局与行政官厅

讲到谘议局与行政官厅的关系,人们马上会想到这是要谈谘议局与

---

① 《缩改于宣统五年开设议院谕》,《清末筹备立宪档案史料》上册,第79页。
② 《九乡同志会》,《盛京时报》宣统二年十一月二十一日,第5版。
③ 《镇乡同志会代表来省会议》,《盛京时报》宣统二年十一月十七日,第5版。
④ 侯宜杰:《二十世纪初中国政治改革风潮——清末立宪运动史》,第330页。

督抚之间的博弈。其实，这个命题还有另外一个重要方面，那就是谘议局与宪政编查馆之间的较量。谘议局与督抚之间的博弈固然有声有色，其与宪政馆之间的较量也颇有意味。

在与督抚博弈方面，1909年第一届年会比较平静，但有的省份也发生了督抚与谘议局的冲突。如浙江谘议局议决公布本省现行章程规则、筹办浙江巡警经费、裁撤官纸局等议案，巡抚增韫以为均不可公布施行，乃交谘议局复议，但谘议局则"仍执前议"，不肯让步，气得增韫向宪政馆打报告，请示办法。① 山东谘议局与巡抚孙宝琦之间因加税问题"相持不下"，巡抚欲以山东同乡京官压谘议局，遭到议员们的"极力抵抗"，闹得"不欢而散"。② 吉林谘议局与吉林巡抚陈昭常之间闹得也很僵。其起因在于谘议局对陈昭常处理外交的措施不满，于是大肆攻击。双方剑拔弩张，相持不下，事态相当严重。

在相持之中，陈昭常还向宪政编查馆发了如下电报，大肆攻击本省谘议局：

> 宪政编查馆鉴：谘议局现已成立，该局所提议案诸多逾越范围，该议员等亦大半不明事理，非得钧馆正当之解释，不足以杜借口。凡除督抚所交议案外，该局自行提议之件应否先将提议草案呈请督抚核定后再行开议？如该局提议之案有逾越权限照章不得议决者，应否即由督抚取消，抑俟该局议决之后再予驳正？又查各国议院通例，政府交议之案提议在先，议员自具之案提议在后。今各省之谘议局虽非各国议院之比，然议事秩序究属相合，应否即照此办理？统祈钧核议复祗遵。昭常谨肃。佳。③

电报用语简洁，很多时候不容易从电文中读出发电报者的感情。但

---

① 《续行公布谘议局第一次常会决议各事件册一本》（宣统三年正月初四日到部），中国第一历史档案馆藏，宪政编查馆档案，全宗号：9，案卷号：24。
② 《鲁抚与谘议局冲突》，《盛京时报》宣统元年十月十八日，第4版。
③ 《吉抚致宪政编查馆电》，《政治官报》第728号，宣统元年九月二十三日，第6页。

是这一封电报却传达了陈昭常很强烈的感情。尤其是电报开头,劈头盖脸就是一句骂词:"该局所提议案诸多逾越范围,该议员等亦大半不明事理",把该省谘议局及议员说得一文不值,显示了他在与谘议局打交道的过程中确实非常不愉快。往下的电文中,他要求督抚有权审查并取消谘议局所提交的议案;希望当他认为谘议局逾越权限的时候,有权取消这些议案;并要求谘议局必须先议决督抚所提交的议案,后议决谘议局自身所提交的议案,在在都是为了限制谘议局。后世之人读了这通电文,还可以很容易在脑海中勾勒出陈昭常冲冠一怒的神情。

对陈昭常的电报,宪政编查馆作了如下回复:

> 吉林抚台鉴:佳电悉。谘议局议事范围以局章第二十一条所列各款及本馆历次解释并议复于大臣折所载为准,该局自行提议之案无庸先呈督抚核定。如有逾越权限,督抚可照章劝告,其不受者,应照局章第四十七条第一款办理。其每日开议,可先议督抚交议之案,再议该局自具之案,应由议长预定议事日表,依次办理。此复。宪政编查馆。霰。①

应该说在此复电中,宪政编查馆否定了陈昭常的大多数要求,在一定程度上维护了谘议局的权限。陈昭常希望拥有审核谘议局议案之权,宪政编查馆明确指出,督抚无权审查谘议局所提交的议案。陈昭常希望谘议局讨论议案的顺序,必须是先督抚提交的后谘议局自行提交的。宪政编查馆说,"可以"按此顺序办理。但用的是"可以"而不是"必须",事实上也就没有完全满足陈昭常的要求。因为虽然说了"可以"先议决督抚的议案,但并未说"不可以"先议决谘议局的议案。

问题出在对谘议局议案"逾越权限"的回答上。陈昭常希望,在他认为谘议局所提议案逾越权限的时候,他可以取消。宪政馆的答复,一方面是强调督抚在遇到这种情况的时候应该"照章劝告",另一方面

---

① 《宪政编查馆复吉抚电》,《政治官报》第728号,宣统元年九月二十三日,第6~7页。

又补充一句:"其不受者,应照局章第四十七条第一款办理。"

《谘议局章程》第四十七条规定:"谘议局有左列情事,督抚得令其停会。"其中的第一款是:"议事有逾越权限,不听督抚劝告者。"①陈昭常得到宪政编查馆的这一答复,如获尚方宝剑,与谘议局交涉了一番,然后以谘议局不听劝告为由,勒令谘议局停止会议。吉林谘议局也不示弱,也打电报到中央指控陈昭常,要求中央追究陈昭常的责任。《盛京时报》上刊登的如下一则报道,对此事有简单的介绍:

> 吉抚陈剑帅因吉林谘议局关于吉抚对付某国交涉事宜妄加论断,立即饬令停止会议,而谘议局议员等颇不为然,即电请政府严咎,此亦实行预备立宪时代应有之举动。现闻谘议局与吉抚互有意见,有相持不下之势云。②

在1909年,谘议局与督抚的关系像吉林这样严重的还是少有的。到了1910年第二届常年会上,各省谘议局与督抚之间博弈的活剧就层出不穷了。

云南谘议局因不满意云贵总督公布的盐法案而全体辞职,③ 福建谘议局因闽浙总督否定其议决法令问题而一状告到资政院,④ 江西谘议局因巡抚在未交局议的情况下擅将土税改征洋码而电请资政院"照章核办",⑤ 湖南、直隶两省谘议局因督抚擅借公债不交局议而与督抚纠葛不已,⑥

---

① 《谘议局章程》,《政治官报》第266号,光绪三十四年六月二十六日,第17页。
② 《吉抚令谘议局停止会议之原因》,《盛京时报》宣统元年九月二十五日,第5版。
③ 《(资政院)十月初四日收云贵总督电》,《政治官报》第1093号,宣统二年十月十一日,第3~4页。
④ 《(宪政编查馆)十月二十九日收闽督电》,《政治官报》第1122号,宣统二年十一月十日,第6页;《(资政院)十一月初七日收福建谘议局电》,《政治官报》第1122号,宣统二年十一月十日,第7~8页。
⑤ 《宣统二年九月中国大事记》,《东方杂志》第7年第10期,宣统二年十月,第126页。
⑥ 《资政院开院后续闻》、《三记各省谘议局与行政官争执事》,《东方杂志》第7年第12期,宣统二年十二月,"中国大事记补遗"第104~106页。

广西谘议局则在禁烟案和广西巡警学堂可否招收外省学生等问题上与督抚相持不下；① 至于因预算案而引起的谘议局与督抚的对抗，则几乎是遍及各省；② 广东谘议局议员因禁赌案而停止会议，并纷纷辞职，两广总督张鸣岐最后只好妥协，奏准定期禁赌。③

1910年常年会上，浙江巡抚与谘议局在铁路问题上闹得很僵。浙江谘议局因浙路事务呈请督抚代奏，巡抚增韫拒绝。据增韫讲，谘议局因此"停议以待"，④ 不解决此问题就不讨论别的议案。增韫一气之下，向宪政编查馆发了几通电报：一则要求解散现在的谘议局，以递补议员重新组织，⑤ 一则要求停止供应谘议局议员的伙食。⑥ 经宪政编查馆、资政院等调解，最后浙抚答应代奏，谘议局终于重新开议。⑦ 而开议的

---

① 《宣统二年九月中国大事记》，《东方杂志》第7年第10期，宣统二年十月，第128～129页；《资政院开院后续闻》，《东方杂志》第7年第11期，"中国大事记补遗"第86页。

② 《（资政院）九月十七日收直隶谘议局电》，《政治官报》第1071号，宣统二年九月十九日，第6页；《（资政院）九月十九日收广西谘议局电》、《（资政院）九月二十日收吉林谘议局电》，《政治官报》第1074号，宣统二年九月二十二日，第3页；《（资政院）九月二十七日收陕西谘议局电》，《政治官报》第1083号，宣统二年十月一日，第3页；《（资政院十月初四日）又收云南谘议局电》，《政治官报》第1093号，宣统二年十月十一日，第4页；《（资政院十月十二日）又收山东巡抚电》，《政治官报》第1098号，宣统二年十月十六日，第4～5页；《（宪政编查馆）十二月初七日收广西巡抚电》、《（宪政编查馆）十二月十五日收四川总督电》，《政治官报》第1163号，宣统二年十二月二十一日，第5～6页；《东方杂志》第8年第4期，宣统三年四月，"中国大事记"第1页；刘锦藻：《清朝续文献通考》卷400《宪政八》，第11515页。

③ 《（资政院）九月十七日收广东谘议局电》，《政治官报》第1071号，宣统二年九月十九日，第6页；《续记各省谘议局与行政官争执事》，《东方杂志》第7年第11期，宣统二年十一月，"中国大事记补遗"第87～94页；《两广总督张鸣岐奏召集谘议局临时会筹议禁赌事宜折》，《政治官报》第1295号，宣统三年五月十三日，第9～10页。

④ 《浙江巡抚文一件：咨呈遵劝谘议局开议札稿》（宣统二年十月二日），中国第一历史档案馆藏，宪政编查馆档案，全宗号：9，案卷号：24。

⑤ 《浙抚致宪政编查馆电》，《政治官报》第1072，宣统二年九月二十日，第4～5页。

⑥ 《浙抚致宪政编查馆电》，《政治官报》第1089号，宣统二年十月七日，第6页；《宪政编查馆复浙抚电》，《政治官报》第1089号，宣统二年十月七日，第6页。

⑦ 《（资政院）又收浙江巡抚电》，《政治官报》第1093号，宣统二年十月十一日，第4～5页。

当日，就议决浙江巡抚侵夺谘议局权限，要求资政院核办！其致资政院的电文云：

> 资政院钧鉴：奉电饬速开议，已于本日开正式会议。惟二十三日因抚院允奏不奏，致议员出席者不及半数，由议长宣告延会，抚院认为逾越权限，遽行两次停会，不照局章办理，实属违背法律，议决遵院章第二十四条及局章二十七条呈请核办。除另文邮呈外，谨先电闻。浙江谘议局叩。江。①

增韫说谘议局是放弃责任，擅自停议，谘议局却说是巡抚违背法律，将谘议局叫停。巡抚要全盘取消本届谘议局议员的资格，而谘议局则要求对督抚的违法行为进行核办。确实是一场热闹的好戏。

1910年，在与督抚的抗衡中，各省谘议局之间还互通声气，互相支援。如对于湖南省的公债案，广西谘议局和四川谘议局都曾为湖南谘议局帮腔，指控湘抚。有广西谘议局和四川谘议局致资政院电报为证。

广西谘议局致资政院电报云：

> 资政院钧鉴：公债应归谘议局议决，湘抚不交议，侵权违法，乞速核办。桂谘议局叩。铣。②

四川谘议局致资政院电报云：

> 资政院钧鉴：湘抚侵权违法，辄以部议为专断之资。一省可破局章，则合各省各部即可破坏院章，而局章更无一条可保。全国只有执行机关无议决机关，显背立宪宗旨。请代奏，将湘抚非法借债之案取消，并议相当制裁，以保障各局应有之权而固议院宪政基

---

① 《（资政院）十月初五日收浙江谘议局电》，《政治官报》第1093号，宣统二年十月十一日，第5页。
② 《（资政院）九月十六日收广西谘议局电》，《政治官报》第1071号，宣统二年九月十九日，第6页。

础。蜀议局。肃。①

一个省的谘议局去指责另一个省的行政官员违法,这也可以算是预备立宪期间的有趣现象。只是,当广西谘议局和四川谘议局指责湖南巡抚的时候,他们有没有想过,这一行为是否符合《谘议局章程》呢?

至于宪政编查馆,如前所述,它在各省谘议局的筹建过程中确实有过一份苦劳,堪称谘议局的助产士。但它同时又强调要提防民权之"水",必须"遥筑堤防",对谘议局议员的防范非常严密。因此,谘议局及从谘议局选拔出来的资政院议员对于宪政编查馆也常有不满之词,甚至否定宪政编查馆的存在价值。

各省谘议局联合会在1910年第一届年会上通过了《陈请申明资政院立法范围提议案》,要求改变此前编订法律之后经宪政馆核议就可奏请施行的状况,提出此后凡宪政馆起草、考核的法律、命令都必须交资政院议决。该提议案中有言,在资政院召开之前,因为宪政馆权限太大,"人人误会宪政馆为立法机关"。资政院一旦召开,就必须缩小宪政编查馆的权限,保证资政院的权限:"宪政馆之地位主司编纂,资政院之地位责在赞定,不待言也。"②

资政院中的民选议员积极配合,在1910年资政院第一届年会上,罗杰、邵羲、易宗夔等提出《提议陈请申明资政院立法范围议案》,提出了相似的问题:"非缩小宪政馆之范围,不能扩张资政院之范围。"③

以上言论都还只是要求缩小宪政编查馆的权限,扩大资政院的权限。而另外一些声音则带有更强的火药味了,如易宗夔在一份说帖中提出如下问题:"宪政编查馆从前为国内最高之立法机关,现在资政院既

---

① 《(资政院)十月十二日收四川谘议局电》,《政治官报》第1098号,宣统二年十月十六日,第4页。
② 《陈请申明资政院立法范围提议案》,中国第一历史档案馆藏,资政院档案,全宗号:50,案卷号:2。
③ 《资政院纪事》,《盛京时报》宣统二年十月初十日"附张"。

已成立，照章应议决新定法典，宪政编查馆是否仿各国内阁所设之法制局，抑仍握最高之立法权？"① 直接要求将宪政编查馆降为法制局，不再享有立法权，立法权应归资政院。而别的议员则进一步提出，在资政院开院之后，宪政馆已经没有存在的理由，应该将其裁撤。②

谘议局联合会和资政院民选议员在1910年的这些努力都未能动摇宪政馆的地位，于是，1911年谘议局联合会第二届会议上，继续把推翻宪政馆作为一项重要议题。第二届《直省谘议局议员联合会报告书》中保存有一份该联合会的审查委员会审查《宪政馆破坏局章请提议纠正案》的审查报告，其中有言：

> 资政院既开以后，宪政馆无独立存立之理由。本会去年曾提有申明资政院立法权限一案，未经决奏。本委员会以为仍应照去年原议，于本案之末申明以后宪政馆不能独立存立，仅得为内阁之附属机关，根本推翻，庶可以永无无理解释之弊。③

宣称要将宪政馆从根本上推翻，使其永远不能"无理解释"《谘议局章程》以限制谘议局权限，其目标至为明确。这一提议不但获得审查委员会通过，后来还形成了一份《陈请提议纠正宪政编查馆以解释破坏局章案》，向资政院递交。无疑，这一陈请也以"根本推翻"宪政编查馆为目标。好在宪政馆在资政院第二届年会之前已经奉旨裁并，否则谘议局联合会和资政院民选议员对它的攻击必将连绵不绝。

督抚是省一级的行政官厅的代表，而宪政编查馆则是中央的一个负责宪政改革的行政机关。谘议局一成立，就与地方督抚和宪政编查馆较上了劲。民权之"水"一旦借助谘议局涨起来，就不但冲击省一级的

---

① 中国第一历史档案馆藏，资政院档案，全宗号：50，案卷号：2。
② 《资政院纪事》，《盛京时报》宣统二年十二月二十五日"附张"。
③ 《直省谘议局议员联合会报告书》（第二届），京师北洋印刷局，1911年线装书，"审查报告"，第1~2页。

行政，而且还冲击中央的行政机关，这是颇可注意的一个历史事实。它表明，谘议局并非如一些论者所认为的那样，只是一个由绅士组成的"捧场机构"。虽然行政系统从一开始就希望将谘议局纳入自己的统驭之下，但谘议局的议员们却做了不屈不挠的斗争，其表现说明，他们是对得起"议员"这一称呼的。

第四章

直省司法体制变动

司法改革是清季预备立宪的重头戏之一。这次司法改革的目标很明确，就是要改变中国古来行政、司法不分的状况，实现司法独立。为此，设计了一套从中央到地方的司法体制，并努力将其付诸实施。由于种种原因，这次司法改革没有达致预期的目标，司法独立也才起步。这次改革是中国司法体制古今之变的发轫，当此之时，人们对"司法"、"司法行政"、"司法独立"等的理解都还存在差异，而这也导致人们在设计各级司法体制时的纷争，并直接影响到各级司法体制的实际面貌。我们的讨论，就从这一充满纷争的设计入手。

第一节 "司法"与司法改革

司法改革一事，在预备立宪开始就以官制改革的一项重要内容的面目被提上了日程。清廷 1906 年 9 月 1 日宣示"仿行宪政"国策的时候宣布要"从官制入手"，① 次日派定起草官制的班子，② 正式启动官制改革。

---

① 《宣示预备立宪先行厘订官制谕》，《清末筹备立宪档案史料》上册，第 44 页。
② 《派载泽等编纂官制奕劻等总司核定谕》，《清末筹备立宪档案史料》上册，第 385 页。

第四章 直省司法体制变动

受命之后，编纂官制大臣经讨论，确立了一份厘订官制的宗旨，其中有言：

> 立宪国通例，俱分立法、行政、司法为三权，各不相侵，互相维持，用意最善……现在议院遽难成立，先从行政、司法厘定，当采用君主立宪国制度，以仰合"大权统于朝廷"之谕旨。①

观此可知，这次厘订官制，明确了立法、行政、司法三权之间要"各不相侵"，也就是三权分立的原则，同时考虑到议院一时难以成立，因此先从行政官制和司法官制的改革入手。中国古来行政与司法合一，因此，进行司法改革，从理清行政与司法的权限入手，可以说方向是对的。但理清行政与司法权限使司法实现独立一事，说起来简单，实行起来绝难。传统的行政系统贯享司法大权，不愿放弃，必然要起而争夺，给司法改革制造无尽的麻烦。就是"司法"内部也颇复杂，既有司法行政，又有司法审判，另外，还有检察事务，他们之间究竟是什么关系？如果理不清，也会给改革制造麻烦。

然而，在这些问题上，当时的人们确实有一些混乱。举例来说，通过1906年那次官制改革，中央官制做了一定的调整，其中，与司法相关的就有将刑部改为法部，负责司法行政，将大理寺改为大理院，负责司法审判。但是，不论是在奕劻等的奏折中，还是在颁布官制的上谕中，对于"司法"的言说都有点混乱。奏折中讨论三权分立的原则时说：

> 立法、行政、司法三者，除立法当属议院，今日尚难实行，拟暂设资政院以为预备外，行政之事则专属之内阁各部大臣……司法

---

① 《编纂官制大臣镇国公载等奏厘定官制宗旨大略折》，《宪政初纲》，《东方杂志》专刊，光绪三十二年十二月，"奏议"第8页。

之权则专属之法部，以大理院任审判，而法部监督之，均与行政官相对峙，而不为所节制。此三权分立之梗概也。①

看这一段的行文，立法之权是要归议院的，行政之权是要归内阁的，司法之权则是要归法部的。这就有点令人犯糊涂。我们说"三权分立"中的"司法独立"，显然是指法院系统的审判要独立，不受行政系统或立法系统的干预而言。奏折在三权分立的语境下言说"司法"的时候说"司法之权则专属之法部"的话，给人的印象是法部要负责司法审判。但是，后文接着又说，要以大理院"任审判"，法部只是"监督之"，则法部所担任的又是属于司法行政了。三权分立中的"司法独立"，所指应该是大理院所担任的审判而言。但是，大理院的工作却未冠以"司法"字样，被冠以"司法"字样的偏偏是法部。这种表达很容易给人造成混乱，使人不知道"司法改革"、"司法独立"究竟何所指。

容易给人造成混乱的，还不止于此。奏折中说，法部与大理院"均与行政官相对峙，而不为所节制"。似乎设计者的用意，是法部和大理院都属于司法系统，与行政系统是"对峙"的关系。由此往下推论，也就可以得出"司法独立"包含了司法行政和司法审判一同"独立"于行政系统的结论。显然，按照这种设计，法部是不属于行政系统的。但是，在这封奏折所附的《阁部院官制节略清单》中，行文却又如下：

> 查立宪国官制通例，中央政府即以各部行政长官会合而成。盖一国之政至为殷繁，非有分司之官以各任其责，则丛脞必多。而庶政之行尤贵划一，非有合议之地以互通其情，则分歧可虑。故分之则为各部，合之则为内阁，出则为各部长官，而入则为内阁政务大

---

① 《庆亲王奕劻等奏厘定中央各衙门官制缮单进呈折（附清单二）》，《清末筹备立宪档案史料》上册，第464页。

臣，此现拟内阁官制之所由来也……若夫各部名称之所以变更，次第之所以移易……刑部为司法之行政衙门，徒名曰刑，犹嫌絓漏，故改为法部，以次于陆军部……此各部职掌次序之大略也。以上各部，分负国政之责成，合为内阁之全体。至于……大理院平反重辟，审决狱，成为全国最高之法院……此新拟五院一府之大略也。①

虽然因为限于篇幅，不便将《阁部院官制节略清单》全文抄录，但从所引部分来看，这一节略的文脉是非常清晰的，按照先内阁、再各部、后各院府的秩序介绍设计方案。观此可知，当时的设计是由各部合为内阁，各部长官都是内阁的政务大臣。在节略中，法部是放在行政各部中来规划的，而大理院则是放在"五院一府"中规划的，与奏折将二者放在一起规划显然有别。按照节略，法部是行政机构无疑，其长官为内阁政务大臣无疑，而大理院则被确定为全国最高法院，属于另一系统。显然，法部和大理院不再"均与行政官相对峙，而不为所节制"，而是大理院与法部等行政系统相"对峙"。并且，在节略中，对法部的定位是"司法之行政衙门"，这也与奏折中的"司法之权则专属之法部"的提法显有差异。凡此可见，当时的制度设计者对于究竟何谓"司法"，究竟该如何确定"司法"与"行政"之间的关系，实在是有些混乱的。

在裁定这次上奏的官制方案的时候，清廷宣布："刑部著改为法部，专任司法。大理寺著改为大理院，专掌审判。"② 也是将"司法"专门指代法部的工作，至于大理院的工作则用"审判"一词，而未加"司法"二字。

由于"司法"一词指代不明，甚至还给人留下"司法"主要是跟法部的工作联系在一起的印象。在当时，有关部门曾经对此加以利用，

---

① 《各部院官制节略清单》，《清末筹备立宪档案史料》上册，第468～470页。
② 《裁定奕劻等核拟中央各衙门官制谕》，《清末筹备立宪档案史料》上册，第471页。

为自己争权。

法部和大理院成立之后，为了划清权限，纠葛极多，"咨会往来，辄相水火。"① 1907年5月14日，法部呈递了一道奏折，其中对"司法行政"做了有趣的解读：

> 夫所谓司法者与审判分立，而大理院特为审判中最高之一级，盖审判权必级级独立，而后能保执法之不阿，而司法权则必层层监督，而后能防专断之弊。考之东西各国，莫不皆然，此之谓司法行政权。由此析之，即分二义，一为司法，即王大臣原奏《法部节略》所称"大辟之案，由大理院或执法司详之法部，以及秋朝审大典，均听法部复核，此外恩赦特典，则由法部具奏"等语。此臣部所有司法权之明证也。一为行政，即王大臣原奏《法部官制清单》第一条所开"法部管理民事、刑事牢狱，并一切司法上之行政事务，监督大理院、直省执法司、高等审判厅、地方审判厅、乡谳局，及各厅局附设之司直局，调度检察事务"等语。此臣部所有行政权之明证也。②

法部的职掌在于司法行政。所谓司法行政，正确的解释，应该是"司法上之行政"，即司法事务中与行政有关的事务。而法部为了争权，在这封奏折中竟将"司法行政"解释为"司法与行政"，即法部的工作包括司法和行政两个部分，而其所谈的它所当拥有的"司法权"，其实是属于司法审判的部分。通过对"司法行政"的这种"灵活"解释，意图侵夺法院系统的权力。当然，法部的这种有趣的解释也传达出一个信息：法部在强调自己拥有司法权时，是将司法等同于司法审判的。

---

① 胡思敬：《国闻备乘》，荣孟源、章伯锋主编《近代稗海》第1辑，四川人民出版社，1985，第257~258页。
② 《法部尚书戴鸿慈等奏酌拟司法权限缮单呈览折（附清单）》，《清末筹备立宪档案史料》下册，第824~825页。以下对该折的介绍均出自此，不另注。引用时标点有所改动。

第四章　直省司法体制变动

法部的争权行为引起了大理院的反弹。大理院马上在该院正卿沈家本领衔下呈递一道封奏，回击法部。针对法部将司法行政解释为"司法与行政"，大理院指出，法部所管虽与司法有关，但只限于司法上之行政，而不是既管司法又管行政：

> 恭绎谕旨，原以法部与臣院同为司法之机关，法部所任系司法中之行政，臣院所掌系司法中审判，界限分明可无疑议。①

应该说，大理院的这一驳论是能够成立的。并且，大理院还指出，司法独立所指，应该是司法审判的独立：

> 司法独立，为异日宪政之始基，非谓从前刑部现审办理不善故事更张也……宪法精理以裁判独立为要义，此东西各国所同也。②

这种解释也是准确的。总之，虽然措辞有些混乱，但在当时，"司法"当包括司法行政和司法审判则是明确的。"司法独立"的目标是提出来了的，不过有的时候"独立"的"司法"将司法行政也包括在里面了，而有的时候"司法独立"只指司法审判的独立，是"审判独立"的同义语。

这种对"司法"、"司法独立"的含混使用，在整个预备立宪期间都存在。如出使日本考察宪政大臣李家驹在1909年9月呈递的一封奏折中批评法部和大理院争权，呼吁"饬下法部、大理院，迅将司法行政事务与司法事务切实划分，以挈纲领，以树风声"。③ 在这里，他是将法部所掌称为"司法行政事务"，而将大理院所掌则称为"司法事

---

① 《修订法律大臣沈家本等奏酌定司法权限并将法部原拟清单加具按语折（附清单）》，《清末筹备立宪档案史料》下册，第827页。
② 《修订法律大臣沈家本等奏酌定司法权限并将法部原拟清单加具按语折（附清单）》，《清末筹备立宪档案史料》下册，第827~828页。
③ 《出使日本国考察宪政大臣李家驹奏考察日本司法制度折》，《政治官报》第684号，宣统元年八月九日，第7页。

务"。"司法事务"的指代显然也很不明确,难道只有大理院等法院系统所掌管的审判事务才是"司法事务",而司法行政事务就不是"司法事务"?

1910年初,宪政编查馆奏报了其核改过的《法院编制法》。在这一奏折中,有如下一段话:

> 法院编制兹既特颁法典,则行政、司法各官权限皆有一定,法部及大理院以下京外各级审判、检察厅均应一律钦遵办理,若仍听其牵连缪蠽,不惟审判厅难收级级独立之实效,而不能保执法之不阿,抑且司法权徒拥层层监督之虚名,而或易滋专断之流弊。①

在这里,要"独立"的是审判厅,而对审判开展监督的则是"司法权"。显然,这里的"司法"只是指司法行政而言,不包括司法审判在内。既然"司法"不包括审判厅的工作,那"独立"的审判厅所开展的工作,就不是"司法独立",而是"审判独立"了。果然,宪政编查馆在下文中有"审判独立"的提法:

> 嗣后属于全国司法之行政事务,如任用法官、划分区域以及一切行政上调查、执行各项,及应钦遵筹备事宜清单筹办者,统由法部总理主持,毋庸会同大理院办理。其属于最高审判及统一解释法令事务即由大理院钦遵国家法律办理,所有该院现审死罪案件毋庸咨送法部复核,以重审判独立之权。②

两段连起来看,似乎可以得出结论,在宪政编查馆看来,要独立的是"审判",而"司法"则是监督"审判"的。但是,就在同一道奏折中,却又有"司法独立"的提法。在讨论宗室觉罗的审判制度的改

---

① 《宪政编查馆奏核订法院编制法并另拟各项暂行章程折(并单)》,《政治官报》第826号,宣统二年正月初九日,第4页。
② 《宪政编查馆奏核订法院编制法并另拟各项暂行章程折(并单)》,《政治官报》第826号,宣统二年正月初九日,第4~5页。

革时,该奏折有如下的话:

> 宗人府职掌崇隆,原与审判衙门有别,若仍拘会审旧制,是徒存该署有名无实之会审,致国家之司法权不能独立,何以昭示统一?似非朝廷预备立宪之本旨。①

宪政编查馆此处所讲的要独立的"司法权",显然是指它在前面谈到的"审判权",而不是彼处所谈的"司法权"。就是在同一道奏折里,"司法"都可以一时指法部的司法行政权,一时指大理院的司法审判权,混乱得真是可以。宪政编查馆是宪政的"枢纽",对待"司法"就如此混乱,等而下之者就可想而知了。更妙的是,虽然在我们看来实在是乱得可以,但宪政编查馆等却似乎并不在意,而总是用得得心应手,讲得头头是道。晚清名臣张之洞很为"新名词"头痛,② 不知道他有没有为"司法"、"司法独立"这样的新名词而生气呢?

从时人关于"司法"的"乱弹琴"式的解释中可以看到,人们在讨论"司法"的时候,既讨论过司法行政,也讨论过司法审判。若深入当时改革的现场,可以发现,当时在司法方面的改革,确实是既包括司法行政,也包括司法审判。因此,在探讨司法行政和司法审判两方面的改革。之前,我们还是先来看一看当时对行省司法行政体制和司法审判体制方面的制度设计吧。

第二节 清季对司法体系的设计

既然清季国人所说的"司法"既包括司法审判,也包括司法行政,

---

① 《宪政编查馆奏核订法院编制法并另拟各项暂行章程折(并单)》,《政治官报》第826号,宣统二年正月初九日,第5页。
② 胡思敬:《国闻备乘》,荣孟源、章伯锋主编《近代稗海》第1辑,四川人民出版社,1985,第301页。

那么，我们此处所讨论的清季对司法体系的设计，也就包括司法行政和司法审判两个方面，以免割裂。

一　司法体系规划与检察厅归属之争

在宣布预备"仿行宪政"国策前夕，出洋考察政治大臣戴鸿慈、端方于1906年8月25日联衔奏请改定官制，依据其出洋考察所得，对全国官制做了全面规划，其中关于司法体系的设计颇多，为便于分析，抄录如下：

> 臣等谓宜采各国公例，将全国司法事务离而独立，不与行政官相丽。取全国各县划为四区，区设一裁判所，名曰区裁判所。其上则为一县之县裁判所，又其上则为一省之省裁判所，又其上则为全国之都裁判厅，级级相统，而并隶于法部。区裁判所则以一裁判官主之，县裁判所以至省裁判所、都裁判厅，则以数人之裁判官主之，而置一长焉。各裁判所皆附设检事局，区置检事一人，县以上数人，以掌刑事之公诉。凡民间民事、刑事，小者各诉于其区，大者得诉于其县，其不甘服判决者，自区裁判所以至都裁判厅，均得层层递诉，而以都裁判厅为一国最高之裁判。

> 刑部掌司法行政，亦旧制所固有，然司法实兼民事、刑事二者，其职在保人民之权利，正国家之纪纲，不以肃杀为功，而以宽仁为用，徒命曰刑，于义尚多偏激。臣等以为宜改名曰法部，一国司法行政皆统焉。司法之权，各国本皆独立，中国急应取法。所有各省执法司、各级裁判所及监狱之监督，皆为本部分支，必须层层独立，然后始为实行。

> 大理寺之职颇似各国大审院，中国今日实行变法，则行政与司法两权亟应分立，而一国最高之大审院必不可无。应俟司法独立之

第四章 直省司法体制变动

后，改大理寺为都裁判厅，以当其职。

>臣等以为每省宜设八司。一曰民政司，二曰执法司，兼一省裁判事，三曰财务司，四曰提学司，五曰巡警司，六曰军政司，七曰外交司，八曰邮递司。除执法司为司法官，军政司应直隶中央，不入行政范围外，其余六司皆为督抚之最高辅佐官。①

戴鸿慈和端方对于司法体系所做的规划有如下几点值得注意。

一则倡导司法独立。这是他们反复致意的。不过，在此处所引第一段中，他们所说的"司法独立"，不是只"审判独立"，而是把司法行政和司法审判都纳入"独立"的范围之中。第四段对执法司的定位，强调其是"司法官"，不是督抚的辅助官，要与其余各司"独立"，则可视为其心中的"司法独立"包括了司法行政系统的明证。但是，其所设计的法部，其长官又属于内阁成员，显然是把法部当作行政机关了。可见其对于该"独立"究竟包括"司法"的哪些部分，实在有些糊涂。

二则试图将司法行政和司法审判分开。他们对司法行政方面的设计，在中央是将刑部改为法部，在省一级是将提刑按察使司改为执法司，省以下则无相应的机构了。他们对司法审判系统的设计，则要完备一些。在中央，建议将大理寺改为都裁判厅，作为全国最高的审判机关；在省一级，设立省裁判所一；在县一级，设立县裁判所一；县以下，设立区裁判所四，四级法院体系非常清晰。当然，虽然有司法行政和司法审判分立的思想，但又不是非常彻底。他们一则说各级审判厅"级级相统，而并隶于法部"，再则说"所有各省执法司、各级裁判所及监狱之监督，皆为本部分支"，这又显然是要使司法审判系统隶属于司法行政系统了。思想之混乱，由此可见一斑。

---

① 《出使各国考察政治大臣戴鸿慈等奏请改定全国官制以为立宪预备折》，《清末筹备立宪档案史料》上册，第379~380、372、375~376、377页。

三则对各级审判厅的管辖范围和上诉层级有所涉及。不过，虽有涉及，但还很粗疏。在各级审判厅的管辖范围方面，只说小案件由区裁判所处理，大案件由县裁判所处理，究竟多小为"小"，多大为"大"，则无交代。"小"与"大"的界限不划分清楚，各级审判厅就很难明白自己的管辖范围，因而给受理案件带来困难。在上诉层级方面，就一句"自区裁判所以至都裁判厅，均得层层递诉"，也太流于简单化。各国的通例，四级法院，一般实行三审制。按照戴、端所规划的各级审判厅名称，以区裁判所为第一审的，当以县裁判所为第二审，以省裁判所为终审；以县裁判所为第一审的，当以省裁判所为第二审，以都裁判所为终审。也就是说，若按照各国通行的四级三审制，以区裁判所为第一审的，不能上诉到都裁判所。而玩"自区裁判所以至都裁判厅，均得层层递诉"语，则以区裁判所为第一审的，也可以上诉至都裁判厅了。因此，我们不能说，戴、端的设计是四级三审制。按照他们这种设计，是一种三审与四审混合的体制。

四则引入检察制度。负责检察事务的就是奏折中所说的在各级审判厅中"附设"的"检事局"，其职掌，明确规定"掌刑事之公诉"。各国的检察机关，要么是附设于法院之中，要么是与法院并立，戴、端的设计是取前者。按照这种设计，检察机关是附属于审判机关了。但是，因为他们的设计中，审判机关都有附属于司法行政机关之嫌，因此，检察机关也可以说是附属于司法行政机关。由于从一开始就划分不明，以致后来围绕检察机关究竟是应该隶属于司法行政机关还是司法审判机关，还发生过激烈的争夺。

大理院（即戴鸿慈、端方拟议中的"都裁判厅"）在成立之后，便附设了一个检察总厅，以负责检察事务。这引起法部不满，意欲将对检察总厅的管辖权争夺过来：

> 司直一官，现拟改为检察，大理院中附设之检察总厅，本隶于臣部，而对于大理院为监督之机关，故王大臣原奏《大理院官制

第四章 直省司法体制变动

清单》第十二条，有"总司直承法部尚书之命"之明文。①

大理院则拼死抵制，不愿放弃，回敬法部道：

> 至检察总厅职掌，实与审判相关，盖各国之有检事官，藉以调查罪证，搜索案据。其宗旨在于护庇原告权利，与律师之为被告辩护者相对立，而监督裁判特其一端。该检事官厅，大都附设于裁判衙门，故《大理院官制清单》，列入检察各官，职是故也。②

法部与大理院互不相让，奉旨"和衷商办，不准各执意见"。"和衷"的结果，是承认了检察总厅附设于大理院，同时承认法部对检察总厅的部分用人权：

> 大理院官制拟会同法部具奏后，所有附设之总检察厅丞及检察官，由法部会同大理院分别开单请简请补。③

这一"和衷"的结果，定下了预备立宪期间检察机关附设于审判机关的格局。在稍后经修订的《大理院官制清单》中，"检察总厅"更名为"总检察厅"，附设于大理院中。后来各省设立各级审判厅的时候，同时也附设各级检察机构。对于各级检察机构的官制设计，也附见于各级审判厅的官制中。

在《大理院官制清单》中，关于总检察厅的职掌与设官有如下规定：

> 各国通例，凡审判衙门，必有检事局以检察案证、调度司法警

---

① 《法部尚书戴鸿慈等奏酌拟司法权限缮单呈览折（附清单）》，《清末筹备立宪档案史料》下册，第824~825页。
② 《修订法律大臣沈家本等奏酌定司法权限并将法部原拟清单加具按语折（附清单）》，《清末筹备立宪档案史料》下册，第830页。
③ 《法部大理院会奏遵旨和衷妥议部院权限折并清单》，《大清新法令（1901~1911）》（点校本）第1卷，商务印书馆，2010，第376页。

察，其对于审判事项，有补助而无干预。大理院内应附设总检察厅，设厅丞一人专司检察事宜，监督各级检察厅。设检察官六人以佐之。设主簿一人，任该厅庶务；设录事四人，专司缮写，承办庶务。①

在这里，明确规定了检察厅的职掌，是"检察案证"、"调度司法警察"，而不得干预司法审判。并且，规定了检察总厅的设官，厅丞为长官，其下设检察官六人。另有主簿负责庶务，录事负责缮写。

至于其他各级检察厅的设官，最集中地在《法院编制法》中规定下来。《法院编制法》是由法律馆起草的，于1907年9月9日奏请交宪政编查馆复核。②1910年初，宪政编查馆将核改后的《法院编制法》上奏。核改后的《法院编制法》，第16章（第85～105条）为检察厅。据此，各级审判厅"分别配置"检察厅，③初级审判厅"配置"初级检察厅，地方审判厅"配置"地方检察厅，高等审判厅"配置"高等检察厅，大理院"配置"总检察厅，地方审判厅分厅、高等审判厅分厅、大理院分厅，分别"配置"地方检察分厅、高等检察分厅、总检察分厅。"配置"一词的使用，显示各级检察厅与各级审判厅之间的隶属关系。

《法院编制法》还规定："审判衙门为民事诉讼当事人时，应由配置该审判衙门之检察厅检察官代理为原告或被告。"④当审判厅成为原告或被告的时候，是由相应的检察厅的官员来代表审判厅为原告或被告，这也说明在当时的设计者心中，检察厅是隶属于审判厅的。

另外，《法院编制法》规定，在遇到紧急事宜而检察官又不能行使

---

① 《军机大臣和硕庆亲王奕劻等呈核议大理院官制清单》（光绪三十三年四月三十日），中国第一历史档案馆藏录副奏折，档案号：03 - 5095 - 021。
② 《修订法律大臣沈家本奏酌拟法院编制法缮单呈览折》，《清末筹备立宪档案史料》下册，第843页。
③ 《法院编制法》，《大清新法令（1901～1911）》（点校本）第7卷，第335页。
④ 《法院编制法》，《大清新法令（1901～1911）》（点校本）第7卷，第336页。

职权时，法官可以代行检察官的职务，① 这也可以作为检察厅隶属于审判厅的旁证。

但是，如果就此认为各级检察厅完全是审判厅的附属机构，那也不准确。《法院编制法》第94条明文规定："检察厅对于审判衙门应独立行其职务。"可见检察厅还是有相对独立性的。第89条规定："检察官员额由法部奏定之。"这跟法部与大理院争权期间，强调大理院有权参与检察官的任命不同，彻底否定了法院系统对检察系统用人的干涉，这也使检察厅与审判厅有相对的独立性。同时，检察官不能干预法官的审判事务，这一原则，在《法院编制法》中也被强调，其第95条曰："检察官不问情形如何，不得干涉推事之审判或掌理审判事务。"② 这也使检察厅只能独立行使其检察权，而不得干预审判权。

各级检察厅的官员为检察官，但又有厅丞、检察长、检察官、监督检察官等名目。厅丞只有总检察厅才有，是总检察厅的长官；高等检察厅和地方检察厅的长官都是检察长，初级检察厅则不设检察长。各级检察厅都有检察官，其中初级检察厅设一员或二员以上，地方检察厅、高等检察厅、总检察厅都设二员以上。监督检察官则是只有初级检察厅才可能有的名目。初级检察厅不设检察长，只设检察官或一员、或二员以上，如果初级检察厅的检察官有二员以上，则"以资深者一员为监督检察官，监督该厅事务"，其职权较同厅其他检察官为大。③

---

① 第103条规定："初级检察官如有不得已之事故，初级审判厅监督推事得因请求派该厅推事临时代理。其不设监督推事者，由该管地方审判厅厅丞或厅长行之。地方及高等检察官、总检察厅检察官，如有不得已之事故，各审判衙门长官得因请求派各该推事临时代理。地方以下各检察厅并用该厅候补检察官代理。本条之代理以紧急事宜为限。"见《法院编制法》，《大清新法令（1901~1911）》（点校本）第7卷，第336页。

② 《法院编制法》，《大清新法令（1901~1911）》（点校本）第7卷，第336页。

③ 《法院编制法》，《大清新法令（1901~1911）》（点校本）第7卷，第336页。

对各种名目的检察官的职权，《法院编制法》也有规定，分刑事和民事两种。在刑事方面的职权是："遵照刑事诉讼律及其他法令所定，实行搜查、处分、提起公诉、实行公诉并监察判断之执行。"在民事方面的职权则是："遵照民事诉讼律及其他法令所定，为诉讼当事人或公益代表人，实行特定事宜。"① 另外，《法院编制法》还规定"各检察厅检察官得调度司法警察"，这也是检察官的一项重要职权。②

检察官之外，检察厅还有书记官。书记官的名目，有典簿、主簿、录事等，"各书记官掌该厅会计文牍及其他一切庶务"。③ 当然，这是属于"理想"状态，而在实际运作中，书记官可能并没有配足。据法部1911年初的一道奏折，已经成立的总检察厅和高等检察厅、地方检察厅，其书记官的情况是："总检察厅则仅有主簿一员任之，高等及地方检察两厅则仅有录事各二员兼任之。"在"厅务日增"的情况下，早已"不敷任使"，因此提出要给这些检察厅增添书记官："于总检察厅添设从六品典簿一缺，高等检察厅添设正七品典簿、从七品主簿各一缺，地方检察厅添设从七品典簿、从八品主簿各一缺。"④

这里已经涉及书记官的品级问题。那么，检察厅其他官员的品级是如何规定的呢？因为相关的完备章程没有出台，我们现在不知道完整的设计如何。不过，法部1910年初编定的《各级审判检察厅职官补缺轮次表式》，⑤ 以及前引法部1911年的奏折，都在这方面有所涉及，综合二者，可得表4-1：

---

① 《法院编制法》，《大清新法令（1901～1911）》（点校本）第7卷，第336页。
② 《法院编制法》，《大清新法令（1901～1911）》（点校本）第7卷，第337页。
③ 《法院编制法》，《大清新法令（1901～1911）》（点校本）第7卷，第341页。
④ 《法部奏各检察厅拟请添设典簿主簿员缺折》，《大清新法令（1901～1911）》（点校本）第11卷，第10页。
⑤ 《法部奏酌拟各级审判检察厅人员升补轮次片附表》，《大清新法令（1901～1911）》（点校本）第7卷，第71～72页。

表 4-1　各级检察厅职官品级表

官名	总检察厅				高等检察厅				地方检察厅					初级检察厅	
	检察官	典簿	主簿	录事	检察官	典簿	主簿	录事	检察长	检察官	典簿	主簿	录事	检察官	录事
品级	正五品	正七品	从六品	正九品	从五品	正七品	从七品	正九品	正五品	正六品	从七品	从八品	从九品	从六品	从九品

以上两个文件，对总检察厅厅丞和高等检察厅检察长的品级没有涉及。查《大理院官制清单》，总检察厅厅丞为从三品，系请简官。① 至于高等检察厅检察长的品级，目前我们暂时未能查到相关记载。另，表中总检察厅录事的品级为"正九品"，这是依了法部1910年的《各级审判检察厅职官补缺轮次表式》。到了第二年，当它上奏《各检察厅拟请添设典簿主簿员缺折》的时候，对此有调整："总检察厅向设九品录事四员，每遇升转殊形隔阂，拟请改为八品录事二员、九品录事二员，俾资任用。"② 也就是说，将录事由原先的九品改为八品与九品两种。至于是不是从八品、正八品、从九品、正九品各一员（这样似乎是最方便"升转"的），法部没有说明。

以上，我们由法部与大理院就检察厅究竟应该属于司法行政系统管辖还是属于司法审判系统管辖，进而介绍了预备立宪期间对于各级检察厅的制度设计。下面，我们还是回过头来，看一看当时对司法行政和司法审判的没有争议的部分的制度设计吧。

二　司法行政体系

司法行政方面，在戴、端的奏折中，中央是设立法部，在省一级则是设立执法司。他们的奏折呈递之后不久，清廷就谕令"仿行宪政"，

---

① 《军机大臣和硕庆亲王奕劻等呈核议大理院官制清单》（光绪三十三年四月三十日），中国第一历史档案馆藏录副奏折，档案号：03-5095-021。此处对总检察厅的检察官、主簿、录事的品级也有规定，与法部编的《各级审判检察厅职官补缺轮次表式》同，可见法部编定表式时参考过《大理院官制清单》。
② 《法部奏各检察厅拟请添设典簿主簿员缺折》，《大清新法令（1901~1911）》（点校本）第11卷，第10~11页。

并从官制改革入手。戴鸿慈是出洋考察政治的大臣之一，又是官制改革的参加者之一，因此，我们看到，这次官制改革的很多方案，都是以他与端方的那道奏折为基础损益制定的。

在司法方面，出台过一份《法部节略》，对司法行政的规划如下：

> 特设法部以管理直省司法上之行政事务（如裁判所之增析裁并及调补法官等事务），并监督直省各厅局。各省每省设一执法司，为全省之法司，管理全省司法上之行政事务，并监督本省各厅局……执法司直隶于法部，而节制于督抚。惟法部及执法司只能监督裁判，处理其司法上之行政事务，其审理事宜一任之审判官，不能干涉其审判权。督抚之于执法司，亦只能有司法上行政之关系，而无审判之关系。①

观此，省一级的司法行政机关叫作执法司，就像中央的司法行政机关叫作法部一样，其名称与戴、端的奏折完全相同。执法司"直隶于法部"，说明定制者希望在司法行政系统内实现中央集权。同时"节制于督抚"，说明执法司同时还要接受督抚的管辖。明确规定执法司（法部也一样）只能处理司法行政事务，不可以过问审判，这种规定，显然有助于司法独立。末了，还特别带一笔，督抚与执法司之间的关系，是行政的关系，"而无审判之关系"，显然是在暗示督抚，新制出台之后，必须放弃审判权。

这一设计在这次官制改革中出台的《法部官制清单》中得到了体现：

> 第一条　法部管理民事、刑事牢狱并一切司法上之行政事务，监督大理院、直省执法司、高等审判厅、地方审判厅、乡谳局及各

---

① 《呈法部职掌节略清单》，第3~4页，中国第一历史档案馆藏录副奏折，档案号：03-9284-041。

第四章 直省司法体制变动

厅局设置之司直局，调度警察事务。

……

第六条 举叙司掌事务如左：一、直省执法司使之履历并开单请简事项；……①

由此，我们不但知道当时确实拟在各省设置执法司，并且可以知道执法司的长官为"执法司使"。

内官制（中央官制）改革结束之后，紧接着进行外官制的改革。在所起草的《直省官制总则草案》中，执法司被改成了提法司。这一草案有两条涉及提法司：

第十三条 各省提法司置提法使一员，秩正三品，以原设提刑按察使改设，受本管督抚节制，管理该省司法上之行政事务，监督各审判厅局，并调度检察事务。但各省于审判制度未经更改以前，应暂仍按察使旧制。

第十四条 各省提法司应设属员，即以原设按察使司所属经历、知事、照磨、司狱等官，由法部拟定职掌，酌量改设。按察使职掌未改省份暂仍旧制。②

这里没有交代为何要将"执法司"改为"提法司"，但在那之后，各省负责司法行政的机构，就统一为"提法司"了。"执法司"变成了"提法司"，各省负责司法行政的长官的名称，也就由"执法司使"变成"提法使"。这里规定，提法使为正三品官。至于其属官，则只说由以前的按察使的属官改设，至于叫什么名目，其品级如何，都无交代。这里也明确提出，提法使将由按察使改设，这也就意味着提法司是由按

---

① 《法部官制清单》，第1~2页，中国第一历史档案馆藏录副奏折，档案号：03-9284-027。
② 《编纂官制大臣泽公等原拟直省官制总则草案》，《东方杂志》第4年第8期，光绪三十三年八月，"内务"，第412~413页。

185

察司改设的。

  这一制度设计，在1907年出台的《各省官制通则》中得到了贯彻。观《直省官制通则》第12条与第13条的内容，与《直省官制总则草案》第13条与第14条的内容若合符契，没有出入。①

  以上所引相关文献中，对于省一级司法行政的设官已经有所涉及，但对于提法司的官制做了最完备规划的则是《提法使官制》。这一份官制由法部等衙门在1907年末制定上奏，奉旨交宪政编查馆考核。宪政编查馆到宣统元年十月（1909年11月）才将核订结果上奏。法部等上奏的《提法使官制》，大量采用了东三省的官制，②宪政编查馆对其进行了一些损益，成为通行各省的定制。

  依宪政编查馆核定的《提法使官制》，可知提法使司以提法使为长官，下设总务、刑民、典狱三科，实行分科办事，每科设科长，科长下有科员，并有书记官襄理其事。

  提法使的职权最大，《提法使官制》18条，其中涉及提法使职掌者达8条之多：

    第一条　各省照奏定直省官制通则，以原设提刑按察使司改为提法使司，设提法使一员，承法部及本省督抚之命，管理全省司法之行政事务，监督各级审判厅、检察厅及监狱。

    第十条　提法使于现行各项法律，遇各级审判厅、检察厅有疑义不能决定者，得详拟解释，申请大理院核示。

    第十一条　提法使于死罪案件应备缮供勘，详由督抚奏交大理院复判、法部核定汇案具奏。其军流以下人犯，应汇案详由督抚咨报法部存案。

---

① 《总司核定官制大臣奕劻等奏续订各直省官制情形折（附清单）》，《清末筹备立宪档案史料》上册，第507页。
② "臣等检阅原奏并清单十八条，盖本东三省总督所定官制酌加损益。"见《宪政编查馆奏考核提法使官制折》，《政治官报》第751号，宣统元年十月十六日，第6页。

第十二条　提法使于全省各级审判厅、检察厅均得随时亲往视察，或派员前往。其赴外属各处时，可详明督抚即行前往。巡视事竣，除申报本省督抚外，仍将详细情形申报法部。

第十三条　提法使于各级审判官、检察官补缺后如需更调，应详由督抚咨报法部照章核办，不得任意更调。

第十四条　提法使于筹办司法一切事宜，除随时申报督抚，由督抚咨报法部外，仍于年终汇齐，造册列表，申报法部查核。其有重要事件，得一面申报督抚，一面径达法部核办。

第十五条　提法司经费由督抚酌定，其举办各级审判厅、检察厅需用款项，应由督抚筹给，每年编入预算，照度支部奏定清理财政章程办理。

第十六条　各省监狱事宜，应由提法使按照监狱法督饬办理。①

第1条是对提法使职掌的总括规定，而后面7条则是细化的规定。当然，这些条文，也不仅仅是规定了提法使的职掌，同时也规定了提法使履行职务的方式，从中还可以看出提法使与其他部门的关系。

就提法使的职掌而言，有一点值得特别注意，那就是全省各级审判厅与检察厅的筹办也是其工作的一部分，这在《直省官制总则草案》以及《各省官制通则》中都是没有提到的。在预备立宪期间，筹办各级审判厅和检察厅，那可是一件非常艰巨的任务，而提法使应该为此担负起责任。

就提法使履行职责的方式来看，在很多事情上都必须既向督抚请示汇报，同时又向法部请示汇报，这显示提法使确实是受督抚和法部双重领导的。通读这些条文，给人比较深的印象是，提法使受到督抚的制约是非常大的，甚至超过了来自法部的制约。这种设计，对于司法行政权

---

① 《宪政编查馆奏考核提法使官制折（并单）》，《政治官报》第751号，宣统元年十月十六日，第8~10页。

的集权中央，恐怕会造成影响。当然，除了与督抚、法部关系密切之外，提法使还要间接与大理院打交道，处理死罪案件。至于与本省审检各厅，关系就更密切了，提法使得随时亲往巡视，以行使其司法行政权。

提法使的各项工作，由各科协助完成。总务科的职掌，由第3条规定，为如下三项：

一、掌本司及各级审判厅、检察厅、监狱各员之补署、升降、保奖、处分等项事宜。

二、掌收发文件、编纂档册及刑民两科以外各项统计事宜。

三、掌经费出入，办理本司及各级审判厅、检察厅预算决算并一切杂项事宜。

刑民科在法部原奏中为刑科和民科，宪政编查馆考虑到"中国民事案件甫经分析，事本简略"① 等因素，决定合为一科。其职掌，由第4条规定如下：

一、掌草拟现行各项法律疑义之解释、请示事宜。

二、掌各级审判厅之设立、废止及管辖区域更改事宜。

三、掌编纂刑事、民事及注册等项统计事宜。

四、掌稽核检查事务及司法警察各项事宜。

五、掌办理秋审、恩赦、减等及留养事宜。

六、掌死罪案件备缮、供勘及军流以下人犯汇案申报事宜。

以上两款如在各级审判厅未立以前，所有招解勘转事宜仍查照向章办理。

典狱科的职掌，由第5条规定，共两项：

---

① 《宪政编查馆奏考核提法使官制折（并单）》，《政治官报》第751号，宣统元年十月十六日，第9页。

第四章 直省司法体制变动

一、掌改良监狱、推广习艺所等项事宜。

二、掌稽核罪犯工作成绩及编纂监狱统计等项事宜。

由各科职掌的繁简,我们可以看出,刑民科是提法司的核心。为了完成各科的工作,每科都设科长一人,"承提法使之命综理本科事务"。科长以下有科员,科员分二等,一等科员一人,二等科员则可以设一到四人。科员须"承提法使之命协同科长分理本科事务",只提"承提法使之命",而不提"承科长之命",值得玩味,似乎在提法司中,科长对科员没有很强的上下级关系。但科长、一等科员、二等科员的品级是不同的,科长相当于五品官("秩视五品"),一等科员相当于六品官("秩视六品"),二等科员相当于七品官("秩视七品")。只说"秩视五品"、"秩视六品"、"秩视七品",而没有交代究竟是正五品还是从五品、正六品还是从六品、正七品还是从七品,说明定制还是有点粗疏。

各科为了完成工作,还可以设书记官,其数不得超过五人。书记官"受各该科科长科员之指挥缮写文件,办理庶务"。书记官也有品级,相当于八九品,引用原话,是"秩视八九品"。究竟是八品还是九品,是正八品还是从八品、正九品还是从九品,则没有交代。①

这一官制还有一点值得注意,那就是第17条:"各省俟提法司改设后,所有原设按察司属官应一律作为裁缺,仍应照章考试,始准任用。"提法司由按察司改设,提法司的属官由按察司原有属官改任,这是从一开始就有的规划,法部制定的《提法使官制》草案,也规定由原按察使属官改任提法使属官。而宪政编查馆核改后的《提法使官制》则改变了这种做法,按察司的属官都要被裁掉。裁掉之后,虽然给予考试的机会,但若考试不合格,就不能在提法司任职了。这样的规定,虽然增加了安置淘汰人员的麻烦,但有助于选拔到比较优秀的人才,淘汰一些不合格的旧式人员。

---

① 1911年,法部对提法司属官的奖励办法有所筹划。见《法部奏各省提法司属官奖励办法折》,《大清新法令(1901~1911)》(点校本)第11卷,第209~210页。

三 司法审判体系

就司法审判系统的制度设计而言，从前面所述可知，戴鸿慈、端方奏折提出过一个区裁判所、县裁判所、省裁判所、都裁判厅的四级法院体系，但我们也提到，在后来，各级审判厅的名称并不是这样的。确实，在预备立宪时期，各级审判厅的名称有一个变化的过程。戴、端所设计的四级法院的名称，在稍后出台的《法部说帖》中几乎被全部放弃：

> 今拟分裁判所为四等，于京师置大理院一所，即以大理寺改设，为全国最高之裁判所。每省置高等审判厅各一所，每县（府州统以县称，照原折分县为大中小三等）各置地方审判厅各一所，视县之大小分置乡谳局若干所。①

按照《法部说帖》，各级审判厅的名称，从下到上是乡谳局、地方审判厅、高等审判厅、大理院，与戴、端所拟名称完全不同。不过，戴、端所设计的区分审级的思想，在《法部节略》中得到了贯彻，它如此介绍了各国的三审制度：

> 今各国行政、司法无不分立，裁判所自下级以至最上级，层层独立，而无受成于行政官者。审判之级，大都区之为三，即第一审（始审）、第二审（控告）、第三审（终审）是也。第二审以待不复第一审之判断者，第三审又以待不复第二审之判断者。②

紧接着这一段，编制者介绍了为中国设计的四级法院体系，然后强调："直省之大小民刑案件，分别轻重，明定审级，统归以上四等审判

---

① 《呈法部职掌节略清单》，第3页，中国第一历史档案馆藏录副奏折，档案号：03-9284-041。
② 《呈法部职掌节略清单》，第2页，中国第一历史档案馆藏录副奏折，档案号：03-9284-041。

厅局审理。"① 这里虽未明确说明如何划分审级，但前后联系起来看，在编制者心中所向往的应该是三审制无疑。

关于三审制，大理院在建立之初呈递的审判权限厘定办法折中有比较明确的说明：

> 大理院既为全国最高之裁判所……其地方审判厅初审之案，又不服高等审判厅判断者，亦准上控至院为终审，即由院审结……高等审判厅则不收初审词讼，凡轻罪案犯，不服乡谳局并不服地方审判厅判断者，得控至该厅为终审。凡重罪案犯，不服地方审判厅之判断者，得控至该厅为第二审……地方审判厅则自徒流以至死罪及民事讼案银价二百两以上者，皆得收审，讯实后拟定罪名，徒流案件在内则径达法部，并分报大理院，在外则由执法司以达法部，死罪案件在内在外俱分报法部及大理院，此地方审判厅之权限也。乡谳局则笞杖罪名及无关人命之徒罪并民事讼案银价值二百两以下者，皆得收审，讯实以后径自拟结，按月造册报告，在内则分报法部及大理院，在外则详执法司，以备考核，此乡谳局之权限也。②

这里虽然没有明确说不服乡谳局判决者可以上控于地方审判厅，但从其所言高等审判厅所受理的案件包括有"不服乡谳局并不服地方审判厅判断"的案件，且是这类案件的终审来看，可知轻罪案件是以乡谳局为一审，以地方审判厅为二审，高等审判厅为终审。至于以地方审判厅为一审的案件，则以高等审判厅为二审，以大理院为终审。如此这般，三审之制是比较明确的。不过，关于各级审判厅的名称，则还在继续变化中。

---

① 《呈法部职掌节略清单》，第3页，中国第一历史档案馆藏录副奏折，档案号：03-9284-041。
② 《大理院奏审判权限厘定办法折》，《大清新法令（1901~1911）》（点校本）第1卷，第378~379页。

就在这一道奏折中,大理院提出:"京师乡谳局拟正名为城谳局。"① 从此以后,最低一级的审判厅,不但有了"乡谳局"的名目,且有了"城谳局"的名目。设在城里的最低一级的审判厅若被称为"乡谳局",确实有点不妥,将其改为"城谳局",确实有正名的味道。但是,京城的最低审判厅要正名为城谳局,那各省省城的最低一级的审判厅是否也该"正名"一下呢?各省府厅州县城治的最低一级审判厅,是否也该"正名"一下呢?对此,奏折没有涉及,不能不说是一个疏漏。即使是把所有城市的最低一级审判厅都"正名"为"城谳局",也还不是那么妥恰,因为这样一来,全国的最低一级的审判厅,就有了两个名称,显得不统一了。

因此,"正名"的工作只好继续进行。在《直省官制总则草案》中,将最低一级的审判厅的名称,改成"初级审判厅":

> 第三十二条 各省应就地方情形分期设立高等审判厅、地方审判厅、初级审判厅(即原拟乡谳局,以命名尚未妥洽,拟改),分别受理各项诉讼及上控事件,其细则另以《法院编制法》定之。②

这一意见被采纳,③ 在那之后,四级审判厅的名称就正式确定为大理院、高等审判厅、地方审判庭、初级审判厅,终清之世,再无变更。

不过,清季的审判厅名目,还有其复杂的一面,即各种"审判分厅"是也。这是在1906年,由负责官制改革的载泽等人在《行政司法分立办法说帖》中设计的:

---

① 《大理院奏审判权限厘定办法折》,《大清新法令(1901~1911)》(点校本)第1卷,第379页。
② 《编纂官制大臣泽公等原拟直省官制总则草案》,《东方杂志》第4年第8期,光绪三十三年八月,"内务"第414页。
③ 在1907年颁布的《各省官制通则》中,这一条被改为第34条,内容则完全一样。见《各省官制通则》,《清末筹备立宪档案史料》上册,第510页。

第四章 直省司法体制变动

中国疆土广大，交通不便，其边陲腹地，欲上控至京师者固觉其难，即一省之中，离省较远之区，欲赴省上控亦殊不易。若欲计民之便而多设高等及地方审判厅，则觉经费太大。拟仿德、法、日本诸国成法，各上级审判厅得于距离较远地方设分厅于其下级审判厅，由上级派员受理上控事件。如大理院可酌设分院于各省之高等审判厅，各省高等审判厅可酌设分厅于各地方审判厅，各地方审判厅可酌设分厅于各乡谳局……如此办法，在国家不必多设上控裁判所而可有受理上控之机关，在人民不必有长途跋涉之劳而得有上诉之门路。①

观此可知，这是一种考虑到中国幅员广大而又经费不足的实际情况而模仿德国、法国、日本的制度。设立的审判分厅包括大理院分院、高等审判分厅、地方审判分厅。各种审判分厅都设立在下一级审判厅内，这样确实可以少增加一些办公经费。其职责，都是负责不服下一级审判厅判决的上控案件。受理上控案件的时候，派法官到分厅去办公，这样确实可以为人们提供一些方便。但是，此处对于其具体的办公体制则尚未议及。在清季预备立宪期间，成立过一些这样的分厅。而制度设计的源头，就是这一份《行政司法分立办法说帖》。

确定各级审判厅的名称固然重要，更为重要的是对各级审判厅的管辖区域、管辖案件范围、官员设置等的设计。这一工作也在不断完善之中，而犹以1910年出台的《法院编制法》及其相关附属章程总其成。②下面就以《法院编制法》及相关附属章程为中心，并结合其他文献，介绍当时对各级审判厅的制度设计。

---

① 《编纂官制大臣泽公等原拟行政司法分立办法说帖》，《东方杂志》第4年第8期，光绪三十三年八月，"内务"第422~423页。
② 《法院编制法》的草案中没有附属章程，经宪政编查馆核改定稿之后，则有三个附属章程，即《初级暨地方审判厅管辖案件暂行章程》、《法官考试任用暂行章程》、《司法区域分划暂行章程》。见《宪政编查馆奏核订法院编制法并另拟各项暂行章程折（并单）》，《政治官报》第826号，宣统二年正月初九日，第4页。

193

在各级审判厅的管辖区域方面,《司法区域分划暂行章程》有比较详细的规定。依此,大理院设于京师,以全国为管辖区域。高等审判厅的管辖区域,则要分京师高等审判厅和各省高级审判厅。京师高等审判厅一所,设于京师,以顺天府辖境为管辖区域;各省高等审判厅一所,设于各省省城,以本省辖境为管辖区域。地方审判厅也要分京师及直省。京师地方审判厅一所,以"京师内外城及京营地面为其管辖区域";直省地方审判厅各府、各直隶州各一所,"以各该府、直隶州辖境为其管辖区域"。①

章程对地方审判分厅的管辖区域也有所涉及,规定:"顺天府各州县及直省各厅州县应设地方审判分厅","各厅州县地方审判分厅以各该厅州县辖境为其管辖区域"。② 但对于大理院分院和高等审判厅分厅的管辖区域则没有涉及,对初级审判厅的管辖区域也没有涉及,这是容易给各地筹建审判厅时造成困惑的。

关于各级审判厅管辖案件的范围,《初级暨地方审判厅管辖案件暂行章程》对初级和地方审判厅管辖案件的范围有所规划。据此,初级审判厅管辖的民事案件包括如下八种:

一、关于钱债涉讼案件。

二、关于田宅涉讼案件。

三、关于器物涉讼案件。

四、关于买卖涉讼案件。

上四款之诉讼物以价额不满二百两者为限。

五、旅居宿膳费用案件。

六、寄存或运送物品案件。

---

① 《司法区域分划暂行章程》,《大清新法令(1901~1911)》(点校本)第7卷,第347页。
② 《司法区域分划暂行章程》,《大清新法令(1901~1911)》(点校本)第7卷,第347页。

七、雇佣契约案件，其日期以三年以下者为限。

八、其他民事案件，诉讼物价额不满二百两者。①

初级审判厅管辖的刑事案件，包括如下两项：

一、依现行刑律罪该罚金刑以下者。

二、依其他法令罪该罚金二百圆以下，或监禁一年以下，或拘留者。②

地方审判厅第一审管辖的民事案件包括如下三项：

一、前项一、二、三、四款案件，其诉讼物价额在二百两以上者。③

二、亲族承继及分产案件。

三、婚姻案件。

四、其他不属初级审判厅管辖之民事案件。④

地方审判厅第一审管辖的刑事案件包括如下两项：

一、依现行刑律罪该徒、流以上者。

二、依其他法令罪该罚金二百圆以上，或监禁一年以上者。⑤

这一章程还规定，刑事案件系数人共犯的，"从其罪重者之管辖"（第6条）。刑事案件附带民事的，民事并入刑事案件办理（第10条）。

---

① 《初级暨地方审判厅管辖案件暂行章程》，《大清新法令（1901～1911）》（点校本）第7卷，第348页。
② 《初级暨地方审判厅管辖案件暂行章程》（第一条），《大清新法令（1901～1911）》（点校本）第7卷，第349页。
③ 此处所言"前项一、二、三、四款案件"，指初级审判厅所管辖的前四项民事案件。
④ 《初级暨地方审判厅管辖案件暂行章程》（第一条），《大清新法令（1901～1911)》（点校本）第7卷，第348～349页。
⑤ 《初级暨地方审判厅管辖案件暂行章程》（第五条），《大清新法令（1901～1911)》（点校本）第7卷，第349页。

地方审判分厅的民刑案件管辖权与地方审判厅相同（第 7 条）。凡此，都有助于划清初级审判厅与地方审判厅的案件管辖范围。

至于高等审判厅的管辖范围，则在《法院编制法》第 27 条有规定，为如下四项：

> 一、不服地方审判厅第一审判决而控诉之案件。
> 二、不服地方审判厅第二审判决而上告之案件。
> 三、不服地方审判厅之决定或命令，按照法令而抗告之案件。
> 四、不属大理院之宗室觉罗第一审案件。①

依此，则高等审判厅主要是受理上控案件，是不服地方审判厅判决案件的第二审，不服初级审判厅判决案件的终审。但也不是完全不受理第一审案件，观其第四项，可知高等审判厅可以受理一部分宗室觉罗案件。

审判厅的官员，以审判官为主体。清季设计的审判官的名称，多以"推"字打头，颇有特色。称审判官为"推"官，这是制度设计者从中国古代的制度中借来的。1906 年内官制改革期间起草的《大理院官制草案》有如下一段案语，可明源流：

> 司法衙门官名宜与行政各官稍有区别，以示司法特立之意。《续通典·大理寺丞》唐置六人，分判寺事，宋置推丞四人、断丞六人，推丞之称，义取推鞫。唐、宋、明裁判官均称推官。《通典》唐无州府之名而有采访使，采访使有推官一人推鞫狱讼。《明史·职官志》各府推官一人，理刑名，赞计典。是推丞、推官正古来裁判官之专称，今用为本院官名，似尚允洽。②

据此，大理院的审判官，将称为"推丞"与"推官"。《大理院官

---

① 《法院编制法》，《大清新法令（1901~1911）》（点校本）第 7 卷，第 328 页。
② 《大理院官制草案》，《宪政初纲》，"官制草案"第 70~71 页。

第四章 直省司法体制变动

制草案》规定，大理院在大理卿之下，设民科推丞 1 人，民科推官 10 人，刑科推丞 1 人，刑科推官 14 人。① 不过，到后来核定的《大理院官制清单》中，"推官"被改为"推事"了。② 从那以后，各省各级审判厅的审判官的主体，也就都是"推事"了。

之所以说各级审判厅审判官的"主体"是推事，而不说"全体"，是因为有一些审判官有特别的名称。这些特别的名称包括：高等审判厅的长官，称为"厅丞"，职责是"总理全厅事务并监督其行政事务"。③ 高等审判厅各民事法庭、刑事法庭的长官，称为"庭长"，职责是"监督该庭事务并定其分配"。当然，"庭长"都是从本庭的"推事"中间产生的，所谓"以该庭推事充之"是也。④ 京师的地方审判厅长官为"厅丞"，各省地方审判厅的长官则为"厅长"。各地方审判厅的民事庭与刑事庭也各有"庭长"一人。⑤ 初级审判厅可能全厅就只有一个法官，在这种情况下，就不会有特别名目的法官了。但也可能会有两个或两个以上的法官，在这种情况下，就要从其中挑出一个来，冠以"监督推事"的名目。⑥ 高等审判分厅与地方审判分厅，当推事比较多的时候，也会有一个"监督推事"。⑦

---

① 《大理院官制草案》，《宪政初纲》，"官制草案"第 71 页。
② 经奕劻等核议过的大理院官制规定，大理院设刑科推丞一人，"掌第一庭刑事审判事务并调度刑科一切事宜"，设民科推丞一人，"掌第一庭民事审判事务并调度民科一切事宜"。大理院的推事，分为刑科推事与民科推事，刑科推事 19 人，民科推事 9 人。见《呈核议大理院官制清单》（光绪三十三年四月三十日），第 2~3 页，中国第一历史档案馆藏录副奏折，档案号：03-5095-021。
③ 《法院编制法》（第二十六条），《大清新法令（1901~1911）》（点校本）第 7 卷，第 328 页。
④ 《法院编制法》（第二十六条），《大清新法令（1901~1911）》（点校本）第 7 卷，第 328 页。
⑤ 《法院编制法》（第十八条），《大清新法令（1901~1911）》（点校本）第 7 卷，第 327 页。
⑥ 《法院编制法》（第十四条），《大清新法令（1901~1911）》（点校本）第 7 卷，第 326 页。
⑦ 《法院编制法》（第二十四、三十二条），《大清新法令（1901~1911）》（点校本）第 7 卷，第 328 页。

为了协助法官审判，各级审判厅还配有书记官。外省各级审判厅书记官的名目，与同级检察厅的名目相同，也是初级审判厅只设"录事"一种，地方审判厅与高等审判厅设"典簿"、"主簿"、"录事"三种。至于大理院的书记官，则在"典簿"、"主簿"、"录事"之上，还有"都典簿"一种，这一名目在总检察厅中是没有的。① 书记官也有上下级关系。大理院的书记官中，"都典簿"是长官；高等审判厅与地方审判厅的书记官中，"典簿"是长官。② 初级审判厅如果只设一名录事，那就无所谓上下级关系了，但如果有两名以上，则要"以资深者一人为长"，以"监督其余各员。"③ 各种书记官的级别与同级检察院书记官的级别相同，此处不赘。

书记官以外，京师与商埠的地方审判厅以上的审判厅，还可以设置翻译官，"由法部及提法使司酌量委用"。④

此外，还有"庭丁"与"承发吏"。

庭丁是各法庭都应该有的："法庭置相当数额之庭丁。"具体是多少，《法院编制法》没有规定。庭丁要穿制服，在法庭开审的时候，将与案件有关系的人引至法庭听审。庭丁属于雇佣性质，其雇用与撤换由"各审判衙门长官行之"。⑤

承发吏则只有初级审判厅和地方审判厅才有，并且是同时为审判厅与检察厅办事的。其职务有如下三项："发送审判检察厅之文

---

① 《法院编制法》（第一百二十九条），《大清新法令（1901～1911）》（点校本）第7卷，第341页。
② 《法院编制法》（第一百三十、一百三十一条），《大清新法令（1901～1911）》（点校本）第7卷，第341页。
③ 《法院编制法》（第一百二十九条），《大清新法令（1901～1911）》（点校本）第7卷，第341页。
④ 《法院编制法》（第一百四十二条），《大清新法令（1901～1911）》（点校本）第7卷，第342页。
⑤ 《法院编制法》（第八十一～八十四条），《大清新法令（1901～1911）》（点校本）第7卷，第335页。宣统三年，法部另制订了《庭丁职务章程》十条，对庭丁的任用、职掌等有比较详细的规定。见《法部拟定颁行庭丁职务章程》，《大清新法令（1901～1911）》（点校本）第11卷，第433～434页。

书";"受审判厅检察厅之命,执行判断及没收之物件";"当事人有所申请,实行通知催传"。① 承发吏开展工作的时候,也要穿特定的制服,但与庭丁是雇用性质不同,"承发吏须经考试,始准录用","由法部及提法使派充,并得委任地方审判厅厅丞或厅长派充之"。②

按照规定,清季建立的各级审判厅,当在包括各种书记官、承发吏、庭丁的配合下,由以"推事"为主体的审判官独立开展审判工作。

综上可知,清季在审判和检察系统都设计了一个从中央到省到县的体系,但在司法行政方面则只到省一级的提法司,府厅州县没有专管司法行政的机关。下面,我们来研究一下各省司法体系的建立情况。在司法行政系统方面,因为只有提法司,因此,我们就介绍提法司的设立情形。在审判与检察系统方面,虽然按照当时的设计,检察系统的工作具有相对独立性,但是,各级检察厅却是附属在同级审判厅中的,设立审判厅的同时就设立了检察厅,因此,对于检察厅的设立,我们不单独介绍。③

第三节 提法司与审判厅之设立

一 各省提法司的设立

除了先期已经改设提法使的东三省、湖北、浙江外,1910年下半年,清廷任命了17个省的提法使。据中国第一历史档案馆所藏录副奏

---

① 《法院编制法》(第一百四十四条),《大清新法令(1901~1911)》(点校本)第7卷,第342页。
② 《法院编制法》(第一百四十八、一百四十九条),《大清新法令(1901~1911)》(点校本)第7卷,第342页。
③ 对清末各级检察厅的设立与运作有兴趣的读者,可以阅读谢如程《清末检察制度及其实践》,上海人民出版社,2008。

折和朱批奏折所提示的时间信息，我们制作表4-2，虽说不上很准确，①但也略可概见各省设立提法司的先后情况。

表4-2　各省设立提法使司时间大略表

省　份	改设时间	资料来源
奉　天	光绪三十三年四月十五日之后	《东三省总督徐世昌等奏请掌京畿道监察御史吴钫简署奉天提法使并直隶候补道吴焘简署吉林提法使事》（光绪三十三年四月十五日），录副奏折：03-5095-018
吉　林	光绪三十三年四月十五日之后	《东三省总督徐世昌等奏请掌京畿道监察御史吴钫简署奉天提法使并直隶候补道吴焘简署吉林提法使事》（光绪三十三年四月十五日），录副奏折：03-5095-018
黑龙江	光绪三十三年十二月十八日之后	《署黑龙江提法使秋桐豫奏报试署黑龙江提法使到任日期并谢恩事》（光绪三十三年十二月十八日），录副奏折：03-5498-002。
湖　北	宣统二年七月之前	《云贵总督李经羲奏为云南改设提法使请饬部铸造云南提法使印信事》，录副奏折：03-7446-116
浙　江	宣统二年四月初一日之前	《浙江巡抚增韫奏为裁撤原设审判厅等备处信照提法使衙门官制分科治事先行试办事》（宣统二年四月初一日），朱批奏折：04-01-01-1105-069
甘　肃	宣统二年八月二十六日之后	《署理甘肃提法使彭英甲奏报接署甘肃提法使篆务日期事》（宣统二年八月二十六日），录副奏折：03-7446-045
四　川	宣统二年九月初十日之后	《四川提法使江毓昌奏为奉旨补授四川提法使事》（宣统二年九月初十日），录副奏折：03-7446-074

---

① 此表所整理的各省提法司成立时间，有一些是准确的，有一些则不那么准确，只能显示在此时间前后成立。浙江、江苏等省的成立时间加有"之前"字样，是因为这些省份的督抚在奏报成立提法司的时候，没有交代准确的成立时间，而奏报都是在正式成立之后才进行，故加上"之前"字样。奉天、甘肃等省的成立时间加了"之后"字样，那是因为我们没有找到这些省份的督抚所提交的成立提法司的奏折，只找到了这些省份奏派提法使或提法使到任的奏折，而档案提示，提法司的设立都是在提法使到任之后，由提法使主持设立起来的，因此加上"之后"字样。

续表

省　份	改设时间	资料来源
安　徽	宣统二年十月初七日之后	《安徽提法使吴品珩奏报到任接篆日期事》（宣统二年十月初七日），录副奏折：03-7447-019
广　西	宣统二年十月初七日之后	《护理广西巡抚魏景桐奏请敕部铸造广西提法使新印颁发行用事》（宣统二年十月初七日），录副奏折：03-7446-029
江　苏	宣统二年十月十四日之前	《江苏巡抚程德全奏为江苏改设提法使设立属官分科办事并拟订规则预算经费事》（宣统二年十月十四日），朱批奏折：04-01-01-1105-044
江　西	宣统二年十月二十一日	《江西巡抚冯汝骙奏为江西省提法使考用属官分科治事办理情形事》（宣统三年三月二十六日），录副奏折：03-7592-023
云　南	宣统二年十一月初一日	《云贵总督李经羲奏报云南提法公所成立开办日期事》（宣统三年正月十八日），录副奏折：03-7592-001
贵　州	宣统二年十二月初一日	《贵州巡抚庞鸿书奏报遵章成立黔省提法公所日期事》（宣统二年十二月二十一日），录副奏折：03-7475-011
河　南	宣统二年十二月十二日之前	《河南巡抚宝棻奏为河南改设提法使遵章分科设官各项办法事》（宣统二年十二月十二日），朱批奏折：04-01-01-1105-050
直　隶	宣统二年十二月二十二日之前	《直隶总督陈夔龙奏为直隶提法使改设属官拟定分科办事细则事》（宣统二年十二月二十二日），录副奏折：03-7449-052
广　东	宣统三年正月初一日	《署理两广总督张鸣岐奏为广东提法司署分科治事办理情形事》（宣统三年正月初八日），录副奏折：03-7592-006
福　建	宣统三年正月初旬	《闽浙总督松寿奏报成立闽省提法使公所日期事》（宣统三年三月十四日），录副奏折：03-7475-031
山　西	宣统三年正月二十八日	《奏为晋省提法司改设属官分科治事情形事》（宣统三年二月二十八日），录副奏折：03-7592-011

续表

省　份	改设时间	资料来源
山　东	宣统三年正月	《山东巡抚孙宝琦奏为山东提法使署考选属官分科治事情形事》（宣统三年五月十九日），录副奏折：03-7592-033
新　疆	宣统三年三月十九日之前	《开缺新疆巡抚联魁奏为署理甘肃新疆镇迪道兼提法使衔杨增新呈请代奏接篆日期并谢恩事》（宣统三年三月十九日），录副奏折：03-7453-163
湖　南	宣统三年六月初一日	《湖南巡抚杨文鼎奏为湘省提法司署改设属官分科治事事》（宣统三年六月十三日），录副奏折：03-7475-071

提法使到任之后，各省相继完成了提法司署的改建工作。这项工作大致包括四个方面。

其一，建立提法司衙署，称"提法公所"、"司法公所"。多数省以按察司署改设，极少数另建。如山西就司署隙地修治房舍，成立"司法公所"。①

其二，完成机构内部设置。各省提法司署均设置了总务、刑民、典狱三科。有的省因司法行政事务"责任綦重"，又在科中依据职能分股，如湖南省总务科下分秘书、铨叙、收掌、会计四股；刑民科分法典、编制、统计、审核四股；典狱科分监狱、习艺两股。② 三科成立后，原来按察司署附设之局所如奏销局、清讼局、统计处、审判厅筹办处等一并裁撤，相关事务分别归入三科办理。

其三，录用衙署属官。各省对科长、科员的遴选大致有两种办法：一是强调时间紧迫，采用变通办法，将"历在司署办公之幕友委

---

① 《云贵总督李经羲奏提法公所成立开办片》，《政治官报》第1186号，宣统三年正月二十二日，第12页；《山西巡抚丁宝铨奏提法司改设属官分科治事折》，《政治官报》第1236号，宣统三年三月十三日，第11页。
② 《湖南巡抚杨文鼎奏提法使署改设属官分科治事折》，《申报》1911年7月31日，第2张后幅第2版。

员甄别并考取合格人员分别试署一年,察其能否称职再行奏请补用",① 即将旧有人员略加甄别考试后录用。也有的省举行了公开考试。如直隶,分别于1910年10月30日和11月1日(宣统二年九月二十八日、三十日)举行了两场招考科长、科员的考试,于1911年1月15日(宣统二年十二月十五日)举行招考书记的考试。报考资格为:法律学堂毕业三年以上且有文凭者、举人以上出身者、文职七品以上、旧充刑幕、品端学裕者。分笔试与口试,笔试内容涉及宪政、法律内容,均为论述形式。考试结果科长、科员录取48名,书记录取159名。②

其四,理顺提法使职能关系。改设后,提法使为司法行政官员,原按察使兼管之驿传事务归劝业道办理;其他不关司法之行政差事,如自治调查、农工商务、洋务、禁烟公所、巡防营务处等"向由臬司会同办理"的一切事务,均由各主管局所主政,不再由提法使会核。③

在筹设提法司的过程中,也有一些问题需要解决。

首先,有的地方要不要设立提法司,在当时就有点费思量。本来,从一开始就规定一省设一提法司,不应存有异议,但在筹设的过程中,至少有两个地方因要不要设立提法司引发过讨论。一个是热河,一个是顺天。讨论的结果,热河是准许热河道加提法使衔,④ 而顺天则未能设立,其司法行政由法部直辖。⑤

---

① 《江苏巡抚程德全奏江苏改设提法使设立属官分科办事等折》,《政治官报》第1112号,宣统二年十月三十日,"折奏类"第7页。声称如此办理的还有江西、山西等省。
② 《臬辕牌示招考》,《大公报》1910年10月19日,第2张;《提法使考试书记》,《大公报》1911年1月24日,第2张;另参见史新恒《清末提法使研究》,博士学位论文,华中师范大学中国近代史研究所,2010,第41~45页。
③ 《江苏巡抚程德全奏江苏改设提法使设立属官分科办事等折》,《政治官报》第1112号,宣统二年十月三十日,第8页。
④ 《法部尚书绍昌等奏为热河改设高等审判检察厅并请将热河道暂加提法使衔事》(宣统三年三月二十二日),中国第一历史档案馆藏录副奏折,档号:03-7592-017。
⑤ 《宪政编查馆会奏核议顺天府奏各级审判制度及现行清讼办法折》,《政治官报》第1256号,宣统三年四月三日,第6页。

其次，各省提法司具体该如何运行？开始的时候，中央对于各省提法司的具体办事细则，并无统一规划。宪政编查馆在1909年上奏《提法使官制》的时候就说："提法司办事细则由该司酌定"，"分报督抚及法部"。① 随着各省提法司的设立，各省提法司的办事细则也纷纷汇集于法部。法部发现，各省所订办事细则，虽"因地制宜"，但"各行其是"，"意见杂出"，"繁简互殊"，于是就各省所拟办事细则"酌中损益"，编定了一份《提法使司办事划一章程》。②

还有一个问题，就是裁汰人员的安置。提法司由按察司改设，很多提法使是由按察使改任，那么，提法司的属官是否也由按察司属官直接改设呢？如上文所述，开始的设计是准备将按察司属官直接改任提法司属官的。到1909年宪政编查馆奏定《提法使官制》的时候，才改变思路，规定按察司改为提法司之后，原按察司的属官必须作为裁缺处理，如想继续任职，须经考试合格始可。如此一来，在改设提法司之后，出现了很多裁缺人员。对这些裁缺人员，尤其是被裁缺后不能通过考试到提法司任职的人员，该怎么办？吏部在1911年上奏了一份《酌拟按察司属官裁缺人员办法折》，提出对这些人员都按照通行的安置裁缺人员的办法办理。该奏折对被裁人员的安置，按照裁缺前是"现任人员"、"候补人员"、"候选人员"等几类分别作了规定，对于解决被裁缺人员的出路，稳定官心，似有意义。③

有些省份在设立过程中还遇到一些小问题，如江苏就发现在成立提法司之后，要将按察使以前所管的驿传事务交给劝业道有困难：

> 至按察使兼管之驿传事务，照章应归劝业道兼管，现仅江宁

---

① 《宪政编查馆奏考核提法使官制折并单》（第十八条），《政治官报》第751号，宣统元年十月十六日，第10页。
② 《法部奏编订提法司办事划一章程折并单》，《大清新法令（1901～1911）》（点校本）第11卷，第48～49页。
③ 《吏部奏酌拟按察司属官裁缺人员办法折》，《大清新法令（1901～1911）》（点校本）第11卷，第73页。

设有劝业道，苏州尚未设立，究应如何归管，俟奉议定饬知遵办。①

原来，江苏的提法使管辖江苏全境，而当时已经设立的劝业道则只管江宁，江苏全省的驿传事务若要交给江宁劝业道管理，确实是有问题的，因此江苏巡抚只好等待中央处理。

由于提法使是在改变旧制的基础上设立的，新的衙门的建立、职能的重新确立与分划，使其以主管一省司法行政的面貌展示在世人面前，然这一改制亦无不体现"新旧过渡"的特点。新的提法司衙门属官大都从旧的人员中转化而来，就是举行了招考的直隶，也被当时报纸揭露："据外间风传，臬宪意中早已取定本署幕友为科长，本署委员为科员，且有冒充刑幕者不少，此次招考不过形式上之例行公事而已。"②

二 各级审判厅的筹办

依据预备立宪清单，直省商埠各级审判厅必须在宣统二年完成，之前各省均在按察使署设立审判厅筹备处规划一切。提法使设立后，筹办处取消，由按察使直接负责审判厅的筹办工作。包括：选定高等、初等各级审判厅的地址，绘图具详督抚，亲自阅勘工程，并与督抚共同筹议经费；参与遴选司法人才；筹设各种培训学校，如广东的司法研究馆、贵州的司法讲习所、山西、陕西的审判传习所等，以储备人才。在有的地方，提法使还按照部章要求，对之前设立的审判机构进行整顿。如吉林宾州早在1908年就经该厅同知设立审判厅，经督抚同意后先行试办。但附设于行政官署，并以同知兼充推事检察两长，权限混淆。后由提法使吴寿重新规划改良，另选人员前往试署，于1909年5月5日正式成

---

① 《江苏巡抚程德全奏为江苏改设提法使设立属官分科办事并拟订规则预算经费事》（宣统二年十月十四日），中国第一历史档案馆藏朱批奏折，档号：04-01-01-1105-044，第5页。

② 《臬辕招考之传疑》，《大公报》1910年11月1日，第3张第1版。

立初级审判检察各厅。①

事实上,各级审判厅的设立并不顺利。

如前所述,在1906年的《行政司法分立办法说帖》中所规划的,是在15年内分期分批建立各级审判厅。次年上奏《各省官制通则》的时候,奕劻等人提出了另一个15年规划,即先从东三省试点,其余各省,当在15年内完成。这两种15年规划后来都成为废案,各省正式筹设各级审判厅,是按照1908年的宪政筹备九年清单进行的。九年清单对建立各级审判厅一事规划颇多,将筹备各级审判厅事宜从九年筹备清单中析出,可以制成表4-3:

表4-3 宪政筹备九年清单对筹办各级审判厅的规划

年 限	进 度	责任人
1909	筹办各省省城及商埠等处各级审判厅	法部、各省督抚
1910	各省省城及商埠等处各级审判厅,限年内一律成立	法部、各省督抚
1911	筹办直省府厅州县城治各级审判厅	法部、各省督抚
1912	直省府厅州县城治各级审判厅,限年内粗具规模	法部、各省督抚
1913	直省府厅州县城治各级审判厅一律成立;筹办乡镇初级审判厅	法部、各省督抚
1914	乡镇初级审判厅,限年内粗具规模	法部、各省督抚
1915	乡镇初级审判厅一律成立	法部、各省督抚

资料来源:朱寿朋:《光绪朝东华录》,总第5981~5983页。

由表4-3可知,这一次是"七年规划",即要求在七年之内完成各级审判厅的创建。并且,这一"七年规划"是按照先省城与商埠各级审判厅、次府厅州县城治各级审判厅、最后城镇乡初级审判厅的顺序展开,与第一个"十五年计划"那种在第一个三年中完成某些省份各级审判厅的设立、第二个三年完成另外一些省份各级审判厅的建立的规划也显有不同。依此,各省建设审判厅的工作将同步进行,于1909年

---

① 《吉林巡抚陈昭常奏筹办宾州府初级审判厅检察各厅等折》,《政治官报》第831号,宣统二年正月十四日,"折奏类",第12页。

第四章 直省司法体制变动

开始，至 1915 年完成。1909~1910 年建成省城及商埠各级审判厅；府厅州县城治各级审判厅从 1911 年开始筹建，到 1913 年一律建成；乡镇初级审判厅从 1913 年开始筹办，1915 年一律建成。

在那之后，各省就按照清单的要求，纷纷开展审判厅的设立工作。① 有的省份还专门成立了负责这一工作的机关，或取名"审判筹备处"，② 或取名"审判厅筹办处"，③ 或取名"审判厅筹备处"，④ 或取名"司法筹办处"，⑤ 诸如此类，大同小异，不一而足。设立筹办处较早的广西，巡抚张鸣岐就此事做了如下说明：

> 此事造端宏大，头绪纷繁，自本年起以至宣统七年，逐年均有应筹办应成立之处，若无一总汇之区提纲挈领，按限督催，深虑不无延误。现拟设一审判筹备处，以为提挈督催之所。该处定于四月初一日开办，以臬司为总办，加派娴习法政人员充帮办编制、审查等差，俟全省审判厅一律成立，或臬司衙门属官已照新章改设科员后，即将该处裁撤，以免靡费。⑥

---

① 法部在其筹备清单中，关于各级审判厅的设立，与宪政筹备九年清单中各条完全一致。《法部奏统筹司法行政事宜分期办法折并清单》，《大清新法令（1901~1911）》（点校本）第 5 卷，第 256-258 页。
② 如广西，见《广西巡抚张鸣岐奏筹办审判情形折》，《政治官报》第 564 号，宣统元年四月初七日，第 7 页。
③ 贵州的取名"审判厅筹办处"，见《贵州巡抚庞鸿书奏报遵章成立黔省提法公所日期事》（宣统二年十二月二十一日），第 1~2 页，中国第一历史档案馆藏录副奏折，档号：03-7475-011。山东的取名为"山东全省审判厅筹办处"，见《山东巡抚袁树勋奏山东筹办审判厅并请变通府县审判厅办法及初级审判厅权限折》，《清末筹备立宪档案史料》下册，第 873 页。
④ 如浙江，见《浙江巡抚增韫奏为裁撤原设审判厅筹备处信照提法使衙门官制分科治事先行试办事》（宣统二年四月初一日），中国第一历史档案馆藏朱批奏折，档号：04-01-01-1105-069。
⑤ 如江西，见《江西巡抚冯汝骙奏为江西省提法使考用属官分科治事办理情形事》（宣统三年三月二十六日），第 2 页，中国第一历史档案馆藏录副奏折，档号：03-7592-023。
⑥ 《广西巡抚张鸣岐奏筹办审判情形折》，《政治官报》第 564 号，宣统元年四月初七日，第 7 页。

观此可知，之所以设立这么一个负责机关，是因为建立各级审判厅一事任重道远。值得注意的是，筹备处是以按察使为总办，并声明裁撤筹备处的前提，要么是各级审判厅都建好了，要么是按察使衙门改设成提法司衙门了。这就意味着筹办审判厅一事，虽然在各省是由督抚挂名负责，但负责实际督催工作的，则是按察使。按察使司在各级审判厅建成之前就改成了提法司。提法司建立后，各省纷纷裁撤审判筹备处，由提法司负责审判厅筹备工作。① 在那之后，提法使也就成了负实际责任的人。② 如前所述，提法使的工作，由各科的科长、科员襄理。按照《提法使官制》的规定，设立各级审判厅一事，由民刑科负责。各省在设立提法司，裁撤筹备处之后，筹备处的工作，基本上都交由提法司的民刑科了。不过，也有特例，如江苏就要求将筹建审判厅的工作改归总务科负责。③

按照要求，应该在 1909 年到 1910 年建成省城及商埠各级审判厅。宪政编查馆在 1909 年 4 月的一道封奏中提到："各省筹办省城及商埠等

---

① 如广西："（黔省提法公所）已于十二月初一日成立，前次奏设之审判厅筹办处即日撤销，将来筹设各属审判，即由公所办理。"《贵州巡抚庞鸿书奏报遵章成立黔省提法公所日期事》（宣统二年十二月二十一日），中国第一历史档案馆藏录副奏折，档号：03-7475-011，第1~2页。又如江西："原设司法筹办处，因省浔各级审判厅业已成立，亦即裁并，（提法司）各科就主管职掌核办。"见《江西巡抚冯汝骙奏为江西省提法使考用属官分科治事办理情形事》（宣统三年三月二十六日），中国第一历史档案馆藏录副奏折，档号：03-7592-023，第2页。

② 关于提法使负责各级审判厅设立一事，史新恒在其博士论文中有探讨。参见史新恒《清末提法使研究》，博士学位论文，华中师范大学中国近代史研究所，2010，第三章第一节。

③ 江苏是考虑到其宁属与苏属合在一起案件太多，刑民科忙不过来，而要求对提法司各科职掌加以变通："惟各科职掌，当此新旧过渡时代，审判厅尚未遍设，各属禀详解勘之案应居多数。司署（此处的"司署"指提法按察使司衙门——引者注）向有刑幕两席分办宁苏两属刑民案件，今若归并刑民一科，既有应办之新政，又须批核旧案，势难兼及。拟照定章略事变通，将刑民科内二、四两条有关筹办审判厅事件暂归总务科办理，其未设审判厅之处照旧勘转之案则分归刑民、典狱两科兼办，俟各属审判厅一律成立，即改照定章，各归各办。"见《江苏巡抚程德全奏为江苏改设提法使设立属官分科办事并拟订规则预算经费事》（宣统二年十月十四日），中国第一历史档案馆藏朱批奏折，档号：04-01-01-1105-044，第3~4页。

各级审判厅一项,咨报者仅有四省,其早经开办则惟直隶、奉天。"①可见积极筹备者不多。

三个月之后,法部在一道封奏中认为,各省的筹备情况令人担心:

> 现在省城如奉天业经成立,吉、黑两省亦俱筹设,商埠如天津、营口均先后奏报开办外,其余或甫在规划,或尚少端倪。即就奏咨有案省份而言,其悉心研究、竭力从事者尚多疑难待剖之端,而意图速成以趋简便者且不知有行政、司法之别。②

半年多过去了,很多省份才开始规划,还有不少省份还没有端倪,这样"筹备"下去,如何能按时完成任务?那些表现比较积极的省份中,又还存在偷工减料的情形,甚至连司法、行政都懒得加以区别。这一情况,就是法部在后文中所说的如下情形:"其甚者至欲以地方官署为审判厅,即以地方官兼充推事,于司法行政分立之意实大相径庭。"③

这样做的很可能是湖北和福建两个省。为了监督各省在预备立宪方面的实际情况,宪政编查馆派遣官员分赴各省开展"考察"。名为"考察",实为检查。"考察"报告中,关于筹备审判厅方面,有如下的话:

> 按照筹备清单,各省会及商埠各级审判厅今年应一律成立。除东三省业已次第开办外,直隶则天津早经成立,保定正在筹设,山西则本年四月业经开庭试办,湖北、福建暂就地方官署附设各级审判厅,殊非司法独立本意,现正另行组织改良办法。而福建因财政困难,关于法庭建筑、司法经费不能不因陋就简,此则该省特别之情形也。司法研究馆,广东课程最为美善,浙江亦在刻意筹备,力

---

① 《宪政编查馆奏考核京外各衙门第一届筹办宪政并胪陈第二届筹办情形折》,《政治官报》第590号,宣统元年五月初三日,第6页。
② 《法部奏筹办外省省城商埠各级审判厅补订章程办法折(并单)》,《大清法规大全》,台北,考正出版社1972年影印本,总第1871页。
③ 《法部奏筹办外省省城商埠各级审判厅补订章程办法折(并单)》,《大清法规大全》,总第1872页。

求完全，江苏则不免敷衍矣。其余各省依次进行，尚可不误期限。至各级审判厅，除奉天、吉林、山西业经建筑完竣外，直隶、山东、河南、湖北、浙江、广东约计年内均可一律竣工，江苏、福建正在赶办，不免稍后时日。①

观此，宪政编查馆明确点出，在地方官署中设审判厅的是湖北和福建两省。湖北在这方面的做法大概比较严重，不但法部、宪政编查馆注意到了，民间的《东方杂志》也注意到了。《东方杂志》用四个字对此加以评论："取巧荒谬。"② 有意思的是，连江苏也被宪政编查馆用了"敷衍"二字加以批评，不但在司法研究馆方面筹备不得力，在建设审判厅屋宇方面也落后于其他省份。

当然，有筹备不那么积极的，也有比较积极的。其中热河就是一个例子。当有些省份对建立审判厅并不十分热心的时候，热河却积极争取设立一所高等审判厅（按照定章，热河只设一高等审判分厅，隶于直隶高等审判厅③）。热河都统的奏折转交到法部，法部拿不定主意，咨宪政编查馆，询问"应否给予变通办理"，结果遭到了宪政编查馆的否定。④ 法部按照这一意见，在1910年12月22日具奏，要求热河只设高等审判分厅。⑤ 但热河都统并不就此罢休，继续给法部发电报，提出如下理由，坚持要设立高等审判厅，并给热河道加提法使衔：

> 热河蒙民杂处，命盗讼狱繁于内地，若仅设一高等分厅，事权

---

① 《宪政编查馆奏派员考察宪政事竣回京谨将各省筹备情形据实胪陈折》，《政治官报》第1126号，宣统二年十一月十四日，第9页。
② 《宪政篇》，《东方杂志》第7年第2期，宣统二年二月，第53页。
③ 《司法区域分划暂行章程》第二条第二款："其有总督巡抚及边疆大员驻所并距省会辽远之繁盛商埠得设高等审判分厅。"据此，热河只能设一高等审判分厅。见《大清新法令（1901~1911）》（点校本）第7卷，347页。
④ 中国第一历史档案馆藏，宪政编查馆档案，全宗号：9，案卷号：53。
⑤ 《法部尚书绍昌等奏为热河改设高等审判检察厅并请将热河道暂加提法使衔事》（宣统三年三月二十二日），中国第一历史档案馆藏录副奏折，档号：03-7592-017，第1页。

遥制于总厅，直热相距窎远，分厅位卑权轻，必多窒碍。矧热河蒙民交涉案件，刑司既裁，若无大员坐理，不足以镇服蒙旗。自应仍照上年原奏，设立高等审判厅，并加热河道提法使衔，以资审转，方于大局有裨。①

热河都统这种积极争取的态度最终使法部、宪政编查馆做出让步，最后由法部具奏，允许热河设立高等审判厅，并加热河道提法使衔。②

随着筹备的推进，新的问题又出现了。广西筹备得比较快，该省巡抚宣布，广西省城和商埠各级审判厅将于宣统二年（1910）"三月间成立"。③ 这本来应该是没有问题的。并且，提前成立，应该是得到表扬才对，怎么会说提前成立却成了一个问题呢？原来，按照《法院编制法》，所有审判官和检察官都必须经过法官考试才能上任，而法官考试虽然规定在1910年举行，但此时尚未开始。法官考试尚未举行，那广西省城与商埠各级审判厅如何开庭？法部考虑到"若令各督抚仍照自奏期限成立，即与任用定章相违，如于考试后始行开庭，则成立期限又不能不量加酌改"，实在有点为难，乃咨商于宪政编查馆，该馆回答："各省有已筹办就绪者，即由该督抚咨部，提前奏派人员前往会考，其未筹办就绪者，亦应由部行文督催，均于考试后再行开庭。"④ 法部认

---

① 《法部尚书绍昌等奏为热河改设高等审判检察厅并请将热河道暂加提法使衔事》（宣统三年三月二十二日），中国第一历史档案馆藏录副奏折，档号：03-7592-017，第1页。
② 《法部尚书绍昌等奏为热河改设高等审判检察厅并请将热河道暂加提法使衔事》（宣统三年三月二十二日），中国第一历史档案馆藏录副奏折，档号：03-7592-017。本人在研究宪政编查馆时，已注意到热河都统争取设立高等审判厅一事，但所见资料不周，只见到宪政编查馆否定热河都统请求一节，其后热河都统继续争取，并获允许的材料，当时没有看到，以致对此事做了不准确的论述，深感不安。参见彭剑《清季宪政编查馆研究》，北京大学出版社，2011，第127页。
③ 《法部奏各省筹办审判各厅拟请俟考试法官后一律成立折》，《大清新法令（1901~1911）》（点校本）第8卷，第118页。
④ 《法部奏各省筹办审判各厅拟请俟考试法官后一律成立折》，《大清新法令（1901~1911）》（点校本）第8卷，第119页。

为可行，奏请按此办理。由此，就确定了哪一省筹备完全了就先在该省考试法官，然后开庭的原则。

正是在这一原则的指导下，经过筹备，各省省城与商埠各级审判厅最终基本如期地建立起来了。① 这是预备立宪期间，各省在设立各级审判厅方面所取得的最大成绩。在设立府厅州县各级审判厅和乡镇初级审判厅方面，就远未取得这么好的成绩了。

省城商埠各级审判厅比较严格地遵行了九年宪政筹备清单的期限，但1909年8月法部奏报《外省省城商埠各级审判厅补订章程》的时候所说的以下话语，则显示对于府厅州县城治及乡镇审判厅的筹办，必然不会按照筹备宪政九年清单的规定办，而会有所修改：

> 今臣等所拟办法，系专为筹办省城商埠各级审判厅而言，编制已极简约，所冀各疆臣凛遵立宪谕旨，勉为其难。将来推广府厅州县乡镇各级审判厅或有应行变通之处，应俟随时考查，临期再议。若夫省城商埠，则当以此次所拟为范围，不得再行缩减。此臣等与各督抚所宜共勉者也。②

其时才开始筹备省城及商埠各级审判厅，按照宪政筹备九年清单，府厅州县城治各级审判厅的筹办，应该在两年之后才开始，至于乡镇初级审判厅的筹办，则还要在四年之后才会开始，而法部却发出了将来推广府厅州县与乡镇各级审判厅的时候，如有需要变通之处，可以再行讨论的话，这实在是有点奇怪的。这等于中央在告诉各省，筹备府厅州县城治与乡镇审判厅，可以不按照宪政筹备九年清单办事。虽然有些奇怪，但空穴来风，其来有自。原来，建立各级审判厅的工作一开始，就

---

① 关于各省城与商埠各级审判厅的成立情况，可以参考李启成所作《直省省城商埠各级审判厅一览表》，见氏著《晚清各级审判厅研究》，北京大学出版社，2004，第221～224页。
② 《法部奏筹办外省省城商埠各级审判厅补订章程办法折（并单）》，《大清法规大全》，总第1872页。

第四章　直省司法体制变动

有督抚向中央诉苦，大谈由于受到人才与经费的制约，无法按照九年清单执行，并提出变通的要求。如山东巡抚袁树勋，在1909年7月的一道封奏中就提出了如下变通办法：

> 臣愚以为宜于府直隶州设立地方审判厅一所，而于有辖地之府及厅州县设立初级审判厅一所或二所……宜将初级审判厅权限，略予扩张，民事以五千两以下为限，刑事以十年以下监禁为限。如此斟酌变通，则司法独立之实，既可举行，一面培养人才，任使或不虞其少，一面预筹经费，节省已实觉其多。①

这其实是一个减少初级审判厅数量的方案。在厅州县与有辖地之府只设初级审判厅一所或二所，意味着乡镇初级审判厅几乎被完全取消了——若依原方案办理，每府厅县乡镇初级审判厅即有4所，城治还有1所——初级审判厅被大大削减了之后，审判事宜该如何办理呢？袁树勋提出的解决办法，是扩大初级审判厅的审判权限，由原来的只审理二百两以下的民事案和监禁一年罚金一百以下之刑事案，扩大为可以审理民事五千两以下、刑事监禁十年以下案件。之所以要这么变通，是为了节约经费，并解决人才难的问题。正是由于有了像袁树勋这种不同声音的出现，使法部意识到，按照九年清单筹备确实有难度，因此在1909年就说出了筹办府厅州县城治与乡镇审判厅的时候，如果需要变通办理，可以"临期再议"的活话。

既然法部都说了可以"再议"，各省督抚也就不客气地"议"开了。尤其是1910年11月4日，清廷宣布缩短开国会年限，并马上修改官制，组织内阁。② 国会与内阁都是预备立宪中的重中之重，这两样提前了，那整个预备的规划势必要修改，于是，清廷在同年12月6日要

---

① 《山东巡抚袁树勋奏山东筹办审判厅并请变通府县审判厅办法及初级审判厅权限折》，《清末筹备立宪档案史料》下册，第875页。
② 《缩改于宣统五年开设议院谕》，《清末筹备立宪档案史料》上册，第79页。

求对1908年出台的那一份筹备宪政九年清单加以修改。① 这一系列变动引起了督抚们对如何筹备府厅州县城治及乡镇审判厅的热议。

直隶总督陈夔龙提出,为了降低成本,不妨将行政区域与司法区域分开。他的方案如下:

> 司法一事,欲期各厅州县于两年之间悉将各级审判厅刻期成立,不独无此人才,抑先无此经费。臣愚以为行政区域不妨稍广,俾施措易于见功,而行法区域必宜从小,庶诉讼得以便利。查各省府厅州县向分二级,今宜留知府以统各属,专办行政事宜,裁厅州县之员缺,仍留厅州县之治名,每属设地方审判分厅,并附设初等审判厅于其内,即以厅州县之衙署为之。②

陈夔龙所说的"行法区域",就是我们今天所说的司法区域。他主张在行政区域上,省下只留府一级,而在行法区域上,则保留厅州县,并将现在的厅州县衙门改设为地方审判分厅和初级审判厅,以厅州县的公费为审判厅的经费。他对自己的这一方案颇有点得意,认为照此办理,可以"一转移间,行政、司法各已独立,经费不假另筹",③ 既完成了府厅州县城治各级审判厅的设立,又不增加财政负担。

对于修改筹备宪政九年清单,各省督抚开展过热烈讨论,甚至还一度准备联合行动,给宪政编查馆打电报,左右修改的方向。④ 在讨论中,江苏巡抚程德全提出,修改清单应该遵循如下原则:"费笔墨之事业可以提前,费钱之事业不能提前,形式上之修改可以赶办,实际上之修改不能赶办。"在他看来,设立各级审判厅就不是"费笔墨之事业",

---

① 《宣统政纪》卷44,宣统二年十一月乙巳,中华书局1987年影印本,第794页。
② 《直隶总督陈夔龙奏请划分中央与地方行政权限并议各省分设六司留府裁县折》,《清末筹备立宪档案史料》上册,第546页。
③ 《直隶总督陈夔龙奏请划分中央与地方行政权限并议各省分设六司留府裁县折》,《清末筹备立宪档案史料》上册,第546页。
④ 《江苏巡抚程德全致湖广总督瑞澂电》,《东方杂志》第7年第12期,宣统二年十二月,"中国大事记补遗",第104页。

而属于"费钱之事业",因此不可提前赶办:

> 坚帅电举必应筹备数端,除审判厅外,皆费笔墨之事业也,皆形式上之修改也。如此做法,虽无益处,然不至似从前之扰乱,弟亦赞成。坚帅又言,教育、自治、巡警断难刻期告成,弟对于审判厅亦同此惧。①

修改后的清单,规划了宣统二年到"宣统五年"(1910~1913)间在预备立宪方面应做的工作。因修改清单出台时实际上已是宣统二年年末,故实际有指导作用的,应该是对宣统三年到"宣统五年"的规划。对于筹建各级审判厅,该清单总共有三条。宣统二年和宣统三年各一条,内容相同:"续办各级审判厅。""宣统四年"一条:"直省府厅州县城治各级审判厅一律成立。"②

看这一清单,是有点令人迷惑的。宣统二年(1910)的"续办各级审判厅",我们已经清楚,就是完成省城与商埠各级审判厅的筹备。宣统三年之"续办各级审判厅",就有点不好理解了。此处"续办"之范围,是办理包括府厅州县城治各级审判厅与乡镇初级审判厅还是只指府厅州县城治各级审判厅(按照修改前的清单,是年开始筹备府厅州县城治各级审判厅)?"宣统四年"要完成府厅州县城治各级审判厅的建立,这与原单相比,实际上提前了一年。按照原单,府厅州县城治各级审判厅筹备完全的同一年,开始筹备乡镇初级审判厅,而修改后的清单却无此规定。并且,修改后的清单没有规定"宣统五年"在筹备审判厅方面应该做的事情。那是不是说,按照修改后的清单,筹备审判厅一事,到"宣统四年"就算完结,宣统五年以后不再筹备?乡镇初级审判厅难道不筹备了?

---

① 《江苏巡抚程德全致湖广总督瑞澂电》,《东方杂志》第7年第12期,宣统二年十二月,"中国大事记补遗",第104页。
② 《钦定修正逐年筹备事宜清单》,《政治官报》第1161号,宣统二年十二月十九日,第6~7页。

宪政编查馆为这一清单中的地方自治、各级审判厅两种事务合写的案语，或有助于我们解开这一疑惑：

> 自治与官制相辅而行，司法独立尤与立宪政体有直接之关系。现在城镇乡府厅州县地方自治章程及法院编制法均经先后钦定公布施行，各省亦经按照定章次第建设，自应赓续举办，力求进步。惟事体繁赜，非旦夕所能观成，必须分地分期逐渐推举。原单于地方自治限以第七年、于乡镇各级审判厅限以第八年一律成立，就目前财力而论，自属缓急适宜之计划。兹仅于每年筹备事宜之内并各附列以上两条，但将城治各级审判厅成立提前一年，俾与宣布宪法年限相应，应责成该管衙门妥定次序，努力进行，以副司法独立之实。①

观此可知，宪政编查馆的意思，并不是说乡镇初级审判厅此后就不要筹备了，只是无须像府厅州县城治各级审判厅那样提前办理，而是可以按照原单所定办理。按照原单，乡镇初级审判厅的筹备当在1915年完成。这样一来，虽然很多督抚对于原单所规定的筹备各级审判厅的方案提出了很多意见，但中央并未作出让步。非但未让步，且有变得更严格的势头，因为虽然在初级审判厅方面是按照原单办理，但在府厅州县城治各级审判厅方面则提前了一年。看来，当时的中央政府要建立完备的城乡各级审判厅的决心还是比较大的。而督抚们的愿望则暂时落了空，他们对筹备府厅州县城治和乡镇各级审判厅的议论，似乎是白议了。

但是，这却并没有减小有关督抚议论这一问题的兴趣，如两江总督张人骏在1911年9月就对如何建设府厅州县地方审判厅一事提出如下方案：

---

① 《宪政编查馆奏遵拟修正逐年筹备事宜开单呈览折（并单）》，《政治官报》第1161号，宣统二年十二月十九日，第10页。

> 各直省府厅州县地方审判厅，皆宜以原有州县衙门改设，而别给州县官以屋舍，乡民涉讼仍在州县衙门，必无不服。而州县官既已不理词讼，所居之屋亦不必定须官衙堂宇形式，既可以省建筑之费，又足以服乡民之心，实为一举两得之法……若将检察官一职皆令州县官兼任，则既可省设官之费，而民情尤易相安。①

张人骏是考虑到普通民众的心理，他们在州县官衙打官司早已习惯成自然，一下子不会习惯到新建的西式法院去打官司，因此提议将州县衙门改设为地方审判厅。这样做一方面符合了普通民众的心理，同时还可以节约不少建筑法庭的费用，这确实是一个不错的考虑。但让州县官兼任检察官，恐怕就有点不得要领了。

内阁在1911年8月19日呈递的一道封奏中说："查钦定修正筹备清单，各省府州县审判厅均限于宣统四年成立，现在各省库款皆属奇绌，除省城商埠外多未举办。"② 此时如此，大致可见整体状况之差了。

三 提法使与司法审判

提法使设立之时，就有人撰文指出，提法使之设为中国特有之制度：

> 提法使一官，为按察使所改设。考之各国，无此制度。虽其管理之驿站事务已并入别种行政机关，纯然为司法行政之性质，非复以司法而兼他之行政之比然。③

当时就有舆论认为，既然审判诸厅已与行政机关分离，那就不应该

---

① 《两江总督张人骏奏厘定外省官制宜以旧制为本量加损益折》，《清末筹备立宪档案史料》上册，第594页。
② 《内阁会奏请裁各省府治首县归并该府直辖提取原有款项设立地方审判厅折》，《大清新法令（1901~1911）》（点校本）第11卷，第441~442页。
③ 陈时夏：《论提法使为司法上必要之机关否耶》，《法政杂志》1911年第1年第1期，第1~2页。

听疆臣之辖治,而应当直隶于大理院与法部,"行政司法两不相碍",否则"虽有独立之名,而毫无独立之实,纵日取东西国之律令格式逐条而仿行之,其无当于治乱安危之数则一而已"。① 司法监督、司法行政和司法解释都应由法部执行,或派巡视员执行,省一级没有设置提法使这一司法行政官的必要。②

省一级设置司法行政官员监督司法审判,当时的解释是:"以我国之版图辽阔,一法部而监督全国无数之司法机关,必有不周之虞,而因设置提法使于各省,以补其所不及。"③ 省设提法使,不仅由于中国地区广大,而且由于省制的存在,更有利于加强中央对地方的控驭。但提法使并不是法部的分曹,而是督抚的属官,接受法部和督抚的双重领导,从而使行政拥有干预司法的权力与机会。提法使与审判独立之间不仅制度上而且实践中都有许多矛盾冲突之处。

首先,在司法监督责任方面,提法使为司法行政官员,其职责中最重要者为监督一省之各级审判厅、检察厅及监狱。然而《法院编制法》同时又定各省高等审判厅置厅丞一员,总理全厅事务并监督其行政事务;各省地方审判厅置厅长一员,总理全厅事务并监督其行政事务;各级审判厅都设监督推事一员,由资深推事担任,监督该厅事务。同样,地方及高等检察长总检察厅厅丞分别监督各该检察厅事务;地方以上各检察厅还要以一名资深检察官为监督检察官,监督该分厅事务。④ 也就是说,审判厅、检察厅的厅丞、厅长都有监督各该厅及下属各厅的职责,监督推事或监督检察官也有监督该厅各员之责。

---

① 蛤笑:《书总核官制大臣改订外省官制折后》,《东方杂志》第4年第11期,光绪三十三年十一月,第198页。
② 陈时夏:《论提法使为司法上必要之机关否耶》,《法政杂志》1911年第1年第1期,第2~6页。
③ 陈时夏:《论提法使为司法上必要之机关否耶》,《法政杂志》1911年第1年第1期,第1~2页。
④ 《法院编制法》,《大清新法令(1901~1911)》(点校本)第7卷,第327~328、336页。

第四章 直省司法体制变动

无论提法使、厅丞、厅长、监督推事或监督检察官，其监督权都是"有废弛职务及侵越者，应加儆告，使之勤慎；有行止不检者，应加儆告，使之悛改"。① 这套监督体制不可谓不严，但如此一来下级审判厅同时要受两种监督。当时就有报纸刊文指出这一问题："两种监督其不便利孰甚，且不仅不便利已也，假使两种监督意见有冲突时，为下级审判厅者将如何，岂当左右依违乎？"结果必然会"因两种监督之牵制而影响于审判之迟缓，恐非立法之初意"。② 也有人撰文指出，就司法统一的角度而言，行使司法行政权的唯有法部，提法使要行使司法监督权，只有作为法部之分曹，代法部而行其监督者，而"不当以提法使之名义行使者也"。③

其次，在人事方面，提法使有权核办各厅员的补职、派署、加俸、退职，各厅长官的进级等事。④ 也就是说，提法使对各厅有一定人事权，"举凡厅员之贤否自应责成各厅长、厅丞遇事稽查，随时陈报提法使分别惩劝，如有庸恶陋劣之员滥厕各厅，而厅长、厅丞互相徇隐，一经提法使访查得实，或别经发觉，即将各该厅长官一面申报该省督抚，一面报部开参"。⑤

但同时，法部定京外各级审判厅检察厅办事章程第 22 条又规定，各厅员有补职派署加俸退职等事，应由该厅长官出具切实考语开单具文，经由该监督上官层递出考，申请法部或提法司核办；第 24 条规定，总检察厅高等审判检察各厅长官于该厅书记官之进级，得按各该厅预算定额，照书记官俸给进级章程，以法部或提法使之名义代行之。也即各

---

① 《法院编制法》，《大清新法令（1901~1911）》（点校本）第 7 卷，第 344 页。
② 《论提法使制度之不善》，《大公报》1908 年 8 月 15 日，第 3 版。
③ 陈时夏：《论提法使为司法上必要之机关否耶》，《法政杂志》第 1 年第 1 期，第 2 页。
④ 《法部奏编定京外各级审判厅检察厅办事章程折并单》，《大清新法令（1901~1911）》（点校本）第 11 卷，第 218~225 页。此为该章程的第 23、24 条。
⑤ 《法部遵议陈善同奏请严切考核各省审检等厅折》，《大清新法令（1901~1911）》（点校本）第 11 卷，第 349 页。

219

级审判厅长官也有人事权,如此一来形成了双重人事权限。故而提法使与审检机关之间常常爆发口水仗。如1911年7月,《申报》报道奉天提法使与高等审判厅之间因用人与俸给问题的争论,高等审判厅认为提法使擅自给该厅长官加考呈请,违背了部章应由该厅长官出具切实考语的规定,是"以己意升调人员","侵越权限";在经费问题上,提法使也不依照部中规定,随意减少推检以下至书记官的经费,高等两厅认为这是"厚己而薄于人",故而大起冲突。双方同时电请法部,民政司也出面调和,均未解决。最后提法使吴钫以感冒风寒为借口请假调养。① 此类司厅权限之争常常以提法使的行政权侵犯审判权而引发,这是提法使监督司法审判这一制度安排在现实运行中必然会产生的结果。

鉴于司法行政与司法审判之间,或者审判与检察之间的人事纠纷时有发生,甚至有全体辞职之要挟,法部对此不断进行调整。1911年6月,法部准备订司法权限暂行章程,定全省司法厅人员归提法司节制,各审判厅人员归各厅厅丞节制,各检察厅人员归本厅厅长及上级检察厅长节制,② 以此划分各自人事权限。

再次,在司法审判方面,提法使官制中规定,提法使"于死罪案件,应备缮供勘","其军流以下人犯应汇案",并由刑民科具体"掌办理秋审、恩赦、减等及留养事宜"。③ 这就是说,提法使仍是一省审判机构的上级。在具体实践中,凡高等、地方审判厅判决死罪案件,必须由检察各厅呈报到司,由司备缮全案供勘,申报法部核办;凡遣流案件也必须呈报到司,由司备缮全案供勘,分别按月汇报法部存案;凡徒罪案件呈报到司,由司摘叙简明案由,分别按季汇报法部存案;凡审判刑事案件呈报到司,由司分别于年终汇报法部存案;如各级审判厅所定刑事有引律错误或事实上错误者,由提法使核定并行令该管检察厅分别提

---

① 《呜呼司法之前途》,《申报》1911年7月12日,第1张后幅第2版。
② 《司法权限又订新章》,《申报》1911年6月24日,第1张第5版。
③ 《宪政编查馆奏考核提法使官制折并清单》,《大清新法令(1901~1911)》(点校本)第6卷,第403~404页。

起非常上告或再审。① 提法使仍然拥有对审判厅判决死罪、遣流的覆核权。

在清末审判厅判牍中我们看到，在许多时候，审判厅、检察厅会就有关事项向督抚和提法使征求意见或者提出要求。如云南审判厅审判谭某招摇撞骗一案，因谭某曾任守备，故呈文总督和提法使，要求先将此人参革后归案；② 在审理一宗谋杀胞弟案中，云南高等审判厅在审理中发现一些疑点，但由于原解勘保山县距省城太远，传提人证不便，故咨呈提法司请将此案发府提审。③ 此外，各审判厅常就一些行政事务向提法司请示，如奉天高等审判厅拟设律学课程培训员司，拟设浅学会教授承发吏、警丁等员，均先咨呈提法司。④

有时提法使会提出对判决的不同意见。如奉天高等审判厅判决"偶然会聚赌博"一案，审判厅经集讯明确，并经检察厅验明，将主要案犯人判依偶然会聚开场窝赌例，拟罪一年，其余参与之人各处十等罚。册报提法司，提法使"以何氏仅系起意赌博，与例载开场窝赌情形迥异"，认为该审判厅拟徒一年，"未免情轻法重"，遂札饬该检察厅提起非常上告，转行到厅，改判处十等罚。⑤ 但一旦提法使与审判权之间有冲突，行政权必定大于审判权。1911年6月法部拟订司法权限暂行章程中就明确提出：审判与检察厅权限有不明之处可详请提法司判定，司法上临时行政事务由督抚与提法司酌核，强调"审判厅不能违

---

① 《法部奏编订提法司办事画一章程折并单》，《大清新法令（1901～1911）》（点校本）第11卷，第54页。
② 《云南地方审判厅拟请将守备谭高霖先行参革归案审判详呈督宪提法宪文》，汪庆祺编，李启成点校《王朝末日的新式审判：各省审判厅判牍》，北京大学出版社，2007，第256页。
③ 《云南高等审判厅移高等检察厅将永昌府解勘保山县人犯董刚谋杀胞弟董三蛮身死一案咨呈提法司发府提审文》，《王朝末日的新式审判：各省审判厅判牍》，第253～254页。
④ 《奉天高等审判厅咨呈提法司拟设员司律学课请转呈文》，《王朝末日的新式审判：各省审判厅判牍》，第258～259页。
⑤ 《奉天高等审判厅案》，《王朝末日的新式审判：各省审判厅判牍》，第222～223页。

抗命令而以司法独立等语藉口抵抗"。①

　　提法使设立之时，正处于行政司法分立的"过渡时代"。各级审判厅正在筹办之中，尤其是州县一级，初级审判厅建立者寥寥无几，在未设审判厅地方，招解到省之案，因翻异，转交高等审判厅复审，并将复审案件报司报部。② 就是已经建立了审判厅的地方，由于"民间或未周知，往往有应归初级者投诉地方，应归地方者投诉高等，各该厅以其舛误驳不接受"，③ 导致百姓仍赴官府投诉；还有的省高等审判厅设立后，因一时缺乏合适人选，由按察使（提法使）兼充地方审判厅推事长。④ 以上种种，都使提法使或多或少地介入司法审判，其中最典型者莫过"熊成基案"。熊成基系革命党人，1909年底在哈尔滨密谋刺杀贝勒载洵，事泄被捕。被捕后解交吉林，由吉林提法使亲自严密审讯，并接军机处密电，令其等安徽巡抚派员来后（因熊成基是安徽人），即"验明正身，即行就地正法"。⑤ 在清末，诸如此类"谋叛"的重大案件，常常绕开审判机关，直接由行政机关下令抓捕和执行。此事充分反映清末所宣称的"司法审判独立"并没有完全脱离行政的干预，是不完善的，或者说是有重大制度缺陷的。

---

① 《司法权限又订新章》，《申报》1911年6月24日，第1张第5版。
② 《又咨覆四川总督解释律例文》，《王朝末日的新式审判：各省审判厅判牍》，第279页。
③ 《法部遵议陈善同奏请严切考核各省审检等厅折》，《大清新法令（1901～1911）》（点校本）第11卷，第348页。
④ 《贵州巡抚庞鸿书奏筹办各级审判厅并设司法讲习所折》，《政治官报》第835号，宣统二年正月十八日，"折奏类"第8页。
⑤ 《吉林提法司致吉林巡抚详拿获熊成基讯供正法案册奏咨》，政协扬州市委员会文史资料研究委员会编《扬州文史资料·纪念辛亥革命烈士熊成基诞辰一百周年专辑》第6辑，1987年，第206、220页；另参见史新恒《清末提法使研究》，博士学位论文，华中师范大学中国近代史研究所，2010，第149～152页。

第五章

道府州县行政改制

　　1906年，出使考察各国政治大臣戴鸿慈等人在奏请改定内外官制折中，对比各宪政国官制，指出中国地方官制存在三个弊端：官署之阶级太多，辅佐之职分不备，地方之自治不修。并说："今日州县之上有府及直辖州，府州以上有两司及守道，司道以上有督抚，凡经五级而政事始达于政府……我之州县，则以一人而治彼数百人之事，绝无佐理之人，无论才具各有长短，亦且日力必多不给。"① 因此，调整行政层级、削减层叠机构、增加辅佐官、建立官治与自治并行的府州县新体制，就成为道府州县改制的中心。关于道府州县改制，学术界的讨论还不充分，不少研究仅依据《直省官制通则》，就做出守巡道在清末外官制改革中已经裁撤、清末确定的是府州县三级制等结论。然而实际情况却复杂得多。因为这一改革不仅涉及督抚权力的运行，而且涉及即将裁撤的有关官吏，况且中央对相关改革方案也举棋不定，所以改制一直在争议中前行，致使各地改革进展差异很大，各个层次的改革也不尽一致，有必要具体探究。

---

① 《出使各国考察政治大臣戴鸿慈等奏请改定全国官制以为立宪预备折》，《清末筹备立宪档案史料》上册，第376页。

第一节　守巡道的裁撤与增置

一　裁改守巡道的议论

清代的守道、巡道原为布政使、按察使的副官，分别兼带布政使司参政、参议，按察使司副使、佥事等衔，带有临时差使性质。① 乾隆十八年（1753），上谕令其停止兼衔，"职司巡守，以整饬吏治、弹压地方为任"，定为正四品，并将知府改为从四品，使"知府乃其所属"，② 以此确定了守巡道在一省职官行列中的地位。总体来说，巡道的设置数量大于守道的设置，但二者在职能上渐趋一致。③

从清代官制角度而言，守巡道不是地方官。清代经过调整后，守巡道虽然有比较固定的辖地，但并不专事地方赋税词讼，而是巡察纠举、察吏安民。乾隆时的巡抚陈宏谋说："守巡两道，非止为理词讼设也。一省之内，凡户婚田土、赋役、农桑，悉总之布政司；凡劫窃斗杀、贪酷奸暴，悉总之按察司。两司堂上官，势难出巡，力难兼理，故每省计近远，设分守巡道，令之督察料理。所分者总司之事，所专者一路之责。凡一路之官吏不职，士民不法，冤枉不伸，奸蠹不除，废坠不举，地粮不均，差役偏累，衣食不足，寇盗不息，邪教不衰，土地不辟，留移不复，树蓄不蕃，武备不修，城池不饬，积贮不丰，讼狱不息，教化不行，风俗不美，游民不业，鳏寡孤独疲癃残疾之人不得其所，凡接于目者，皆得举行；听于耳者，皆得便宜。应呈请者呈请两院施行，应牌

---

① 《清朝文献通考》载："初设布政使左右参政参议曰守道，每省无定员，粮储屯田清军驿传水利各以其职为名。设按察使副使佥事曰巡道，每省亦无定员，提学兵备清军巡海水利屯田驿传盐法诸道，各以事设各要地。"见《清朝文献通考》卷85《职官九》，浙江古籍出版社1988年影印本，第5618页。
② 《清朝文献通考》卷78《职官二》，第5577页。
③ 有研究者据《清史稿》统计，全国守道13人，巡道81人。参见吴吉远《试论明清时期的守巡道制度》，《社会科学辑刊》1996年第1期，第98页。

札者牌札各州县条议。督责守令,详密如主婆;守令奉法,恐惧如严师。务使一路风清弊绝,所部事理民安,入其疆无愁叹之声,见其民无憔悴之色,然后尽守巡之职。"① 即考核、监察府州县行政、吏治是其重要职责。

守巡道从其起源时起,就具有"因时因事因人"②的应变性特征,所以常因需要带有兼职。《清朝通典》云:"分守、分巡及粮储、盐法各道或兼兵备,或兼河务,或兼水利,或兼学政,或兼茶马、屯田,或以粮盐兼分巡之事,皆掌佐藩臬,核官吏、课农桑、兴贤能、历风俗、简军实、固封守,以倡所属而廉察其政治。"③

正如有研究者指出的,清代道的设置,是由于省以下府以上的距离太大,"为了政令的推行,财税的督征,以及司法行政的监督,必须有一个中间机构负担其责任",于是有此一中层机构及职官的兴起。④ 道的出现,有其因应时势的必然性。尤其是守巡道设置的灵活性,在历史的发展中,常会因某种需要而加重其职权,使其对地方事务的参与日益广泛。如司法方面,除巡察所属州县,审查案件是否依法定期审结,是否所有案件都在簿册登记之中外,⑤ 还成为直隶州、直隶厅的上级复审单位,即一般徒罪以上案件经州县审判后由府复审,再转报按察司,而直隶州直隶厅一切案犯则要由道复审并转按察司;有的距省较远的州县,也要由道"就近审转",⑥ 故有的守巡道兼有按察使衔。在钱粮方面,守巡道的职责是稽查府州县钱粮,但也会因时而发生变化。如1853年裁江苏河库道一缺,其所管收放钱粮即归淮阳淮海淮徐各该道

---

① 陈宏谋:《五种遗规·从政遗规》卷上《明职》,中华书局四库备要本,第41页。
② 李国祁:《明清两代地方行政中道的功能与演变》,《中央研究院近代史研究所集刊》第3期,1972,第158页。
③ 《清通典》卷34《职官十二》,浙江古籍出版社1988年影印本,第2210页。
④ 李国祁:《明清两代地方行政中道的功能与演变》,《中央研究院近代史研究所集刊》第3期,1972,第158页。
⑤ 瞿同祖:《清代地方政府》,法律出版社,2003,第194页。
⑥ 赵尔巽:《清史稿》卷119《刑法志三》,第4214~4215页。

分管。① 守巡道也因需要而插手钱粮收放。

晚清以来，随着时势的变化，守巡道制也有了新的变化。突出表现在两个方面：一是职责有了新的扩展。如随着通商口岸的开辟，洋关设立，一部分守巡道兼管海关事务，② 不仅参与洋务活动和口岸交涉事务，还强化了督察地方之责。如同治五年（1866）将山海关监督改设分巡奉锦山海关兵备道，将沿海之金川厅岫严城、复州海城盖平县地方官员及所属佐杂悉归新设道员管辖，"各府州县遇有中外交涉税务事件由该道檄饬遵办，金川厅等处钱谷刑名事件统归督催稽查，其命盗等案解勘仍照旧例办理"，另外如有需兵剿捕，可移行该城守尉调拨兵力；直隶奉天等处口岸常洋两税由该道核实稽征。还管理海口，遇有中外交涉事件可专折奏闻。③ 司法方面，随着晚清以来"就地正法"权下放，守巡道也介入其中成为重要的复审单位，即"州县报获盗犯，如系道府同城，即饬该管道府就近亲提审讯，如非同城而距省近者，由省遴委道府大员，远者即酌委本管上司或邻封州县前往提讯"，果系赃证确凿，"仍禀请在本地正法"。④

二是清末新政以来，随着各级政府职能的调整、归并，部分守巡道职能缩减。特别是有一部分原兼驿传、盐法、水利事务的守巡道，在清

---

① 刘锦藻：《清朝续文献通考》卷134《职官二十》，第8939页。
② 自鸦片战争至清朝末年，清政府依据不平等条约开放口岸设立海关43个，由道兼管的24个，其中除监管金陵关的为江南盐巡道、监管东海关的登莱青道为分守兵备道外，其余均为分巡兵备道。另有岳州、南宁两个自开口岸海关也由道兼任监督。参见滨下武志《中国近代经济史研究：清末海关财政与通商口岸市场圈》，江苏人民出版社，2006，第187~189页；李国祁《明清两代地方行政中道的功能与演变》，《中央研究院近代史研究所集刊》第3期，1972，第173~175页；任智勇《晚清海关监督制度初探》，《历史档案》2004年第4期。
③ 该道于光绪三十四年改为锦新等处分巡兵备道兼山海关监督，宣统元年又改为锦新营口等处分巡兵备道兼山海关监督。见刘锦藻《清朝续文献通考》卷134《职官二十》，第8940页；《东三省总督锡良奉天巡抚程德全奏请以锦新道改为锦新营口等处分巡兵备道并颁发关防片》，《大清新法令（1901~1911）》（点校本）第6卷，第31页。
④ 朱寿朋：《光绪朝东华录》，总第1288页。

末改制中，由于驿传、水利转由劝业道管理，盐法有了专设的盐政官员，致使这些道的职责渐轻。

总之，在新的条件下，守巡道制发生分化，拥有新职责和边远地区的守巡道地位加强，而部分守巡道或因职能失去，或因本身设置不尽合理等原因而变得可有可无。守巡道虽然不属地方官之列，但拥有广泛的纠举地方官的权力，因此当时也被视为地方行政制度的一个环节而饱受抨击。1906年出使各国考察政治大臣戴鸿慈等奏请改定全国官制折中就说，中国各省官制未臻妥洽的原因之一就是"官署之阶级太多"，所以他们主张"除盐粮关河道各有专责，不必议裁外，宜将守道及知府直辖州两级悉行裁去，而以州县直辖于督抚"。① 1910年《国风报》也有文章指出："吾国现制省为一级，道为一级，府及直隶州为一级，州厅县为一级，凡四级皆国家区划也"，故而主张废止道、府两级。②

守巡道本为强化省对州县的控驭而产生，也是中央加强对地方官控驭的有效举措。但人们发现，这种制度是中国的特有产物，与西方宪政体制不合，故而实行宪政，应将中国层层节制的官治体系改为官治与自治相维的体制，守巡道的裁撤就是必然的了。但裁撤旧官会涉及督抚权力运行、旧官署人员的安置等一系列问题，所以1906年厘定官制大臣采取了谨慎的态度，在致各省督抚会商官制电中只试探性地提出："仍留各巡道，监督各府州县，宜体察情形并按地方广狭、属县多寡，酌量增减，并分置曹佐。"③ 允许各省自行决定酌量增减。

各省督抚回电中，一部分赞成裁撤巡道。江苏巡抚陈夔龙主张"巡道一律裁撤，关、河、粮、盐各道均仍其旧，不问地方"。理由是"巡道或兼关务，或兼盐、河，监督州县恐成具文，似可不必添设。如

---

① 《出使各国考察政治大臣戴鸿慈等奏请改定全国官制以为立宪预备折》，《清末筹备立宪档案史料》上册，第376页。
② 长舆：《论中央地方之权限及省议会之必要与其性质》，《国风报》第1年第23号，宣统二年十一月，第25页。
③ 《厘定官制大臣致各省督抚通电》，《清末督抚答复厘定地方官制电稿》，《近代史资料》总第76号，第52页。

虑地方官无人监督,或不改知府,特重府权",以知府监督知县。① 浙江巡抚张曾敭明确地说:"巡道一官本同虚设,与其去知府,不如去巡道,仍留关道,以重交涉权政。"② 盛京将军赵尔巽赞成裁道,他说:"留各巡道监督各府州县一节,于事实未必有效,于名义又觉相违。既令各府州县直隶于省署,何必又添此骈枝,动多窒碍。"③ 云贵总督岑春煊也明确地说:"巡道本无实权,于外官中素称冗赘,似宜径行裁撤。监督按验,责成院司,或以时巡行各属,或因事派遣专员,均无不可。"④

也有一部分督抚反对裁巡道。四川总督锡良认为,以四川而言,共有五道,"川东辖至三十六属,建昌幅员数千里,余亦辖境辽阔,若任府州县各自为治,势涣形散,窒碍甚多",如果裁府而加增道,则"大官转多,似非本旨"。他的意见是原来州县公事层累转核,并无隔阂阻滞之弊,而有监察维持之益,即可维持原制。⑤ 山东巡抚杨士骧不仅反对裁巡道,而且认为要加强其权责,"巡道既有兵备之责,今既监督各府州县,似宜监统防营,以资调度"。⑥

湖广总督张之洞则从设置巡道的本义和各省的实际情况出发,论证巡道不宜全裁:

> 各省设巡道之本意,大率以兵备为主。前三十年军务,近二十

---

① 《江苏巡抚来电》,《清末督抚答复厘定地方官制电稿》,《近代史资料》总第76号,第56页。
② 《浙江巡抚来电》,《清末督抚答复厘定地方官制电稿》,《近代史资料》总第76号,第67页。
③ 《盛京将军来电》,《清末督抚答复厘定地方官制电稿》,《近代史资料》总第76号,第70页。
④ 《云贵总督岑来电》,《清末督抚答复厘定地方官制电稿》,《近代史资料》总第76号,第71页。
⑤ 《四川总督来电》,《清末督抚答复厘定地方官制电稿》,《近代史资料》总第76号,第64页。
⑥ 《山东巡抚来电》,《清末督抚答复厘定地方官制电稿》,《近代史资料》总第76号,第75页。

第五章 道府州县行政改制

年教案等事,则道员之责较重,取其官阶较崇,调遣武营较易。故地理大家之要诀,须先将一省各道之疆域分清,则一省之形势脉络了然于胸,此可知前人建设巡道之有深意,有关系矣……议者或虑司之下、府之上添一道员,徒多层折重复,此未知设官例章职守,道府各有取义也。至如湖北之襄阳道,则有关三省边防教案,湖北新设之施鹤道,亦专为教案边防,均甚有关系,似不应在裁撤之例。①

两广总督周馥也从两广的实际出发,认为不宜裁道:"今若专留盐粮关河各道而偏裁巡道,似属非宜。即以两广而论,如广东之琼崖道、廉钦道、惠潮嘉道、南韶连道,广西之左江、右江、太平、桂梧等道,非管关务洋务,即管边防海防,似不宜裁。"②

各省督抚意见中,从巡道已成虚设出发者主张裁巡道,从一省之大必须依靠巡道加强治理出发者反对裁道。所以1907年直省官制通则中确定各省酌设盐运司、盐法道或盐茶道、督粮道或储粮道、关道、河道,此外"所有管理地方之守巡各道,一律裁撤。如距省较远之地,必须体制较崇之大员,以资镇摄者,可仍留道缺,即名兵备道,或一员或二三员,专管督捕盗贼,调遣军队事务,应由各该督抚酌察情形,奏明办理。"并说"其守道、巡道原有属官,应与道员同时裁撤,酌量改用"。③ 这一方案采取"存府废道"办法,但考虑一省之大,边远地区镇摄需要,设置兵备道。这实际是兼采赞成裁道与反对裁道两种意见后的折中之法,经过如此改革,删去了省与府州县之间的守巡道这一中间环节,只在边远地区以负镇摄之责的兵备道取

---

① 《湖广总督来电》,《清末督抚答复厘定地方官制电稿》,《近代史资料》总第76号,第84页。
② 《收两广总督来电》,《清末督抚答复厘定地方官制电稿》,《近代史资料》总第76号,第89页。
③ 《总司核定官制大臣奕劻等奏续订各直省官制情形折》,《清末筹备立宪档案史料》上册,第508页。

而代之。

此后，裁撤守巡道似乎没有更大的异议。1911年1月15省督抚联衔电奏请改官制折中，提出了内外统筹的三级制，即内阁与各部、督抚、府厅州县，同时提出"边要地方酌设巡道，注重巡察，为督抚考察属吏特别指挥之补助，不委以专管事务"，即巡道不能为行政官，只作为督抚的辅助官员，只有受督抚指挥考察府厅州县官吏之责。值得注意的是，该方案将《直省官制通则》"酌设兵备道"悄悄改成了"酌设巡道"，实际别具一番深意。因为如果专设兵备道，其职责主要是"专事兵事"，若实行新官制的话，军权收归中央，督抚对其的统辖权有限；而以巡道兼兵备，则其职守"在镇抚弹压，仍以地方之责为重"；①况巡道选任可由督抚由外拣补，准其升调兼行，督抚的统辖权限更大。另外，由于他们同时要求"府厅州县之进退决于督抚"，②所以此举大大加强了督抚对一省地方的控制力量。

到1911年9月，不断有报纸传来外官制方案定议的消息，并说"必裁道府"、"每省设巡道二人"已成定议。③但不几日报道的新外官制大纲中，又定名为"监察道"，为"距省会远者设之"。④也就是明确把道作为省在边远之地所设的监察机构。

二 裁撤、增置与职能变化

清末外官改制中，裁撤还是保留守巡道的意见始终未能统一，虽然朝廷和编纂官制大臣的意见是裁撤巡道，但也给各省留下了"酌察情形"的余地。而作为执行者的督抚也处于矛盾之中：一方面，机构层叠必然导致官员增多，加大财政开支，需要裁撤守巡道；另一方面，鉴

---

① 《又奏议复御史石长信奏请改兵备道为兵备使司片》，《政治官报》第591号，宣统元年五月初四日，第7页。
② 《东三省总督锡良等致周树模电》，《清末筹备立宪档案史料补遗》，《历史档案》1993年第3期，第63页。
③ 《改革外官制近闻》，《申报》1911年9月1日，第1张第5版。
④ 《新官制中之新旧官》，《申报》1911年10月5日，第1张第4版。

于一省地域宽广，从加强对边远之地的控驭的角度，又需要保留或增置守巡道，致使裁撤和增置这两种现象同时存在于整个外官制改革期间。就裁撤守巡道而言，大致有如下几种情况：

1. 因事简而裁撤

1904年，直隶总督袁世凯奏裁霸昌道，原因是该道所辖仅西南北三厅，无审转案件，事务较简，裁撤后将其事务归并通永道管辖。政务处复奏同意。①

2. 因与院司同城事简而裁撤

1907年，安徽巡抚冯煦奏称，安徽安庐滁和道与院司同城，责任较轻，事务亦简，按新章裁去，将原设之徽宁池太广道改为皖南道，凤颖六泗道改为皖北道，均管关务，并各加兵备衔。在职能上，"专管缉捕巡防诸务，其各属案件即不必照例转勘"，以专责成。②

3. 因设置巡警道劝业道为节省经费而裁撤

"汰旧增新"是清末各省官制改革中增设劝业道、巡警道的基本办法，目的是节省经费。有的省是裁撤督粮道后增设新道，也有一些省是裁撤守巡道后增设新道。1908年贵州巡抚庞鸿书奏裁粮储道及分巡贵西兵备道缺，改设巡警劝业两道；③ 四川总督赵尔巽奏裁分巡成绵龙茂道，改设巡警劝业两道；④ 1909年，山西巡抚宝棻奏裁雁平道改设巡警道；⑤ 第二年，新任巡抚丁宝铨奏请裁撤冀宁道，改设劝业道，"以冀宁道向支公费养廉等项拨归劝业道支领，以资办公"；以前该道所属之

---

① 《政务处议复各督抚裁汰冗官折》，《大清新法令（1901~1911）》（点校本）第2卷，第199页。
② 《安徽巡抚冯煦奏皖省道缺分别裁设折》，《政治官报》第32号，光绪三十三年十月二十一日，第9页。
③ 刘锦藻：《清朝续文献通考》卷134《职官二十》，第8943页。
④ 《四川总督赵奏拟裁分巡道缺增改巡警劝业两道折》，《大清新法令（1901~1911）》（点校本）第2卷，第242页。
⑤ 《山西巡抚宝棻改设巡警道遴员请简折》，《政治官报》第550号，宣统元年三月二十二日，第21页。

州县仓库钱粮事件则"径报布政使",刑名词讼等件则"径报提法司核办"。① 1911 年,甘肃裁撤兰州道,改设劝业道。②

与裁撤部分守巡道的同时,又增置了一批新的巡道,包括:

1. 因时势变迁而增置

1905 年,两广总督岑春煊奏请裁督粮道,添设廉钦兵备道,驻钦州,管辖一府一州,定为冲繁难要缺。政务处议复时认为:"设官分职,贵因时因地而制宜,广东自通商以来,口岸屡开,交涉滋繁,边防亦日形吃重,一切情形多已视昔迁变,原设各道缺或控制难周,或管辖不便,或事务过简,自应酌量添改裁并,以重地方。"当经奉旨允准。③

2. 因加强边远地区控制而增置

1904 年,湖广总督张之洞以湖北施南府、宜昌府鹤峰州系苗疆旧地,距省城遥远,"声息每多阻隔","会匪教案屡酿巨祸"为由,奏请设立施鹤道,名为"分巡施鹤兵备道",为苗疆最要之缺,管辖施南一府鹤峰一厅,还拨常备军一营作为施防营,归该道节制调遣。令裁撤湖北督粮道缺,以其原支俸银作为施鹤道廉俸。④

1910 年,四川总督赵尔巽奏请于登科府治设分巡兼兵备道一员,名曰边北道,作为边疆要缺,"承边务大臣命令,考核所辖州县,并兼理刑名事务,府州县命盗各案均由该道核转。遇有兵事准调遣境内巡防各军,一面知会该军统领,札饬各营遵照"。⑤ 1911 年又设康安分巡兵备道一员,兼理刑名加提法使衔。⑥

---

① 《山西巡抚丁宝铨奏裁冀宁道改劝业道折》,《政治官报》第 1171 号,宣统二年十二月二十九日,第 11 页。
② 《十二月二十五日内阁奉上谕》,《申报》1911 年 2 月 2 日,第 1 张第 5 版。
③ 《政务处吏部会奏遵议署两广总督岑奏请添设巡道并裁改粮道等缺折》,《东方杂志》第 2 年第 8 期,光绪三十一年八月,第 112 页。
④ 《两湖总督张奏拟将裁撤湖北督粮道一缺改设施鹤兵备道折》,《东方杂志》第 1 年第 12 期,光绪三十年十二月,第 169 页。
⑤ 《会议政务处议复川督奏德格等改土归流建置州县设治章程折附章程》,《大清新法令(1901~1911)》(点校本)第 10 卷,第 444 页。
⑥ 刘锦藻:《清朝续文献通考》卷 134《职官二十》,第 8945 页。

第五章　道府州县行政改制

清末增道最多的是东三省。黑龙江地处边远，1904 年在齐齐哈尔省城添设黑龙江分巡道一员兼按察使衔，总司通省刑名驿传事务；另分守绥兰海兵备道一员，管辖呼兰、绥化、海伦三府厅。① 1907 年又奏设瑷珲、呼伦贝尔两兵备道缺，办理交涉关税事务，有兼辖属部之责，并加参领衔，以资控制。② 1909 年，东三省总督徐世昌和署理黑龙江巡抚周树模奏定黑龙江设治章程，定"新设兵备道，承本省督抚之命，办理交涉、关税、调遣境内巡防各军，并考核所辖府厅州县，兼理旗蒙一切事务"。③ 黑龙江为"边荒初辟"之地，在道的设置上显示出加强其军事权的特征，然而其兵备道并非只管军事，而是设有司法、财计、文牍三股，拥有地方行政之权，这在清末的道的设置中是特例。

在吉林，自建行省后，先后添设了滨江、西路、东北路、东南路道缺。但滨江道原只专办哈尔滨商埠之关税交涉，未有明定辖地，而西路道虽有兵备道之称，但权限亦不分明。鉴于吉林"地方辽阔、控治既有难周，而各边均极冲要，镇抚更未可稍忽"的现实状况和需要，1909 年东三省总督锡良和吉林巡抚陈昭常奏请将滨江道、西路道分别改成西北路道、西南路道，均兼管关税及商埠交涉事宜，加参领衔；原设之东北、东南两道改为分巡兵备道，"俾得随时监察属吏之贤否及政治之得失"，并将吉林全省分划为四个区域，分别由各分巡兵备道巡防。④

---

① 黑龙江将军达桂原请设绥化兵备道一员，但政务处复奏将其改为"分守绥兰海兵备道"，见《政务处奏会议黑龙江添设地方各官折》，《大清新法令（1901～1911）》（点校本）第 2 卷，第 201 页。
② 刘锦藻：《清朝续文献通考》卷 139《职官二十五》，第 8995 页。
③ 《东三省总督徐世昌署理黑龙江巡抚周树模奏江省续设道府厅县酌拟设治章程折并清单》，《大清新法令（1901～1911）》（点校本）第 5 卷，第 40 页。
④ 其中西北路道驻哈尔滨，巡防吉林西北一带等处地方，兼管哈尔滨关税及商埠交涉事宜。西南路道驻长春。见《东三省总督锡良吉林巡抚陈昭常奏请将滨江西路二道改为西北西南路道缺折》，《政治官报》第 687 号，宣统元年八月十二日，第 8 页；《吏部会奏议复东督等奏更改吉林各道缺折》，《大清新法令（1901～1911）》（点校本）第 8 卷，第 389 页。

在奉天，1906年直隶总督袁世凯曾奏请在奉天府安东县大东沟三处自行开埠通商，在安东县设立海关并以东边道兼海关监督，"专办交涉商务等事"。① 次年，东三省总督徐世昌等上奏称，辽源地区地势重要，"对于西北蒙地有高屋建瓴之势"，请于昌图府辽源州设道员一缺，辖洮南昌图两府，名洮昌等处分巡兵备道。又以奉省南边防务需要为名，"请划东边道东境，于兴京厅之临江县设道员一缺"，下辖二府三县，名"临长海等处分巡兵备道"。②

《直省官制通则》虽然提出了裁撤守巡道，边远地区酌设兵备道的改制方案，但是在实际中增置的数量超过裁撤的数量。造成这一状况的原因，首先是各省督抚出于地方控驭的考虑，对裁撤并不热心。因为晚清以来，列强不断侵入中国边疆地区，内部省份民变教案不断，客观形势需要各省加强防卫和弹压的力量；守巡道又多兼兵备衔，地方一旦有事，更便于调遣军队。正如张之洞所说："前三十年军务，近二十年教案等事，则道员之责较重，取其官阶较崇，调遣武营较易。"③ 其次，自乾隆十八年定守巡道成为督抚的属官后，道成为督抚行政权力链条上的一个重要环节，道员为正四品官，品秩较崇，派遣和处理事务较易，督抚自办局所，大都派道员经办，所以两广总督周馥说："道为两司辅佐之官，耳目较近，稽察易周，绝不虞其扞格。"④ 出于便于行使权力的考虑，督抚大都以现实需要为由不愿过多裁撤守巡道。

值得注意的是，这一时期的巡道出现了内地与边疆省份在职能上有

---

① 《直隶总督袁世凯等奏奉省筹办开埠拟于安东县大东沟设立海关以东边道兼充监督折》，王彦威、王亮编《清季外交史料》卷198，沈云龙主编《近代中国史料丛刊三编》第2辑，第3184页上。
② 《宣统政纪》卷8，宣统元年二月庚辰，中华书局1987年影印本，第158页。
③ 《湖广总督来电》，《清末督抚答复厘定地方官制电稿》，《近代史研究》总第76号，第84页。
④ 《收两广总督来电》，《清末督抚答复厘定地方官制电稿》，《近代史研究》总第76号，第89页。

所区分的情况。内地省份的巡道行政职能出现灵活变通的特点。这在浙江司道的分科治事中也可看出，该省嘉湖道、宁绍台道、温处道分别兼摄杭州、宁波、温州三关关务，所以设置了交涉、租课等科，而金衢严道不兼关务，则"分科简单，不必备设"。①

而此一时期新增巡道大都为加强防务而设，所以除赋予它们一定的对所辖区域官员行政的监察之责外，大大强化了其军事权，有的边疆省甚至强化了巡道对于所辖区域的司法、财政、交通实业的行政管理权。如黑龙江的兵备道下酌设行政各股和佐治员，包括司法股，"管理词讼案件及关于司法行政上之事"；财计股，"管理岁出岁入及交通实业等事"；文牍股，"管理军事、交涉、教育、警务各文牍并文书收发等事"。其上承本省督抚之命，有"办理交涉关税调遣境内巡防各军，并考核所辖府厅州县兼理旗蒙一切事务"之权，还对所辖府州县的司法、财政交通有管理之责，显示了道的设置"酌量地方情况，因时变通"②的特点和职能扩大的事实。

第二节 府的存留与调整

一 层级还是等级：府制存留之争

清代的府为州县的上级行政单位，是地方政府中的中间层级。雍正对知府的训谕说："国家亲民之官，莫先于守令，盖州县官与民最亲，而知府又与州县官最亲。凡州县兴利除弊之事，皆于知府有专责焉。是知府一官，分寄督抚监司之耳目，而为州牧县令之表率，承流于上，宣

---

① 《浙江巡抚增韫奏各司道试办分科治事折》，《政治官报》第993号，宣统二年六月二十九日，第5页。
② 《东三省总督徐世昌署理黑龙江巡抚周树模奏江省续设道府厅县酌拟设治章程折并清单》，《大清新法令（1901~1911）》（点校本）第5卷，第40页。

化于下，所系綦重矣。"① 知府总核所属州县赋役、诉讼等事，汇总于藩、臬二司，被视为承上启下之地方长官。② 此外，清代还有部分直隶州知州和直隶厅同知也有所辖之州县。这种体制，形成了一个"层层钤制"，"管官者多，管民者少"的状况，不仅造成官僚队伍的膨胀，而且带来吏治问题。外官制改革启动以后，处于中间层次的府的存留就成为一个无法回避的问题。

1906 年戴鸿慈等出国考察政治大臣在请改官制折中，参照日本等立宪国的体制，明确提出裁守道与知府，以州县直辖于督抚的主张，"采用普法等国三级之制，以省为第一级，州县为第二级，乡市为第三级"。③ 即裁去府一级，以州县直接省。

另一种意见是保留府，但裁改厅州之名。出使德国大臣杨晟在条陈官制大纲中提出："以府为上级，县为下级，废厅州等名，一律改合两级之制"，同时将县分为三等。"知县职权上承知府监督，下临自治团体，为官治、自治之枢纽。自行政言之，是为起始之地，自自治言之，视为总揽之地。"④

1906 年厘定官制大臣就外官制会商各省督抚，提出的府州县改革方案是：

> 今拟模仿汉唐县分数级之制，分地方为三等，甲等曰府，乙等曰州，丙等曰县。令现设知府解所属州县，专治附廓县事，仍称知府，从四品，其原设首县即行裁撤。直隶州知州、直隶厅抚民同知均不管属县，与散州知州统称知州，正五品，直隶厅抚民通判及知

---

① 《清世宗实录》卷 3，雍正元年正月辛巳，《清实录》第 7 册，中华书局 1985 年影印本，第 77 页。
② 张德泽：《清代国家机关考略》，中国人民大学出版社，1981，第 221 页。
③ 《出使各国考察政治大臣戴鸿慈等奏请改定全国官制以为立宪预备折》，《清末筹备立宪档案史料》上册，第 376 页。
④ 《出使德国大臣杨晟条陈官制大纲折》，《清末筹备立宪档案史料》上册，第 399~400 页。

县通称知县，从五品。每府州县各设六品至九品官，分掌财赋、巡警、教育、监狱、农工商及庶务，同集一署办公。①

这个方案局部吸收戴鸿慈等出使大臣的意见，采用省与府州县的二级制，即保留府与直隶州、直隶厅，但均不设属县，自领地面；府与直隶州厅、州县之间存在等级的差别，即分别为从四品、正五品、从五品三等。② 即府与州县之间只有等级之差而无层级之别，体现了减少机构重叠的改革方向。

各省督抚回电中，对裁府多不赞成。江苏巡抚陈夔龙虽然认为"地方分府州县三等，不相统属，事壹易行"，但主张裁巡道，加重府权，并将直隶州厅及散州都改为知县，作为五品官，以府监督之，即改变府的职能，从行政官改为"只司监察，不管承转"的监察官。③

浙江巡抚张曾敭也认为"府与县近，耳目易周"，不能裁府。他提出的变通之法，是裁府附廓之县，"由府自治"，同时照旧兼辖各州县，"其制如直隶州，州县之事径禀院司，决定即由院径行州县，亦足以省承转而捷机关。"④

不仅督抚，就是京官中也有强大的反对声。他们认为"州县为亲民之官，品秩过崇，障隔愈甚，无知府为之表率，廉明者固守官箴，贪酷者即恣为民害"，所以州县必须属于知府。⑤ 其言辞最为激烈者

---

① 《厘定官制大臣致各省督抚电》，《清末督抚答复厘定地方官制电稿》，《近代史资料》总第76号，第52页。
② 地方行政组织的分等和地方行政组织的层级是两个概念。"分等"是将同级的地方行政组织分成几个等级，是为了便于行政管理，以等第为据决定选派官员的级别和僚属配备，以及行政经费的分配。"层级"是指管理层次，代表上下之间的隶属关系。参见周振鹤《中国地方行政制度史》，上海人民出版社，2005，第58、330页。
③ 《江苏巡抚来电》，《清末督抚答复厘定地方官制电稿》，《近代史资料》总第76号，第56页。
④ 《浙江巡抚来电》，《清末督抚答复厘定地方官制电稿》，《近代史资料》总第76号，第67页。
⑤ 《翰林院侍读学士周克宽奏更改官制只各易新名实不如旧制折》，《清末筹备立宪档案史料》上册，第420页。

莫过胡思敬，他从中国一省地域广大的实际出发，提出："地方官属之有州县、府道、院司，犹军营之有哨官、营官、统领也。今裁去府道以州县直达院司，大省如直隶一百二十五县、十七州、六厅，四川一百十二县、十一州、十三厅，以督抚一人管辖于上，姓氏且不能尽记，尚能察其孰为贪廉，孰贤孰不肖乎？边地如甘肃安西州属，去省会二千余里，内地如江苏徐州府属、江西南安府属，去省会亦皆千二三百里，声息且不易通，其能收身使臂臂使指之效乎？"①

或是由于反对声音的强大，1907 年《直省官制通则》没有采用裁府的方案，而是确定裁撤守巡道，各省所属地方得因区划广狭，治理繁简，分为府、直隶州、直隶厅三种，各设知府、知州、同知一人，各府所属地方为散州、县，各直隶州所属地方为县。从隶属关系而言，府之下之州县受知府的监督指挥，知府则承督抚之命，并就各司道主管事务，承该长官之命，处理境内各项行政。直隶州下之县，则受知州的指挥监督。② 形成省—府—州（散州）县，或者省—直隶州—县三级，并仍保留了没有属县的直隶厅。

通则虽然颁布，但只是试行方案，并没有形成共识。而东三省作为改革试行之地，加以州县建制较晚，府与州县的关系已出现几种与内地不同的情况。

一是府不设属县，自理地面。1907 年东三省总督等会奏东三省官制时说：三省"新设知府皆无首县，其府厅各官自新设东边道哈尔滨道外，大率径归将军及驻省道员管辖承转，本较内地为少，各属幅员宽广，于治理不便，多须析置……拟多置府厅，合州为三级，增设道监督之。知府拟仿国初云南各省军民府之制，不设属县，兼辖旗民，与厅州

---

① 《吏部主事胡思敬陈言不可轻易改革官制折》，《清末筹备立宪档案史料》上册，第 433～434 页。
② 《总司核定官制大臣奕劻等奏续订各直省官制情形折》，《清末筹备立宪档案史料》上册，第 508 页。

县皆隶于道"。① 这些府均自理地面。如1908年黑龙江拟设黑河、满珠、佛山等府，均"不领属县"，② 与厅州县同受道管辖。

二是部分州县不归府管。如吉林，1907年增设蜜山府知府、长岭县知县、蒙江州知州、桦甸县知县共四缺，均仿奉天章程，"州县亦不归府辖"，直接司道，即府州县均隶于道，由道监督。③

三是府不设首县，但有属县。如黑龙江1904年升呼兰厅、绥化厅为府，各设知府一员，均不设首县，自理地方，但同时又将添设的兰西县、木兰县归呼兰府管辖，余庆县归绥化府管辖。④ 在奉天，锡良于1910年奏请添设长白府，"有自理地面之责，兼辖新设之安图、抚松两县"，由于该地所辖地面北邻吉省，南接朝鲜，常有匪徒出没，所以还加重府州县的司法权，即遇有应行就地正法之盗案，该府州县只需详缮供勘，分别报总督及提法司核示，"无庸派员会审"；徒罪以上招解人犯，亦可量加变通，除死罪人犯仍令解省外，军流以下并免解勘。⑤ 这些府的设置，改变了过去府只处于承转地位的状况，不仅有自理地面，而且还扩展了行政权。

东北三省这些府的设置，以及府与州县之间的不同关系，与东北地区地广人稀、无论府还是州县大都为新设有关。1907年吉林添设的蜜山府"平原千里，东临兴凯湖一无屏蔽，西距宁古塔七百余里，兼顾难周"，需要增设府治"以资镇摄"。同时添设的长岭县、蒙江州、桦甸县"亦皆扼塞形便之处"，所以州县不归府辖而直接司道，"系为便

---

① 《东三省总督徐等会奏遵议东三省设立职司官制及督抚办事要纲折》，《东方杂志》第4年第6期，光绪三十三年六月，第286页。
② 《东三省总督徐署黑龙江巡抚周奏酌拟增改江省道府州县办法折并单》，《大清新法令（1901~1911）》（点校本）第2卷，第234页。
③ 《内阁会议政务处议复东督徐奏吉省请增设府州县缺折》，《大清新法令（1901~1911）》（点校本）第2卷，第231页。
④ 《政务处会议黑龙江添设地方各官折》，《大清新法令（1901~1911）》（点校本）第2卷，第200页。
⑤ 《东督锡奏添设府厅州县各缺并陈未尽事宜折并单》，《大清新法令（1901~1911）》（点校本）第9卷，第243页。

事核实起见"。① 值得注意的是，东北三省新增府州县治，均是先派设治委员，再划分区域，设立府厅州县治，然后再给设治委员补授实缺。通过这一程序，将新设府厅州县治地方官的人事权转移到督抚手中。《黑龙江设治章程》中就直接规定："新设各缺，皆系边疆重要，拟请随时出缺由本省督抚拣选妥员奏请补授。"② 吉林增设府县缺时，也是酌派设治委员，先往试办，"一切事件径由该员直接司道办理"。③

进入宣统年间，是否裁府以及府厅州县的关系仍然是外官制讨论的一个重要问题。

1909年考察宪政大臣李家驹在请速定内外官制折中，仍主张取消府一级，要求"仿日本制度，不以府辖州县，凡府厅州县，均为同等之地方官。凡府县同治者，或裁府留县，或裁县留府，各视其宜，直隶州有属县者亦如之。凡府厅州县知事以下，均设辅助官吏，所事直达本省督抚，受督抚节制"。④ 他的主张是不以府为中间层次，而是府厅州县平行，皆直达督抚。

而一些督抚从便于自身权力运行的角度，力主保留府制。同年山东巡抚孙宝琦奏厘定直省官制折中，主张加重知府责任，由督抚监督知府，知府监督州县，并说："今之州县为官治自治集合之地，又拟革除回避之例，任用本省之人，则知府监督命令之权尤应加重，然后足主上级平决，以保官民两权之均衡……中国地广人稠，固不能以府职内隶，使离督抚监督范围，亦宜略复汉唐之旧，委以独立责任，令得自行其意。"他从集权与分权的角度，认为既以政府为集权，督抚为分权，则

---

① 《内阁会议政务处议复东督徐奏吉省请增设府州县缺折》，《大清新法令（1901~1911）》（点校本）第2卷，第231页。
② 《东三省总督徐世昌署理黑龙江巡抚周树模奏江省续设道府厅县酌拟设治章程折并清单》，《大清新法令（1901~1911）》（点校本）第5卷，第40页。
③ 《内阁会议政务处议复东督徐奏吉省请增设府州县缺折》，《大清新法令（1901~1911）》（点校本）第2卷，第231页。
④ 《考察宪政大臣李家驹奏考察日本官制情形请速厘定内外官制折》，《清末筹备立宪档案史料》上册，第532页。

应由知府直接奉承督抚号令,下行州县,更有利于督抚权力在地方的实施。至于直隶厅州,则可区别对待,或依据区域大小,道里远近,并省分隶,或升为府,其边地有交涉屯垦者,性质与内地不同,职制职权可以特定。①

1910年直隶总督陈夔龙在奏请划分中央与地方行政权限折中,主张缩小府的辖地,由府直接领州县,"各省府厅州县向分二级,今宜留知府以统各属,专办行政事宜,裁厅州县之员缺,仍留厅州县之治名","每三五州县即设一知府,而直隶州厅悉从并省分辖"。较之于通则,除统一规定直隶厅州不再辖县外,值得注意的是加重知府权力,即州县各设佐治员,"统隶于知府,而由府径达院司"。即知府对于州县不只是监督指挥,而是直接统领。他总结这样做的好处是"以府统辖县事,行政区域视前恢张,权力既雄,要政自无不举";"仍留厅州县之名,百姓忘于改制之繁,而庶事已奏灵通之效"。②

各种意见分歧,难以取得一致。主张裁府者多以日本府县为模式,力图通过裁撤道府来减少层级、理顺上下关系,加强中央集权。反对裁府者则多从中国一省地域广大的角度立论,认为以一省地域之广,省难以直辖州县,必须以府作为省与州县的中间环节,借此强化督抚控驭地方的权力。其中也有第三种意见,如有人撰文指出"府厅州县各治一邑,不相统辖"之不可行,认为如果府厅州县并为平等,则督抚领府厅州县百数,"以督抚一人之身,安能课百余之府厅州县乎",所以"府必当留为地方行政之上级"。该文主张裁督抚并加大府的权力,以府县为二级,直接中央。③ 各种意见交集的核心,是中央集权宪政下中央、督抚、地方的关系难以确定,正如当时《申报》分析的:

---

① 《山东巡抚孙宝琦奏厘定直省官制谨陈管见折》,《国风报》第1年第4期,宣统二年二月,第81页。
② 《直隶总督陈夔龙奏请划分中央与地方行政权限并议各省分设六司留府裁县折》,《清末筹备立宪档案史料》上册,第546页。
③ 更生:《外官制评议》,《国风报》第2年第9期,宣统三年四月,第19~20页。

惟外官制之争点在地方分权与中央集权,屡经开议不能决定,而与闻官制各总督之所电陈暨其所派专员之所主张,其持论既不一致,因此遂生二现象:督抚不敢言明地方分权,而因缘历史上之关系,争督抚应同为国务大臣;又内阁总协理大臣暨各国务大臣亦不敢公言中央集权,硬定督抚为地方长官,且有以督抚既为地方长官,则司道各缺必加裁减,日后存记人员无可位置者,惟财政、外交、军政等等如仍任督抚分其权责,则各部又成虚设。故每开阁议,其主张削减督抚之权,各部院率皆一致,惟总理大臣不置可否。①

如以督抚为地方长官,则必定要削减层级;但一旦督抚为地方长官,则又要加大其财政、外交、军事权力,必定又会削弱中央政府的权力。而在当时内忧外患的局面下,中央政府又必须借助督抚以加强对地方的控驭,裁撤督抚之制实际是一个难以实现的空言。在这种局面下,各省督抚的意见具有举足轻重的作用。

1910年,各省督抚函电交驰,请速设内阁,厘定官制。十月间,云贵总督李经羲提出了内外官制三级说,引起了其他督抚的广泛讨论和多数赞成。督抚们一致认为中国与日本不同,府县不能直接中央,必须以督抚作为"禀承内阁计划,主决本省行政事务"的第二级;以府厅州县为第三级,但"各治一邑,不相统辖,其权责在禀承督抚命令,整理本属行政"。也就是说,府厅州县之间不存在隶属关系,彼此为同级之机关,同受督抚管辖,"府厅州县之进退决于督抚,各就事务繁简酌设佐治员,由其自辟,呈报督抚加札委用"。② 在此电署名的有15省督抚。多数督抚之所以赞同府州县同为第三级,一是认为如延续旧有名称,可使"百姓忘于改制之繁,而庶事已奏灵通之效";③ 此外还有一

---

① 《外官制纠缠不清》,《申报》1911年9月5日,第1张第4版。
② 《东三省总督锡良等致周树模电》,《清末筹备立宪档案史料补遗》,《历史档案》1993年第3期,第63页。
③ 《直隶总督陈夔龙奏请划分中央与地方行政权限并议各省分设六司留府裁县折》,《清末筹备立宪档案史料》上册,第546页。

个直接的原因，即如锡良电中所云，如采用府与州县分级制，则"省议会之下，州县议会之上，尚须有府议会一级"，正是出于对增加府议会必定会增加纷扰的疑虑，他表示"鄙意亦觉仲帅①三级之说较为妥帖也"。②

通电既上，但并不表明督抚们的意见完全一致。两江总督张人骏虽在通电上署名，但次年七月，他又就外省官制单独上奏，主张在维持旧制基础上量加损益，"省之于府，府之于州县，如身之于臂，臂之于指，身必有臂，乃能使指，若无臂而十指径附于身，其不能运动也必矣"，所以应按通则旧制，令"各府自理民事，仍兼管所属州县"，只裁去府中首县即可。③

而从报章报道来看，内阁关于外官制的意见逐步趋向省与府州县，或省与州县的二级制。先是6月《申报》有消息说："十二日政事堂会议外官制，其内容大略府州县不相统辖，升州县为五品，裁撤同城州县，府亦各管辖地，而一律添设佐治官。府厅州县只办行政事宜，其民刑事诉讼划归审判厅。"④9月又有消息称内阁总协理大臣对于外官制已有确定之意见："一各司必统属于督抚之下；一必裁府道，以州县区域改为小县；一每省设巡道二人。闻此项条件已经编定矣"；⑤但不久又报道："外官制草案昨已送交内阁核议，用两级制，一督抚，一府州县，总协理大臣阅毕即呈请摄政王宸览。"⑥同时报道的外官制草案，"所拟地方行政长官大约分为三级，一知府、二知州、三知县，均管辖地方行政事务，为上级之地方官厅。其下另置佐治员，而以旧日之佐贰

---

① 指云贵总督李经羲。
② 《东三省总督锡良致周树模电》，《清末筹备立宪档案史料补遗》，《历史档案》1993年第3期，第53页。
③ 《两江总督张人骏奏厘定外省官制宜以旧制为本量加损益折》，《清末筹备立宪档案史料》上册，第593页。
④ 《政府之官制忙》，《申报》1911年6月15日，第1张第6版。
⑤ 《改革外官制近闻》，《申报》1911年9月1日，第1张第5版。
⑥ 《专电》，《申报》1911年9月30日，第1张第3版。

杂职改设，受府厅州县长官之指挥执行职务。惟旧有之按司狱、州吏目、县典史等官则划归司法一部，佐司法官执行职务"。① 府的名称仍留，知府地位也略高于州县，但都隶属于省，为省的地方官厅。这样，府州县既有不同等级，又处于平行地位，初步确立了督抚直辖府州县的体制。不过，由于武昌起义的发生，这个方案最终没有实施。

二 府治首县的裁撤

府治之有首县，与府制的特点有关。因府居于州县之上的地位，一般不亲理民事，而是监督考核州县官的钱粮、词讼各事。府之下以州县治理地方，州县为亲民之官，这样就出现府治与州县设置同城的现象，这种县被称为"首县"。

裁撤首县问题的提出，是源于随着宪政的推进，地方层级改革也提上日程，而原有体制中机构重叠、官缺冗滥的问题日渐突出。1911年2月，江西议谋裁改南昌及新建两县。因南昌府与南、新两县同处一城，而各级审判厅业已开庭，"首府两县除催征外无所事事，几同虚设"，于是准备将南昌府改为一等知县，仍驻城内，管理南、新两县旧有政务。将新建县移驻吴城镇，裁撤南昌县。但南昌府太守却认为易府为县降低了他的地位，故欲"另谋他缺"。②

4月，东三省总督锡良上折提出，奉天亦存在府县同城现象，而当时审判厅已将设置，经费困难，所以奏请将奉天府之承德县，锦州府之锦县裁并，一切事宜均归各该府直辖管理，腾出的款作为审判厅经费。③

---

① 从该报道的内容来看，府与州县一样，都管辖地方行政事务，为上级之地方官厅，应为平行的。所以，该报道中提的"三级"，应是地方政府的"分等"，即府州县分为三个等级，分别以不同品秩的官员担任。见《外官制草案脱稿》，《申报》1911年9月29日，第1张第5版。
② 《赣省裁改南新两县之拟议》，《申报》1911年3月1日，第1张后幅第3版。
③ 《东三省总督锡良奏裁知县等缺的款作为审判厅经费折并单》，《大清新法令（1901~1911）》（点校本）第11卷，第20页。

该年 8 月，湖广总督瑞澂又奏裁武昌等十府首县共 10 缺，将地方民事并入该府直接管理，以各县原有钱粮规费提归筹设地方审判厅。①奉旨交议。内阁复议认为这是节省经费并加快审判厅建设的好办法："各省府州县审判厅均限于宣统四年成立，现在各省库款皆属奇绌，除省城商埠外多未举办，惟宪政根基重在区分司法行政，若因囿于款项，致观成无日，实于预备宪政大有关碍。再四酌度，欲为挹注之谋，须筹变通之法，自以裁汰府城首县提取原有款项筹设各府地方审判厅为合宜。"

当然，裁撤府治首县并不仅仅为了节省经费和设置审判厅的需要，更由于府治首县在官制上存在的问题。该折说道："向者有首县之知府只监督所属，不亲民事，专为管官之官，其实所属州县遇有重要事务多径达院司取决，该府等但司勘转例行各件，循名责实，不得谓非闲冗。"并论证裁撤首县有数便：（1）原来知府不亲民事，而裁首县后，知府"兼治民事，则地方蠹弊民间疾苦皆易周知"；（2）原来知府"为投老养闲之地"，裁首县后，知府分任地方，"才俊之士固易表现"；（3）原来首县陋习相沿，"几专以供应本府为事"，裁去首县，"各府首县向来迎送过往差使，伺应院司之习，亦应禁绝"。总之，裁去首县，其衙署可腾出建设法庭，"庶各府地方审判厅即可依限成立"。裁撤首县后，原首县事务归入该府管理，并兼管属县。②

裁撤首县，虽然可使知府自理地面，但"兼管属县"，则仍是保留府与州县的分级。可见直到此时，就朝中而言，府与州县之间究竟是分级还是分等的问题仍然没有形成一致意见。

然而多数督抚并不赞同。他们"函电交驰，互筹办法"，认为首县皆冲繁疲难要缺，"必才具开展、经验宏多者始能膺选"，如裁撤首县，将县之事务责诸知府，"如知府由州县出身者或可胜任，否则以夙无经

---

① 《鄂省裁撤各府首县之布置》，《申报》1911 年 9 月 19 日，第 1 张第 3 版。
② 《内阁会奏请裁各省府治首县归并该府直辖提取原有款项设立地方审判厅折》，《大清新法令（1901~1911）》（点校本）第 11 卷，第 442 页。

验人员处此繁剧地位，必致茫然无所措"，所以他们提出不如裁撤现任知府，"择首县中之有知府升阶者作为试署"。① 督抚们之所以不赞成裁撤首县而主张裁撤知府，是出于人员和实际治理的考虑。这也说明，外官制改革中的每一个项目都会牵动督抚们的神经。各种互歧意见的提出，使裁撤首县的工作很难推进。

但是，也有的省闻风而动。如浙江奉旨后，巡抚增韫即于9月5日（七月十三日）在抚院会议厅召集各司道首府县暨各议员集议，当经公决拟将仁和等15个县于本月二十一日前一律裁撤，"其征收钱粮事件将来并归自治公所办理，仍由各府就近督察"。

但实践层面碰到的问题远远超出想象。由于裁撤首县不仅涉及相关县令与知府，更与地方有关，故而立即掀起轩然大波。当日议场内"巡警道与首府颇不赞成，司道中亦多有终席不出一语者"。② 会后只有仁和、钱塘两县县令预备移交，但将一切案卷连印一齐备文送府时，太守尚不愿接办，而是转送藩宪。③ 除杭嘉两府外，其余各府均因归并为难，纷纷电请从缓。所谈理由无非如下几点：一是新官厅未成立，旧官厅万难遽裁；二是地方发大水，裁首县后合府难治；三是强调地方"民强匪炽"，希望等审判厅成立后再裁首县；四是原来首县公事庞杂，交代纠葛，清理尚需时日。④ 更有湖州府夏太守以"现值勘灾吃紧，两县又赔累，其困难特别情形迥异他郡"为由，表示自己力难胜任，先是要求抚宪遴委贤员接替，接着又称"病势加重"，请给假一个月，并擅自将府篆札委归安县知县"暂行护理"。⑤

不仅知府不愿接手首县的工作，就是地方绅商学界也有抗议之声。

---

① 《各督抚对于裁撤首县之意见》，《申报》1911年8月31日，第1张第5版。
② 《浙省议裁各府首县之实行期》，《申报》1911年9月8日，第1张第5版。
③ 《浙省裁并各府首县之手续》，《申报》1911年9月19日，第1张后幅第3版。
④ 《浙属抗议裁并首县之继起者》，《申报》1911年9月15日，第1张后幅第2版。
⑤ 《浙省各府裁并首县之手续》，《申报》1911年9月16日，第1张后幅第3版。

绍兴府山阴、会稽两县绅商学界亦联名电请缓裁,称"首县骤裁,民之大惶惑,现在水灾遍地,塘身将倾,匪盗生心……绍防水陆有限,巡警寥寥,设有事变,即时糜烂。今又骤裁首县,乡愚群谓地方已无官长,宵小益易起事,郡守之力,万难遍顾。两县令又乐于卸责速去为幸",要求缓裁。①

浙江裁撤首县的工作并未因巡抚增韫"决计已下"而顺利推进,相反却因知府的反对和绅商的抗议而未能如期完成。这一场风波充分反映了改革中相关利益方的互相争持、自我维护的心态,也反映现实的重重困境已使改革举步维艰。

第三节　州县行政机构的变革

一　州县劝学所

20世纪初,在兴学热潮中,湖北、直隶、江苏、山西、四川等地陆续出现了直属督抚的学务管理机构。② 1903年颁布的《奏定学堂章程》总纲《学务纲要》中提出:"各省府厅州县遍设学堂,亦须有一总汇之处,以资管辖,宜于省城各设学务处一所,由督抚选派通晓教育之员总理全省学务,并派讲求教育之正绅参议学务"。③ 为推进州县学堂的发展,有的省学务处成立后,即札各厅州县设立学务机构,如青浦县学务公所就是这样设立的。④ 在四川,全省学务处要求各州县成立学务局。⑤ 而有的地方,则由当地绅士发起举办学务机构。如江苏川沙厅于1906年成立学务公会,选举黄炎培为会长;此外,通州、泰州、太仓

---

① 《绍郡裁撤首县之抗议》,《申报》1911年9月14日,第1张后幅第3版。
② 参见关晓红《晚清学部研究》,广东教育出版社,2000,第62页。
③ 《学务纲要》,《大清新法令(1901~1911)》(点校本)第3卷,第114页。
④ 《青浦县劝学所章程》,《申报》1907年2月6日,第3张第17版。
⑤ 蔡东洲等:《清代南部县衙档案研究》,中华书局,2012,第411页。

等处也在议立学务公会。①

虽然各地州县学务机构的名称不一,但它们的出现,说明建立学务管理机构的必要。1905 年,直隶学务处督办严修学习日本地方教育行政及管理办法,令各州县设立劝学所作为综揽地方学务的机构,设总董一人;各属就所辖境内划分学区,每区设劝学员一人,还详定了总董、劝学员的选用、职权和推广学务之办法。② 相比此前各省学务章程,这个章程在总董和劝学员的职责、学区的划定、经费的筹措等方面的规定更为切实和全面,③ 成为日后学部制定劝学所章程的蓝本。

1906 年 4 月,学部奏请裁撤学政,改设直省提学使司,并着眼于"地方官应办之学务,统系不定则推诿恒多,权限不明则侵轶可虑……尤重在教育行政与地方行政之机关各有考成"的考虑,规定各厅州县均设劝学所,划分区域劝办小学,以期逐渐推广普通教育。④

之后,学部出台了劝学所章程,定"各厅州县应于本城择地特设公所一处,为全境学务之总汇,即名曰某处劝学所"。劝学所设总董一员,由县视学兼任,"综揽全县学务";劝学所在自己辖区内划分若干学区,以治所城关附近为中区,所属村坊市镇"以约三四千家以上即划为一区,少则二三村,多则十余村",每区设劝学员一人,由总董选择本地绅衿品行端正、夙能留心学务者,禀请地方官札派。

劝学所职责为"推广学务":(1)"劝学"。劝学员于本管区调查

---

① 《黄炎培等为学务公会立案禀川沙厅文》,朱有瓛等编《中国近代教育史资料汇编——教育行政机构及教育团体》,上海教育出版社,1993,第 69 页。
② 《直隶学务处各属劝学所章程》,《东方杂志》第 3 年第 1 期,光绪三十二年正月,第 18~22 页。
③ 现在能看到的有《川沙厅学务公会简章》、《南部县学务局章程》,前者虽然以"联合城乡、经划学务"为宗旨,并确定了学区的划分,但对会长、职员的职责没有明确说明;后者以"承上覆实办理"为宗旨,即禀承本省学务处、府综核所发行事件,"为本地各学堂办理一切学务",职责有限。参见朱有瓛等编《中国近代教育史资料汇编——教育行政机构及教育团体》,第 70~72 页;蔡东洲等《清代南部县衙档案研究》,第 412~414 页。
④ 《学部政务处奏议请裁撤学政设直省提学使司折》、《学部奏陈各省学务官制折并清单》,《大清新法令(1901~1911)》(点校本)第 2 卷,第 175~181 页。

兴学事项，调查学龄儿童、挨户劝导，并任介绍送入学堂之责。(2)"兴学"。计算学龄儿童之数，规划学堂设立。此为本村学堂董事之责，但须与劝学员会议。(3)"筹款"。来源主要是迎神赛会演戏之存款，绅富出资建学、学生交纳学费。此为总董之责，但劝学员对本管区筹款有调查之责，向总董报告，并联合村董办理。(4)"开风气"。请急公好义品行端方之绅耆襄助学务；开办师范讲习所、宣讲所、阅报社。宣讲所由总董经理，延聘教员宣讲。内容除《圣谕广训》外，还要宣讲学部颁布宣讲各书，国民教育、修身、历史、地理、格致等浅近事理，以及白话新闻。(5)"去阻力"。凡有阻挠学务、造谣生事、妨碍学堂管理者，经劝学员查出，即通知本城劝学所，禀明地方官分别办理。①

学部章程规定劝学所视学兼总董的札派、各学区的分定督饬，皆提学使之责。于是，随着各省提学使的先后到任，各省劝学所陆续设置。据1909年学部统计，全国厅州县已经设有劝学所1588个，总董1577人，劝学员12066人。②

学界讨论劝学所，多称为"教育行政机构"，此提法是不错的，因为在当时，不仅报刊，就是一些官员的行文中，也有如此称呼。但这种笼统的概括却忽视了劝学所自身的特征和演变。因为清季州县改制的总体指导思想是官治与自治并行，"藉绅之力以辅官之不足"，实际是在基层政治中设置双轨体制，以行政职监督、管理自治职的运行。然而府州县、城镇乡地方自治工作又是一个系统工程，清末虽加大推行力度，但各省举办情况并不一致，及至清政府覆亡都未完成。而此时，外官制

---

① 《学部奏定劝学所章程》，朱有瓛等编《中国近代教育史资料汇编——教育行政机构及教育团体》，第60页。
② 各省劝学所数：直隶152，奉天42，吉林18，黑龙江17，山东106，山西89，陕西81，河南102，江宁32，江苏25，安徽53，浙江76，江西48，湖北68，湖南63，四川145，广东86，广西80，云南86，贵州65，福建46，甘肃75，新疆33。参见《各省劝学所统计表》，朱有瓛等编《中国近代教育史资料汇编——教育行政机构及教育团体》，第94~95页。

改革也在同步进行，但一波三折，最终方案陷入难产；① 与此相应，州县衙门未能彻底改观。另外，中央官制改革中新成立的职能部门却加大了对地方对应事务的推行力度，州县教育改革先期展开，州县劝学所先后出现。这种复杂的局面使州县改制无论是制度设计还是实际运行，均表现出官治与自治之间的界限不明，势必引发许多问题，使这个"教育行政机构"具有自身的特征。

依据1906年学部奏定《劝学所章程》设立的劝学所具有较强的官治特点。劝学所执行上级赋予的教育行政事务，职权包括调查境内无论官私公立各学堂；办理学务各款；延聘教员、招考学生、增减学额、改良教科各事宜；调处本境学务之讼争。② 除受州县官之监督外，还要受省视学的考察。学部章程还规定劝学总董如无官者，照章给予七品职衔；并由地方官酌量给予薪水，禀报提学使核办。③ 这就把劝学所纳入到中央学部—省提学司—州县劝学所的教育行政体制之列。

学部章程明确规定，凡劝学所一切事宜"由地方官监督之"。"官督"的含义是："一则在求地方行政之统一，一则因教育情事与地方经费不能分离，必由地方官总其纲要，由劝学所人员随时体察地方情形陈述意见以辅之施行，则学事方易整理日兴。"④ 由此形成以劝学所为载体的"官督绅办"的州县办学体制。⑤

在实际运行中，州县官的监督主要表现在如下几个方面。

一是对总董和劝学员人员的选拔与考核。劝学所总董或由地方绅士公举后由县令禀请提学使札派，或由县令选派并提请提学使札派；特别

---

① 参见关晓红《清季外官改制的舆论及方案选择》，《近代史研究》2007年第6期。
② 《河南通行各属拟订劝学所总董权限专章文》，朱有瓛等编《中国近代教育史资料汇编——教育行政机构及教育团体》，第74页。
③ 《学部奏续拟提学使权限章程折附片并清单》，《大清新法令（1901～1911）》（点校本）第2卷，第182页。
④ 《奏定劝学所章程详解》，《甘肃教育官报》1909年第4期，"杂志"，第15页。
⑤ 当时就有此提法，如吉林府劝学所章程称："本所遵照部章官督绅办为教育行政辅助之机关。"见《吉林官报》1909年第5期，"学制"，第10页。

是在发生意见不同或互相争执之时，则"由地方官访查乡望素孚者"禀请提学使札派。在考核方面，地方官年终把总董实绩向提学使禀陈，由提学使以定去留。

二是对劝学所工作的监督。劝学所设宣讲所，宣讲事项由地方官和劝学总董随时稽查；劝学所就学务绘制的各项表册，每半年一次交由地方官申报提学司衙门，一旦发生问题则实施整顿。

三是对经费使用的监督。各州县官核定劝学所经费总数及开支项目，对经费使用情况严加查实；劝学所筹款经费每年要造具表册汇报本县地方官。

四是对劝学所人员的奖罚。如章程规定，劝学所若有功效，随时记功，年终按记功之多寡，由州县官禀明提学使予以奖励；并规定劝学员只管学务，不能干预其他政事，否则，州县官一旦发现，即禀报提学使下令撤职。

由此可见，地方官的监督主要着眼于劝学所工作任务的完成。湖北省提学司的札文称"劝学所宜完全独立以成教育行政体裁"，① 明确劝学所在学务范围内的工作有一定的独立性，由此形成一个"上下相维，官绅相通，藉绅之力以辅官之不足"② 的办学体系。

"上下相维，官绅相通"，是指州县官与劝学所在办学上要负连带责任。每有学部下达办学任务，提学使都会令州县官会同总董及办学员绅先事筹款，剋日开办，并将办理情况呈候提学使核夺；如办理逾期或有不当，州县官则被提学使详请总督巡抚处分，总董则由提学使考核撤职。③ 办学过程中，省视学调查到州县学堂问题，也由提学使下札到县，再由县令督同劝学所遵照办理。反过来，劝学所办学中遇到问题，

---

① 《本司札蕲水县整顿学务条目文》，《湖北教育官报》1910年第1期，"文牍"，第18页。
② 《前司蒋详报遵札筹备谘议局草及派员赴谘议局与议文》，《广东教育官报》1909年第3期，"文牍"，第70页。
③ 《本司札府厅州县剋期筹款举办中等初等实业学堂文》，《湖北教育官报》1910年第1期，"文牍"，第10页。

亦常寻求官府支持。如遇有造谣生事、塾师禁阻学生入学堂等阻挠学务者，劝学所查出，可禀明州县官分别办理；遇有筹款困难，亦会要求"由官辅助公立乡学"。①

但劝学所在办学事务上又表现出一定的自治色彩。劝学所对学务采取分区办理办法，即分为若干学区、各设劝学员。劝学员可由总董自行选拔，并"俾地方自筹经费"，自行举办"本地教育"。② 对此，吉林劝学宣讲所明白宣称："劝学所原为州县地方自治之一端"。③

清末劝学所是借鉴日本经验设立的。当时日本已逐步形成官办和自治体两个层次的办学体制，町村为自治单位，办理包括小学校在内的公共事业，经费来自町村协议费，由町村会议决；府县县立学校经费则来自府县地方税。④ 而清末劝学所则是官治与自治合一，故而在运行中出现官治与自治混杂不清的问题。

首先表现在办学经费方面。1906 年学部章程规定："劝学员于本管区内调查筹款兴学事项，商承总董拟定办法，劝令各村董事切实举办。此项学堂经费，皆责成村董就地筹款，官不经手。"⑤ 确定"官不经手"的目的，是防止吏役之侵蚀和官府之挪用，并以此化解举办基础教育经费不足的难题，还能体现以本地人办本地教育的自治精神。但各地情况不同，对其的解释和具体操作也不尽相同。

广东提学使对此的解释是："筹款兴学系指地方公款而言，所应办者以初等小学及半日学堂为限"，即"官不经手"的经费主要是指各州

---

① 《农安县令禀陈学务情形文并批》，《吉林官报》1909 年第 3 期，"公牍辑要"，第 4 页。
② 《学部札各省提学使分定学区文》，朱有瓛等编《中国近代教育史资料汇编——教育行政机构及教育团体》，第 63 页。
③ 《吉林劝学宣讲所试办简章》，《教育官报》（吉林）1907 年第 1 期，"学制"，第 1 页。
④ 郭冬梅：《日本近代地方自治制度的形成》，商务印书馆，2008，第 107～108、155～156 页。
⑤ 《学部奏定劝学所章程》，朱有瓛等编《中国近代教育史资料汇编——教育行政机构及教育团体》，第 60 页。

县办基础教育的"公款"。广东的地方公款如书院学租、义塾学谷、宾兴（乡试学子卷费）、局款等类名目较多，所办之公益又不止教育一项，以致出现"城与乡争，乡与乡争"的情况。为平息事端，提学使令各属劝学所调查公款，分为地方公款与家族公款两类，分别由有地方官授权的城乡村堡管款绅董和各族管款族董管理，由劝学员检查填表，由总董依据各地款之多寡和各地情况确定提款、拨款数目，并强调"所提款项概交绅士管理，官只任保护，概不经手"。① 在甘肃，则首先令各村公举董事，由其就地筹款办学，主要包括各区公用之款、捐款、劳力捐、积蓄捐、婚祭捐、出产捐、迎神赛会之款、公产所收获之款、契约捐、收学费等，并强调"各区人民自行筹集、自归各村董事收掌，为本区学事之用"。劝学员则随时稽查报告于劝学所，每年两学期之末由劝学所造具表册汇报本地方官，并榜示各区。② 在这些地方，"官不经手"实际是指官府不承担和不经手各州县基础教育的办学经费而言，官府对经费收取与支配仍有监督管理之权。

虽然规定官不经手基础教育经费，然而学务为地方官考成所系，插足和挪用办学公款并非难事。如在湖南，据谘议局关于整顿全省教育的议案反映，因学部要求地方官办官立小学一所作为模范，于是有些地方官将原有书院学田等一切公款强行提取一半作为官立小学经费，"至各乡村办理小学与否，经费有无，官概不过问"。基于这种现象，谘议局要求各县劝学所会同自治公所清理公款，并将属于各乡的公款公产划拨出来以充推广乡学之用。③

由此可见，"官不经手"原则虽然体现了劝学所的自治特点，但是在"官治"的统合之下，必然又会在不同程度上受到官权的侵蚀。

---

① 《前司沈拟订劝学所新旧章程对照表通饬遵照文》，《广东教育官报》1911年第3期，"文牍"，第103页；《前司蒋呈缴督宪调查公款兴办学堂禀文》，《广东教育官报》1910年第6期，"文牍"，第152～153页。
② 《奏定劝学所章程详解》，《甘肃教育官报》1909年第4期，"文牍"，第17页。
③ 《学司吴详复抚部院遵将奉发谘议局呈赍全省教育议案逐条考核加具按语开折呈复文》，《湖南教育官报》1909年第9期，"文牍"，第8、12页。

其次是表现在总董兼视学这一规定上。1906年学部章程规定劝学所设县视学一人，兼充学务总董，由州县"选本籍绅衿年三十以外、品行端方、曾经出洋游历或曾习师范者，由提学使札派充任"。①江苏教育总会对此的解释是，在厅州县地方自治未成立以前，"犹虑地方狃于官治之习惯，非官不足以统率各区，以县视学兼充总董，所以重其权也"。② 这种制度安排本身就体现出"以官治统率自治"的意图。但此时的视学不是拟设的州县行政中作为县令属官、纳入国家政府行政系列的视学员，而是受省提学使直接领导并"禀承地方官视察其境内学务，专理关系学事之事务者也"。③ 福建提学使批示福清县令："该令有地方教育行政之权，应即督饬县视学员先行周历辖内各学堂，认真调查，倘有教员藉学图利或办理未能合法者，务须破除情面，据实指禀，以凭核办。"④ 说明县视学的工作要受州县官督饬。县视学"有稽查劝学所账目之权，有指挥劝学所司役之权，有商同地方官撤派初等教育之权"，如"有阻抗或滋闹情事许即禀请核办"；还要于每学期将各地学务情况向提学使报告一次。由此可见，视学与总董职责不同，总董是负责具体办学务的，视学则是受上级指派考察监督办理学务的，由一人担任则易致身份混淆、权限不明，因而招来社会的批评。江苏教育总会就认为："县视学明明为官，总董为绅，以一人兼之，权限不明"，视学与总董应分作两人，"以视学为佐治官，以总董为执行部长，联络劝学员劝学"。⑤ 甚至有提学使也认为："劝学所职务与自治机关原属相通"，而"县视学属官制性质，自应归官厅之委任"，"现行兼

---

① 《学部奏陈各省学务官制折并清单》，《大清新法令（1901~1911）》（点校本）第2卷，第181页。
② 《江苏教育总会通告各劝学所教育会研究职务问题文》，《教育杂志》1910年第3期，第21页。
③ 庄俞：《敬告地方视学员》，《教育杂志》1909年第13期，第171页。
④ 《批福清县邱令禀》，《福建教育官报》1909年第7期，"文牍附批"，第4页。
⑤ 《江苏教育总会通告各劝学所教育会研究职务问题文》，《教育杂志》1910年第3期，第21页。

任之制混而为一",只能是新官制未颁布和自治职未推广之前的暂行之官制。①

由于各地普遍把视学视为"官",而直省新官制迟迟未能颁布,州县视学官陷于难产,所以随着各地劝学所的成立,一般是先札委总董再令其兼任视学。如河南省就强调"总董兼视学,每年于正月加札一次"。② 但也有一些地方出于划分权限的考虑将视学、总董分作两人,总董由县令选拔,视学则由提学使札派。③ 在湖北,据1910年竹山县拟定的劝学所出入数目,包括视学年薪360串,总董年薪192串,劝学员年薪72串,其余还有司事、杂役。④ 这条材料说明,视学与总董都从县劝学所领薪水,但视学地位在总董之上。而贵州直至1910年,劝学所总董兼视学者也仅十之二三。⑤

上述内容表明,由于劝学所官治与自治不清,带来一系列制度与运行的问题,核心则是劝学所到底应为官治机构还是自治机构的定位不清。对此,社会中亦有不同见解。河南教育总会正副会长曾咨请提学使,要求划清地方官与劝学所权限,即"以强迫立学责之州县,以调查学科责之总董,学务办法得由总董条上于州县,不肯,得以上达于学司权衡其是非"。⑥ 企图通过明确划分各自责任以定权限。湖南谘议局在整顿教育议案中则主张专委教育之责于劝学所,采用学官之制,将总

---

① 《本司奉督宪批据饶平县詹树声等禀学童资格限制偏枯核议详复文》,《广东教育官报》1911年第1期,"文牍",第31页。
② 《河南通行各属拟订劝学所总董权限专章文》,朱有瓛等编《中国近代教育史资料汇编——教育行政机构及教育团体》,第76页。
③ 如1910年湖北长阳劝学所总董考职北上,提学使即要求县令另举总董,而视学则由学司遴员另札委派。见《本司札长阳县整理劝学所文》,《湖北教育官报》1910年第3期,"文牍",第26页。
④ 《本司札竹山县奖撤各教员并追缴各捐款文》,《湖北教育官报》1911年第2期,"文牍",第20页。
⑤ 《本司通饬各属遵照谘议局议案改良劝学所办法文》,《贵州教育官报》1911年第3期,"文牍",第16页。
⑥ 《河南教育总会正副会长李郑咨陈筹备普及改良事宜文》,《河南教育官报》1909年第17期,"本省学务报告",第426页。

董作为学务专官；县之公产公款由劝学所统一理财全权。^① 即将劝学所作为官治机构，以使之有权有责。广东谘议局则提出"选举劝学所总董案"，明确要求"变官选为公选"，以便"对于自治机关更觉联络"，即更偏向于将劝学所定为自治机构。^②

与此同时，随着地方自治的逐步开展，劝学所的学务职能与自治团体之间也必然会产生矛盾。在自治办理较早的天津县，1909 年县议事会拟订与劝学所划清权限办法并报予提学使，认定普及教育为自治职权，确定"官立公立私立各男女学堂统由劝学所经理"，"所有稽查功课延聘教员选择学员等事应照奏定章程仍归劝学所经理"，但议事会对地方学务有议决权，而董事会则经理一切办学公款，劝学所经费预算必须向董事会报告，经议事会核准后方可支领报销。^③ 天津县议事会拟订的这个办法把办学权与经费筹措权分开，劝学所成为自治学务的执行机构。

这种现实中的矛盾在 1909 年 1 月清政府颁布的城镇乡地方自治章程中也表现出来。该章程将中小学堂、蒙养院、教育会、劝学所、宣讲所、图书馆、阅报社等均归为"本城镇乡之学务"，纳入自治范围，^④ 但这与已有的劝学所定位不相吻合。当时也有人撰文指出，劝学所应为"地方自治所设之一机关，其职权自以教育行政为限"，而教育经费应为自治经费之一部分，即应由议事会遵章筹集，非劝学所所得过问。^⑤ 但清政府并没有沿着完全自治学务的思路前行，而是循着旧有路径，采取了加强官治的办法。

---

① 《学司吴详复抚部院遵将奉发谘议局呈赍全省教育议案逐条考核加具按语开折呈复文》，《湖南教育官报》1909 年第 9 期，"文牍"，第 4、8 页。
② 《前司沈拟订劝学所新旧章程对照表通饬遵照文》，《广东教育官报》1911 年第 3 期，"文牍"，第 103 页。
③ 《天津县议事会申学台重订议董两会与劝学所划清权限办法文》，《北洋官报》第 1986 册，1909 年 2 月，第 6 页。
④ 《宪政编查馆奏核议城镇乡地方自治章程并另议选举章程折并单二件》，《大清新法令（1901～1911）》（点校本）第 1 卷，第 154 页。
⑤ 沈颐：《论劝学所不负筹款之责》，《教育杂志》1910 年第 9 期，第 94 页。

1911年1月学部奏定《改订劝学所章程》，认为将劝学所列入自治范围有所不当，"劝学所为一种机关，而列入学务事宜之一，尤觉未当"。定"劝学所为府厅州县官教育行政辅助机关，除佐理官办学务之外，在自治职未成立地方，对于自治学务有代其执行之责；其在自治职已成立地方，对于自治学务有赞助监督之权"。在这个前提下，章程大大强化了劝学所的官治色彩，规定劝学所"佐府厅州县长官办理学务"，"劝学所设劝学员长一人，禀承该管长官办理劝学所一切事务"，"劝学所应办事务，须经该管长官核定，所有文件以长官名义行之"。在劝学员的选拔上也改变过去由总董选择的规定，改由地方官任命，即"劝学员长及劝学员由该管长官就本籍合格士绅保选若干员，开具履历清单，申请提学使派充，并报部立案"。同时，将职衔范围扩大到劝学员，即劝学员长及劝学员原无官职者，均得分别给予七、八品职衔，且任期以三年为满。[①]

在经费方面，明确规定"府厅州县办理学务一切经费，得由该管长官委任劝学所经理"，即仍维持了由劝学所经管学务经费的做法。显然，官方规定与天津县议事会和时人的愿望大相径庭。

面对官治和自治学务纠缠不清的问题，这个章程正式将学务分为自治学务与官办学务两个部分。劝学所是辅佐地方长官办理官办学务的机构，具体而言就是负责"官立学堂及其他教育事业之设置及稽核"、官办学务经费之核算及有关事项。而自治学务则体现在资政院和学部会奏的《地方学务章程》中，即由府厅州县及城镇乡自治职（即议事会、参事会、董事会、乡董）办理学务，具体为举办府州县中学堂、高等小学堂、初等小学堂、中等初等实业学堂在内的"公用学堂"；城镇乡结成乡学联合体或分学区举办包括初等小学堂、简易识字学堂、蒙养院等在内的"公用学堂"；其设立及维持之经费，"以在本区内之义务人

[①] 《学部奏改订劝学所章程折》，朱有瓛等编《中国近代教育史资料汇编——教育行政机构及教育团体》，第91~94页。

负担之";此外还设置学务专员,由议事会公推,地方官委任。①

经过这一改制,将府州县和城镇乡地方自治中本应是自治范围内的学务分成了官办学务与自治学务两个部分,与此相适应,劝学所的官治色彩得以强化。这时的劝学所不只接受地方官的监督,而且必须秉承长官委任办理事务,正式被纳入州县行政体系之中。但是由于大多数省地方自治尚未施行,所以仍然由劝学所代行自治学务职权。虽然劝学所兼具官治与自治特点,但性质已经发生变化,是以官办学务机构的身份代理自治学务。

清末预备立宪时期的改革是多头并进、全面铺开。在州县,随着教育、农工商、警察各项新政的全面推进,首先出现了专门性的职能管理部门,劝学所就是其中的一个。由于中国乡村社会原来就存在乡绅办教育的传统;也由于清政府从开始推广"兴学育才"时就认识到"各省经费支绌,在官势不能多设",所以要"劝谕绅富,集资广设";② 还由于清政府办理地方自治的指导思想本来就是"助官治之不足",自治应"受监督于官府",③ 所以在劝学所的设置上,采取了官治与自治结合的办法,既是官治机构,受提学使和地方官的领导监督,又给予劝学绅董一定权力,让他们自筹经费办学,具有自治职能。但是,由于改革的不配套,州县官制改革和地方自治都只在局部地方刚刚开始,所以劝学所在实际运行中既无法成为完全的自治执行机构,也没有被纳入行政体系之中。直到1911年《改订劝学所章程》和《地方学务章程》的公布,正式将学务分成了官办学务和自治学务两个部分,劝学所才最后定位为"府厅州县官教育行政辅助机关"。劝学所的这一演变,充分反映了清末地方机构改革中新旧交替的内在矛盾和基本特征。

---

① 《资政院学部会奏地方学务章程》、《学部奏订地方学务章程施行细则折》,朱有瓛等编《中国近代教育史资料汇编——教育行政机构及教育团体》,第82~90页。
② 《学务纲要总目》,《大清新法令(1901~1911)》(点校本)第3卷,第94页。
③ 《宪政编查馆奏核议城镇乡地方自治章程并另议选举章程折并单二件》,《大清新法令(1901~1911)》(点校本)第1卷,第149、151页。

二 州县劝业员和劝业公所

州县行政改革的一个重要内容是设置劝业员,劝业员为州县佐治员之一,"掌理该州厅县农工商务及交通事宜",并"可参用本地士绅"。①

1908年8月,宪政编查馆奏考核直省劝业道官制中定:"各厅州县应按照奏定直省官制通则,设劝业员一员,受劝业道及该地方官之指挥监督,掌理该厅州县实业及交通事宜,劝业员得参用本地绅士,由各该地方官采取舆论素孚廉能公正者,详请督抚照章考取委用。""各厅州县每届年终应将所办实业及本境交通情形分门别类制成统计表册,申报劝业道查考。"②

这个章程实际是按照直省官制通则将劝业员定为州县官的属官,并受劝业道和地方官的指挥监督。但当时的现实却使此章程难以实现,主要原因:一是直省官制通则虽然公布,但并未取得上下的共识,只在东三省和直隶、江苏试点;二是各省督抚鉴于经费和人才的缺乏,对州县行政改制并不热心;三是清政府预备立宪的重要内容是府州县和城镇乡的地方自治,各州县的工商实业发展到底是自治范围之事还是官治职权并不明确;四是当时工商实业主要集中在一些经济比较发达的地区,且以通商口岸、城镇为重点,除少数地区外,尚未普及多数州县。上述种种,都使各省州县劝业员的派委远远不如州县设置劝学所那么迅速。

此外还有一个客观因素,即学部成立于1905年,各省学政改设提学使是1906年,随即就制定各省学务官制,确定建立上下贯通的教育行政体制,并很快奏请简放了23名提学使。而农工商部制定各省劝业道官制的奏折1908年6月才上奏,两个月后才获宪政编查馆核订。各

---

① 《总司核定官制大臣奕劻等奏续订各直省官制情形折》,《清末筹备立宪档案史料》上册,第509页。
② 《宪政编查馆奏考核直省劝业道官制细则酌加增改折并清单》,《大清新法令(1901~1911)》(点校本)第2卷,第198页。

省劝业道的遴选派委大都是 1908 年下半年至 1909 年。到 1910 年，已设立者有直隶等 18 省，还有山西等省未设。① 这就导致各地州县劝业员设置普遍晚于劝学所。此外，其设置情况还与两个因素有关：一是州县地方的繁盛程度；二是督抚和劝业道对此的重视程度。

浙江属比较发达的地区，行动较快。1909 年 8 月，浙江劝业道董元亮遵章拟具试办劝业章程 7 章，札发 11 府各厅州县，"饬令迅速选择合格员绅出具切实考语，详请札派。一俟劝业员委定，即由各该县监督该员按照章程逐条认真举办。"② 不久，就有山阴县令具详劝业道，保举当地绅士杜某为劝业员，称其"学问渊博，平日研究实业孜孜不倦"。③ 泰顺县令鉴于该县"山多田少"、"市面寥落"，农会商会阙如，故先设立劝业公所以开风气。于是邀集城乡绅董会议，先就县署统计处附设劝业公所，推统计处编纂员齐凤鸣兼任劝业员。④ 在萧山，"宣统二年，奉浙江劝业道文设立（劝业公所）于火神庙，设立劝业员一人，助理一人，三年停办"。⑤

在四川，鉴于"劝业员所管实业交通各事非其人品学俱优不能胜任"，而专门学问之官绅不可骤得，于是成立劝业员养成所，由各州县经绅士推选，县令考察后遴选"稍具普通知识、才品尚可信用"之人入学。四川劝学员养成所第一、二班于 1909 年 4 月 23 日开学，其充选者"多系本地略有年望绅士、曾经担任地方公益之人"。该两班学员 188 人于 8 月 3 日毕业，以就地委任、彼此互调、暂缺三种方式分配，其中担任矿务理事者 33 人，任各州县劝业员者 129 人。第

---

① 《农工商部会奏续订直省劝业道职掌事宜折》，《大清新法令（1901～1911）》（点校本）第 9 卷，第 407 页。
② 《分类新闻·通饬各属保举劝业员》，《申报》1909 年 9 月 16 日，第 2 张第 4 版。
③ 《分类新闻·山阴县保举劝业员》，《申报》1909 年 11 月 7 日，第 2 张第 4 版。
④ 《分类新闻·泰顺县组织劝业公所》，《申报》1909 年 12 月 24 日，第 1 张后幅第 4 版。
⑤ 民国《萧山县志稿》卷 7《建置衙署》，收入《中国地方志集成·浙江府县志辑》第 11 册，上海书店出版社 1993 年影印本，第 413 页。

三班学员于 8 月中旬毕业，因各属劝业员已经派定，该班学员只能暂作候补。①

在直隶，1910 年劝业道鉴于各处风气渐开，已增设工厂 70 余处，但规模粗具，尚有诸多改良之处，设立劝业员刻不容缓。于是制定简章，定厅州县各设劝业员一员，受劝业道及地方官之指挥监督，掌理该厅州县实业及交通事宜。劝业员得参用本地士绅，由各该地方官参用舆论素孚廉能公正者，详请督抚照章考取录用。劝业员办公之地为劝业公所，得设调查员 4 人，由农工商各界人兼办，另设书记员、庶务兼会计员各一人。这些人由劝业员选择并呈明地方官札派，条件是曾办过实业及交通事宜，或办过地方公益卓有名誉者。② 乐亭县劝业公所于次年 7 月成立，劝业员由劝业道考试后委派，并拟将牛肉捐款作为劝业公所常年经费。③

在江苏，泰兴县"劝业分所附设商会内，宣统二年知县王元之设，此项亦奉部章设立，额定劝业员一人，以商会会员选充之"。④ 江都劝业分所于 1910 年冬经江都农务分会绅士组织成立，并投票公举劝业员，经江宁劝业道札准试办。至第二年始获钤记正式批准，并"赁定新城丁家湾民房一所，以为办公之地"。⑤

劝业员多数由劝业道委派绅士担任，也有的由省劝业公所派委。如广东丰顺县，"宣统元年八月设立丰顺县劝业公所，广东省劝业所委李

---

① 《督宪批劝业道详拟呈劝业员养成所详细章程课表》，《四川官报》1909 年第 5 册，"公牍"，第 2 页；《督宪批劝业道详第一次拟派各地方劝业员并各员卒业成绩分别列表文》，《四川官报》1909 年第 21 册，"公牍"，第 7 页；《三班劝业员毕业》，《四川官报》1909 年第 16 册，"新闻"，第 1 页。
② 《直隶劝业道详请设立劝业员拟订劝业所简章请查核文并批》，《北洋官报》1910 年第 2621 册，"章程类"，第 27~28 页。
③ 《乐亭县详劝业所开办日期并酌筹经费文并批》，《北洋官报》1911 年第 2921 册，"公牍录要"，第 7~8 页。
④ 宣统《泰兴县志续》卷 2《建置第二》，收入《中国地方志集成·江苏府县志辑》第 51 册，江苏凤凰出版社 2008 年影印本，第 310 页。
⑤ 《劝业分所成立》，《申报》1911 年 10 月 17 日，第 1 张后幅第 4 版。

（唐）为劝业所长兼劝业员"。① 也有少数是绅商公举产生，如上面提到的江苏江都。还有的省强调选用学堂毕业生充当劝业员，比如在云南，将省会中等农业学堂第一届毕业生一部分分配至各属初等农业学堂充任教员，另一部分充当劝业员，受提学司和劝业道札委。② 不过据清末《云南清理财政书》的统计，当时也只有一府三县设立了劝业公所。③

州县农工商业的推进和劝业员的设置大大落后于州县劝学所及巡警局所的设置。1909年11月，还有报载："闻政府为提倡实业起见，拟饬各省划分区域增设劝业员，广为劝导关于实业上一切改良事宜，所有各区成绩统由劝业道核其优次，以定各该员办事之臧否，而促各业之进步。"④ 面对各地劝业员设置不甚得力的状况，1910年农工商部札饬各省劝业道，略谓："振兴实业为现在开辟利源之要端，惟事极繁难，非专由官力所能办理，即应遵照部章在所属各府州县选举劝业员绅，以资襄赞一切，并即将选定各员之详细资格履历开列清册覆部存查。"⑤ 即进一步强调借助绅力来加快劝业员的设立。此后在农工商部的宪政成绩汇报中，主要是各省农林工矿的办理成绩，很少涉及各州县劝业公所和劝业员。

各州县劝业员"掌理该厅州县实业及交通事宜"，受劝业道及各该地方官之指挥监督。⑥ 劝业道掌管一省之农林实业交通，其上承农工商部，将各种奉办之事的指令下达到州县，并通过严格的报告制度考核各

---

① 民国《新修丰顺县志》卷3《大事记》，收入《中国地方志集成·广东府县志辑》第21册，上海书店出版社2003年影印本，第512页。
② 《本司叶札发省会中等农业学堂第一届毕业学生等第表通饬查照随时补充教员及劝业员分别呈请委派文》，《云南教育官报》第53期，宣统三年七月，"文牍"，第5页。
③ 即顺宁府、定远县劝业公所，光绪三十四年办；通海县、师宗县劝业分所，宣统元年办。《云南各府厅州县今年办理实业经费表》，《云南全省财政说明书》，岁出部，《清末民国财政史料辑刊补编》第3册，第598~601页。
④ 《分区劝业之计划》，《大公报》1909年11月18日，第2张第1版。
⑤ 《京师近电》，《申报》1910年6月14日，第1张第6版。
⑥ 《宪政编查馆奏考核直省劝业道官制细则酌加增改折并清单》，《大清新法令（1901~1911）》（点校本）第2卷，第194页。

州县劝业员。如四川就规定，各属劝业公所每旬终要将旬内发生之事、奉办之事及拟办之事禀明劝业道，每月月终再将各事件以填表的形式汇报到省。① 由劝业道分别给各劝业员记功记过。

在朝廷的压力之下，一些省的督抚匆忙裁撤佐贰，设立劝业员，导致许多地方都是有名无实，或者只有劝业员而无公所。但无论怎样，将促进农林工商的发展作为政府职能和考核指标，并设置专官予以负责，有助于改变州县政府职能。

三　州县巡警局所

20世纪初，随着新政的举办，各地省城商埠先后创立巡警局所，并逐步向州县推广。到1907年，办得较好的省如广东已有约45个州县设立巡警局，最早的是海康县与西宁县，均于1903年设立巡警正局与分局。② 在陕西，也有65个州县设立巡警局，其中1905年成立30个，1906年成立25个。③ 就规制而言，虽然各地不一，但有的组织也颇为完备。如浙江平阳县，1906年11月在城区设巡警总局，另在小南、万全、北港三区设分局，选派平阳协兵60名兼充警兵，以30名驻总局，30名分拨各局；知县为总巡官，营弁千总一员，兼充巡警官驻总局，把总一员，为巡查官，分巡各局。④ 1907年直隶邯郸县令拟订巡警章程，拟于城外四关及附近各村设立中区归总局监管，其四乡分为6区，所辖之村设巡所。⑤ 武强县也在县城设立巡警总局一处，"以为全境巡警总汇之所"，四乡为分局，共有巡警84名。⑥ 云南省因经费困难，总

---

① 《劝业报告之规定》，《四川官报》1909年第15册，"新闻"，第3页。
② 《广东省财政说明书》卷12《第五类·民政费》，北京图书馆出版社影印室辑《清末民国财政史料辑刊》第9册，北京图书馆出版社2007年影印本，第85~101页。
③ 《陕西财政说明书》"岁出部·民政费"，中央财经大学图书馆辑《清末民国财政史料辑刊补编》第1册，国家图书馆出版社2008年影印本，第439~468页。
④ 民国《平阳县志》卷18《武卫志二》，收入《中国地方志集成·浙江府县志辑》第62册，上海书店出版社1993年影印本，第172页。
⑤ 《邯郸县令郑令思壬拟巡警章程》，《北洋官报》1908年第1622册，第6~7页。
⑥ 《直隶武强县禀整顿全境现行章程》，《北洋官报》1908年第1701册，第13页。

督丁振铎在任时下令各属一律将原有团练改办巡警,"以期事半功倍",并将各属分为三等:一等者设正副巡长各一员,巡警60员;二等巡警40员;三等巡警30员。①

由于初建,所以各地州县巡警粉饰因循者不少,"有循保甲之规制而变其名者,有以团营巡勇乡勇改者,有以绿兵改者,有以乡镇原有之巡夫人等改者,有专用巡警者"。② 以致"编制各殊,章程互异,不独精神未能统一,即形式亦复参差"。1907年清廷发布直省官制通则,确定各省设置巡警道统一规划、整理警务,这就为规范各地警察建制提供了契机。1908年民政部奏拟巡警道官制,统一规定:"各厅州县设警务长一人,并各分区区官若干员,均受巡警道及该地方官之指挥监督,办理本管巡警事务。区官以下所有巡官、巡长、巡警等阶级名目,均应按照民政部定章办理。"③

之后,随着各省巡警道的设置,先后对州县警政进行了整顿。但由于州县行政官制改革并未全面进行,因此,有的省份以州县官兼任警务长或总办。如广东省1910年初已有50所正局,190所分局,统一于各厅州县设一警务所,以警务长领之,警务长由县令兼充;分划区域各设巡警区所,以区官领之;繁盛重镇和散处乡村依据情况分区酌设警务分所。④ 湖北亦是如此,如兴国州(今阳新县)巡警局建立于1909年,巡警局警务长由知州兼任,其下有巡长1人,巡警10人。⑤ 1910年监利县设巡警局,由知县刘延坦兼任警务长,全县有巡警272名。⑥

在浙江,1908年增韫出任巡抚后,设全省警务处,令各州县设立巡警局,以州县官为巡警事务总办,"禀承浙江全省警务处命令筹画办

---

① 《各省内务汇志》,《东方杂志》第4年第4期,光绪三十三年五月,第178页。
② 朱寿朋:《光绪朝东华录》,总第5664页。
③ 《宪政编查馆奏考核直省巡警道官制细则折并清单》,《大清新法令(1901~1911)》(点校本)第2卷,第191页。
④ 《札饬陆丰县巡警正局总董巡长文》,《广东警务官报》1910年第3期,第13页。
⑤ 湖北省阳新县地方志编纂委员会:《阳新县志》,新华出版社,1993,第571页。
⑥ 湖北省监利县志编纂委员会:《监利县志》,湖北人民出版社,1994,第513页。

理"本地巡警,"管理全境警务并稽查警务人员勤惰功过";州县官负责会同本地绅董筹集巡警经费;通过每年春秋各一次的警务会议随时筹议全境事务,并有谕派分局巡董、区巡警、巡记、巡长,募集巡警等权力。①

吉林省则属另一种情况。东三省总督和吉林巡抚上折,强调本省因原设民政司而非巡警道,民政司于警政外并综理民治疆理营务各事务,原省城设总局办理城厢巡警,以及各地亦设总局分局的局面,奏请变通部章,省城巡警局直接归民政司监督办理;州县巡警局设警务长一员,以下分别为区官、巡官、巡长各名目。章程还规定:"各府厅州县巡警局直接归地方官监督。"监督的主要职责是:警务长"直接承地方官命令综理各该管境内一切警务事宜";警务长发布巡警事务规则命令须呈由地方官转报民政司核定;对于该管人员之稽核、任用、黜退,以及辖内兴革事宜等须呈由地方官转报民政司;各项报表呈由地方官核转。州县巡警经费"概由地方官就地征收各项捐款拨用"。② 四川亦是在州县设置专职的正副警长,归地方官节制管理,"由地方官量才委用",一年期满由地方官加考禀由省局分别酌给奖励,如违反规则者,由地方官具文申其事由,禀请撤办。正副警长之薪水由地方官就地筹给。③

可见当时州县巡警建制有两种模式:一是由州县官兼警务长或总办,直接监督全境巡警事务;二是州县官通过专职的警务长领导全境巡警事务。不论哪种模式,州县官都有对巡警的直接管理责任,其中不仅包括选拔任用各级警官、邀集绅董筹集警察经费等项,还有对重要警务工作的核办权。如清末禁烟运动中,各地常因查禁私膏私土激起冲突,四川巡警道为此特地通饬各地警务长,要求"各属区巡官暨巡长巡警

---

① 《筹办浙江全省州县巡警章程》(无出版单位,原件藏上海图书馆),第3~5页。
② 《东三省总督吉林巡抚咨呈民政部吉省巡警及教练所警捐各章程请核定文》,《四川警务官报》1911年第3册,第1~2页。
③ 《警察总局详改良官绅权限划一章程请示文并批》,《四川官报》1907年第30册,第6页。

等对于查禁私膏私土之事，无论为据人呈报或亲自访闻，均须先行调查确实，报明该管长官，奉有长官命令指挥始可前往查拿；若情节较重，尚须由该长官商承地方官核办，不得不穿制服擅自往拿"。① 由此建立起警务人员执行重要警务工作须向地方官汇报的制度。

州县巡警建立初期，成员来源较杂、规制不一。现实状况和国外经验，使许多官员痛感警察非经专业训练不能充任。宪政编查馆通过的各省巡警道官制中强调："巡警有保卫地方监察人民之责，非品格高尚而于警政警学研求有素不能胜任"，所以强调先从办理巡警学堂入手，然后将毕业生分派各州县。浙江省因各府属"有以本地营汛佐贰及未学警察之绅士办理巡警者，警章混乱、权限不清"，所以力加整顿，巡警总局要求各地"从本年正月起通省各府州县警务人员未经学习毕业者不得充当，嗣后统归省城总局派委巡警学堂毕业学生，或由州县指明禀请，以杜流弊"。② 并制定章程，强调正巡官、副巡官必须是高等警务学堂毕业者；区长、区巡警、巡记，可由普通警务学堂毕业者充任；巡长、步巡、马巡、水巡等，以警务传习所毕业考取合格者任之。只有正副巡董、分局巡董、区巡董是公举本地绅士，分别由警务处札派或州县官谕派。③

为了培养警务人员，各地举办了传习所、教练所等培训机构。如四川于1907年开警察传习所，由各州县选送学绅入所学习，以后凡正副警长必须警察传习所毕业领有凭证，回籍后归地方官节制管理，由地方官量才委用。④ 广东也制订了一个划一的厅州县巡警教练所制度，要求各厅州县各设一所巡警教练所，分速成、完全两班，分别学习6个月和一年；所长承地方官之命令监督全所职员学生综核全所事务。对学员的资

---

① 《巡警道通饬各属警务人员查禁私膏私土先行报明各长官核夺札文》，《四川警务官报》1911年第3期，第16页。
② 《各省内务汇志》，《东方杂志》第5年第1期，光绪三十四年正月，第55页。
③ 《筹办浙江全省州县巡警章程》（无出版单位，原件藏上海图书馆），第1~3页。
④ 《警察总局详改良官绅权限划一章程请示文并批》，《四川官报》1907年第30册，第4~6页。

格要求是：无嗜好、年20岁以上35岁以下、身家清白及未犯过刑章、粗解文字语言清楚。学习科目包括国文、警察要旨、法政浅议、地方自治大纲、本处地理、操法、国语。学员毕业考试获得最优等、优等、中等者，方可由巡警道咨送总督并咨部备案后分别派往各地为巡警、巡长。①

实际上，由于州县巡警限期开办，人员准备不及，经费难以筹集，州县教练所终究未能全部成立。湖北有的地方即便建立了教练所，但"所收容学生半无选择"，"多属无业之游民，未尝学问，不知巡警之性质，而从事巡警之职务，纳龊不入，亦固其所"。② 因此实际情况远远没有达到各地章程中所规定的标准。

总之，1909年至1911年上半年，州县巡警已普及全国大部分州县。1909年声称州县巡警粗具规模的有直隶、吉林、黑龙江、江西、甘肃、湖南、广东、云南、热河等省。③ 其中最早开办州县巡警的直隶已有厅州县巡警26000余名。④ 四川到1909年底，"除理番懋功等异常边脊之属城厢巡警甫事筹设，其余一百三十七属巡警实皆粗具规模"。⑤ 湖北已有51个厅州县巡警初具规模，多的县巡警一百人以上，少的有10人、20人以上不等。⑥ 1910年安徽巡抚奏报，该省各州县巡警依限于宣统二年一律成立，各州县及芜湖商埠巡警共计3604人。⑦ 河南已

---

① 《广东省属各厅州县巡警教练所通行章程》，《广东警务官报》1910年第3期，第37~43页。
② 《关于警务之议案》，吴剑杰主编《湖北咨议局文献资料汇编》，武汉大学出版社，1991，第593页。
③ 《民政部奏专案奏报各省厅州县巡警年内粗具规模情形折》，《大清新法令（1901~1911）》（点校本）第6卷，第110页。
④ 《宪政编查馆奏遵限考核京外各衙门第二届筹办宪政成绩折》，《大清新法令（1901~1911）》（点校本）第6卷，第432页。
⑤ 《川督赵尔巽奏胪陈第三届筹备宪政情形折》，《政治官报》第900号，宣统二年三月二十四日，第8页。
⑥ 《宪政篇·湖广总督陈夔龙奏湖北现有巡警办法》，《东方杂志》第6年第6期，宣统元年五月，第322页。
⑦ 《安徽巡抚奏各州县巡警一律筹设及调查口数情形折》，《四川警务官报》第1年第3册，第18页。

有78处州县成立巡警。① 到1911年上半年,甘肃除一个州外,其余各属巡警一律开办。② 其余江苏、浙江等省都声称厅州县城关巡警已于上年一律完备。吉林巡警已完备者33厅州县,巡警46041名,此外还建立了森林巡警、水上巡警。③ 黑龙江已派好各属警务长,繁盛地方并分设各科,警务人员经省考核后任用。④

清末州县巡警包括城厢巡警和乡镇巡警两部分,最早开办乡镇巡警的是直隶。1905年,天津试办四乡巡警,"视村庄大小,定警兵多寡。殷富之区五十户一名,荒僻之区百户一名,暂定巡警七百二十四名"。⑤ 1908年,东三省总督徐世昌与吉林巡抚朱家宝会商创办乡镇巡警保护地方,因款项支绌,先暂仿行乡勇办法,由营务处派武弁分往各地会同地方乡长创办,枪械皆由地方筹办。⑥ 之后,奉天等省仿照办理了乡镇巡警。

在民政部定的筹备立宪期限中,宣统三年为筹备乡镇警察之期。然而由于府厅州县各级审判厅也要在同期完成,而"搜查逮捕等事又不能专恃城厢巡警",所以"乡镇巡警不能不提前赶办"。四川巡警道于1910年11月制订乡镇巡警暂行办法,规定州县乡镇巡警划区办理,每区设一巡警分署,设警官2人、巡警48人。各区区官巡官由地方官择旧日办理警务著有成绩熟悉情形者,禀请巡警道札委或禀由巡警道在省委派。乡镇巡警除由各厅州县教练所毕业生或城厢旧有巡警拨充外,如不敷用可募本区土著良

---

① 《河南全省财政说明书》"地方行政费",《清末民国财政史料辑刊补编》第6册,第468～479页。
② 《陕甘总督长庚奏为甘省第三年第二届筹备宪政成绩折》,《京报》宣统三年五月,上海书店影印本,第442页。
③ 《东三省总督赵尔巽吉林巡抚陈昭常奏报第六届筹备宪政情形折》,《内阁官报》第99号,宣统三年十月初十日,第4页。
④ 《东三省总督赵尔巽黑龙江巡抚周树模奏第四年筹备宪政成绩折》,《内阁官报》第97号,宣统三年十月初八日,第6页。
⑤ 《拟定天津四乡巡警章程》,《袁世凯奏议》(下),天津古籍出版社,1987,第1170～1176页。
⑥ 《新政纪闻·巡警暂仿乡勇办法》,《北洋官报》1908年第1656册,第9页。

第五章 道府州县行政改制

民编入巡缉队。并规定"各厅州县地方官为所属乡镇巡警直接监督,有禀承巡警道增损办法条规综理一切行政,暨督率稽查进退各职员之权";"警务长于全境警务均应帮同地方官办理"。① 四川巡警道拟订的章程中说,"开办之初限于经费不能遍设,应择其最繁要之区先设,其余各区逐渐推广"。到 1911 年初,四川已有成都、华阳、巴县、汉州等十六州县开办了乡镇巡警区 43 处,分驻所 80 处,官警共 2021 名。②

位于最基层的乡镇巡警在推行的过程中更是乱象频现。四川巡警道认为:"乡镇警材亦不必具有精深学理始堪胜任,尽可短期教练速成备用。"③ 标准低下,各处办理更是因地而异,四川灌县"实系以团练之旧规植乡警之新矩";④ 懋功厅"自营兵挑充"。⑤ 直隶正定县乡镇巡警"悉由各村自行筹办,而各村初无一定办法,警董区长虚有其名"。⑥ 乡警素质低下是不争的事实。

乡镇巡警在各省逐步推广。据宪政编查馆 1910 年考核各省第二年第二次筹办宪政的报告,吉林不独厅州县粗具规模,即乡镇巡警亦皆次第筹设,黑龙江亦饬各属将乡镇巡警预先举办,广东、湖南、四川、贵州已粗具规模,湖北全属成立者已在八成以上。⑦ 安徽省 1911 年初报告,大通、休宁、寿州等地乡镇巡警亦初具规模。⑧ 河南也有 11 个县

---

① 《四川厅州县乡镇巡警暂行办法》,《四川官报》1909 年第 23 册,第 1~4 页。
② 《巡警道呈详第三届承办宪政事宜成绩并成都县等十六州县按照咨准办法提前开办乡镇巡警恳请核明文》,《四川警务官报》1911 年第 2 册,第 14~16 页。
③ 《巡警道批石柱厅禀本厅筹议加捐肉厘以作巡警教练所及乡镇巡警经费恳请查核示遵文》,《四川警务官报》1911 年第 1 册,第 14 页。
④ 《巡警道批灌县禀筹办乡镇巡警拟加肉厘作为常年经费文》,《四川警务官报》1911 年第 2 册,第 17 页。
⑤ 《护督宪批懋功厅禀巡警年收马桑寨地租作费永为公产文》,《四川警务官报》1911 年第 3 册,第 1 页。
⑥ 《正定县蔡令济清禀筹妥的款拟将城乡巡警另拟改良办法文并批》,《北洋官报》1909 年第 2040 册,第 6 页。
⑦ 《宪政编查馆奏考核京外各衙门第二年第二次筹办宪政成绩折》,《大清新法令(1901~1911)》(点校本)第 8 卷,第 381 页。
⑧ 《奏为遵章报明皖省各厅州县巡警一律筹设及调查口数情形恭折》,《四川警务官报》1911 年第 3 册,第 18 页。

办了四乡巡警。①

民政部奏折云："巡警之职,凡盗贼疾疫之未萌,争讼斗殴之将发,及一切养民保民诸政,均与闾阎休戚息息相关。"② 吉林各州县设巡警局,仿照巡警道分科章程设立总务、行政、司法、卫生四科,各设科员、副科员。同时按照巡警职务分为差遣队、消防队、缉探队、清道队,分别承担公文迎送官差、各衙署局所护卫、火警扑灭、访缉匪盗、捕拿犯罪、修理道路、倾运垃圾等事。③ 从中可以看出,清末州县巡警除基本治安职能外,还承担消防、维护城乡卫生和社会公共秩序的职能。

民政部还借鉴国外警察制度,制订《违警律》,1908年5月经宪政编查馆考核后公布。《违警律》确定了各项违警事件的处罚范围与原则。"违警"事件不仅涉及政务,还包括公众危害、交通、通讯、秩序、风俗、身体与卫生、财产各方面,直接涉及民众生活。大凡无故散布谣言、违章搬运火药、未经官准制造烟火及一切火器、妨碍交通、妨碍通信、私自建屋、深夜无故喧嚷、游荡赌博、奇装异服有碍风化等等,警察均可以予以收取罚金或拘留等处罚。④ 民政部尚书肃亲王善耆"深恐州县所设之警务有侵越职权与地方纠葛情事,日前特行知各省所有州县之警察除违警律外,均不得干预,以期各有专责而免紊乱"。⑤ 《违警律》划分了公共领域中民众行为的界限,确定了警察权力行使的依据,有助于在法制的基础上建立新的城乡社会秩序。

户口调查与管理是州县巡警的重要职责。1908年民政部制定调查

---

① 《河南全省财政说明书》"地方行政费",《清末民国财政史料辑刊补编》第6册,第478~479页。
② 朱寿朋:《光绪朝东华录》,总第6000页。
③ 《东三省总督吉林巡抚咨呈民政部吉省巡警及教练所警捐各章程请核定文》,《四川警务官报》1911年第3册,第1~2页。
④ 《宪政编查馆奏考核违警律折并单》,《大清新法令(1901~1911)》(点校本)第3卷,第9~18页。
⑤ 《咨饬划分州县警政》,《北洋官报》1909年第2145册,第10页。

户口章程,定各省以巡警道为调查户口总监督,各州县以知县、知州为监督,在自治职未成立地方,由监督督率所属巡警,并遴派本地方公正绅董会同办理。① 具体实施中,有的地方是派调查员调查户口,以巡警为协助;而有的地方则由巡警直接调查户口。如江苏镇江,由巡警总局派员会同各区巡官调查户口,将年龄、事业详细登记造册。另外还令凡有迁徙、婚嫁、死亡等事,"该户须到局报告,以核其实"。②

州县巡警还承担逮捕、押解盗贼凶犯等司法职能。1907 年法部奏定司法警察职务章程,定司法警察的职责为:逮捕人犯(现行犯得由巡警径行逮捕)、搜查证据、护送人犯、取保传人、检验尸伤、接受刑事呈词(即命盗、杀伤案件,警区得接受呈词,移送检察厅办理),但不得受理民事诉讼。③

此项职能原由州县官府的捕役、仵作等来承担,现在转向司法警察,并加以规范,是一个进步。但司法警察职能的发挥是以司法审判制度的变革为基础的,然而直至清政府覆亡,除少数州县外,初级审判厅和检察厅都未能建立,加以警察自身毫无侦探能力,"不能搜出凭证以得其实情,于是两造呈刁,无从定谳,彼时间官棘手,遂有以刑逼从事者"。④ 此外,警察越权司法之事也时有出现。四川巡警道称,州县警务长常有"属民刑范围者往往径自处理"之事。推其原因,有"地方官希图省事委令处分者","民间苦于胥吏之需索拖累而惟警署是趋者",还有"虽非有心违章,究属不明权限者"。⑤

维护地方治安,是各州县警察的首要职责,主要方法是巡逻。在州

---

① 《民政部奏调查户口章程折并章程》,《大清新法令(1901~1911)》(点校本)第 1 卷,第 133 页。
② 《警察局清查户口》,《北洋官报》1909 年第 2029 册,第 11 页。
③ 《法部等奏定司法警察职务章程》,《大清新法令(1901~1911)》(点校本)第 1 卷,第 409~412 页。
④ 《民政部通饬司法警察关系重要应切实整顿文》,《大清新法令(1901~1911)》(点校本)第 11 卷,第 262 页。
⑤ 《巡警道通饬警务长划分权责不得稍涉侵越札文》,《四川警务官报》1911 年第 3 期,第 14~16 页。

县城厢主要有站街（在指定地点站岗）和巡街（在所管地界往来巡行）两种方式。在各乡镇则有三种形式：一是缉捕巡逻。四川乡镇巡警暂行办法中就强调"乡镇巡警不必拘守城厢站岗办法，当先注重缉捕巡逻，并严密访查区内有无匪踪及窝户，以遏盗源"，其办法是将每区巡警分成两部分，一部分守护分署，须10人以上；以一部分巡逻乡场，并要昼夜轮班，至少20人以上，均佩枪械。① 二是借助保甲。吉林农安县令每屯各举公正一人为屯长，协同巡警逐一清查，先将各户姓名年岁执业丁口填给门牌一纸，按户实贴，以清眉目，并以十家联为一牌，互相结保，遇有一家窝盗，或一家为盗，则十家同罪。还设探访队，与乡巡警留意侦查可疑之人。② 三是另编预备巡警或巡缉队，寓警于农。吉林就各村壮丁分别挑选编入册籍，分班调练。闻警则聚而捕盗，无事则散。③ 四川亦规定，乡镇巡警如不敷用，得募本区土著良民编入册籍作为巡缉队，分两种：一种为编制入伍支给薪饷者；一类为不入伍者，平时分班调练，无事乃散而归农，有警则传集服务。人员采用按户挑选之法，由地方官按照挑选团丁办法行之。④

在清政府看来，警察不仅承担"防患保安"之要务，还有"保卫地方监察人民之责"，⑤ 也就是在以"民"为监察对象的条件下达到"防患"的治安目的。尤其是清末，面对各种层出不穷的"民变"和革命党人的反清活动，地方官员常把警察作为"弹压"力量。基于这种指导思想下的制度设计，州县警察不仅融保甲、团练、捕役多种权力于一身，而且还成为民众的监督力量，从而使其又超越保甲、团练、捕役的功能，成为基层社会中一种新的权力关系。加以这种权力行使不规范，使民众对其产生恐惧，导致警民冲突不断。

---

① 《四川厅州县乡镇巡警暂行办法》，《四川官报》1909年第23册，第2页。
② 《农安县寿鹏飞禀陈治盗条议文并批》，《吉林官报》1909年第5期，第3页。
③ 《吉抚陈奏吉省办理警务情形折》，《甘肃官报》1910年10月第1期，第9页。
④ 《四川厅州县乡镇巡警暂行办法》，《四川官报》1909年第23册，第1~4页。
⑤ 《宪政编查馆奏考核直省巡警道官制细则折并清单》，《大清新法令（1901~1911）》（点校本）第2卷，第191页。

警察权力具有强制性，一些地方巡警执行公务时，动辄用武力相迫。① 尤其是发生"民变"之类的群体事件时，州县巡警常常成为一支参与弹压的力量。如1910年安徽南陵乡民反对户口调查，自治公所以知县出境未归，特函请巡官陈某典史阴某分途往南北两乡弹压解散。② 同年奉天安东四区发生抢米风潮，县令先派四区乡董协同巡警前往排解，不成，复又派司法巡弁前往阻拦。③ 6月直隶易州乡民因反对举办新政加捐而焚毁自治局，知州王某即带领巡警百名前往弹压。④ 浙江遂昌县乡民因反对抽学捐捣毁学堂，巡警前往保护学堂，民众迁怒巡官，又将巡警总局捣毁一空。⑤

清末在推行新政的过程中，很多措施一时难以得到民众的认同，地方官急于求成，不惜借助警力强制推行。清末实行禁烟、禁赌政策，省由巡警道为禁烟会办，州县由地方官负责查禁。而地方官则以警察充当查拿烟土、查禁聚赌的角色，因而不断引发警民冲突。官府分析个中原因，不得不承认除民贪利忘害外，而"查拿之人"即警察"或信人言捕风捉影，或喜事贪功轻举妄动"亦为重要因素。⑥ 直隶巡警职能中原有禁止赌博一条，一旦发现有聚赌之事，巡官区长可径行派人往拿。然多地因抓赌酿成命案，所以1908年直隶警务处下令，遇有聚赌之事，应由巡警局派员探明密报地方官后，与官府持票差役会同捕拿，"巡警不得擅施枪械"。⑦

---

① 如《大公报》曾报道，山东潍县巡警与人发生口角，即用警棍横击路人，某学生经过劝止，巡警不仅不服，还肆行谩骂。县令袒护巡警，扣押学生，引发城中绅商学界进省城上控。见《大公报》1908年8月16日。此类事件当时报纸常有报道。
② 《中国大事记》，《东方杂志》第7年第5期，宣统二年五月，第74页。
③ 《中国时事汇录》，《东方杂志》第7年第6期，宣统二年六月，第140页。
④ 《中国大事记》，《东方杂志》第7年第7期，宣统二年七月，第112页。
⑤ 《中国大事记》，《东方杂志》第7年第10期，宣统二年十月，第160页。
⑥ 《巡警道通饬警务长划分权责不得稍涉侵越札文》，《四川警务官报》1911年第3册，第16页。
⑦ 《直隶警务处禀请批饬各州县将从前自行拟定警务章程一律废止悉照此次禀定职务权限及处分规则请示文并批》，《北洋官报》第1733册，第6~7页。

更广泛的警民冲突是"反警捐"事件。清末州县警察经费以就地筹集为主。如吉林巡警款项除县城由司库领用外，其余各属均系就地征收，名为"警捐"，包括营业捐（商捐、车捐、房捐及戏妓捐等）、地捐（亩捐、菜园地捐及市场地捐等）、卫生捐（屠兽捐等）。此外，"省城及各府厅州县巡警截获及收入违警罚金等项均得留充巡警特别费用"。①河北正定采取"随粮代收"办法，每粮银一两收学警等费大钱八百文。②陕西省州县巡警局收取的警捐有商捐、铺户房租捐、棉花行抽捐、染房捐、船捐、斗房铁炭捐等等，各属巡警用款一千至两千串不等，可谓"捐上加捐"，"收索靡遗"。③

乡镇巡警的经费更是要由各地方自筹。四川规定："乡镇巡警经费以各属旧有之团练经费尽数拨充，如尚不敷用或尚无团练款项之处，由各该地方官督同绅首设法添筹"。并加肉厘作为乡镇巡警常年经费，收马桑寨地租作为巡警公产，此外还有酒厘、糖捐等。④吉林乡警常年薪饷则取自每垧地抽收中钱800文，在商铺则按照资本以250吊折地一垧，亦抽中钱800文，均按春秋两季征纳。⑤

与团练经费主要得之于绅商的捐助不同，警捐则取之于民，收取的范围更宽、更广，并成为一项指派的任务，故而成为各地警民冲突的重要根源。《东方杂志》在报道这一类现象时，认为"实源于知县与绅士之勒捐"。一个"勒"字，道出了借助官力、警力收取警捐的实情。表面上看，各地皆有不准巡警局所或个人插手经费筹集的规定，然而事实上，仍有不少地方巡警直接插手经费收取。在吉林，各属巡警所需经费

---

① 《东三省总督吉林巡抚咨呈民政部吉省巡警及教练所警捐各章程请核定文》，《四川警务官报》1911年第3册，第1～18页。
② 《正定县蔡令济清禀筹妥的款拟将城乡巡警另拟改良办法文并批》，《北洋官报》1909年第2040册，第8页。
③ 《陕西全省财政说明书》"岁出部·民政费"，《清末民国财政史料辑刊补编》第8册，第438页。
④ 《巡警道批灌县禀筹办乡镇巡警拟加肉厘作为常年经费文》、《护督宪批懋功厅禀巡警年收马桑寨地租作费永为公产文》，《四川警务官报》1911年第3册，第17、1页。
⑤ 《乡巡薪饷之筹画》，《吉林官报》1909年第5期，第2页。

多系巡警局中员弁经理收支,且自收自用,以致"民间不免猜疑"。①所以后来又颁布章程,规定各乡镇市集地方应收捐款由地方官派员前往催收或委任他项机关代收,巡警局不得兼办。

由于各地警捐涉及面广,收取不易,加以警察建立后,本身就成为一支强制性力量,所以不少地方在催收过程中,往往借用警力,"各捐户应纳捐款如有迟滞不纳者,省城由警务长派警催追,各府厅州县由地方官派人催追,或即委任警务长派警代催"。② 而一旦警力介入后,往往会激化矛盾,形成大规模冲突。如江苏镇江抽房捐以充警费,警局迫令沿街菜贩迁往指定地点,每担每日抽捐四十文,县署书办和巡警乘机敲诈,激起众怒。群众万余人到县署请愿,巡警开枪打死4人,警局被毁。③ 直隶隆平县举办四乡巡警,兼筹学堂经费,擅将各村"看青会"应摊粮麦改为折钱征收,数千人进城要求免捐。警兵开枪,打死农民5人,打伤6人。群众气愤之下,攻城捣毁巡警局。④ 湖北宜昌警察总办甚至亲率勇丁,随带刑具,按户勒捐。⑤ 从这一角度来看,各地反警捐斗争中,有相当一部分是由于警察介入催捐并动用武力而引发的民愤。

州县巡警是新政中建立的新制度,它把基层社会管理和治安纳入法制化轨道,对改变基层社会治理模式意义深远。由于州县巡警直接面向基层社会,因此它的建立,在逐步取代昔日保甲、团练、官府捕役的功能的同时,又促使基层社会治安模式变化,即改变传统的由官府、士绅、宗族共同维护治安的格局,转向由官府直接管理,国家权力借助警察职能深入基层,并促使乡绅进一步分化,传统的乡村社会结构开始解体。

---

① 《吉林民政司呈报各属巡警及经费均归地方官节制筹办文并批》,《北洋官报》1909年第2120册,第9页。
② 《吉林全省警捐章程》,《四川警务官报》1911年第3册,第14页。
③ 《清末民变年表》,《近代史资料》1982年第3期,第123页。
④ 《清末民变年表》,《近代史资料》1982年第3期,第172页。
⑤ 《东湖县议董事会陈请该县警察勒捐滥刑案》,吴剑杰主编《湖北谘议局文献资料汇编》,武汉大学出版社,1991,第584页。

四 佐治员、分科治事与裁汰旧职

在1906年厘定官制大臣将直省官制方案电商各省督抚之后，1907年《各省官制通则》公布之前，编纂官制大臣载泽曾有一个"地方官设佐治员并酌拟佐治员任用法说帖"，其中值得注意的有三点：

一是称"州厅县属下各设佐贰分掌财赋巡警教育监狱农工商及庶务"，说明在他们的设计中，佐治员等同于"佐贰"。在既往体制中，各县设置佐贰独立分掌某一项或几项事务，为朝廷命官，但各县设置并不统一。现在则要求各州县统一设置各佐治员分管各项事务，当然也允许"僻小不能备员者许其兼设"。

二是说帖称"各省电覆大半以无才无费为词。查学部颁定劝学所章程，各属皆有劝学员，巡警普设则各属皆有巡官，典史本为管狱官，但须改良毋庸添设，所少者惟财赋农工商二项耳。今拟州厅县之下分为六项，一曰总务长，二曰主计员，三曰警务长，四曰劝学员，五曰劝业员，六曰典狱员"。并称可以兼设，这样，州县在原来三项之外仅添一项，"所需公费尚易筹措"，即将已经设立的劝学员、巡警局巡官纳入佐治员行列。

三是佐治员的选拔，"皆由各州县自行选举，不拘官绅，详候酌委"，"凡法政学堂毕业者，旧为举贡生员者，地方素著名誉者，皆可延揽"。即可任用本地新旧人士。①

显然，这个说帖是为打破督抚"无人无费"的顾虑而采取的变通之法，既继承已有的事实，又在任用方面放宽标准。

1907年公布的直省官制通则与说帖略有区别，如设置上，或许是为了进一步减少经费负担，减少了"总务长"一职，只设置五员：警务长一员，掌理该州厅县消防户籍巡警营缮及卫生事宜；视学员一员，

---

① 《附编纂官制大臣泽公等原拟地方官设佐治员并酌拟佐治员任用法说帖》，《东方杂志》第3年第8期，光绪三十二年七月，第423页。

掌理该州厅县教育事宜；劝业员一员，掌理该州厅县农工商务及交通事宜；典狱一员，掌理该州厅县监狱事宜；主计员一员，掌理该州厅县收税事宜。

在任用方面，表述更为清楚：各佐治员缺"应由司道各就本科考取国文通畅，科学谙习人员，详请督抚委用。视学、劝业二员，并可参用本地绅士，由州县采访舆论，举其贤能端正者，一律详请与考委用，仍分咨各部存案"。①

清廷设置佐治员的出发点，是鉴于"我之州县，则以一人而治彼数百人之事，绝无佐理之人"的弊端，设置"辅佐之职"与"佐理之人"。正如出使各国考察政治大臣戴鸿慈等奏请改定全国官制折中所说："考日本府县官制，于知事下设书记官、警部长、收税官、参事官、视学官、典狱官等，除书记参事外，各官各有其属。凡府县署中分设四部：曰内务、曰警务、曰收税、曰监狱。内部复分五课，其它警务、收税、监狱三部署亦皆各有分职。是其辅佐周备，纤悉靡遗，似亦我国州县所宜酌量取法，分曹治事，而各设专官者也。"②

上述佐治员的规划，是建立在"同署办公"机制上的，即府县署内分别设置各个职能部门，各有所属，同向府县长官和自治机关负责。这是借鉴外国经验后提出来的。但这种体制在当时却无法办到，原因一是督抚反对，二是行政与自治的界限难以划清。如前所述，劝学所学务分为自治学务和官治学务，致使早期劝学所兼有自治与官治性质，总董由选举产生，规定兼视学员，但许多地方却无法统一。

正是佐治员的制度设计与现实难以统一，所以直到1909年，政府都没有真正拿出最后的佐治员设置方案。有报纸报道："政府前会议及各省州县增设佐治员一节，兹闻以直省州县事宜，其权限尚未判别清

---

① 《总司核定官制大臣奕劻等续订各直省官制情形折》，《清末筹备立宪档案史料》上册，第509~510页。
② 《出使各国考察政治大臣戴鸿慈等奏请改定全国官制以为立宪预备折》，《清末筹备立宪档案史料》上册，第378页。

晰,遽设佐治员亦属无从着手,拟俟各省新官制颁行之后再为添设。"①实际上,此时各省州县的劝学所、巡警局均已陆续开办,劝业员也在设置之中,但由于缺乏统一的规划,各地设置的情况有别,加上府州县、城镇乡地方自治刚刚启动,官治与自治的界限还没有真正划分清楚,导致其中除巡警局外,其他二者都存在官治与自治界限不清的问题,从而也就使制度设计与实际情况之间产生偏差,带来一些新的问题。

就以州县学务佐治员的设置来说,如上文所述,州县劝学所出现后实际有三类人员:一是劝学所总董,是经绅士公举后由州县官提交提学使札委;二是县视学,直属提学使,并禀承地方官监督巡视境内学务;三是劝学员,负责各学区办学事宜。按照通则,应是将视学员作为佐治员,"掌理该地方教育事业",但实际上,当时人们所理解的视学员的职责是监督地方学务的;从身份上看,许多地方视学由总董兼任,而劝学总董由绅士担任,是经办一地学务的,而视学是官,是代替上级部门监督学务的,由此带来身份混淆、职责不明的情况。

但1910年后,有的地方开始出现学务佐治员。1909年安徽提学使请仿照新颁官制章程设立州县学务佐治官,居住州县署中,遇有学务事与州县官共同商量。② 浙江提学使也仿照湖北等省办法,委派各府学务佐治员作为省教育行政机关之分寄,并帮同地方官办理学务文牍。③ 这些地方设立的学务佐治员是县署内帮同地方官办理学务的官员。

州县劝业员也是如此。虽然通则确定劝业员可参用绅士,但各地在设置过程中,或因为经费和人员的牵制,或因为农工商业被视为自治范围内的事,所以实际中劝业员的身份也是五花八门,如云南州县劝业公

---

① 《佐治员又将缓设》,《大公报》1909年11月18日,第2版。
② 《安徽前升学司沈请设学务佐治官详文》,《湖南教育官报》1909年第4期,"京外学务丛录",第4页。
③ 《浙江学司支委派各府学务佐治员呈报抚宪文》,《湖南教育官报》1909年第11期,"京外学务丛录",第14页。

所设在自治公所；江苏泰兴则附设商会内，劝业员由商会会员充之；广东镇平县将劝业公所与农务分会并列。① 现实中的劝业员身份与类似"佐贰"的佐治员也有很大的差距。

就警务长而言，初期不少省州县巡警均由州县官直接任总办或兼任警务长。1910年5月民政部酌拟巡警道属官任用章程中，将各厅州县警务长及各分区区官列为巡警道的属官，规定州县警务长应由巡警道在高等考试合格者中选拔派署，"俟一年期满，再由巡警道出具切实考语详请督抚奏补，并将履历咨行民政部存案"。警务长考核每届三年举行，由巡警道查验该员办事成绩，出具切实考语详请督抚奏请分别升黜并咨行民政部存案。② 但如上节所述，现实中则有两种情况：一种是仍然由州县官兼任警务长，如广东、湖北等省皆是；另一种是设置专职的警务长，如四川，警务长由地方官节制管理。

只有东北情况不同。由于府厅州县多半新设，教职延不到任，员缺久悬，所以1908年9月东三省总督徐世昌和吉林巡抚朱家宝、署黑龙江巡抚周树模奏请设立视学官并停选教职，视学员由提学使考查品学兼优热心教育者酌量选充，其资格"以举贡生员学堂毕业者为宜"。③ 东三省州县的视学员是停选教职的情况下由提学使选任，具有正式的官缺。之后东三省总督徐世昌与署黑龙江巡抚周树模又制订黑龙江续设道府厅县设治章程："各道府厅县均不设大使、经历、巡检等官，裁旧有之承办处，而设佐治员，以分理庶政；裁旧有之捕盗营民壮等名目，而分设司法、行政、巡警，以树新政之基。"道府厅县"新设各缺，均拟仿照新定直省官制，改设佐治员，以资分理"，设置的府厅县佐治员包括审判员一员、视学员一员兼劝学员一员、警务长兼典狱一员、主计员

---

① 参见曾作铭《清末劝业道探析》，硕士学位论文，华中师范大学中国近代史研究所，2010，第83页。
② 《民政部奏酌拟巡警道属官任用章程折并单》，《大清新法令（1901~1911）》（点校本）第8卷，第347页。
③ 《东三省总督徐世昌吉林巡抚朱家宝署黑龙江巡抚周树模奏请设立视学官停选教职折》，《政治官报》第334号，光绪三十四年九月初六日，第4页。

一员，以上均"禀承地方官"管理各项事务。① 比较符合通则设佐治员的原意。

虽然清末州县改革中出现的视学员、劝业员、警务长都与制度规定的"佐治员"存在着不小的差距，但他们的出现已开始改变州县官"一人政府"的格局，出现了执行各项职能的行政官员。同时，也在省与州县之间建立起一种"上下贯通"的权力体系，各视学员、劝业员、警务长一方面受上级部门，即提学使、劝业道、巡警道的领导和指挥，同时又要受州县官的监督与管理。

1911年1月，15位督抚就外官制改革联名上奏，要求督抚拥有佐治员的人事权："府厅州县之进退决于督抚，各就事务繁简酌设佐治员，由其自辟，呈报督抚加札委用。各司府厅州县及佐治员之资格，皆先行规定，由保荐者负其责成。"② 以往佐贰均由吏部分发，而佐治员则由督抚自辟，这是各省督抚为强化自身作为地方行政长官权力的重要举措。

由于州县官新政工作的繁多，各种新职的陆续设立，有些地方已经开始在县署内分科治事并陆续设置相应的机构，如贵州，在清理财政、匀定州县公费中，各属添设行政庶务主计三科，每科各设科员一人，"所有丁粮厘税租杂捐等项，凡属财政范围以内，概归主计科员经收，从前间有报告不实即责成主计科员彻底清厘，随时改良，主计官与地方官互为监督"。行政一科则管理从前刑钱幕友之事，庶务一科管理从前管账杂务暨稽查监狱等事。同时宣称裁汰幕友管账。③

在广西，1910年巡抚张鸣岐拟请州县援用分科治事办法，每署分

---

① 《东三省总督徐世昌署理黑龙江巡抚周树模奏黑龙江续设道府厅县酌拟设治章程折》，《大清新法令（1901~1911）》（点校本）第5卷，第40~42页。
② 《东三省总督锡良等致周树模电》，《清末筹备立宪档案史料补遗》，《历史档案》1993年第3期。
③ 《贵州巡抚沈瑜庆奏汇报通省各官起支公费并各属办公经费等折》，《政治官报》第1345号，宣统三年闰六月初四日，第8页。

设文牍、主计、庶务三科,每科设科员一人。①

同年吉林通化改六房为三科:行政科、会计科、执法科,各科设有科长一员,"督率科员书记办理各科事宜",另裁撤了原有供传递及差遣的三班。②

1907年《直省官制通则》公布时,在要求各直隶州、直隶厅及各州县酌设佐治员的同时,一律裁撤各直隶州、直隶厅和各州县所设佐贰杂职,"酌量改用";还要求将所管地方酌分若干区,各置区官一员,承本管长官之命,掌理本区巡警事务,"其原设之分司巡检,应即一律裁撤,酌量改用"。即在州县佐治员设置过程中确定了"汰旧设新"的原则。但这项工作涉及面广,进展缓慢。进入宣统年后,由于各职能部门的设置和县署分科治事的进行,旧职无法胜任新的工作的矛盾日益突出,同时由于财政困难,也需要裁汰旧职,将节省下来的钱用于新职需要,这样一些省督抚认识到"欲增有用之官以专责成,宜先去无庸之官以节浮费",③ 裁汰教职、佐贰及胥吏的工作才有加快之势。

1. 裁汰教职

劝学所出现以后,旧有教职仍然存在了一段时间。④ 其重要原因是1906年起虽然停止科举考试,但是各种旧有科举人员仍大量存在。清政府为了解决他们的出路问题,又举办各种考职。致使新制初建,旧制难以一下子消除。然而另一方面,由于劝学所统管全县学务,致使州县衙门原有教职权力缩小,在一些地方出现教职虚设的情况。1905年,直隶总督袁世凯、安徽巡抚诚勋、河南巡抚陈夔龙先后奏请裁撤三省教职,要求去半留半,但吏部复奏时并未同意,认为保留教职,将来可兼

---

① 《桂抚张奏酌定司道以下文职各官公费折》,《大清新法令(1901~1911)》(点校本)第9卷,第55页。
② 民国《通化县志》卷3《政事官署》,收入《中国方志集成·吉林府县志辑》第2册,江苏凤凰出版社2006年影印本,第489页。
③ 《宪政编查馆会奏议复桂抚张鸣岐奏请裁冗员折》,《政治官报》第648号,宣统元年七月初二日,第4页。
④ 州县一般有经制和复设教职二员。

充各处学堂教员，并提出了一个"逐渐裁减"办法，即嗣后遇有复设教职缺出，即行停选，三年裁半。① 1909 年，贵州因财政困竭，各属办学苦不能扩充，奏请将通省教职全部裁撤，将其俸薪资产衙署移作办学之用，裁撤人员进入视学讲习所学习，肄业后分派各属充当视学差使。②

1910 年，又有吉林巡抚上折称，吉林教职向用直隶人铨选，由于官闲地僻，额缺久悬，几同虚设，要求将全省府州县教授教谕训导缺出一律停止铨选。吏部复议时认为，"生员考职孝廉方正一切甄别保送事宜，皆系教官专责，若全行裁撤办理尚多窒碍"，只同意吉林量予变通，而他省裁撤教职应暂从缓议。③ 这样州县就出现了新旧职并存的情况。

2. 裁汰佐贰佐杂

裁汰佐贰等旧官涉及多方利益，必定是艰难的。1904 年，先后有直隶总督袁世凯、安徽巡抚诚勋、河南巡抚陈夔龙、四川总督锡良、山西巡抚张曾敭等上折裁汰同通以下佐贰杂职等缺，政务处议复时认为："同知通判乃京官升选之途"，应"酌留额缺"，而佐贰等职亦可"因时转移"，移驻用于河防铁路等"始料不及"之处，都没有同意。④

原《直省官制通则》要求，"从前各省直隶州直隶厅及各州县所设佐贰杂职应即一律裁撤，酌量改用"。之后，有的省有所动作。1908 年两广总督张人骏奏裁南雄州州同及三水县三水司巡检。⑤ 1909 年初湖南巡抚岑春蓂奏报，裁撤与知州、州县同处一城的茶陵州州判、浏阳县县

---

① 《吏部奏拟将教职逐渐停选折》，《东方杂志》第 2 年第 12 期，光绪三十一年十二月，第 221 页。
② 《贵州巡抚庞鸿书奏拟裁撤通省教职就款兴学折》，《政治官报》第 526 号，宣统元年闰二月二十七日，第 22 页。
③ 《吏部奏议覆吉抚奏请裁教职各缺停止铨选折》，《大清新法令（1901～1911）》（点校本）第 8 卷，第 390 页。
④ 《政务处议复各督抚裁汰冗官折》，《政务处议复四川山西各督抚奏裁官缺折》，《大清新法令（1901～1911）》（点校本）第 2 卷，第 199、205 页。
⑤ 刘锦藻：《清朝续文献通考》卷 135《职官二十一》，第 8954 页。

丞二缺；又裁撤已成闲曹之永绥厅茶峒知事和与县城较近的巡检共四缺。① 同年广西裁撤柳州府通判、林州州判、布经历、按经历、各府经历、知事、各土州土县州同、州判、吏目、典史、龙胜厅胜司巡检等30缺。②

1910年，"枢府以明年各省州县警察即应大加推广，各地方审判厅亦将成立，所有各州县佐贰人员职同虚设，若仍旧设立不惟虚縻巨款，且多牵掣行政权限，议由政务处宪政馆会同吏部核订变通办法，应如何改简归并之处，即定于宣统三年实行"。③ 在朝廷的督饬下，一些省才有所动作。

同年9月湖南巡抚杨文鼎奏报，因"与本管长官同城，位属闲曹"，裁撤长沙县与善化县县丞二缺；因"所驻之地均距各厅州县城六七十里，地方僻陋并非必不可少之员，况职小位卑，缺瘠事简"，裁撤茶陵州视度巡检、湘阴县大荆巡检、浏阳县永安巡检、攸县凤岭巡检等共13处巡检。④

然而，"裁旧设新"不仅是裁旧，还要设立新职来替代，但是就在这方面，督抚们大都迁就于经费人才的缺乏，处处表现出畏难情绪。1909年，广西巡抚张鸣岐奏请裁撤几个州府的州判、经历等缺，同时又认为"目下府州县佐治官猝难照章遍设"，裁撤佐贰杂职要等设立佐治员时再行逐渐裁改。⑤ 正是由于外官制尚未定议，一些省督抚采取观望态度，各地裁撤旧职工作仍旧进展缓慢。

在裁撤巡检的同时，有的地方又因地制宜地增设巡检。1910年，

---

① 《吏部会奏议复湖南茶陵州州判等缺裁撤片》，《大清新法令（1901～1911）》（点校本）第5卷，第239页。
② 刘锦藻：《清朝续文献通考》卷135《职官二十一》，第8951页。
③ 《筹议变通州县佐贰办法》，《申报》1910年2月22日，第1张第7版。
④ 《湖南巡抚杨文鼎奏酌裁湖南同通佐贰各缺折》，《政治官报》第1075号，宣统二年九月二十三日，第9页。
⑤ 《宪政编查馆会奏议复桂抚张鸣岐奏议裁冗员折》，《政治官报》第648号，宣统元年七月初二日，第4页。

四川总督赵尔巽奏，四川宁远府西昌县境内辽阔，拟于普济威龙地方添设巡检一员，名曰"普威巡检"，为夷疆要缺，管理狱讼及兴学、屯垦等事。经民政部、吏部议准后添设。①

在个别地方，随着初级审判厅、检察厅的设立，以及模范监狱的建成，开始裁撤典史。如奉天抚顺县，由于初级审判厅检察厅的设立，"一切命盗各犯由该厅收管"，原典史将任初级审判厅推事，典史一缺几同虚设，所以1909年初东三省总督徐世昌等奏请裁去抚顺县典史一缺。后又奏请裁撤奉天府司狱，承德、兴仁两县典史。②

1911年江西报告，该省有县丞48缺，裁汰32缺，各府州县教职117缺，全部裁去；而各县典史和各府厅州照磨吏目缺因有典守监狱之责，未有裁撤。③

3. 改造与裁汰胥吏

就州县衙门而言，需要一批从事文字工作的人员，所以有的地方通过改造与裁汰两条路径来解决书吏及其他胥吏问题。1907年，湖广总督张之洞曾通饬各衙署革除门丁，改用候补人员，改名称为"办事官"；嗣后又议将各署书吏裁汰，招考候补中文理明、畅达例案者分派承之，也名曰"办事官"，全部发给薪水。④ 但改革进展缓慢，直到1909年，湖北谘议局还提出《实行裁汰书役案》，提出将书吏名称更改为"稿生"、"写生"，确定资格，"以生监或毕业学生充之"，废除陋规，由州县就地筹款，"酌定薪水"。另外依据州县繁简程度，限定名

---

① 《民政部会奏议复川督奏西昌县境请添设巡检员缺折》，《大清新法令（1901～1911）》（点校本）第9卷，第325页。
② 《东三省总督徐世昌奏请裁去抚顺典史缺等片》，《政治官报》第476号，宣统元年二月初七日，第9页；《东三省总督徐世昌奏裁撤奉天府司狱各缺片》，《大清新法令（1901～1911）》（点校本）第5卷，第271页。
③ 《江西巡抚冯汝骙奏裁撤藩司属官暨同城佐贰佐杂教职各缺折》，《申报》1911年9月19日，第2张第2版。
④ 《各省内务汇志》，《东方杂志》第4年第10期，光绪三十三年十月，第505页。

第五章　道府州县行政改制

额，其余全部裁汰。①

其余各地大都采取保留一部分旧有人员，其余全部裁汰的办法。如湖南常德府府差酌留72名，武陵县差酌留120名，桃源准留90名，龙阳准留80名，沅江准留70名，余均概行革除。②

关于各州县的衙役，一些地方在创办巡警的过程中纷纷将衙役改充巡警兵，如直隶鸡泽县，1907年建立巡警时，县令禀请将旧例各项衙役一律裁并，改为司法巡兵，"专供法衙搜捕传拘之用"，后经直隶总督批准通饬所属一体遵办。③

在行政机构变革的同时，还裁撤幕友门丁，改用各种委员。如奉天，1908年就令各属将庸劣幕友一律裁撤，选拔"素识品优"之人为文案委员，"助理裁判行政等事"；还裁撤门丁改为收发委员。总督徐世昌巡抚唐绍仪还饬令各属：如"奉行不力，或名去而实存，或偶裁而复用，一经查出，定予撤参"。河南巡抚吴重熹也札饬各属，将门丁裁革改用收发委员，"以期廓清积弊"。④ 而在山东宁阳县，将稿案名目裁去，改用承启官，所有绅董进谒、民间呈递词状，并转发批判案件，无论寻常重要，各项公事及书差禀启事宜，悉由该委员承转代递，同时裁去门丁、书差人等。⑤

---

① 《实行裁汰书役案》，吴剑杰主编《湖北谘议局文献资料汇编》，武汉大学出版社，1991，第283页。
② 刘锦藻：《清朝续文献通考》卷28《职役二》，第7804~7805页。
③ 《各省内务汇志》，《东方杂志》第4年第12期，光绪三十三年十二月，第563页。
④ 《各省内务汇志》，《东方杂志》第5年第1期，光绪三十四年正月，第52~53页。
⑤ 《各省内务汇志》，《东方杂志》第4年第4期，光绪三十三年四月，第177页。

第六章

地方自治制度的施行

从一般意义来说，自治是相对官治而言的，地方自治制度不是官僚制度，而是一种民选、民治、民享的宪政制度。在中国传统社会里有乡绅之治，他们以身份为基础，天然地充当乡村领袖，而不是基于民主选举和民主监督，因此，还不是完全意义上的类似西方的地方自治。清季筹备立宪，仿照日本自治模式实行地方自治。然而我们看到，清末无论关于外官制改革的讨论，还是顶层设计，都将地方自治制度作为外官制改革的一个重要组成部分，出使考察政治大臣戴鸿慈等人是如此，《直省官制通则》也是如此。原因就在传统中国是行政权力独大，官制实际就是关于官僚体制的一整套制度；而宪政改革的方向是司法、行政、立法分立和地方自治，势必突破原有的官制体系。与此同时，当时的官僚们的知识结构中也只有官制，所以大多数都是从官制出发来考察司法、立法分立和地方自治问题。宪政编查馆在奏核城镇乡及府厅州县地方自治章程的奏折中就一再强调："自治者，乃与官治并行不悖之事，绝非离官治而孤行不顾之词"；[1] "臣等窃维官治与自治同为国家之行政机关"。[2] 地方自治不能脱离官治而进行，是外官制不可缺少的一个方

---

[1] 《宪政编查馆奏核议城镇乡地方自治章程并另议选举章程折并单二件》，《大清新法令（1901～1911）》（点校本）第1卷，第149页。
[2] 《宪政编查馆奏覆核府厅州县地方自治暨选举各章程折并单》，《大清新法令（1901～1911）》（点校本）第7卷，第237页。

面。而这种认识,又是清廷在地方自治乃至司法、立法机关建立中自觉强化官治的重要认识根源。

第一节 地方自治制度

一 地方自治的制度设计

预备立宪,地方自治是其必要的基础和组成部分,但地方自治制度设计有一个过程。先前一些省份已有地方自治的试点,如上海、天津、奉天等,但做法不一。清政府在预备立宪政策确立后,开始借鉴日本的地方自治制度,准备在全国推行地方自治。第一步,就是试探各省督抚、将军对地方自治的基本态度。1906年11月5日,厘定官制大臣通电各省督抚、驻防将军,就直省官制改革征求他们的意见。编制官制大臣拟"每府州县各设议事会,由人民选举议员,公议本府州县应办之事。并设董事会,由人民选举会员,辅助地方官,办理议事会所议决之事。俟府州县议事会及董事会成立后,再推广设城镇乡各议事会各董事会及城镇乡长等自治机关,以上均受地方官监督"。[①] 即实行府厅州县和城镇乡两级地方自治,实施顺序是从上至下,先府厅州县,再城镇乡。对地方自治的建议,多数督抚、将军持有限支持的态度,认为目前民智未开,或地处偏荒,或经费无着,实施的条件还不成熟。因此,主张分次第、区域和年限逐步推进,或者要求暂时缓行。清政府综合上述各方的意见,几经讨论,于1909年1月18日(光绪三十四年十二月二十七日)正式颁布《城镇乡地方自治章程》和《城镇乡地方自治选举章程》。一年后,即1910年2月6日(宣统元年十二月二十七日),又颁布《府厅州县地方自治章程》和《府厅州县议事会议员选举章程》。

---

① 侯宜杰编《清末督抚答复厘定地方官制电稿》,《近代史资料》总第76号,中国社会科学出版社,1989,第52页。

这些章程构成了清季地方自治的法规体系，也是中国历史上取法外国（主要取法日本），第一次以法规的形式确立地方自治制度，指导和规范正在全国兴起的地方自治建设。

从文本解读和分析的角度，可以大致将清季地方自治制度概括为如下几种具体的制度安排。

1. 自治选举制度

自治章程规定府厅州县、城镇乡为上、下两级自治单位。

《城镇乡地方自治章程》规定城镇乡选民的资格：（1）有本国国籍；（2）男子年满二十五岁者；（3）居本城镇乡接续至三年以上者；（4）年纳正税或本地方公益捐二元以上者。居民内有素行公正，众望允孚者，虽不具备三、四款规定之资格，亦得以城镇乡议事会之议决，作为选民。若有纳正税或公益捐较本地选民内纳捐最多之人所纳尤多者，虽不具二、三款之资格，亦得作为选民。

关于丧失选民资格的规定是：有如下情形之一者，虽具备规定之选民资格亦不得为选民。（1）品行悖谬，营私武断，确有实据者；（2）曾处监禁以上之刑者；（3）营业不正者（其范围亦规约定之）；（4）失财产上之信用，被人控实，尚未清结者；（5）吸食鸦片者；（6）有心疾者；（7）不识文字者。

城镇乡选民按照章程所定，有选举自治职员及被选举为自治职员之权。无选举和被选举为自治职员资格的人包括：现任本地方官吏者、现充军人者、现充本地方巡警和现为僧道及其他宗教师者。现在学堂肄业者，也不得被选举为自治职员。

府厅州县选民资格与城镇乡一致。《府厅州县地方自治章程》规定：府厅州县所属城镇乡选民有选举城镇乡自治职员之权者，除现任本府厅州县官吏、巡警外，均有选举府厅州县议员之权；除小学堂教员外，得被选举为府厅州县议员。

但是城镇乡和府厅州县的选举方法和程序不尽相同。城镇乡议事会选举每年一次,"采取直接选举制度而参用等级主义",① 即依据纳税额将选举人分为甲、乙两个等级。"择其年纳正税或公益捐较多者若干名,计其所纳之额足当选举人全数所纳总额之半者,为甲级;其余选举人为乙级";"两级选举人分别各选举议员半数,其被选举人不必限定与选举人同级"。② 这是借鉴了日本町村的等级选举制度。宪政编查馆对此的解释是"选举人不分等级,尤易使刁生劣监挟平民冒滥充选"。③ 甲乙分等的依据是纳税额,但前者总是少数。如据江西首县南昌的统计,共计居民 138656 人,选民总数 2437 人,完纳税捐总数 38781.6 元。其中甲级选民 257 人,余归乙级。选举名额 37 名,内以 19 名归甲级。④ 根据这个数额统计,选民占总居民人数的比例是 1.76%,其中甲级选民的当选比例是 13.5∶1,即 13 个半人中可有一人当选;乙级选民的当选比例是 121∶1,即每 121 个人中才有一人当选,相差悬殊。

每届选举之时,由城镇董事会总董或乡董派定调查员,按章查取合格人员,造具选举人名册,并宣示 20 日,由议事会核定准否后予以公示。选举时在自治公所设投票所,先举行乙级选举,后举行甲级选举。采取无名单记法,即每票只书被选举人一名,还要在附记中写上被选举人为众论所称道的一二事例。开票后以得票较多数者为当选。

城镇乡董事会的选举:凡选举总董二年一次,选举董事及名誉董事每年一次,由城镇议事会议长预定选举日期召集议员举行,并呈请地方官亲临或派员监督之。总董用无名单记法选举,以得票满议员数三分之一者为当选;董事及名誉董事用无名连记法,分次选举,以得票满议员总数三分之一者为当选。总董、董事及名誉董事均由地方官给予执照。

---

① 邵义:《论府厅州县自治》,《法政杂志》第 1 年第 5 期,宣统三年六月二十五日,第 60 页。
② 《城镇乡地方自治选举章程》,《大清新法令(1901~1911)》(点校本)第 1 卷,第 171 页。
③ 《宪政编查馆奏核议城镇乡地方自治章程并另议选举章程折并单二件》,《大清新法令(1901~1911)》(点校本)第 1 卷,第 150 页。
④ 《各省筹办地方自治》,《申报》1910 年 6 月 15 日,第 2 张第 2 版。

乡董及乡佐选举二年一次，由乡议事会议长预定选举日期，召集议员举行，并呈请地方官亲临或派员监督之。乡董及乡佐用无名单记法，分次选举，各以得票满议员总数三分之一者为当选。选举乡董、乡佐完毕后，由议长开列姓名履历及得票数目，造具清册，呈请地方官任用，给予执照，并由地方官申请督抚咨报民政部存案。

府厅州县议事会议员的选举则只用直接选举制度。即以所属城镇乡之区域划分选举区，由府厅州县长官依据议员数额分配之法确定各选区议员数额，申请督抚核准。选举时由城镇总董乡董编造选举人名册予以公布。选举时在各选举区分设投票所，由总董、乡董管理选举投票事宜。投票用无名单记法，但于选票附记中只能注明所选举人官衔、职业、住所等项，不得夹写其他诸项。选举以得票较多者为当选。应选者由府厅州县长官给予执照，并呈报督抚汇咨民政部存案。①

府厅州县参事会参事员由议事会议员中互选，以议员十分之二为额，随同议事会改选时一同改选，但得连任。参事员不得同时兼任谘议局议员，或该议事会及城镇乡议事会议员、城镇董事会职员或乡董、乡佐。②

2. 自治议决制度

城镇乡议决机关是城镇乡议事会。城镇乡议事会议决事件包括：自治范围内应行兴革整理事宜；自治规约；自治经费岁出入预决算；自治经费筹集及处理方法；选举上之争议；自治职员办事过失之惩戒；关涉城镇乡全体赴官诉讼及其和解之事。议事会议决事件，由议长、副议长呈报该管地方官查核后移交城镇董事会或乡董执行。城镇乡议事会会议每季一次；经地方官之通知，及董事会或乡董之请求，或议员全数三分之一以上之请求，得开临时会议。

---

① 《府厅州县议事会议员选举章程》，《大清新法令（1901~1911）》（点校本）第7卷，第253~257页。
② 《府厅州县地方自治章程》，《大清新法令（1901~1911）》（点校本）第7卷，第244页。

但府厅州县的议决机关则与城镇乡有很大不同，也就是"府厅州县议事会及参事会掌议决自治事宜"，即议事会和参事会都有议决权，但议决的内容各有侧重。

议事会议决事件包括：本府厅州县自治经费的岁出入预算、决算事件；自治经费的筹集和处理方法；城镇乡议事会应议而不能议决之事件；其余依据法令属于议事会权限内之事件。议事会会议每年一次，虽可召开临时会议，但要由府厅州县长官掌握。

参事会则议决议事会议决事件之执行方法及其次第；议决议事会委托本会代议事件；议决府厅州县长官交本会代议事会议决之事件；审查府厅州县长官提交议事会之议案；议决本府厅州县全体诉讼及其和解事件；公断和解城镇乡自治之权限争议事件；其余依据法令属于参事会权限内之事件。参事会会议每月一次。如有特别事由经府厅州县长官召集或参事员半数以上之请求者，得随时开会。

可见，府厅州县议事会的议决权主要集中在自治经费的筹措和使用方面，权限极为有限；而参事会则有代议事会议决之权。山东地方自治筹办处解释府厅州县设置议事会、参事会两个议决机关的理由有三：（1）府厅州县议事会每年开会一次，不能频行召集，而应行议决事件及其他争议事件及条陈事件时常发生，所以要在议事会之外设参事会以补其不及；（2）凡议事会议决职能备其大纲，若详细节目及一切执行方法则力有不逮。补遗适当之议决机关以求详慎，并可受议事会委托议决；（3）议事会议决事件中以财政为要，但因不能时常开会，故于检查自治经费收支账目可设参事会代行其职权。① 可见参事会是常设议决机关，实际凌驾于议事会之上。

3. 自治执行制度

在自治执行制度方面，城镇乡与府厅州县也不完全一样。

在城镇乡自治职中，城镇董事会、乡董分别是城镇、乡地方自治的

---

① 《府厅州县地方自治章程释义》，《山东自治报》1910年第15期，第11页。

执行者。城镇董事会设总董一名，董事一名至三名，名誉董事四名至十二名。乡设乡董一名，乡佐一名，任期均为二年。

城镇董事会与乡董之职权为：议事会议员选举及其议事之准备；议事会议决各事之执行；依法令或地方官署委任事务之执行；执行方法之议决。

也就是说在城镇乡自治中，议决、执行都分别由自治职来担任。当然，两个自治职之间也有一定的制约关系。董事会于议事会议决事件，视为逾越权限，或违背律例章程，或妨碍公益者，得申明缘由，交议事会复议。若议事会坚持不改，得移交府厅州县议事会公断。反过来，议事会对于城镇董事会或乡董所定执行方法，视为逾越权限，或违背律例章程，或妨碍公益者，同样可以声明缘由，止其执行。如董事会或乡董坚持不改，可移交府厅州县议事会公断；如再不服，则呈地方官核断。① 就是说，议、行分立，两者相互依存，也相互制约。而且除乡董外，议、行均采用合议体制，即"议事会、选民会、董事会等，各由二名以上自然人之组织，遇事和衷商榷办理者，是也"。②

从城镇乡自治团体的运行实践来看，一般来说，对地方公益问题的提出、议决、执行、检查和监督，议、董两会及官府均能按章进行。议事会对各类议案进行讨论和表决。表决通过与否，以莅会议员过半数为准。若获得通过，议事会将"所有备文呈报地方官查核，一面备知会书，移请董事（会）执行"。③ 在下一次议事会开会时，议事会一般会对董事会的执行情况进行检查。

不过，议、董两会彼此也时有冲突。如1910年松江"秋季议事会议毕后，照章将各议案送请董事会执行。本届华娄自治公所为公款公产

---

① 《城镇乡地方自治章程》《大清新法令（1901~1911）》（点校本）第1卷，第153~163页。
② 《城镇乡地方自治篇》，原载《绍兴公报》宣统元年四月初十、四月二十二、五月初六日，浙江社会科学院历史研究所、浙江图书馆编《辛亥革命浙江史料续辑》，浙江人民出版社，1987，第180页。
③ 《苏州长元吴城自治议事会议决案》，《申报》1910年7月21日，第2张第2版。

议决之件，有被董事会驳斥者，各议员不服，遂定期于本月十三日至二十日召集议员开临时会，以谋对付，大约不免与董事会激战矣"。① 又如，福建闽侯城董事会于1910年9月曾提出"董事会办事规则"，要求议事会议决，但某董事"以'董事会办事细则'应由董事会自定，又以'自治规约'亦属公定，皆不在议事会议决权之内，电请民政部解决"。② 议、董两会争执的焦点，实际上就是两者在该问题上的权限划分。

而府厅州县地方自治制度则不一样。如前所述，府厅州县参事会也是一个议决机关，那谁来履行执行的职责呢？是府厅州县长官。《府厅州县地方自治章程》专列"自治行政"一章，定府厅州县长官"执行府厅州县议事会或参事会议决之事件"，此外还可"提交议案于府厅州县议事会或参事会"、"掌管一切公牍文件"，还承担"其余依据法令属于府厅州县长官职权内之事件"。也就是说，以府厅州县长官作为"自治行政"执行议事会和参事会的议决事件，同时还设置自治委员若干人，以"辅佐长官执行自治事宜"。③

4. 自治经费保障与管理制度

城镇乡自治经费的来源分为三类：本地方公款公产；本地方公益捐；按照自治规约所课之罚金。公款公产，以向归本地方绅董管理者为限；其城镇乡地方向无规章所指公款公产或其数寡少不敷用者，得由议事会指定本地方关系自治事宜之款项产业，呈请地方官核准拨充。公益捐款分为两种：附捐和特捐。附捐是指就官府征收之捐税，附加若干作为公益捐者；于官府所征捐税之外，另定种类名目征收者，为特捐。附捐数目不得起过原征捐税定数十分之一。公益捐之创办，由议事会拟具章程，呈请地方官核准遵行。

---

① 《议事会定期开临时会》，《申报》1910年11月14日，第1张后幅第3版。
② 《闽侯议董两会之大争执》，《申报》1911年1月21日，第1张后幅第4版。
③ 《府厅州县地方自治章程》，《大清新法令（1901～1911）》（点校本）第7卷，第247页。

按城镇乡地方自治章程规定，自治经费由议事会议决管理方法，由城镇董事会或乡董管理之。公款公产之内，有系私家捐助，当时指定办理某事之用者，不得移作他用。附捐由该管官吏按章征收，汇交城镇董事会或乡董收管。特捐由城镇董事会或乡董呈请该管地方官出示晓谕，交该董事会或乡董自行按章征收。自治经费的岁出入款项必须以预算形式于每年十一月议事会会议期内，移交该会议决。预算议决后，"由议长副议长呈报该管地方官查核后，移交城镇董事会或乡董按章执行"。决算于每年二月议事会会议期内，移送该会议决。无论预算、决算议决后，都应由地方官申报督抚存案，并于本地方榜示公众。

另外还有日常的自治经费出入之检查制度，即定期检查和临时检查。定期检查每月一次，由城镇董事会总董或乡董行之；临时检查每年至少一次，由城镇董事会总董或乡董，会同该议事会议长、副议长及议员一名以上行之。

府厅州县的自治经费来源更广泛一些，除公款公产外，还有地方税、公费及使用费和"因重要事故临时募集之公债"。其中地方税要等度支部厘订《地方税章程》后施行，公费和使用费都可经议事会议决后向相关关系人或使用人征收。[①] 在"为府厅州县永远利益"、"为救济灾变"、"为偿还负债"等情况下，经议事会议决、府厅州县长官申请督抚核准后，可募集公债；为筹备预算内之支出，还可募集短期公债。

府厅州县自治经费也须以预算、决算的形式提交议事会议决。均须由府厅州县长官申请督抚核准，并咨报民政部、度支部存案，并于本地方张榜公众。

5. 自治监督制度

按照清政府的既定理念和基本政策，"自治之事，既渊源于国权，

---

① 《府厅州县地方自治章程》中对"公费"和"使用费"的规定是："府厅州县于依据法令应行办理之事有关系个人利益者，得向该关系人征收公费"；"凡使用府厅州县公共营造物或其他公产者，府厅州县得向该使用人征收使用费"。见《大清新法令（1901~1911）》（点校本）第7卷，第249~250页。

即应受监督于官府"。《城镇乡地方自治章程》第六章"自治监督"就规定：城镇乡自治职，各以该管地方官监督之。该管地方官应按照本章程，查其有无违背之处而纠正之，并令其报告办事成绩，征其预算、决算表册，随时亲往检查。将办理情形，按期申报督抚，由督抚汇咨民政部。其分属二县以上，或直隶州与县管辖者，由各该州县会同监督之；地方官有申请督抚解散城镇乡议事会、城镇董事会，及撤销自治职员之权。

除此之外，自治监督还表现在以下几个方面。如议决事件的查核，议事会议决事件，由议长、副议长呈报地方官查核后，再移送董事会、乡董执行；城镇董事会总董的确定，总董由城镇议事会选举正陪各一名，呈由该管地方官，申请督抚遴选任用。由议事会从选民中选举出的董事、乡董和乡佐，都得呈报地方官核准后任用。又如对自治经费的征收、预算决算，都规定了地方官的相应管理权限；再如，选举总董、董事、名誉董事、乡董和乡佐时，规定地方官要亲临或者派员监督；当选的议员、总董和名誉董事，都由地方官给予执照，才正式被认可。①

府厅州县的自治监督，包括上级长官和府厅州县长官两个方面：上级长官是本省督抚，他们得令该府厅州县呈报所办事情况，随时调阅公牍文件，检查收支账目；对于预算认为不当时，可予以削减；遇有不得已情节，得咨请民政部解散府厅州县议事会。凡府厅州县长官对于议事会及参事会之议决事件，有交令复议及撤销之权；对于自治预算有核准、减削之权；对于应行核准事件，除批驳外，更有改正之权。长官还有权令议事会停止会议。②

---

① 《城镇乡地方自治章程》，《大清新法令（1901~1911）》（点校本）第1卷，第153~164页。
② 《宪政编查馆奏复核府厅州县地方自治暨选举各章程折并单》，《大清新法令（1901~1911）》（点校本）第7卷，第251、238页。

二 地方自治制度中的官治与自治

以往学界在讨论清末两级地方自治方案时,都注意到其"以自治补官治之不足"的特点,但忽略了城镇乡和府厅州县两个方案中"官治"与"自治"关系的不同,而这种不同则构成了两种不同的运作方式。

城镇乡地方自治的原则,正如宪政编查馆在奏核地方自治章程中所说:"自治者,所以助官治之不足也",原因就在于"民生所需,经纬万端。国家设官董治,仅挈大纲,非独政体宜然,实亦势有不逮。若必下涉纤忽,悉为小民代谋,设官少则虞其丛脞,设官多则必至于烦扰。况山国泽国,利害不必悉同,好雨好风,嗜欲尤多殊异,强以官府之力行一切之法,意本出于爱民,而受之者或反以为不便"。正是基于基层事务万端而官府常有鞭长莫及难以治理之势,须以自治予以补充并与官治相对待,故城镇乡自治章程总纲第一条即标明:"地方自治,以专办地方公益事宜,辅佐官治为主。"

城镇乡自治所办地方公益事宜包括以下八个方面:(1)本城镇乡之学务:中小学堂、蒙养院、教育会、劝学所、宣讲所、图书馆、阅报社,其他关于本城镇乡学务之事。(2)本城镇乡之卫生:清洁道路、蠲除污秽、施医药局、医院医学堂、公园、戒烟会,其他关于本城镇乡卫生之事。(3)本城镇乡之道路工程:改正道路、修缮道路、建筑桥梁、疏通沟渠、建筑公用房屋、路灯,其他关于本城镇乡道路工程之事。(4)本城镇乡之农工商务:改良种植牧畜及渔业、工艺厂、工业学堂、劝工厂、改良工艺、整理商业、开设市场、防护青苗、筹办水利、整理田地,其他关于本城镇乡农工商务之事。(5)本城镇乡之善举:救贫事业、恤嫠、保节、育婴、施衣、放粥、义仓积谷、贫民工艺、救生会、救火会、救荒、义棺义冢、保存古迹,其他关于本城镇乡善举之事。(6)本城镇乡之公共营业:电车、电灯、自来水,其他关于本城镇乡公共营业之事。(7)因办理本条各款筹集款项等事。(8)其他因本地方习惯,向归绅董办理,素无弊端之各事。

城镇乡自治的范围涉及地方公益事业的各个方面。宪政编查馆进一步强调:"地方自治既所以辅官治之不及,则凡属官治之事,自不在自治范围之中……非国家之所许,即不容人民之滥涉,经理在民,董率在官。""故自治者,乃与官治并行不悖之事,绝非离官治而孤行不顾之词",[①] 也就是区分官治与自治,自治职不得涉足官治事务,只享有在本地范围内的公益事务权限,以此辅助官治之不足。这是城镇乡自治的基本特征。

府厅州县自治是上级自治。"其地位介于官府与下级自治之间,兼有官治与自治之性质,故其编制必为官治与自治合并之制度。"宪政编查馆解释这样做的原因是:地方公益事务规模大小有别,其中关系多数利害者,皆非由上级自治办理不可;国家委任事务有需费较巨而下级自治不能担负,必要由上级自治承担;下级自治除要由官府监督外,还需要上级自治监督。[②] 所以要建立与下级自治不同的上级自治。府厅州县"官治与自治合并"的特征表现在以下三个方面。

一是府厅州县的自治事宜包括两个要点:"地方公益事务关于府厅州县全体,或为城镇乡所不能担任者";"国家行政或地方行政事务以法律或命令委任自治职办理者"。即府厅州县自治职除承担本地自治职能外,还要承担国家或地方行政委任的事务。

二是参事会"以该府厅州县长官为会长"。值得注意的是,章程对于参事会职能的更改,即参事会不是议事会议决事件的执行机关,而是"常设之议决机关"。也就是说参事会没有执行权,与议事会不是平行的机构,而是在地方官交办的情况下,有权代议事会议决事件和审查地方长官提交议事会之议案。

[①] 《宪政编查馆奏核议城镇乡地方自治章程并另议选举章程并单二件》,《大清新法令(1901~1911)》(点校本)第1卷,第149~154页。
[②] 《宪政编查馆奏复核府厅州县地方自治暨选举各章程折并单》,《大清新法令(1901~1911)》(点校本)第7卷,第237~238页。

三是专设"自治行政",由府厅州县长官担任,执行议事会和参事会的议决案件。宪政编查馆在核议府厅州县地方自治章程的奏折中说:"其执行机关则寄诸府厅州县长官,而不属于参事会。"章程第四条也明文规定:"府厅州县议事会及参事会掌议决自治事宜;府厅州县长官掌执行自治事宜。"

此外,府厅州县长官在认为议事会或参事会之议决或选举有逾越权限或违背法令者,可予以撤销;得令议事会停止会议。

在制定两级地方自治章程时,当时也有两级自治采用同一制度的意见,主张给予府厅州县自治以更多的自治权限,以议事会为议决机关,董事会为执行机关,地方长官立于监督地位,但未被清廷所接受。宪政编查馆在谈到为何两级自治要采取迥异之制时说:"现在城镇乡自治章程颁行未久,地方自治程度尚低,倘采用两级自治同一之制,窃恐人民对于地方事务于利害切己者,则互相侵攘;于利害无关者,则互相推诿。或至地方事业发达无期,仍仰赖国家一一设官为理,非磨练国民预备立宪之本意也。"① 与其说这是出于现实的考量,毋庸说是出于官治的考虑。

正是通过上述办法,清末的地方自治在府厅州县这一级实现了"官治与自治合并之制度"。这种合并,说到底也就是"以官治统率自治"。

清末地方自治主要借鉴日本地方自治制度。1906年6月,江苏学政唐景崇上奏清廷,提出筹备立宪大要四条建议,其中之一就是实行地方自治。他看到了各国地方自治制度互有异同,比较了几个国家的地方自治制度,认为英国条例复杂,"未能审察于利害之间";美国虽是民主国,也是最先讲求地方自治的国家,"然政治机关悉握于地方政府之掌中,而中央毫无管辖,此又断难采行"。② 其结论是主张采用日本国

---

① 《宪政编查馆奏复核府厅州县地方自治暨选举各章程折并单》,《大清新法令(1901~1911)》(点校本)第7卷,第238页。
② 《江苏学政唐景崇奏预筹立宪大要四条折》,《清末筹备立宪档案史料》上册,第116~117页。

的地方自治之法。由于日本实行的这种自治辅助官治的模式,虽然源自欧洲,但颇具日本特色,或说颇具东方特色,比较适合中国的国情。①而且更重要的是,日本实行这种地方自治,使其能在短时间内摆脱国内外危机,强盛起来。所以,取法日本地方自治的观点得到了多数官绅的支持和中央的赞成。梁启超就说:"光绪三十四年十二月所颁之城镇乡自治章程,大率取日本之市制及町村制综合而迻译之。"

日本地方自治有市町村自治和府县自治两个层次。市町村制于1889年开始在各地正式实施,其法案确定了町村会的等级选举制:"选举人中纳税额多者合起来达到町村税总额二分之一者为第一等级,余者为第二等级";"两级各选出议员的一半"。町村财政要经町村会的议定,町村会制定预算,并向上级汇报。② 这些,在清政府的《城镇乡地方自治章程》中都有所借鉴。

但二者的自治原则又有很大的不同。日本的市町村自治"是地方团体分任政府之事务,由人民(公民)参与之","使之明白施政之难易,渐渐养成参与国事之实力"。而清政府《城镇乡地方自治章程》则确定:"地方自治,以专办地方公益事宜,辅佐官治为主。"也就是说,日本的市町村制要以自治团体的名义承担政府事务。所以梁启超指出:日本市、町所办之事分为两种,一曰本团体固有之事务;二曰国家所委办之事务,如代收国税、执行征兵、执行国会及谘议局乃至厅州县议事会之选举、执行各种民事商事之注册,乃至以乡董而兼为刑事上之起诉人等。故"日本但称为市制町制而不名为市町自治制"。③

清末城镇乡自治所办事务都为自治事务,章程并没有明确规定执行国家行政事务。原因有两条:一是中国与日本地方层级不同。在讨论地方自治之制时,就有一些人指出,日本地方只有两级——市、町村与府

---

① 郑永福、吕美颐:《论日本对中国清末地方自治的影响》,《郑州大学学报》2001年第6期。
② 郭冬梅:《日本近代地方自治制度的形成》,商务印书馆,2008,第155~156页。
③ 沧江:《城镇乡自治章程质疑》,《国风报》第1年第5号,宣统二年二月,第20页。

县。日本的府县是地方行政的最高层级,而中国的府厅州县则是地方行政的最低层级,历来国家行政事务只到州县,由州县官执行。如果让城镇乡作为自治团体也承担国家行政事务,并不符合中国的历史传统。

二是中国历史上传统的乡绅之治对清政府地方自治制度的设计有着不可忽略的深远影响。传统乡绅之治的特点是"以本地之人、本地之财,办本地之事",不会干预官府行政,反而可对官府行政起补充作用,国家也不必付出很大的成本。正是从中国古代乡绅之治出发,自治被视为"助官治之不足"。所以城镇乡自治章程在确定学务、卫生、农工商务、善举、公共营生、筹款等自治范围后,还有一句:"其他因本地方习惯,向归绅董办理素无弊端之各事"。①

日本府县制在1890年5月17日以法律第35号公布;1899年议院又通过一个修正案。出于"加强国体"的考虑,日本府县制的官治色彩浓厚而自治权限很小。府县会议员采用直接选举制,会议每年一次,议决事项主要为岁出入预算、决算、府县税的征收等。设参事会为副议决机关,以府县知事为议长。② 日本府县会的权限十分有限,知事不仅是官选,而且行政权力较大。在中国,州县是整个行政链条上的重要一环,是各项政令的落实者。在清政府看来,如果自治权限太大,只会增加与官府行政的纠葛,反而会制约中央政令的贯通和实施,所以并不愿意将其作为完全的自治单位,故而官治色彩浓厚的日本府县制顺理成章地成为借鉴的对象。

不过,由于日本府县直接对应中央,对府县会、府县参事会、府县行政实施监督的都是内务大臣,即府县直接受中央监督。③ 而中国府厅州县自治的监督者主要是地方长官和本省督抚。

总之,清末地方自治借鉴了日本制度,而又略有差别。日本通过町村制和府县制的实行,使国家行政力量得以一直贯彻到町村,建立了中

---

① 《宪政编查馆奏核议城镇乡地方自治章程并另议选举章程折并单二件》,《大清新法令(1901~1911)》(点校本)第1卷,第154页。
② 郭冬梅:《日本近代地方自治制度的形成》,商务印书馆,2008,第212页。
③ 郭冬梅:《日本近代地方自治制度的形成》,第167页。

央—府县—町村的中央集权体制；而清末则形成了城镇乡与府厅州县两种并不完全相同的官治与自治模式。城镇乡自治在处理本地事务方面的权力比日本町村更大，虽然在府厅州县层面将官治与自治合并，但国家行政力量仍然只达到州县，所以能否通过这种途径加强对基层社会的控制，则是有疑问的。①

第二节 各省地方自治的渐次推进

一 地方自治的试办

20世纪初，伴随着新政的步伐，基层社会组织的建构问题也开始进入朝廷内外官员的议程。

1902年赵尔巽出任山西布政使和护理山西巡抚时，提出仿古代制度实施乡官之法："大村过百户者即设一社长，小村附之，极大之村镇设二社长分理之"，由民推举并报州县官札委，职责为："社内警兵、保甲皆听使令。凡有匪盗窝匿及祀祠矫诬，悖理蔑伦之类，皆责令举发给奖，扶同徇隐者重惩，其有聚众诸事不能预弭及别有构煽，重情者一经查出，尽法究办。"即承担治安保卫之责，并酌给津贴，以养廉洁，以杜贪求。赵声明"以由官府任命的社长之名，行乡官之实"。② 政务

---

① 黄冬兰指出："日本的町村是明治政府通过大规模的町村合并人为编制的行政村，在内务省—府县—郡—町村这一自上而下的垂直的行政体制中居于末端的位置。一方面，作为地方自治团体，町村得以管理和支配町村财产等属于町村内部的事务；另一方面，作为国家的末端行政机构，町村必须承担征税、征兵、教育、户籍、警察、土木工程、保健卫生等由国家委托的大量行政事务。而后者的量远远大于前者。通过对町村的控制和赋予町村大量行政事务，明治国家得以将自身的控制浸透到社会的每一个角落。"清末城镇乡自治显然与日本不同。见氏著《清末地方自治制度的推行与地方社会的反应——川沙"自治风潮"的个案研究》，《开放时代》2002年第3期。

② 赵尔巽：《奏为酌拟整顿晋省慎选社长等乡社办法事》，中国第一历史档案馆宫中朱批奏折，档案号：04-01-30-0004-006。

处在1903年（光绪二十九年正月）议复时认为："立法整顿，事属可行"，应饬下山西巡抚切实筹办。① 如果说山西整顿乡社具有更多传统色彩的话，那么，1905年沈家本明确提出了糅合中西，将乡社制与地方自治制结合起来的办法。他在《条陈时事折》中提出："仿山西乡社章程，并参以各国地方自治之制，于地方设立乡社。凡地方当兴当革之事，一切任民自为，而官为之监督。仿日本府县议会之法，任民间公举有资望者为社中董事，以辅地方官之所不及，而通闾阎之幽隐。"② 8月（光绪三十一年七月），政务处议复时指出："参用官绅，分别职司，参预谋议，不必拘定乡官之名，但求能办地方之事"，并提出由直隶先行试办，"以为各省之倡"。③

直隶总督袁世凯闻风而动。1905年4月，袁世凯派士绅到日本调查地方自治法，准备在直隶开办地方自治。1906年8月，委派天津知府凌福彭和曾经留学日本的金邦平等设立了天津府自治局。该局"调集留学日本法政学校官绅入局"，"以准备地方自治为宗旨"。④ 自治局开设自治研究所，饬津郡七属各选派士绅入所学习；成立了自治期成会作为自治立法机关，由士绅、学界、商界公举人员以及袁世凯所派四名谘议共同组成。期成会经过讨论，拟订了《试办天津县地方自治公决草案》。该草案颁布于清政府的《府厅州县地方自治章程》之前，参与起草的人中包括绅、商、学界，因此在议事会和董事会的职权方面有与部定章程不同的地方。其议事会的议决之事第32条规定："议事会得上条陈于地方官"；第33条特别强调："议事会对于地方官所办之事得上书质问，地方官应解答之"；第45条规定："凡会议时地方官得到

---

① 《清德宗实录》卷511，光绪二十九年正月辛巳，中华书局1986年影印本，第752页。
② 《政务处奏议刑部左侍郎沈条陈时事折》，《东方杂志》第2年第12期，光绪三十一年十二月，第220页。
③ 《政务处会同吏部等部奏议复御史顾瑗奏请厘定户籍并设立乡官折》，《东方杂志》第3年第11期，光绪三十二年十一月，第216页。
④ 《天津府自治局章程》，《大公报》1906年9月2日，第5、6版。

第六章 地方自治制度的施行

会,但随从人等不得入会场,地方官到会时得陈述意见,惟不在议决之数"。体现了议事会具有对于官治的监督权和议事会独立行使自治立法职能的意愿。

议事会成立后的办事范围分筹办、协议、监察三类。应行筹办之事为:预备组织董事会、筹设下级自治团体(指乡镇而言)、调查本地公款公产、普及教育、辅助禁烟、改良风俗。应行协议之事为:工程重要事件、卫生重要事件、水利重要事件。应行监督之事为:地方捐务(指捐务科所管之房铺车船等捐)。袁世凯批复时认为,第一类应加四乡巡警、普及教育中的各男女小学堂及宣讲所;第三类应加津埠工巡事务。① 议事会职权范围涉及本地一切公共事务,其中协议和监督事件已涉足行政事务,这也是日后议事会与相关行政单位矛盾冲突的缘由。

董事会虽然由知县兼任会长,但强调董事会办理的是"议事会开会布置之事"、"议事会议决交办之事"、"依惯例或议事会议决应归管理或监督之事物"、"依议事会议决之预算为收入支出之事"、"地方官以国费委办之事"、"对于其他自治团体商办之事"、"代表自治团体为诉讼之事",并且开会时要以由议事会选举产生的副会长为议长,实行多数同意议决制。会长,即县令的职权仅是"代表本会签布文件";"稽查本会办事成绩";"开会议时发表意见"。② 依据章程,董事会是议事会议决事件的执行机构,县令只居于稽查和代表的地位。

总之,天津县自治的独立性比较强,不仅具有议决和执行本地公共事务之权,还有对行政的质问监督权,显示了一种立法与行政分离的精神。

为实施选举,天津府自治局依照巡警区划确定了8个选区,设立了选举总分课,由自治研究所毕业学员分别调查选举人和被选举人情况。

---

① 《天津府自治局禀遵拟地方自治应办各事及权限文并批》,甘厚慈辑《北洋公牍类纂》卷1《自治一》,第113页。
② 《试办天津县地方自治公决草案一百一十一条(督宪袁批附)》,甘厚慈辑《北洋公牍类纂》卷1《自治一》,第86~87、89~90页。

1907年6月进行天津城与四乡选民选举,城乡散布登记格式纸七万余张,最初只收回实数一万一千余张。经刊登告白、张贴广告宣传并宽展期限,又收回了二千余张。内中除不合格者一千余张外,计发出选举执照12461张,其中有被选举资格者2572人。自治局将被选举人名册挨户分送选民,报纸刊登告白,官府在各选举分区搭建彩门,在四乡悬红旗标语宣传。1907年6月16日至18日进行了天津县城区初选投票。但三日内投票者只有1300余人。自治局复又刊登广告,展限两天,投票者又增加400余人。6月26日至28日为四乡投票,投票共7000人。合城乡投票实数8759人。① 通过开票,公示初次当选人135人。

1907年7月23日,举行了复选举。复选举由初选当选人互选30人,每名初选当选人须填满30人,不限定本区和熟人,但每人只得一票。当天上午八时开始投票,下午一时开票,当场宣布和公示当选人,袁世凯亲临现场。选出李士铭等30人组成天津县第一届议事会。② 8月18日又举行开会式并互选议长副议长,以在籍度支部郎中李士铭为议长,分省补用知县王劭廉为副议长。次年8月,经议事会全体议员选举,董事会成立。③

在天津县议事会、董事会成立的过程中,展开了正规的选举工作,尽管由于选举资格的限制,也由于"半惑于加税之谣传""不知选举为何事而观望者"甚多,④ 选民的比例不高,实际投票的比例更低。但这是中国历史上第一次县自治选举,这一选举摆脱了旧有乡官"乡举里

---

① 《天津府自治局详开办选举各情形文并批》,甘厚慈辑《北洋公牍类纂》卷1《自治一》,第109~110页。
② 《天津自治局详报举办复选举情形及议员姓名文并批》,甘厚慈辑《北洋公牍类纂》卷1《自治一》,第114页;《举行复选》,《大公报》1907年7月10日,第1张第5~6版;《复选举票数纪略》,《大公报》1907年7月26日,第1张第5版;黄俏凤:《官治与自治的困境:清末天津县地方自治研究》,硕士学位论文,华中师范大学历史文化学院,2013,第26~29页。
③ 《天津县议事会申报督宪文》,《大公报》1908年8月4日,第2张第3版。
④ 《天津府自治局详开办选举各情形文并批》,甘厚慈辑《北洋公牍类纂》卷1《自治一》,第110页。

选"的旧有色彩,以有明确选举资格的选举程序取代之,具有了现代性。议事会、董事会的成立,标志着清末第一个在县域范围建立的自治——天津县地方自治的正式建立。

与此同时,一些地方的绅商在当地官府支持下,自发地开始了地方自治的实践活动。

在东北民族危机面前,以张榕、丁开嶂为代表的部分奉天籍知识分子得到洪东毅、郑俊卿、曾有翼等一批初步具有地方自治和立宪思想的东北绅商的响应与支持,于1904年7月成立了一个统属兴京、海龙周围八县地区自卫军的团体——东三省保卫公所。该公所是一个模仿西方地方自治模式建立起来的基层权力机构。1905年8月《光绪三十一年七月中国事纪》载:"十一日,政务处议准在奉天试行地方自治政体。"[①] 1905年12月,部分奉天绅商在赵尔巽的支持下,连续在奉天省城和奉北重镇法库门创设了奉天保卫公所和法库门复善和会两个自治社团。[②] 1906年12月,由赵尔巽出面,在奉天保卫公所的基础上,奉天全省自治局经改组成立,开始推进地方自治。

1903年,上海绅商李钟珏向苏松太道袁树勋建议在沪开办警察,维持地方秩序。到了1905年,郭怀珠、李钟珏、叶佳棠、姚文枏、莫锡纶等人因"惕于外权日张,主权寝落","道路不治,沟渠渍汙",市政衰败,集议创设总工程局,以整顿地方,立自治之基。并就此晤商苏松太道袁树勋。袁对此极力赞赏,当面予以鼓励。嗣后袁又于8月6日正式行文照会郭等五人,表示对于"创办总工程局之议,本道极愿赞成,拟即将南市工程局撤除,所有马路、电灯以及城厢内外警察一切事宜,均归地方绅商公举董事承办"。于是,郭等五人走访了曾往国外考察、学习法政的人士,详细了解各国实行地方自治的规章制度,草拟出

---

① 《杂俎·光绪三十一年七月中国事纪》,《东方杂志》第2年第9期,光绪三十一年九月,第66页。
② 参见曲晓璠、马岚《清末东三省地方自治运动述评》,《辽宁大学学报》1994年第4期。

总工程局的组织章程。9月10日又邀集各界绅商在学宫明伦堂讨论选举方法,认为一时无法仿照外国举行普通选举,只能"就向来办事诸商中公同选举"。9月17日召集各慈善团体、书院、警务以及各铺段的绅董,投票选出30名议董候选人,24日又召集各商业的代表投票选出商界议董候选人28名。此外,郭等五人又将未中选而他们认为"众论推交者"18人,一并报呈苏松太道袁树勋,请其就中择定总董一人、帮董二人和议董30至50名。10月16日,袁树勋决定设领袖总董一人,由李钟珏担任,设办事总董四人,由莫锡纶、郁怀珠、曾铸、朱佩珍担任,莫、郁常川驻局,曾、朱常川到局,另设议事经董33人,由姚文枏、郭怀珠等担任。11月11日,李钟珏等人接管南市马路工程局,并将局所迁入沪南毛家弄,上海城厢内外总工程局正式成立。① 清政府的地方自治章程出台后,城厢内外总工程局提出,自1909年6月18日(宣统元年五月初一日)起改组为城厢内外自治公所。此项要求获得上海道和两江总督的批准。②

二 地方自治的正式筹办

地方自治是宪政改革的题中应有之义。在中央官制基本编制完成后,1906年11月6日(光绪三十二年九月二十日),清廷令编制官制大臣续订直省官制,并指出:"州县各地方官关系尤要,现在国民资格尚有未及,地方自治一时难以遽行,究应如何酌核办理,先为预备,或增改佐治员缺,并审定办事权限,严防流弊,务通下情,著会商各省督抚一并妥为筹议。"③ 作为预备立宪和外官制改革的组成部分,地方自治由此成为清政府的基本政策。1907年7月7日(光绪三十三年五月

---

① 吴桂龙:《清末上海地方自治运动述论》,《近代史研究》1982年第3期。
② 参见周松青《上海地方自治研究(1905~1927)》,上海社会科学院出版社,2005,第47页。
③ 《著奕劻等续订各省官制并会商督抚筹议预备地方自治谕》,《清末筹备立宪档案史料》上册,第472页。

二十七日），奕劻等提出了直省官制方案，第33条提出："各省应就地方情形，分期设立府州厅县议事会、董事会，其细则由民政部议订奏定后通行各省办理。"① 9月30日（八月二十三日），慈禧太后又"著民政部妥拟自治章程，请旨饬下各省督抚，择地依次试办"地方自治。②各地开始正式筹办地方自治。

1. 中央筹办地方自治

地方自治的筹办在中央、地方两个层面同时展开。中央政府层面的筹办工作，主要是全面统筹，制定章程和督促、检查、落实。清政府加紧制定地方自治各种规章制度以及实施计划，加强督促和检查，对筹备事宜与督抚进行沟通和解释。在朝廷的督促下，1908年8月27日（光绪三十四年八月初一日），宪政编查馆、资政院上《奏核宪法大纲暨议院法选举法要领及逐年筹备事宜》折，对各项宪政工作的实施步骤作了统筹规划和安排，对责任单位、进度目标、工作任务及时间等都做了具体要求。③关于筹办地方自治事宜：第一年（光绪三十四年）颁布城镇乡地方自治章程；第二年（光绪三十五年）筹办城镇乡地方自治，设立自治研究所，颁布厅州县地方自治章程；第三年（光绪三十六年）筹办厅州县地方自治，续办城镇乡地方自治；第四年至第五年（光绪三十七年至光绪三十八年），续办城镇乡地方自治和厅州县地方自治；第六年（光绪三十九年）城镇乡地方自治一律成立，续办厅州县地方自治；第七年（光绪四十年）厅州县地方自治一律成立。

该实施方案与1906年厘定官制大臣提出的建议方案相比较，有些方面作了调整：第一，从公布的自治顺序看，地方自治先从城镇乡开始，厅州县地方自治次之，前者早后者一年。第二，从筹办的时间表上

---

① 《总司核定官制大臣奕劻等奏续订各直省官制情形折附清单》，《清末筹备立宪档案史料》上册，第510页。
② 《谕学部通筹教育普及办法民政部妥拟自治章程》，沈桐生辑《光绪政要》卷33，沈云龙主编《近代中国史料丛刊》第35辑，第2476页。
③ 《宪政编查馆资政院会奏核宪法大纲暨议院法选举法要领及逐年筹备事宜》，《清末筹备立宪档案史料》上册，第54~66页。

看，自《自治章程》公布后，城镇乡和厅州县地方自治从真正筹办到全面完成的具体时间实际上分别只有五年。第三，作为九年预备立宪的基础性工作，朝廷计划厅州县及以下地方自治在正式实行宪政的前两年完成。

1909年1月18日（光绪三十四年十二月二十七日），清政府正式颁布由民政部拟定、宪政编查馆核议的《城镇乡地方自治章程》和《城镇乡地方自治选举章程》。1910年2月6日（宣统元年十二月二十七日），又颁布《府厅州县地方自治章程》和《府厅州县议事会议员选举章程》。该章程明确将府纳入地方自治的范围。关于这一变化，民政部在拟订府厅州县地方自治章程时有如下说明：

> 上级自治区画，原奏清单仅有厅州县而不及府，自因府有监督各厅州县之权，无直接管理地方之责。惟查边省地方及东三省新设各府，往往即以知府直辖地面，名虽为府，实与厅州县无异。若不分别办理，似多挂漏之虞。①

由于全国大部分省份的府均无直接辖地，只是"管官之官"，故地方自治只是"厅州县"；而东三省在建省的过程中，设置了一些拥有直辖地面的"府"，其自治的举办就包括了"府厅州县"。②

按照宪政编查馆、资政院《奏核宪法大纲暨议院法选举法要领及

---

① 《宪政编查馆奏复核府厅州县地方自治暨选举各章程折并单》，《大清新法令（1901~1911)》（点校本）第7卷，第237页。
② 如光绪三十年黑龙江升呼兰厅、绥化厅为府，各设知府一员，均不设首县，自理地方。此后黑龙江凡新设知府均"自理所辖地面。其知府领有属县者，并考核所属一切事务"。〔《政务处会议黑龙江添设地方各官折》，《大清新法令（1901~1911)》（点校本）第2卷，第200页；《东三省总督徐世昌署理黑龙江巡抚周树模奏江省续设道府州县酌拟设治章程折并清单》，《大清新法令（1901~1911)》（点校本）第5卷，第41页〕吉林光绪三十三年增设密山府知府一员，亦有自理地面，直接司道。奉天于宣统二年奏请添设的长白府，也"有自理地面之责，兼辖新设之安图、抚松两县"。〔《内阁会议政务处复东督徐奏吉省请增设府州县缺折》，《大清新法令（1901~1911)》（点校本）第2卷，第231页〕

逐年筹备事宜》的计划，1909年4月，民政部对筹办事宜做了进一步的细致安排。涉及地方自治事，如第二年（宣统元年）"拟订自治研究所章程、京师地方自治章程；筹设京师议事会、董事会；核定各省城镇乡自治区域；指定各省繁盛城镇地方，督催照章筹设该城镇议事会、董事会；商埠地方人户总数照章调查，一律报齐；汇造各省第一次查报户数清册"。①

从民政部筹备事宜的计划，可以得出一些基本结论：第一，地方自治先从研究地方自治，培养地方自治人才入手。第二，地方自治由京师带头实施。第三，直省地方自治分年逐渐展开。地方自治从城镇乡开始，且先选择繁盛城镇进行示范，然后是指定的中等城镇，再次是"未经指定"的"其余各城镇和近城各乡地方"，最后是"偏僻各乡地方指定的若干处"。筹办府厅州县级地方自治比筹办城镇乡地方自治晚一年，先从直省"省会地方首县"开始，然后是"该省外府所属各首县"，次是"冲繁府厅州县"，再是"偏远各府厅州县指定若干处"，最后是"未经指定"的其余偏远各府厅州县。第四，筹办地方自治除了划定自治区域、户口调查、选举等外，其工作重点和最终目标是建立上级议事会、参事会和下级议事会、董事会或乡董。

清政府之所以改变原来先办府厅州县自治的设想，最终决定先从城镇乡下级自治开始办起，有一个很重要的原因，即府厅州县自治是官治与自治的结合点，但官治涉及官制改革，由于外官制改革方案争议很大，一再拖延，府厅州县的官制系统难以定夺，在一定程度上牵制了府厅州县自治的实行。与此同时，由于各项新政措施的推进，州县在兴学堂、办农工商、办警察等事务上的压力增大，而通过自治，则可以把一部分事务转移给自治职。通过自治职解决经费难局，具体办理各项事务。如此既有助于补充官治之不足，又可加快新政的推进。

---

① 《民政部奏遵拟逐年筹备事宜折》，《大清法规大全》，第226页。

1909年1月1日（光绪三十四年十二月十日），民政部奏《调查户口章程》。该章程分11章40条，对调查主旨、调查职员、调查区域、调查户数、调查口数、调查年限、调查经费、调查要则、调查罚则等方面做了规定。在"调查区域"中指出"按照地方自治区域划定调查户口区域"。① 5月5日，宪政编查馆核准《自治研究所章程》。自治研究所章程共14条，以"讲习自治章程，造就自治职员"为宗旨。②

2．各省筹办地方自治

在清廷的态度与政策日益明朗化的前提下，在官方的指导、大力支持和严格考核下，直省各地各属的地方自治筹办工作如火如荼，舆论如《申报》作了大量的报道。特别是从1909年开始，地方自治在全国各地全面铺开，直省地方自治的筹办进入高潮。1910年上半年的《申报》辟有"各省筹办地方自治"的专栏，及时和集中地报道一部分省份地方自治的进展情况，也是地方自治进入高潮的真实写照。"各省筹办地方自治"专栏多报道各地尤其是江苏（含上海）、浙江、安徽地方自治的筹备工作。这些工作包括建立自治机构、研究机构和培训机构、进行宣讲、划分区域、调查户口、登记选民、选举等。各省筹办地方自治虽然有章可循，但具体实施过程中，做法也并不一致，大同小异。

按照逐年筹备城镇乡地方自治事宜清单，有些省份也是分解任务，分年逐步进行的。但在做法上，有些省份有些变通，当然必须向中央政府请示。如江苏巡抚于1909年6月致电民政部，提出办理城镇乡自治时间表："宣统元年调查城之区域、户口总数，及合格选民造人名册。二年举行城议事会、董事会选举，划定镇之区域，调查各镇户口总数及合格选民，造人名册，并查各乡户口。三年举行镇议事会、董事会选举，划定乡之区域，复查乡户口总数及合格选民，造人名册。四年举行

---

① 《民政部奏调查户口章程折并章程》，《大清新法令（1901～1911）》（点校本）第1卷，第133页。
② 《宪政编查馆奏核覆自治研究所章程折》，《东方杂志》第6年第5期，宣统元年四月，第264～267页。

第六章 地方自治制度的施行

乡议事会及乡董、乡佐选举,并于不便合并人户稀少之乡,设乡选民会及选举乡董、乡佐",即要求按城、镇、乡分批办理。民政部复苏抚电:"城镇乡地方自治拟分期筹办,所定先后次序尚无窒碍。惟逐年预备宪政事宜清单内开,城镇乡地方自治宣统五年一律成立。尊处变通办理,总以毋误该限期为要。"① 同意江苏的变通。安徽、四川等省也是仿照江苏苏属的办法。如安徽巡抚批复筹办处拟定地方自治办法时称:"地方自治为民政之权舆,即宪治之基础,该司道等所拟办法由城而镇而乡,次第井然,有条不紊,事取四便,期定三年,筹虑精神,良殷佩慰,应准如详办理,仰即将期限清单广为刊印,由该处移行各属,一体遵照,并候分别奏行立案。"② 各省筹办地方自治的具体工作,大致经过几个相同的步骤。

第一,设立筹办地方自治的专门机构。早在 1907 年,就有省份实际上已设立了全省地方自治机构,如广西,该年 10 月即奏明设立全省自治局;③ 湖北也不甘落后,于 1908 年 3 月间"经前督臣奏设全省地方自治局";④ 两江总督端方"即于江宁省城设立筹办地方自治总局,檄委调补奉锦山海道朱恩绂、盐巡道荣恒、浙江补用道宗舜年、署江宁府知府许星璧为局长,前浙江候补知府伍元芝、七品小京官善溥、署上元县知县田宝荣、署江宁县知县龙曜枢、候补知县罗良鉴为参事。拟定开办简章,分设法制、调查、文牍、庶务四课,并于总局内附设自治研究所及实地调查所"。⑤ 江苏苏属"设立自治局,经陈中丞札委,藩、臬学三司及王仁东观察为总办,苏府何太守候补府陆太守为局长,择定

---

① 《电商江苏地方自治》,《申报》1909 年 7 月 3 日,第 2 张第 2 版。
② 《批示地方自治办法》,《申报》1909 年 7 月 25 日,第 2 张第 3 版。
③ 《广西巡抚张鸣岐奏广西筹办地方自治情形折》,《清末筹备立宪档案史料》下册,第 743 页。
④ 《湖广总督陈夔龙奏湖北第一年筹办宪政情形及第二年预备事项折》,《清末筹备立宪档案史料》下册,第 769 页。
⑤ 《端方等为设局筹办江南地方自治折》,中国第二历史档案馆编《中华民国史档案史料汇编》第 1 辑,江苏人民出版社,1979,第 103 页。

沧浪亭为局所各节迭记前报,现悉该局已于本月初八日开办"。①

两个地方自治章程颁布后,多数省或将自治局改为自治筹办处,或将自治筹办处附设于谘议局筹办处之内。1909年10月,除新疆外,各省谘议局正式成立。这些省遂将谘议局筹办处改为地方自治筹办处,继续领导筹备地方自治。如"河南地方自治局筹办处自谘议局筹办处裁撤后,即设立专处,飞饬各属速设自治研究所,禀报成立日期,乃犹有玩视不理者,刻该处特详抚院,将意存敷衍者查明记过,以示惩儆。河南地方自治筹办处近来饬属筹办自治甚力,自划定城镇乡自治区域后,即通饬于城镇广设白话宣讲所,至少以三个月为期"。②

除各省设立筹办地方自治的领导机构外,还在省内各属设立自治筹办公所或类似机关,作为筹办自治的工作部门。苏属自治筹备处"以现在各属自治公所次第筹办",特拟订各属筹备自治公所暂行简章。③上海县"自治筹备公所借设城内同仁辅元堂,已于本月初十日成立,监督田大令遴举李平书君为所长,秦砚畦、梅问羹两君为副所长,城乡各区共举参议四十余人,并举苏属自治研究所毕业学员吴叔田、周采臣、杨肖岩、潘景周,研究法政学员王引才,法政毕业学员杨秋生等六人分赴各乡轮流宣讲,以免调查时乡民有所误会。至本邑镇乡调查户口、选民,先经田大令于二月间照会各乡局董,并分谕图董、地保遵章办理,现俟县自治公所成立后,当即督促镇乡按照自治筹备日期详表,赶速进行"。④湖南则在谘议局选举完成后,将选举研究所改为筹办地方自治公所,所属各县均设地方自治筹备公所,以将各该县"一切事件,组织完善,以植自治初基"。⑤广西则在各厅州县城治设自治筹办公所,遴派正绅主办。到1910年,"现计依限设立筹办公所或事务所者

---

① 《苏省自治局开办》,《申报》1908年4月13日,第2张第2版。
② 《地方自治进行之真相》,《申报》1910年3月5日,第1张后幅第3版。
③ 《筹备处订定自治公所办法》,《申报》1909年9月17日,第2张第2版。
④ 《筹备地方自治之进行》,《申报》1910年7月20日,第2张第3版。
⑤ 《详报第一次备核各属筹办地方自治成绩文》,《湖南地方自治筹备处第二次报告书》,复印本,藏湖南省图书馆。

第六章 地方自治制度的施行

二十八属,提前设立筹办公所者八属"。

第二,选拔和培训从事地方自治的人才。按照清政府的统一要求,设立官办的自治研究所,培养自治人才。广西将省内地方划为三区,每区设一自治研究所,按属派定名额,"饬于上年闰二月选送士绅入所研究,十一月三所同时毕业,共得学生三百二十余名,思恩府、宁明州、怀集、宜山、崇善县于三区之外,就地各设自治研究所,亦先后毕业,共得学生三百六十余名"。①湖南在自治筹办处下设自治研究所"定明研习,八个月为毕业之期,檄饬各厅州县,遴选品学较优,富于经验,素有乡望之士绅,申送考选,其名额视各该属区域之广狭,人口之多寡,别为上中下三类,分定数目,条列资格,令其依限选送"。②该所第一届学员1909年4月入学,第二届学员1910年2月入学,③两届毕业学员417人。除省城外,各厅州县亦设有自治研究所,如1910年,善化县成立了地方自治传习所,"以一月为毕业之期……入所研究者颇不乏人"。④

第三,划分自治区域。按照《城镇乡地方自治章程》的规定:"凡府厅州县治城厢地方为城,其余市镇、村庄、屯集等各地方,人口满五万以上者为镇,人口不满五万者为乡。""城镇乡之区域,各以本地方固有之境界为准。"⑤即"城"以府厅州县所在城厢为准,比较好办,但由于城镇的扩大以及隶属关系的变动,彼此的境界可能发生了变化。而自治区域的划分是地方自治的首要和基础性工作。因此,清季地方自治中,自治区域的划分也非常重要和复杂。山东自治筹办处于1909年

---

① 《广西巡抚张鸣岐奏报广西第三届筹办宪政情形》,《清末筹备立宪档案史料》下册,第773页。
② 《抚部院奏报筹办地方自治设立自治研究所办理情形折》,《湖南地方自治筹办处第一次报告书》,复印本,藏湖南省图书馆。
③ 《湖南巡抚岑春蓂奏筹办谘议局选举事宜第一届办理情形折》,《政治官报》第518号,宣统元年闰二月十九日,第9~10页。
④ 《开办地方自治传习所》,《申报》1909年2月6日,第2张第3版。
⑤ 《宪政编查馆奏核议城镇乡地方自治章程并另议选举章程折并单二件》,《大清新法令(1901~1911)》(点校本)第1卷,第153页。

9月通饬各州县划分城镇乡自治区域，调查各区户数及人口，呈报五万以上人口的城镇，限三个月内办竣。①

自治划界有的比较顺利，如江苏苏州长洲县，因为镇乡自治需要依限成立，"赵县令会同城镇乡各董筹商，将全境区域绘图划界，现已划定"。②但有的自治区域划界纠纷不断，以至自治筹备被推迟。如江苏武阳，1909年9月，在城乡区域划分问题上，武阳城镇乡筹备自治公所和城绅观点一致，主张将"城外厢坊并入城之区域"。但乡绅认为："城外厢坊为各乡之第一区，应并入乡之区域。"可见，与城毗连的厢坊属于城，还是属于乡，是双方的分歧所在。僵持不下，最后决定由"各宪核定矣"。③江苏苏属自治筹备处派员协商，④并根据自治章程和自治筹备处所定规章予以审核，同意前者的主张。但乡绅或消极不为，或动用乡间"民意"，阻止区域调查，或继续控告。城绅与乡绅还在是否呈送选民原簿或正册问题上公开较量。武阳筹备自治公所为化解矛盾，企图"圆通办理"，又引起了城绅的不满，城绅"联名具控上宪"。矛盾不断扩大，以致武阳筹备自治公所决定全体辞职。自治筹办处再次派人调停，但多次协商不成。到次年5月，不得已，官府介入区域调查，区域争议才得以解决。⑤城绅与乡绅彼此争斗，筹备自治公所和官府夹在其中，左右为难，时间长达9个月。其直接的结果是选民登记推迟，选举大大延后，超过规定的宣统二年正月初六日（1910年2月15日）的选举期限。造成这一风波的根本原因是对"固有之境界"和厢坊理解上的差异，其背后当然有利益性因素存在。

第四，调查户口、选民登记与选民宣示。为了保证户口调查等行动

---

① 《山东筹办地方自治纪事》，《顺天时报》1909年9月11日，第4版。
② 《划定长洲全境自治区域》，《申报》1910年9月9日，第1张后幅第2版。
③ 《自治公所区域之争议》，《申报》1909年10月1日，第2张第2版。
④ 《详报督抚宪武阳二县城乡分画区域业据印委各员禀复由处批示决定办法文》，江苏苏属地方自治筹备处编《江苏自治公报类编》第13期，"文牍类"，第363~365页。
⑤ 关于武阳城乡区域划分的争议，《申报》作了连续而详细的报道，参见《城乡区域问题之解决》，《申报》1909年11月27日，第2张第3版等。

的顺利开展，各省多编辑各类说明材料。这些材料一般用白话文写成，或张贴在通衢之处，或由宣讲员进行宣讲。如1910年7月，苏属地方自治筹办处用语意浅显的白话文，将地方自治的性质，调查户口的目的等详细解释，"札发各属，分各镇乡、村庄等地方实贴晓谕"。①苏属自治筹办处还"以调查户口将次实行，诚恐民间多所疑虑"，特颁发"简明告示"："筹办地方自治，先须选举人民，此次调查户口，即系选举先声，概不假手书差，办理均用员绅，并无抽收之意，不须耗费分文，选民极为荣耀，全在调查分明，尔等宜知此理，均应从实报陈，切勿稍有疑虑，致启临时纷争，用特明白晓谕，仰即一体凛遵。"②

在宣讲的基础上，各筹备公所将户口登记造册。1910年9月，盛泽镇筹备公所所长张嘉荣等上报户口清册，称"盛泽镇提前筹备自治，经去冬会同合邑士绅划定盛泽为江邑第四区，绘图禀报核准在案。当由职等设立公所，妥议调查入手办法，仍照从前清丈清乡习惯界限，将区内一百八十三圩分划十四段，由所派员与各该段图董挨户查口，随时和平开导，务求详慎，幸无疑阻。至本年六月，全区户口选民一律查竣，复经职等审复无异。计十四段，除内有十七圩查无户口外，共正附户一万三千六百八十五户，男女口五万七千一百五十五人"。盛泽"至全区合格选民就目前未经宣示计算，甲、乙两级共九百三十七名，正税公益捐总额共洋二万零八百十六元零，所有存所户口底册及选民底册，业经编缮毕事。现正赶造正册以备呈报，并缮印选民名单以备宣示"。③江苏武阳城厢调查户口之事，于1911年1月3日（宣统二年十二月初三日）开始，其具体做法是在"调查事前，府县将户口首先填注，石印多张，遍贴于告示之后，以为之倡。城中缙绅亦首先填注，由自治公所

---

① 《江苏苏属地方自治筹办处札发各州厅县本处拟定通俗白话告示文》，章开沅等编《辛亥革命史资料新编》（4），湖北人民出版社，2006，第279页。
② 《筹办处调查户口之示谕》，《申报》1909年9月27日，第2张第3版。
③ 《清末吴江、震泽县筹备自治调查户口档案选》，章开沅等编《辛亥革命史资料新编》（4），第308、317页。

印就张贴,故调查时甚为平静云"。① 武阳自治公所自调查事毕后,依据纳税情况分等级造册,"甲级选民为恽毓嘉等五十余人,乙级选民为沈泽寰等一千二百余人,大约一、二日内即可宣示,其选举之期,约在五月中云"。②

第五,选举议事会议员、董事会职员。如浙江"永嘉县筹办地方自治于九月念四日在郡城隍庙举行甲、乙级投票选举,甲级选民一百五十名,乙级选民九百九十九名,于念六日开票",③选出李麟等自治职员33人。这些选举出的自治职员应该就是城议事会职员。绍兴"去腊念六日,山、会城议事会续借府学堂开会,举行董事选举会。是日,山邑增令因赴乡验案不到,由会邑陈令到会监督"。议事会先举总董,续举董事,又举名誉董事。由议事会拟定总董,以鲍德馨为正,周严为陪,照章呈报山、会两监督核定。④上海城厢内外总工程局(1905年成立)自自治章程出台后,又按照章程的规范要求,改组为上海自治公所,进行上海城厢新的选举,并按新章程和新机制来运作,以符清朝政府的定制。上海城厢内外总工程局于正月初六日"在局开董事会,选举城厢内外自治公所议事会议长、副议长","兹悉是日经各议员选定,以沈君信卿为议长,吴君畹九为副议长,并议定于本月十一日午后两时,在局选举总董、董事及名誉董事"。⑤选举结果是:正总董李钟珏平书,年58岁,31票,上海人;陪总董莫锡纶子经,年55岁,22票,上海人(照章举正陪各一人,呈由地方官申请督抚遴选任用);董事3人(拟定正陪总董二人内有一人即为当选之董事,合符三人之数);名誉董事12人。⑥安徽"芜湖自治公所选举议员已于十三日在县署大堂当众开匦,计当选员二十七名",其中甲级为汤善福等5人,乙级为朱

---

① 《武阳城厢开始调查户口》,《申报》1911年1月7日,第1张后幅第3版。
② 《各省筹办地方自治》,《申报》1910年6月7日,第2张第2版。
③ 《地方自治员投票选举》,《申报》1910年11月4日,第1张后幅第3版。
④ 《山、会城议事会选举董事详情》,《申报》1911年2月5日,第1张后幅第3版。
⑤ 《选定自治公所议事会正副议长》,《申报》1910年2月17日,第2张第2版。
⑥ 《各省筹办地方自治》,《申报》1910年2月22日,第2张第2版。

从政等22人,①选举正议长吕祖翼,22票,副议长潘祖光,16票;选举正总董汤钰泉,17票,陪总董郑名秀,10票。②

一些镇乡也不甘落后,在1910年即完成了选民登记与宣示,进入到选举自治机构职员的程序阶段。如(苏州)"苏乡浒墅关镇自治分所镇议事会定于六月初七日开幕,当经各绅邀请长洲县张大令于是日前往该镇监督,开幕事毕,大令即日回城"。③松江"华境东北乡新十车梵各区乡自治局已提前选定甲、乙两级议员,昨又选举乡董、乡佐,投票后当即开票,计共四人,乡董杨艺芳,乡佐潘仁甫,正议长钱少侯,副议长吴柳生"。④阳湖丰南乡于12月27、29日分别举行甲、乙级选举。阳湖县令因事未往,特派沈委员代表监视。其当选议员甲级包献言等6人,乙级汤金增等6人,"现已呈报监督核定矣"。⑤泗泾乡已于十一月中旬选定甲、乙级议员,"本月初一日又经刘大令莅所监督,选举自治职员,当即开票,举定议长戴仲阁、副议长宋志成、乡董王小云、乡佐马晋侯。由监督分别给予执照委任,定于十一日举行议事会开会式矣"。⑥1910年3月,川沙设立了城自治公所,11月,五个乡自治公所也相继成立。选举出城议事会20人,选举出乡议事会61人。城、乡自治选举后,从议员中推举出了城、乡议事会的议长、副议长和董事会的总董、乡董、乡佐等自治职员。选举出城自治职员8人,选举出乡自治职员20人。⑦

第七,开正式成立大会,并讨论议决一些重要事项。如川沙厅城议事会于1910年3月初成立,第一届议事会公决了议事会旁听规则6条、

---

① 《各省筹办地方自治》,《申报》1910年4月1日,第2张第2版。
② 《各省筹办地方自治》,《申报》1910年5月7日,第2张第2版。
③ 《浒墅关镇议事会开幕》,《申报》1911年7月4日,第1张后幅第3版。
④ 《乡自治选举乡董乡佐》,《申报》1911年1月8日,第1张后幅第3版。
⑤ 《丰南乡议员业已选定》,《申报》1911年1月7日,第1张后幅第3版。
⑥ 《泗泾乡自治公所成立》,《申报》1911年1月11日,第1张后幅第3版。
⑦ 黄东兰:《国家、地方社会与地方自治——清末川沙自治个案研究》,《开放时代》2002年第3期。

董事会选举细则6条、议事会议事规则40条、议员互选议长副议长细则6条,提议总董、董事薪水(决议总董薪水每月银16元,董事每月银10元,兼任他项职务者酌减)和文牍、庶务员额。① 苏州长元吴城董事会于同年6月12日"午前在方丈内开成立会,是日总董尤先甲及董事、名誉董事均经到会……是日午后议事会开预备会,正副议长暨各议员到会者四十八人"。会议公决了多项事宜。② 华、娄两邑就方正学祠设立自治公所,6月12日"为议事会成立揭幕之期。府尊戚太守、华亭张大令均莅会,娄县刘大令因在病假期内,未至。是日董事会到者四人,议事会连议长共到九人,监督戚太守、张大令均登坛演说。议长谢部郎报告一切"。③ 6月18日,是丹阳城厢议事会、董事会成立之期,会场设在城内红梅阁,该县孙大令及各董事到会,"首由会长报告开会宗旨,次孙大令登台演说毕,即通过提议规则,并分各董事入场证书及旁听券"。④ 常州"武阳城自治董事会职员业经选举,由两监督呈报督抚,现由抚宪核定总董札饬两县知照。该公所于廿三日上午九时在双桂坊自治公所开成立会,并将该会所提出之议案逐条研究以便交议事会讨论"。⑤

3. 清季筹办地方自治的总体状况

就全国筹办上、下两级自治的进展情况看,到第四届宪政筹备工作汇报之期,即1910年10月前后,各省筹办自治的进度不一,成效也不一样。其中各省城镇乡自治均有比较大的进展,绝大多数厅州县自治则仍在做前期的准备。如安徽,此时城厢自治已"一律办齐"。并"拟自本年六月起至明年六月止,将镇乡自治一并筹办。其偏僻之乡,或因事未能依限,准由绅董呈明展缓,统限宣统三年年底一律告成"。⑥ 而新疆地处偏远,风气

---

① 《川沙厅议事会第一届开会议事录》,《申报》1910年3月15日,第2张第2版。
② 《长元吴城董事议事会成立》,《申报》1910年6月15日,第1张后幅第2版。
③ 《各省筹办地方自治》,《申报》1910年6月15日,第2张第2版。
④ 《各省筹办地方自治》,《申报》1910年6月24日,第2张第2版。
⑤ 《武阳城董事会成立》,《申报》1910年8月30日,第1张后幅第3版。
⑥ 《安徽巡抚朱家宝奏安徽第四届筹办宪政情形折》,《清末筹备立宪档案史料》下册,第781~784页。

不甚开通，自治人才缺乏，筹备自治进展迟缓，还停留在培养自治人才和自治章程的研究和宣讲上，"城镇乡自治未筹办和建立"。①

至1911年春，即第五届宪政筹备工作汇报之期，各省地方自治仍在续办之中。如据四川总督赵尔巽奏报，四川已成立繁盛城会40处、镇会10处。中等各城则巴州、叙永厅、郫县等58厅州县成立城会，余亦陆续竣事。岳池、叙永、泸州等30余厅州县成立镇会133处。至于偏僻城厢及乡自治，虽未届筹备之期，亦多先行赶办，已成立乡会67处。"计川省共已成立城会一百处，镇会一百四十三处，乡会六十七处"。四川省筹办厅州县自治也有进展，除成都、华阳两首县先期成立议事会、参事会外，江北厅、泸州、巴县、绵竹等厅县也已告成，并拟定宣统三年"多数厅州县自治成立"。②

又如湖北城镇乡地方自治办理成绩也比较突出。据1911年4月湖广总督瑞澂的报告，全省城自治议事会、董事会已于1910年全部成立。镇自治会成立15处，乡自治会成立24处，其余限令于宣统三年闰六月间一体办竣。厅州县地方自治筹办工作相对缓慢，于是决定"提前赶办"，限于宣统三年十月以前同时完成。③

直隶试点地方自治，是先办后来所称的"上级自治"。所以，直隶试办厅州县自治最早，成绩最大，为各省模范。但城镇乡地方自治工作，较其他多数省份则相对滞后。时任直隶总督的陈夔龙称，城镇乡自治在直隶"系属创举，必须择要试办，以为先导。查清苑县为省会首善之区，已饬令组织城议事会、董事会，为各属模范，以利推行而期普及"。④

---

① 《开缺新疆巡抚联魁奏新疆第三年第一届筹办宪政情形折》，《清末筹备立宪档案史料》下册，第777~781页。
② 《四川总督赵尔巽等奏四川第三年筹办宪政情形折》，《清末筹备立宪档案史料》下册，第806~808页。
③ 《湖广总督瑞澂奏湖北第五届筹办宪政情形折》，《清末筹备立宪档案史料》下册，第816~820页。
④ 《直隶总督陈夔龙奏直隶第三届筹备宪政情形折》，《清末筹备立宪档案史料》下册，第808~811页。

山东部分县的城厢自治机构在1910年6月建立,是较早完成的一批,如德州、长山、胶州等。到1911年,全省各州县城镇议董两会及城乡各会已一律成立,州县议事会、参事会已成立者有70个。而县及县以下地方自治办得最齐全、最早的是历城县,县"议事会、参事会,并城乡各会,均于1910年成立"。台湾学者张玉法通过对山东地方志资料的综合分析,指出:"山东的府州县级自治,部分创始于1910~1911年,部分实行于1912~1913年",并认为山东的上级自治大部兴办于1911年。①

有学者依据《政治官报》、《内阁官报》(宣统三年闰六月由《政治官报》改之——作者注)刊载的督抚上报的筹备宪政情形折,对1911年8月前部分省地方自治筹办的具体进展进行了统计。② 从诸多省份筹办地方自治的情况看,地方自治从1907年开始试办,再到1909年正式筹办。经过几年的努力,到1911年清政府垮台止,城厢自治基本完成,镇、乡自治则完成了一部分。直隶、奉天、江苏、四川等少数省的厅州县自治机构部分成立,其余省的上级自治机构基本上处于筹办阶段。

清季筹办地方自治,移植一种新的地方体制,是一场全方位的改革,牵涉上上下下和方方面面,涉及全体社会阶层的利益,时间紧、任务重、难度大,缺乏经验,而且在物质条件、社会基础、人才保障并不十分具备的前提下,在如此短的时间内取得较大的进展和成绩,还是值得肯定的,而且也是很不容易的。

首先,清政府十分重视地方自治之事,将地方自治视为筹办宪政的组成部分和基础。朝廷一再重申地方自治的重要性、必要性和紧迫性,并不断地谕令和督促:"著宪政编查馆,将所奏成绩随时稽核,如查有

---

① 《山东巡抚孙宝琦奏第六届筹备宪政情形折》,《内阁官报》第72号,宣统三年九月十三日,第11页;参见张玉法《中国现代化的区域研究:山东省(1860~1916)》,《中央研究院近代史研究所专刊》(43),1982,第447~451页。
② 侯宜杰:《二十世纪初中国政治改革风潮——清末立宪运动史》,第258~262页。

第六章 地方自治制度的施行

措办迟逾，或因循敷衍毫无实际者，据实纠参。朕惟有懔遵上年八月初一日谕旨，按照溺职例惩处，纪纲具在，决不姑宽。"① 中央各部门对制定章程也十分慎重和严格，因为几乎同时公布的《调查户口章程》仅仅由民政部奏定，《清理财政办法》及其章程均"由部馆三往返而后定"，而"自治章程则部奏交馆核议，经百五十日之久，而由馆奏定，朝廷措注之重轻，可以观焉"。②

其次，中央对各省地方自治的进度和成绩严厉考核，奖惩分明。宪政编查馆设立了名曰"考核专科"的临时机构，专门考核九年限内议院未开以前京外各衙门应行筹备事宜。1909年1月2日（光绪三十四年十二月十一日）宪政编查馆制定考核专科章程，指出："九年筹办事宜，钦遵懿旨，责成内外臣工每届六个月，将筹办成绩胪列奏闻，并咨报宪政编查馆查核，应自光绪三十四年八月起，至十二月底止为第一届。以后每年六月，暨十二月底各为一届。限每年二月内，及八月内各具奏咨报一次。俟报到本馆后，查核所办是否核实。于每年四月内及十月内，各分别殿最，汇奏一次。"③ 由此建立了定期册报制度。1910年5月28日（宣统二年四月二十日），宪政编查馆选派官员到作为第一期考察对象的直隶等14个省，了解各省筹备宪政进展情况。11月，这些官员陆续返回京城复命，向宪政编查馆做了汇报："直隶创办最早，天津于光绪三十二年已设有自治局，各州县陆续开办，实具有厅州县自治规模……浙江亦取同时并进，筹备处拟定清单，限宣统三年三月全省厅州县、城镇乡议事会一律成立。江苏苏属开通最先，办理亦极迅速，现计四府一州城议事会、董事会均已一律成立。山东、江西、安徽、福建、广东城议事会，均限本年内成立，乡镇限明年成立。"④ 清廷根据

---

① 《宣统政纪》卷23，宣统元年十月己丑，中华书局1987年影印本，第436页。
② 《记载一·光绪三十四年十二月大事记》，《东方杂志》第6年第1期，宣统元年正月，第13页。
③ 《宣统政纪》卷4，光绪三十四年十二月壬戌，第75页。
④ 《宪政编查馆大臣奕劻等奏报各省筹办宪政情形折》，《清末筹备立宪档案史料》下册，第796~799页。

宪政编查馆派员考察各省筹办宪政情形好坏，谕令分别奖惩各省筹备宪政主管人员。嘉奖了16名官员，开缺革职了3名官员。①

各省地方自治筹办处也加强考核。如江苏苏属地方自治筹办处经考核后，"将川沙厅成丞安、常熟知县方令时褧各予记大功一次。前署吴江县周令焘、上海县田令宝荣、前署靖江县姚令昌颐、奉贤县赵令黻鸿各予记功一次，崇明县姚令诗声从轻先予记大过一次，以示惩劝"。而丹徒县文令，不仅所属镇乡未有一区划定具报，且对该处迭次札催置之不理，故给予摘去顶戴的处分。②

最后，绅士或绅商、新式学堂毕业生在地方自治的筹办中表现出极大的热情。筹备自治工作是官绅合作。职员除承办官员之外，做具体工作的大部分是绅士。清廷强调，调查户口等事项，"概不假手书差，办理均用员绅"。③ 如江苏盛泽的自治调查员共21人，明确有生员、监生、武生等身份的为15人。④ 湖南推行地方自治过程中，绅士也是主要的领导者和参与者。湖南地方自治筹办处除官员外，还有4位会办绅士，即王先谦（内阁学士衔、前国子监祭酒）、冯锡仁（前工科给事中）、曾熙（陆军部主事）、周大烈（中书科中书）等。同时，筹办处的工作人员大部分也是绅士。在筹办处文牍、法制、调查、庶务等四科科长、科员以及编辑白话报帮办员中，除俞峻（日本法政大学毕业生）、李瑞曾（法政大学毕业生）外，邵承祐（顺天补用知县）、胡子清（举人、分省直隶州州同）、费尧勋（拣选班知县）、沈锡畴（四川补用典史）、张培基（改选班知县）、梁恩湛（改选班知县）、王凤苞（候选主事）、罗志京（补用县丞）、刘民安（岁贡生）、李刚连（附贡

---

① 《宣统政纪》卷44，宣统二年十一月癸丑，第798~799页。
② 《江苏苏属地方自治筹办处为奉饬办理自治之各厅县分别惩奖事给吴江县札文》，《清末吴江、震泽县筹备自治调查户口档案选》，章开沅等编《辛亥革命史资料新编》（4），湖北人民出版社，2006，第274页。
③ 《筹办处调查户口之示谕》，《申报》1909年9月27日，第2张第3版。
④ 参见《盛泽区筹备自治公所为声明自治选举展期缘由并附调查员名致吴江县呈》，章开沅等编《辛亥革命史资料新编》（4），第319~320页。

生)、杨崇勋(知府职衔、候选都察院都事)等都是绅士。湖南地方自治研究所管理者中,除总办、法政学堂监督朱益睿为官员外,会办、在籍翰林院编修谭延闿(后胡子清任所长)和监督罗杰两人都是湖南的著名绅士。湖南地方自治研究所先后培养了400多名宪政人才,大部分有绅士身份。他们被分派到各地实际开展地方自治活动,无疑是推动地方自治运动的骨干力量。到1911年3月,湖南部分城镇乡成立了议事会、董事会,而这些地方自治机构大都是绅士在主持。绅士在湖南地方自治中的地位和积极作用是不可否认的。①

第三节 地方自治的运行及其困境

地方自治运行的直接主体,毫无疑问是地方各级议事会和董事会。但除此之外,官府、专业性自治组织、谘议局等也影响着地方自治机构的运行。制约地方自治机构运行的因素是多方面的,既与自治机构内部的人员素质、组织是否健全直接相关,又与官府及其他机构的干预、影响有关联。归根结底,是自治机构内部、内外之间关系的权利与义务的规定及其划分。一方面,制度规定和严格履行制度,是地方自治良好运行并产生积极实效的基本保障;另一方面,地方自治机构及其职员在运行中是否遵循这些规定,是否享受权利和承担义务,也会影响自治体的运行。

一 自治团体与各方关系

1. 自治团体与官府的依存与冲突

如前所述,地方自治的筹办就是在官方的大力倡导和支持下,在绅士的积极参与下得以推进的,是官绅共同合作的结果。那么,从地

---

① 阳信生:《湖南近代绅士阶层研究》,岳麓书社,2010,第227~231页。

方自治动态的实际运行看，自治团体的正常运行也离不开官绅合作、官治和自治的彼此支撑与"和衷商榷"。特别是在处置地方公益事宜时，采取了议事会讨论议决的合议制度，而不是个人独断，与传统的"乡官"治理迥异。一般来说，地方自治运行中有依法行事，按章接受监督，与地方官相互支持和协商，彼此融洽的一面。据报章所载，各地城议事会、董事会召开会议时，县令都会莅会致辞，并履行各类监督和核定。议事会做出的决议，都会"呈报地方官查核"。地方官也会依章在财力上支持自治团体。如镇江"城自治公所前曾禀奉大吏核准，本邑收忙漕时，每银一两带征钱六十文，每米一石带征钱四十文，以充自治经费"。① 有研究者对上海地方自治进行了专题研究，认为上海自治总局与上级官厅的"双方关系融洽，总局兴办的各项事务几乎无例外地得到了上级官厅的支持；同时，总局的权限比较有限，它除了能指挥本局的员役外，其他事务需要临时得到上级官厅的授权，诸如请求浚浦总局划清沿浦界限需要借助沪道的力量，禁烟令或其他告示需沪道或县知事出示"。② 上海自治团体和官府一定程度上的分工与协商合作，有利于自治团体的良性运转，以实现共同治理的目的。

然而地方自治作为一个全新的制度，在传统中国是一个新的尝试，必然导致权力和利益的重新划分。地方自治机构建立及其有效运行，首先要处理的是自治团体与官府之间的关系，或者说是自治权与行政权的关系。地方自治团体与官府的权限关系包括两个方面：一是地方官员对地方自治体的核定权、监督权；二是自治体的自治范围与官方行政权力的划分。从静态的制度看，《城镇乡地方自治章程》和《府厅州县地方自治章程》对地方官府对自治的监督权有明确的规定，对于自治体的自治权限也有明确的界定，但由于双方对此理解不一，官府鉴于长期的

---

① 《自治经费又想忙漕带征》，《申报》1911年6月5日，第1张后幅第3版。
② 周松青：《上海地方自治研究（1905~1927）》，上海社会科学院出版社，2005，第86页。

第六章 地方自治制度的施行

行政习惯而干预自治团体;自治体为维护自身的权益而与官府抗衡,双方的矛盾不可避免。

在一些地方,自治团体为维护自身的自主权和自治权,在与官方的博弈中获得全面或部分胜利。1907年,天津县议事会向继任的直隶总督杨士骧提出,将提高盐价所得5万两资金用于"兴工艺、开荒地、广植树"等,以此在地方"施仁政、救济失业者和贫民",推行慈善事业。这些提案在县议事会第二次常务会上通过。此外,议事会还提出用提高盐价所得利润来设立5个教养局救济贫民的申请,杨士骧将这些提案予以驳回。翌年,围绕盐价上涨所得利润的用途问题,直隶总督和县议事会各持己见,但最终采取折中办法,决定部分利润返还地方,[①] 体现了议事会维护自身利益的力量。为获得董事会常年所必需的6000银两经费,天津县议事会又向杨士骧申请,用省的地方收入来填补,但被杨士骧所拒绝。县议事会以日本参事会有课税权为由,提出申请,准备将南段巡警局捐务科的业务继承下来,把房铺捐、车船捐等地方税收用于议会的经费。县议事会申诉的理由有两个:其一,商民承诺所必需的地方税,在自治机关业已成立的现在,"应纠正官民的中间榨取,扫除弊端根源"。为此,税收不应由官吏,而应由议会来负责进行;其二,"从自治的道理上说,地方税务就是要交董事会作经费,这样才是正统"。在议事会的强烈要求下,杨士骧命令巡警局督办、天津知府、天津道等进行协商。两个月后做出决定:"自治团体独立征税一事,尚无明确规定",因此,"自治团体对地方税务仅有监督权",自治经费来源"应仿照日本的补助金发放办法",通过官府制定的补助金政策来约束议事会的权限。还有,因董事会尚未成立,预算、决算的自主权尚不清楚,所以议事会只能采纳靠政府提供补助金办法,"将捐务科的收入作

---

① 参见〔日〕贵志俊彦《北洋新政体制下地方自治制度的形成——天津县各级议事会的成立及其权限》,周俊旗译,郑玉林校,天津社会科学院历史研究所、天津市城市科学研究会合编《城市史研究》第11~12辑,天津教育出版社,1996,第132页。

为补助经费，用地方的捐税来处理地方的公益事务"。① 在官府与议事会的上述争执中，双方各执一词，并各有理由。最终相互妥协，暂时解决了自治团体的常年经费问题。

还有一例，江苏武阳学务公款由"劝学所附设经济处遴选公正士绅经理"，②不久改为劝学所直接管理，并得到省提学司的批准。但城自治机关以该决定与谘议局关于"学款由劝学所支放"的议决案有悖，认为"支放"二字与"管理"有相当大的区别，并指出："今学司以支放即为管理，是为反对谘议局城镇乡自治章程第五条第一项，即为'学务是学务之款，即自治之款'，今学司欲劝学所管理，将置董事会与将来之县参事会于何地？是谓违背钦定章程。"城议事会据此呈请两县监督，"转详提学使批答"，③表达了对提学司处理意见的不同见解。

由于清政府推进地方自治的指导思想是"自治者，乃与官治并行不悖之事，绝非离官治而孤行不顾之词"，自治不能脱离官治并受官治监督，在这种情况下，自治体与官府在权限、职责和具体运行中常有抵牾。如两江总督张人骏称："近日各处乡民因自治与士绅为难，滋生事端，不一而足……是定章于官长监督之权，本极完足也。为官长者，果能实力监督；为士绅者，果能照章服从，何致冲突之患？无如各处士绅不知恪守章程，往往逾越权限，而府厅州县以及督抚又多曲意阿徇，自放责任，以致上凌下替，纪纲隳颓。"④张人骏把自治体与官府之间的矛盾归结为士绅"逾越权限"和官员"自放责任"，实际只是一种现象，实质则是官府与自治体的分权问题。一方面，因为自治体的出现，使习惯于独断的地方官权受到掣肘；另一方面，各自治体多由士绅组成，自治为他们参与地方公益事务提供了制度化和组织化的渠道，活动

---

① 〔日〕贵志俊彦：《北洋新政体制下地方自治制度的形成——天津县各级议事会的成立及其权限》，《城市史研究》第11~12辑，第134~135页。
② 《城议会提议学务经费详情》，《申报》1910年8月2日，第1张后幅第3版。
③ 《自治绅士反对提学司之批示》，《申报》1910年11月13日，第1张后幅第4版。
④ 《两江总督张人骏奏厘定外省官制宜以旧制为本量加损益折》，《清末筹备立宪档案史料》上册，第591~596页。

空间扩大了。而一旦有了自治这个活动平台,他们常常会自觉谋求更大的利益和权益,故而和官府产生矛盾。

很多自治体与官府的矛盾都与争夺自治经费有关。如1910年9月,江苏长、元、吴城议事会通过决议案,要求省农工商务局"将城区荒地全数拨归自治公所作为自治公产,并移交原有荒册,以便照册收管"。此项争议的核心是城区土地财产权的归属问题。但该局"置之不理,反将城厢荒地招人承领",该议事会立即上书省谘议局。谘议局为此通过相关决议,提请督抚核准,札饬农工商务局执行。[①]

在有的地方,自治体有着较强的监督行政意识,其中一个典型案例,则是天津城议事会与地方绅商合作而与官府抗争。

如前所述,天津县自治是依据以绅、商、学界为主体的自治期成会制定的《天津县地方自治公决草案》成立的,议事会主议决立法,董事会主执行,议事会还拥有对行政官吏的质问权,自治权限较大。1910年府厅州县地方自治章程颁布后虽然加强了官治,天津县议事会经重新选举改组为城议事会,但自治体仍然在行政事务、财政经费等问题上多次与官府抵牾。其中以1911年的"盐务风潮"最为突出。[②]

该年6月,因长芦盐商欠洋债达650万两,涉及65州县的引地,盐运司下谕将十家盐商家业查封作抵押,将欠款最多的高线公司充公以偿还洋债,令涉案盐商限期偿还债务,否则将把其盐引地接归官办国有,并要求无论涉案盐商还是案外盐商均按每引加增一两五钱的新税。[③] 盐运司的决策引起天津绅商界的极大不满。6月9日,天津城议事会紧急召开临时会议,对盐运司谕帖逐条指驳,认为盐务官为了偿还洋债,没有详核盐商家业和引地存盐价值便断然没收,用专制手段将引

---

① 引自张海林《苏州早期城市现代化研究》,南京大学出版社,1999,第190页。
② 该风潮的详细情况可参见黄俏凤《官治与自治的悖论与困境:清末天津县地方自治研究》,硕士学位论文,华中师范大学历史文化学院,2013,第78~81页。
③ 《开会情形》,《大公报》1911年6月10日,第1张第5版。

地收归国有更是无理。①天津绅商自发成立维持会，公举天津县和城议事会会长、议员四人为代表到北京请盐政处督办大臣解决，②还上书直督陈夔龙和省谘议局，请设法维持③。民政部当政者恐生意外暴动，致电巡警道严加防范，并派专员来津调查。盐运司不得不宣布放弃每引加增一两五钱的新税，由天津商会调查盐商拖欠商款数目。④

6月18日，《大公报》刊登一份盐政处致宪台的电文，内有"议事会、维持会、商界等代表纷纷来处递禀危词，听并无正当理由，自应据理驳斥，惟恐商民不悉情形被其煽惑，有妨治安"之句。天津城议事会认为"煽惑之污实有难以甘受者"，为"维个人名誉，藉保自治机关"，遂决定全体辞职。⑤最后在议员的坚持下，直隶总督陈夔龙咨盐政处洗刷城议事会煽惑人民的罪名，议事会议员方集体就职。⑥

"盐务风潮"涉及绅商利益，而议事会则在风潮中充当了领导的作用，为维护绅商利益和自身的权威名誉，他们不惜与有关部门对立。但对立并不代表他们反对官府，派代表赴京、上书直督等举措，都说明他们还是希望能在官治的范围内解决问题。这正是清末地方自治对官府态度的基本出发点。

此外，在相关人事问题上，自治体也会与官府发生矛盾。依据部颁章程，在城董事会总董的任命上，是由城议事会选举正、陪董各一名，呈由该管地方官申请督抚遴选任用。正、陪之排序实际表明了议事会的态度。但1910年江苏巡抚在遴选武阳城董事会总董时，却"舍正而用陪"，显然罔顾议事会的选举结果和意愿。武阳城议事会议长孟森认为

---

① 《开会情形》，《大公报》1911年6月10日，第1张第5版。
② 《关于盐务风潮事汇志》，《大公报》1911年6月11日，第1张第5版。
③ 《关于盐务事种种》，《大公报》1911年6月14日，第1张第5～6版。
④ 《关于盐务事汇志》，《大公报》1911年6月16日，第1张第5～6版。
⑤ 《天津县城议事会呈督宪文》（为全体辞职事），《大公报》1911年6月24日，第2张第4版。
⑥ 《代为刷洗》，《大公报》1911年7月3日，第1张第5版；《议员就职》，《大公报》1911年7月1日，第1张第5版。

抚宪"未免信用有缺",向议事会提出辞职。议事会认为应辞与否不能自决,只得"呈请监督核示"。① 再如江苏崇明城议事会秋季常会在九月开幕时,发现已被春季议事会议决斥退的议员陆灿昕,却由于地方官监督的"慰留"而未离职,致使众议员不满。监督反而指责议事会"无理取闹",众议员不服,地方官遂动用监督权力,将议事会立时解散。②

在这类冲突中,或是官府越权,或是官府漠视自治体的决议,显示了官治对自治权的侵犯。

2. 自治团体与民众的联系与对立

清季城镇乡自治机构是通过选举产生的,他们承担本地公益事业,为选民、居民谋利益,体现了"以本地人办本地事"的精神。作为制度化、组织化的机构,它突破了旧有乡绅之治的传统,是一个新事物,故成立之后引起民众的注意。《城镇乡地方自治章程》规定,议事会会议时"不禁旁听"。一些城、镇议事会成立后,制定了旁听细则,每次开会都有民众参与。如1910年6月江苏丹徒城议事会开会时,议长、议员及旁听到会者约六十人,秩序井然。③ 在议事会议决的议案中,也常有居民提交的议案。如同年金山城议事会第一次会议讨论议案中,就有"补助戒烟公局案"、"修造三官木桥案"、"迁移陆永义肝肠坊、刘顺兴硝皮坊案",均由居民建议后经议事会讨论通过。④

但地方自治并没有得到民众的普遍认同,相反,在清末各地频发的民变中,反自治风潮是其中的突出现象。

如1909年9月5日(宣统元年七月二十一日),直隶迁安筹备地方自治,董事胡、施、凌姓等人去冷口等地调查户口,按农户牲畜头数摊派自治经费,索取供应,威胁恐吓。各村农民聚众反抗,知县刘某派差

---

① 《武阳城议事会议长辞职》,《申报》1910年9月19日,第1张后幅第4版。
② 《崇明城议事会解散风潮》,《申报》1910年10月22日,第1张后幅第4版。
③ 《各省筹办地方自治》,《申报》1910年6月15日,第2张第2版。
④ 《金山城厢议事会第一次议事录》,《申报》1910年7月4、5日,第1张第2版。

拘捕为首农民，滥施酷刑。口外群众大动公愤，鸣锣聚众万余人，结队围困县城，捣毁居住城外胡、施两家住宅。① 1910年2月24日（宣统二年正月二十六日），江苏华亨（亭）县北乡千蒲镇征收猪、茶捐，充自治经费，商人罢市。② 五月某日，江西建昌府（今南城县）城绅霸占积谷，农民七、八千人捣毁盐局、自治员家及南城县署。③ 1910年7月29日（宣统二年闰六月初四日），陕西临潼县举办地方自治，摊派亩捐，农民一千多人反对，城内商店罢市。8月3日，江苏丹阳、武进两县农民反对调查户口，成立"公议团"，抵制官绅，反对自治局。8月27日，浙江镇海县山北、东绪乡农民反抗征收肉捐，千余人捣毁自治公所及各绅董家，各行罢市。8月31日，江苏常熟、昭文两县灾民到县署报荒，捣毁自治公所、警察局及自治总董邵松年家。两天后，又连毁绅董家，抢米店及绅富囤谷、当铺等。9月4日，广东东莞县石龙镇农民千余人拆毁自治公所。因征收烟丝捐、牛捐、花捐、屠捐、酒捐、鱼捐、鸡捐等苛捐杂税，遭到群众反对，捐局及办捐之绅董家亦被捣毁。④ 1911年4月，杭州仁和县"西塘镇议事会日前正在相定庙宇屋所，布置一切，预备择期开成立大会。二十六日早忽有该镇邱宝元者，率领余配春、周荣贵、周老虎等，以入庙烧香为由，商假庙屋设筵结拜弟兄，庙内人却之。于是邱宝元等疑为会员不允，大为不服。旋即出庙邀同五十余人，将议场门口之栏杆及桌椅动用，什物打毁。会中各职员皆由后门逃出"。⑤

关于反自治风潮的原因，许多学者做了深入探讨。台湾学者王树槐通过对江苏地方自治风潮的研究，总结民众反对自治的基本因素有三：捐款、迷信、新旧势力之间或为财或为权而发生的冲突。⑥ 黄东兰通过

---

① 张振鹤、丁原英编《清末民变年表》，《近代史资料》总第50号，第83页。
② 张振鹤、丁原英编《清末民变年表》，《近代史资料》总第50号，第111页。
③ 张振鹤、丁原英编《清末民变年表》，《近代史资料》总第50号，第116页。
④ 张振鹤、丁原英编《清末民变年表》，《近代史资料》总第50号，第118~119页。
⑤ 《仁和又有打毁议事会之风潮》，《申报》1911年4月29日，第1张后幅第3版。
⑥ 王树槐：《清末江苏地方自治风潮》，《近代史研究所集刊》第6辑，第313页。

第六章 地方自治制度的施行

对江苏川沙自治风潮的个案分析，认为事件的发生是多种因素相互作用的结果。即地方精英们积极推行地方自治，损害了一部分人的利益，致使基层社会的权力关系失去了平衡。最终，因实施自治而自身利益受到威胁的书吏、民间宗教信仰的首领等携手攻击自治公所，煽动乡民捣毁自治公所、小学校和自治绅董的家宅。①

然而从当时的报刊报道来看，勒捐是清末自治风潮和多数"民变"的重要原因。故当时报纸认为："中国举办新政以来，若预备立宪，若地方自治，皆不过涂饰耳目，敷衍中听，曾未尝有尺寸之效，而惟理财一事，必思则层出不穷，进步则一日千里。"文章列举的捐名，有房捐、亩捐、烟酒捐、鱼虾捐、牲口捐、糖捐、加倍当捐、婚帖捐、茶捐、盐斤加价、钱粮带征各捐、规复浮收银两等等，② 各种新设或新增捐税是反自治风潮的重要诱发因素。

然而，民众反捐税的背后，却不一定都是反官府，而是将矛头指向自治绅董。如1910年浙江遂昌发生乡民滋事捣毁学堂自治事务所事件，《东方杂志》是这样报道的：

> 是月初一日浙江严州府遂昌南乡一带遍贴匿名揭帖，邀集乡人于初二日至东岳宫商议大事……朱知县兆蓉立即驰往东岳宫弹压，时乡民已各持枪械，蜂拥入城，结聚万寿宫地方，约五六百人，城绅辨认内有松阳来匪二百余人。见知县舆至，即放炮呐喊。朱知县步入万寿宫，传令推举明白事理者上前问话。众举某村骆姓禀称，遂邑学绅出入公门，鱼肉乡里，今番自治学员周寰来乡，诿称调查选民，勒派鸡猪牲捐，众心不服，誓灭学堂以安农业，并要求退还前任所捐学租。③

---

① 黄东兰：《清末地方自治制度的推行与地方社会的反应——川沙"自治风潮"的个案研究》，《开放时代》2002年第3期。
② 《论近日捐税之繁》，《申报》1908年7月3日，第1张第4版。
③ 《记载第一·中国大事记》，《东方杂志》1910年第11期，宣统二年八月，第159页。

乡民指责自治绅董"出入公门，鱼肉乡里"，并借机勒派捐税，引起乡民不满而发生风潮。这一事件充分说明，地方自治本身就是乡村社会权力结构的重新调整，必定触及相关人群的利益关系。一些士绅进入自治机构，取得了一部分自治经费的筹集权与管理权，尤其是城镇乡自治经费中的"特捐"，由自治机构提出，官府出示晓谕，然后由董事会或乡董征收。一方面，乡民对自治还不十分了解；另一方面，他们承担了自治成本，却并没有在缴纳捐税后看到或者得到实实在在的好处，从而很容易产生这些钱被自治绅董所私用或瓜分了的误解，导致风潮的发生。

所以，自治团体与民众矛盾的背后，深刻反映了乡村社会绅、民关系的变化。

3. 谘议局对自治团体的协调与指导

按照章程的规定，谘议局是"各省采取舆论之地，以指陈通省利病，筹计地方治安为宗旨"。宪政编查馆在奏拟谘议局章程折中说："谘议局之设，为地方自治与中央集权之枢纽，必使下足以裒集一省之舆论，而上仍无妨于国家统一之大权。"在清政府看来，谘议局是"一省言论之总汇"，必然应与地方自治建立一定的关系。为此，章程规定了两条：一是"公断和解本省自治会之争议事件"；二是"收受自治会或人民陈请建议事件"，目的是"平自治会之纷争，以通人民之情悃"。① 反过来，由于无论府厅州县自治，还是城镇乡自治，都要受官府的直接监督，所以和省谘议局并无直接的联系，只有《城镇乡地方自治章程》第四十一条中规定：如议事会和董事会或乡董在议决案的执行方法上有不同意见且难以统一时，可移交府厅州县议事会公断；若仍不服，可呈地方官核断；如再不服，"由地方官申请督抚交谘议局公断"。② 也就是谘议局只

---

① 《宪政编查馆等奏拟订各省谘议局并议员选举章程折》，《清末筹备立宪档案史料》下册，第669、677页。
② 《宪政编查馆奏核议城镇乡地方自治章程并另议选举章程折并单二件》，《大清新法令（1901～1911）》（点校本）第1卷，第160页。

有权调解自治体内部的争议事件。

与此同时,在谘议局的职任权限中,"议决本省应兴应革事件"的规定,虽然笼统,但地方自治既然属于地方"庶政",那么其各方面的事情,只要不与部颁《地方自治章程》相冲突,谘议局理所当然也是可以议决和建议。

从已出版的谘议局文献看,涉及地方自治的多个方面。如议决地方自治的筹办经费问题,包含地方自治筹办经费预算在内的地方行政经费预算案等。湖南谘议局1909年议决了《筹办地方自治经费案》,提出筹集经费七条,该案中并附有《清查公款公产办法》十三条,提交巡抚裁夺施行。① 湖南谘议局也依照"收受自治会或人民陈请建议事件"之规定,接受陈请建议事件,经谘议局议决,转呈巡抚裁夺。② 在1911年湖南行政经费预算的"临时门"中,抚院交议的"补助地方自治经费"近两万两,包括省地方自治筹办处和地方自治研究所两个临时机构的预算经费。经过谘议局议决,对预算减支六千多两。

浙江谘议局的议决案中,也有《清查地方公款公产规则》,称"筹办地方自治,全视地方基本财产之多寡,为进退之迟速。吾浙各属公款、公产,向不甚多,且经营者挪移、侵吞在所不免;岁月既久,互相推诿,亦无从究诘,不可不及早清查,预备将来自治会成立后,拨作基本财产"。③ 故拟具十四条,就公款、公产的清查范围、对象、规则做出具体规定。

湖北谘议局于1910年11月会议时议决了总督提交的地方自治经费案。对于湖广总督提出以丁漕附加作为自治经费的提议,谘议局认为,依据章程,丁漕附加为"附捐",应由议事会议定,谘议局不能违法干涉。但现为筹办自治之时,当下所办者只是城镇乡自治,如以全省之丁

---

① 杨鹏程编《湖南谘议局文献汇编》,湖南人民出版社,2010,第217~222页。
② 杨鹏程编《湖南谘议局文献汇编》,第520~525页。
③ 《浙江谘议局资料选辑》,章开沅等编《辛亥革命史资料新编》(4),第213~215页。

漕附加作为自治经费，会引起争议，所以城镇乡"宜各就其范围以内措收筹办之经费"，"不应及于全省之丁漕"，① 对总督提案中的这一条持否决态度。

湖北谘议局还提交了"划一筹办厅州县自治缩短成立年限案"，认为请愿国会仅有地方最高之议决机关，"各厅州县之声援不足以相应"，原因就是府厅州县自治没有建立，所以要求不分首县、繁盛、偏僻，划一办法，缩短年限，一律成立。②

山东谘议局议决的有关山东地方自治的议案，主要有讨论督抚交议的《议决地方自治办法四条文并折》、《议复筹办自治借资附捐有无流弊咨询案》，以及谘议局自行提出的《议决钱粮串底及各行陋规提作自治经费案》、《议决剔除税契积弊案》、《议决预防自治经费争议办法案》、《议决厘除集税中饱充自治经费案》、《议决筹拨裁缺学田补助自治经费案》等等。③

这些议决案，有的经过督抚的认可公布，即具有地方性法规的性质，规范着筹办地方自治或上下级自治机关的行为和程序。因此，谘议局的议决案常常成为城镇乡自治中董事会向议事会提议、交议事件的合法性依据。如1910年6月，江苏长、元、吴城自治董事会就"支配带征经费事"交议事会的议决，内中提到："查城镇乡地方自治章程第九十二条第一种附捐如忙漕带征之自治经费，请参酌谘议局议决案，议定支配本所若干及动用办法。"④ 又如1910年华娄城董事会交议议事会"请议垦荒案"指出："清查荒地已由谘议局决议，归入各该城镇乡自治经费。"言下之意，清查荒地的用途毋庸讨论，只讨论其实施办法。或者，谘议局的议决事件成为议事会讨论同样问题的"成例"。如华娄

---

① 《关于地方自治之议案》，吴剑杰主编《湖北谘议局文献资料汇编》，第600~602页。
② 《划一筹办厅州县自治缩短成立年限案》，吴剑杰主编《湖北谘议局文献资料汇编》，第611~612页。
③ 参见陈文亮《山东谘议局研究（1909~1912）》，硕士学位论文，山东师范大学历史文化学院，2008，第88~89页。
④ 《长元吴城区自治董事会交议事会议件》，《申报》1910年6月16日，第2张第2版。

城议事会夏季议案,就提出"征收锡箔捐"案,是因为"谘议局提议有案"。①

二 地方自治的实效

地方自治的实效包括地方自治的筹办实效和地方自治体的运作实效。地方自治的筹办成效集中反映在地方自治的完成状况,即地方自治公所的正式成立。②按照清政府筹办地方自治的规划,地方自治先从城镇乡开始。而城镇乡自治又先从城开始,然后推及镇和乡。应该说这个规划比较符合中国地方的实际,因为城厢是风气最早开通的区域,城绅的数量多且实力不俗,经济基础和社会基础远比镇乡要好;另与府厅州县地方自治相比较,城厢自治的区域小,难度小,且比较好划分各种权限,尤其与横向权力关系的划分。因为清代行政止于县,县下没有法定基层机构。由于清政府的垮台,就整体情况而言,直省筹办地方自治基本只完成城厢自治一级,镇、乡部分完成。至于府州县地方自治,绝大多数省份还在筹办准备中。因此,所谓"地方自治的实效",主要是就城、镇、乡自治而言。当然,地方自治的实效可以表现在广泛的方面,大而言之,如民主意识、政治参与、社会结构和社会风尚等的变化上。如果从主要、直观和具体的方面说,地方自治实效更多地体现在地方公益事业的自主、改进和发展上。因此,清末地方自治的实效可从城、镇、乡地方自治成立后的实践中得到说明。

第一,制定自治体的运行基本规则。地方自治机关成立后,按照章程的要求,随即制定相应的运行规则。如城厢自治团体成立后,为保证城厢自治团体正常和有效的运行,除遵循《城镇乡地方自治章程》的

---

① 《华娄城自治公所议事会夏季议案》,《申报》1910年6月19日,第2张第2版。
② 按照《城镇乡地方自治章程》的规定,城镇乡地方各设自治公所,为城镇乡议事会会议及城镇董事会、乡董办事之地。由此可见,自治公所是议事会会议、董事会办事的场所;又由于城镇乡议事会和城镇董事会设文牍、庶务等员,城镇董事会"执行各事,有应设各项办事员",故自治公所还是议事会、董事会的日常事务性机构。

有关规定外，首先是制定自治团体运行的系列规则，解决自治运行的保障条件等问题。

例如，长洲、元和、吴县为苏州府的三首县，共处一城，按清政府的规定，建立同一个城厢自治机构。经过几个月的筹办，该城董事会于1910年6月12日（宣统二年五月初六日）在方丈内开成立大会，公决议场规约、旁听规约、董事会各项办事规约等。① 不久，长元吴城厢董事会又制定了各项办事员规约，对办事员的员额、选任、应办事项、款项的筹集与管理、董事会会议与会权、办事监督与检查、办事工作时间、薪水和处罚、规约的修订等方面都做了详细的规定。② 在此基础上，长元吴城厢议事会于22日正式开幕，随即制定并公布了议事会规则20条，③ 审议并议决董事会制定并通过的各项规则。④

安徽怀宁县城厢自治体成立后，即制定相应的规则。如《安徽怀宁县城自治公所议事会规约》共9章87条，规定了议事会议事权限、议事日程、议事时间、议事方法、议场秩序、检查、徽章、旁听、罚则。⑤《董事会规约》共6章60条，规定了董事会的权限、时间、会议、表决、方法和罚则等。⑥

第二，解决自治体的运行经费和办公场所问题。自治公所的经费和办公场所等是自治机关运行必备的保障条件和基本前提。在自治公所场所方面，大部分地方都采取租借方法解决。如江苏长元吴城厢董事会成立后，第一次提交议事会讨论的议件就有10多件，其中关于自治场所的议案做出"租借公所房屋"的决定。董事会依据议案，暂拟谢衙前

---

① 《长元吴城董事议事会成立》，《申报》1910年6月15日，第1张后幅第2版。
② 《长元吴城董事会各项办事员规约》，《申报》1910年6月19日，第2张第2版。
③ 《长元吴三县自治公所议事会规则》，《申报》1910年6月26日、6月27日，第2张第2版。
④ 《苏城议事会近状》，《申报》1910年6月29日，第1张后幅第3版。
⑤ 《安徽怀宁县城自治公所议事会规约（续）》，《申报》1910年8月12日～1910年8月15日，第2张第2版。
⑥ 《安徽怀宁县城自治公所董事会规约》，《申报》1910年8月17日～1910年8月20日，第2张第2版。

巡警学堂（闻学堂有迁城外之说）、定慧寺巷苏州试院、唐家巷两等小学堂、元妙观方丈四处作为自治公所的办事场所。①

　　章程规定了地方自治团体运行经费的三大来源，其中"公益捐"（包括附捐与特捐两类）"可由议事会拟具章程，呈请地方官核准遵行"，② 所以自治经费的筹集始终是自治机构每次讨论的重点。华娄城董事会成立后，向议事会交议的议案中就有"请筹集自治经费一件"，提议将如下几项作为自治经费：收回官收房捐、抽取官契中费、本城范围各典月捐拟请收拨一半、公债筹借、契税带征、抽经忏捐。③ 金山城厢议事会第一次会议议决"征收特捐补助自治经费案"，定陈酒烧酒特捐每担收大洋一角；米捐每石收钱四文，买卖各半；每年实收若干由董事会派员清查。④

　　第三，着手处理地方自治体范围内的公益事务。一般来说，对公益问题提出、议决、执行、检查和监督，城厢议、董两会及官府均按照规定的程序来进行。在处理自治范围内的事务方面，以城厢自治机关的成效最显著，部分原因在于城厢自治机关相对成立得比较早。

　　议事会讨论议决的公益案主要分为三类：一是董事会和官府的交议案。如华娄城议事会在第一届会议上，就讨论了"官长临时交议事件"，包括本年应设筹备厅州县自治公所案、本年应设施医药局案、朱威与杨兆椿赎田涉讼案、华娄怀新高等小学请拨赈余租息案等；⑤ 二是议员的提议案和居民的建议案；三是商会等组织的交议（移议）案等。如1910年6月，华娄城议事会讨论了商会移议事件，即马路桥工张姓

---

① 《长元吴城区自治董事会交议事会议件》，《申报》1910年6月16日，第2张第2版。
② "附捐"是就官府征收之捐税，附加若干作为公益捐者；"特捐"是在官府所征捐税之外，另定种类名目征收者。参见《宪政编查馆奏核议城镇乡地方自治章程并另议选举章程折并单二件》，《大清新法令（1901~1911）》（点校本）第1卷，第166页。
③ 《长元吴城董事会各项办事员规约》，《申报》1910年6月19日，第2张第2版。
④ 《金山城厢议事会第一次议事录》，《申报》1910年7月4日，第1张第2版。
⑤ 《华娄城议事会第一届议决案（续）》，《申报》1910年7月12、13日，第2张第2版。

涉讼案。"马路桥工已成,张福同一再禀控,事未解决,商会迹近嫌疑之地,未便担任。查建桥筑路在自治范围之内,应公议办法以息纷争"。①

议事会对各类议案进行讨论,以简单多数进行表决。若获得通过,则交董事会执行。在下一次议事会开会时,议事会会对董事会的执行情况进行检查。例如,1910年6月,长元吴城的一些选民、议员向董事会提出建议案。城自治董事会经过讨论,并会同董事会的提议案,交议事会讨论。这些议案涉及自治区域全体公益,如注意卫生事,按定章分清官治、自治权限,筹集经费,清洁道路;掩埋浮厝棺木事,"本城区暴露棺木年久停柩,均非所宜,请定一限制办法";此外还有保存寒山寺;开辟城门事;收集无主荒地为自治经费事;禁销福引券事;设立戒烟会事等。②

从该年6月30日至7月16日闭会,长元吴城厢自治议事会开会,除对董事会交议各案暨提议各案分别进行议决外,还包括议长、议员以及居民提出的议案,内容广泛。如关于收集无主荒地为自治公产案,议事会议决的结果是:"按照谘议局临时会议决清查荒地案,呈请地方官转详农工商务局,无论城厢荒地,一律即日截止报领,先将城区荒地拨归自治公所,作为自治公产,其原有荒册一并移交,以便照册立界收管,其厢区荒地俟划定后再行清查收集。"关于注重卫生案,议事会议决:"清道为自治范围以内之事,亟应呈请地方官转详巡警道札饬各路巡警局,将清道事宜改归自治公所办理,即以原有之清道经费全数拨入自治公所,以一事权,而资整顿。在未经改归以前仍由局严饬清道夫加意勤奋打扫,务令街巷一律清洁。"议决后将"所有备文呈报地方官查核,一面备知会书,移请董事执行"。③

---

① 《江苏华娄城自治公所议事会夏季议案(再续)》,《申报》1910年6月22日,第2张第2版。
② 《长元吴城区自治董事会交议事会议件》,《申报》1910年6月16日,第2张第2版。
③ 《苏州长元吴城自治议事会议决案》,《申报》1910年7月21日,第2张第2版。

第六章 地方自治制度的施行

金山城厢议事会第一次会议在 1910 年 5 月 28 日开会，会期 20 多天，对诸多公益、民生的问题进行了讨论，并付之表决。此次议事会议案众多，如宣布开浚河道案（董事会交议，议员李铭训、张作砺提议），宣布城区巡警呈请监督委任董事会办理案（议员李铭训提议），宣布城区公款公产移交董事会管理案（董事会交议），宣布无主公地器物自治公所管理案（副议长吴文瑞提议），宣布本城区荒地归自治公所管理案（议员张良朔提议），宣布烟膏专卖案（议员蔡德绳提议），宣布凭照买卖烟土案（议员张良朔提议），宣布戒烟切实办法案（董事会交议），宣布补助戒烟公局案（居民徐贯一建议），宣布平籴案（议员张作砺提议），宣布撤回泖港巡船案（议员蔡德绳提议，居民庄则恭、骆刚上、朱汝经建议），宣布修造三官木桥案（居民骆刚上、陈德新建议），宣布自治规约案（议员李铭训提议），宣布派员宣讲案（议员张作砺提议），宣布设立医学研究会案（议员黄矿、张本载提议），宣布保护耕牛案（议员张作砺提议），宣布改良火政案（议员张良朔提议），宣布禁止巫觋案（议员蔡德绳提议），宣布派定带征自治经费案（议员张作砺提议），宣布迁移陆永义肝肠作、刘顺兴销皮坊案（居民沈士元、许滋龄、曹秉良、沈诚基建议），宣布售卖食物限令普用纱罩案（议员张良朔提议）等。① 议事会决议通过与否，以到会的议员过半数为准。上述文献所指"宣布"，即为议事会通过的决议案，随即交由董事会执行和实施。

上海城厢自治团体成立后，积极履行公益职责，与其他地方的自治机构相比，其成绩最大，实效也最明显。如上海城自治公所按照城乡地方自治章程，经议事会议决，以清洁道路及路灯均系自治范围之事，议决将城内清道及路灯事收归自治公所管理，要求巡官德来文"将清道路灯夫役花名器具清册，及各铺捐户庙园摊户各捐册一并移送前来，城董事会即于是日接收"，并于城内设置清道路灯办事处，雇用夫役扫除

---

① 《金山城厢议事会第一次议事录》，《申报》1910 年 7 月 6 日，第 2 张第 2 版。

339

道路，并逐渐更换损坏之电灯泡和火油灯。① 在社会治安方面，上海城自治公所警务处"加派巡长、巡士，会同巡逻队及马巡等在紧要各段切实逡巡，以防匪徒肆劫，西南各区巡士亦各实力巡查，商团公会各会友亦整队出巡，在十六铺等处热闹市肆通宵巡护，颇形出力，称地方自治之进步也"。②

第四，扩大活动空间，维护居民和国家权益。清末宪政改革时期，各种改革新旧交集，一些地方的自治机构也最大限度地利用地方自治所赋予的合法地位，维护和争取商民及自身利益。如1911年1月，川沙城议事会某议员提出了三项议案：一是废除柜书索取小费的惯例；二是废除"抽风节"的陋规；三是禁止"无赖"在茶馆内勒索钱财。议事会经讨论后通过。此外川沙县城、乡各议会以"书吏的中间榨取严重危害了城乡居民的利益"为由，做出了"废除陋规"的议决。③ 这些议决案反映了自治绅董的政治热情，并借此扩展自身的活动空间。

因为筹办新政，财力不足，清政府于1908年在直隶开始试办印花税，又决定从1909年10月16日（宣统元年九月初三日）起，正式在全国开征印花税。这一决定仍然遭到一些地方绅民的反对。如天津绅民要求从缓征收的提议，得到议事会的支持。10月9日（八月二十六日），"天津绅商民等约有千人，到议事会呈递说帖，要求立即开会，核议展缓印花税事宜。随即当众开会议决，由议事会正副议长会同商会总、协理，面谒端午帅，竭力请求展缓办法"。④ 次日，议事会讨论展缓征收印花税事，决议由正、副议长上督院呈递说帖。12日，议长赵承恩、副议长刘孟扬面见直隶总督端方，称"我国正当贫弱之时，而津埠自庚子以后，又亏累万分。若再征此税，民力更难担负"。端方与

---

① 《城自治所接管城内事》，《民立报》1910年10月26日，转引自马鸿谟编《民呼、民吁、民立报选辑》（一），河南人民出版社，1982，第411页。
② 《地方自治之成效》，《申报》1911年2月2日，第2张后幅第3版。
③ 黄东兰：《国家、地方社会与地方自治——清末川沙自治个案研究》，《开放时代》2002年第3期。
④ 《议事会提议缓行印花税》，《申报》1909年10月15日，第2张第2版。

司道府县及商会协商印花税事，决定"仍暂不开办之策"。① 在印花税的缓征事件中，天津县议事会较好地反映和代表了民意。

一些议事会还为维护国家的主权而斗争，起到了官方不能起到的作用。如江苏镇江运河口江边设有德商美趸船，每年向缴码头租金五百两，以充挑河经费。然近来数年并未照缴，迭经洋务局委员函催补缴，仍复推延。镇江城厢自治公所各议员"以该处并非租界，中国应有自主之权，特于日前邀集同人会商对付之策。当经公同议决，拟禀由关道照会该管领事，据理力争矣"。②

三 地方自治的困境

应该说，清季地方自治从筹办到运行并不顺利，而地方自治的筹办完成也很不平衡。在筹办和运行中，地方自治面临着众多的困难，自治团体中少数职员的恶行，相当程度上影响了自治或民治的真正实现。加之自治运行时间短促，其弊端不能及时、有效地纠正，其积极作用未能充分发挥出来。地方自治筹办与运行面临的困境表现在诸多方面。

1. 有些地方官员消极不为

地方自治是宪政的基础和重要组成部分，清廷、主管机构民政部和各省督抚都高度重视，不断加强督促和检查，但不是所有的地方自治的筹办者都是如此。有些官员在筹办地方自治中就是应付了事。1910 年，安徽巡抚朱家宝以"各州县应设城厢自治公所，所限于上年七月二十日成立，调查户口人数以及分区图说，限于十月初十日造送，当选人民正册限于十一月初十日造送，期限甚宽，尽可从容办理。乃各该牧令遵限办理者，固不乏人，而因循坐误者，亦复不少。以安庆府属太湖、桐城两县为尤甚，玩视要政，成何事体"，惩处了不得力官员。③ 云南的

---

① 《记天津议事会请缓行印花税》，《东方杂志》第 6 年第 11 期，宣统元年十月，第 349 页。
② 《自治议员力争主权之一斑》，《申报》1911 年 6 月 5 日，第 1 张后幅第 3 版。
③ 《各省筹办地方自治》，《申报》1910 年 2 月 19 日，第 2 张第 2 版。

一些官员对筹备地方自治的态度也是如此，1910年报载："云南自治总局虽已设立数年，后又遵章改为筹办处。宪饬各州县设立自治研究所，以为立宪之预备。奈滇中民智不开，财政困难，地方官多以自治为不治，成立者少，除罗次、定远、新平、蒙自各县遵章筹设外，余俱多付缺如，日昨自治筹办处特详请督宪将漠视自治之一般地方官，严行记过，勒令限期成立"。①

2. 议事会代议性不足

地方自治章程对合格选民作了严格规定，但合格选民中仍有大量的弃选者。如"长、元、吴三县（城厢）乙级选举，到场投票者只二百九十二人。夫苏州素称文秀之地，开化之区，而以四千余之选民，实到仅此区区，放弃权利若是"，② 其投票率仅为7.3%。其"甲级选民亦已于初九日在元都方丈内投票，至六下钟闭所，计甲级选民八十名，是日到区投票者仅三十八人，初十日八下钟在方丈内开票，应选议员三十人，未及足额"。③ 投票情况虽较乙级选举为好，但投票率不到一半，为47.5%。江苏武阳城厢自治乙级、甲级选举的投票率也很低。乙级选举日"到所投票者仅三百十三人，放弃选举权者九百余人"，其中原因之一是"学界中人因暑假伊迩学期考试颇忙，故尤多放弃"。"二十日，举行甲级选举投票，到者三十二人，放弃选举权者二十人"。④ 在上海，1909年的城厢人口204388人（不包括租界），合格选民为3644人，选民只占人口总数的1.78%。⑤ 实际参加议员选举的投票者为1104人，占合格选民的30.3%。上海作为中国最开放和最开化的地区，人

---

① 《自治之成绩如是》，《申报》1910年10月6日，第1张后幅第4版。
② 《可羞哉！苏州之自治》，《申报》1910年2月19日，第1张第7版。王树槐指出，参加苏州城厢议事会职员选举的"乙种选举人约有9000人，而投票者不过292人"。与此所称4000余人相差甚远。王说疑误。参见王树槐《中国现代化的区域研究：江苏省（1860～1916）》，《中央研究院近代史研究所专刊》(48)，1984，第202页。
③ 《各省筹办地方自治》，《申报》1910年2月20日，第2张第2版。
④ 《各省筹办地方自治》，《申报》1910年7月3日，第2张第2版。
⑤ 吴桂龙：《清末上海地方自治运动述论》，《近代史研究》1982年第3期。

文荟萃，参选情况尚且如此，那么，全国的参选情况就更不用说了。投票率低的事实，证明清季国民民主参与程度不高，同时也说明议事会的民意基础薄弱，容易导致代议机关的合法性危机。

3. 自治经费严重不足，且各地方自治经费不均衡

清季地方自治经费，准确地说包括性质不同的两个方面：一是筹办地方自治的经费；二是地方自治体建立后的运行经费。后者在《城镇乡地方自治章程》和《府厅州县地方自治章程》中分别设立专章予以规定，即章程第五章。该章对自治经费的类别、来源、管理及征收、预算决算及检查都做了详细的说明。但具体实施过程中，对自治经费问题，各方面彼此扯皮是经常之事。

由于财政极度窘迫，清政府推行的所有新政，其经费很多都是"就地自筹"，当然也不可能有专项的自治筹备经费。不过，省自治局或地方自治筹办处作为领导机构，其经费多暂时在地方行政费中支出。1908年，宪政编查馆曾饬各属设立地方自治局所，凡"自治局员董请拨经费，饬令自行筹措，不得允予动支官款"①然而各地屡以经费无着，"率行禀请地方官酌拨官款济用"。1909年湖北筹备自治，省城自治筹办处常年经费银二万六千余两仍经总督批准，由司筹拨，在官款中动支。湖广总督不得不承认此举"终非长久之计"。② 1910年，浙江谘议局议决宣统三年地方行政经费，对该年地方行政经费预算作了调整。在民政费中，地方自治筹办处的经费，原案为库平银19118两，经谘议局修正后，预算为14804两，比抚院提出的预算计划减少了4000多两。地方自治筹办处的预算经费包括薪水9880两、仆役工食590两和杂支4334两。③ 各地为筹措地方自治经费，不得已多方罗掘。有的地方忙遭

---

① 《自治局不得请拨官款》，《申报》1908年8月14日，第3张第1版。
② 《筹经费以办自治案·附"湖广总督交议原案"》，吴剑杰主编《湖北谘议局资料汇编》，第299~300页。
③ 《浙江谘议局议决宣统三年地方行政经费岁出预算案说明书》，章开沅等编《辛亥革命史资料新编》（4），第261页。

带征，搞所谓的自治附捐；有的地方筹办特捐；有的出租公产，收取租金。因此，地方自治筹办经费不足和不稳定，也引起了一系列的不良后果。

自治经费不仅少，且各地自治经费不均衡。如从松江府所属各县城厢自治团体职员薪水的差别，就可见一斑。"若学堂、清道、路灯、修街、造桥各项工程费不计外，但就薪水局费两项比较如左：奉贤总董、董事不支薪水，局费薪水常年共支钱一百六十五千，洋五十元；青浦总董、董事不支薪水，局费薪水常年共支洋二百八十元；金山总董、董事皆支薪水，局费薪水常年共支洋七百数十元；南汇总董、董事不支薪水，局费薪水常年共支洋九百元；华娄城自治总董、董事皆支薪水，局费薪水常年共支洋三千五百多元，盖比较金、南多四五倍，比较奉、青竟多十倍云"。①

地方自治章程对自治运行经费项目虽有规定，但三项经费并不易得，自治运行经费也就严重不足。如1910年上海城自治公所的收款预算，包括公益附捐、公益特捐、船车费捐、垃圾船照费、各项罚款、巡警贴费、书场戏馆捐、大达（码头）租息、菜摊房租、贫民习艺建筑费等，合计116936两。支款预算，包括议事会办事员的薪水与办公费、总董、董事（含区董）的各薪水、董事会办事员的薪水与办公费，筑路、建桥等兴办公益的各类工役费、公所伙食费、警员薪水和杂费等，合计298355两3分。收支相抵，1910年上海城自治公所预算赤字达到181418两4钱3分。② 上海是中国的首富之区，自治运行经费都如此见绌，其他地方自可想见。

清季自治经费的短缺和不统一、不均衡，是由多方面因素造成的。本来，"以本地之款办本地之事"是地方自治的一个特点。日本在举办地方自治的过程中，对自治经费做了明确、严格的规定。如町村经费，

---

① 《松属城自治薪费比较》，《申报》1911年7月4日，第1张后幅第3版。
② 《上海城自治公所暨分区庚戌年收支款项预算表》，《申报》1910年5月22日，第2张第2版。

以不动产公积金等为基本财产，町村有特别税，但严格规定"只在附加税之外另有课税的必要时赋课征收"。① 而清政府的《城镇乡地方自治章程》，虽然确定了自治经费的三个途径：公款公产、公益捐、"按照自治规约所科之罚金"，但各地的公款公产并不一致，边远地区很少甚至没有，各地举办自治所能依赖者，惟"公益捐"而已。特别是其中没有限定的、可由议事会拟具章程并由董事会或乡董自行按章征收的"特捐"，成为各地解决经费不足的主要渠道。清政府对"特捐"的征收没有明确的要求和规定，而各地人口、物产、丰饶程度各不相同，这不仅带来各种"苛捐"乱征的现象，而且导致各地自治经费多寡的不均。

4. 各类舞弊和违规现象时有发生

地方自治制度是中国移植国外宪政制度的首次尝试。但是清末在举办地方自治的过程中，从筹办、选举，再到运行，就与各种违规行为相伴随，舞弊、黑金政治充斥其中。

其一，选举舞弊现象所在皆有。如上海城厢乙级选举中，"选举票内有张宗望一人，共得十三票，本已当选。旋因核对笔迹，均系自书，是以暂时剔出候再彻查；尚有南区境内陈锜一人，共得两票，其一亦系自书。闻其余自书之票尚多，一律作废"。② 一些人为了赢得选举，到处结党钻营。有记者撰写竹枝词一首，刻画了江苏松江某邑选举自治议员时的景象："府厅州县近时忙，新政遵行日未遑。谘议局员刚举罢，又将自治办城厢。结党营私运动人，茶房酒肆暗梭巡。点头知照低低嘱，名字君须认得真。举人乙级定期先，甲级偏教后两天。毕竟主持尊甲级，一单传后一单连。跨踌满志费疑猜，某氏如何尚未来。几日前头曾重托，今朝失信不应该。翌日忙开投票筒，姓名一一唱耳边。一心主念都因己，那管音同字不同。滥竽充数互相争，诉讼为难一县尊。"③

---

① 郭冬梅：《日本近代地方自治制度的形成》，商务印书馆，2008，第157页。
② 《地方自治之选举如此》，《申报》1910年1月19日，第2张第2版。
③ 《松属某邑选举自治议员》，《申报》1910年3月4日，第1张后幅第4版。

其二，黑金政治初露端倪。在自治团体内，不少刁衿劣绅厕身其间，众望不服，直接影响其权威性。如江西南昌、新建两县城自治议事会的所有议员，"选举开幕时，皆系金钱运动而来，以故流品太杂，招摇营私之辈，实繁有徒。总董、董事、正副议长等稍知自爱者，早已引退。盘踞者，仅一、二无意识之徒附和其间。现经监督梁继泰、石守谦痛详大吏，要求解散，改选开议，以保公团名誉。现奉自治筹备处批，以议、董两会议员、董事既有假公济私、逾越范围情事，自应遵章解散，另行改选，以符定章，仍候抚宪批示"。①

其三，自治职员还在自治范围外做不法勾当。如湖北建始议事会"议长刘德标本一劣绅，运动当选。现在每日到公所收受词讼，明侵官权，凡原被告就里者，均须纳讼费钱一千一百文……故自治公所遂若专为治民刑事设矣"。②

上述种种现象，都使自治效果大打折扣。在湖南，这一时期的地方自治被人指为"利未形而害已者"。③ 在湖北，"吾见近日各厅州县所办之城镇乡地方自治，大都敷衍了事，有名无实"。相反，"中选士绅，多半为平日城镇乡中最占势力者"，其行为不端，"势必视自治公所为鱼肉乡民之具，借官恃势，假公报私，名为自治，实以自乱，只知吞款，而不知捐款，只知欺贫，而不知恤贫"。④ 作为良好制度的地方自治在民众心中并没有留下好的印象。

清末地方自治所出现的种种问题，实际还有更深刻的根源。因为任何制度都不会是独立的存在，都需要其他制度予以支撑或者配套。制度的运行是如此，制度的改革更是如此。由于内外危机所带来的紧迫性，清末的宪政改革是齐头并进、全面铺开，新的制度正在建立，但旧的制

---

① 《南新城自治议员营私解散》，《申报》1911年4月11日，第1张后幅第3版。
② 《自治侵夺官治之怪象》，《申报》1910年10月7日，第1张后幅第4版。
③ 参见刘国习《试论清末民初湖南的地方自治运动》，硕士学位论文，湖南师范大学，2003，第22页。
④ 引自〔美〕周锡瑞《改良与革命：辛亥革命在两湖》，中华书局，1982，第132~133页。

度依然存在；地方自治在依限加紧推进，但外官制方案却迟迟不能出台，中央与地方的财税划分一时难以确定，致使地方自治的制度建设缺乏必要的基础和条件。正如有学者所说："近代地方自治制度的成立必须以近代的税财政制度的整备为前提。但是在清末的中国，没有确立从中央行政独立的地方财政制度。在这样的制度下导入地方自治会产生很多问题，这是不难想象的。"①

尽管如此，从近代中国社会转型的角度而言，清末的地方自治实践仍然有着深远的意义。清末外官制改革的重要目标是府厅州县和城镇乡实现地方自治，虽然由于清政府的灭亡，这一工作没有全部完成，但也从根本上突破了原有的由中央控驭、并以行政官为中心的官制体系。城镇乡自治团体无论议事会和董事会皆由选举产生，自行决定并办理地方公益事务，进而改变了原有的官治模式，实行官治与自治并存的治理方法。虽然清政府规定，各级自治团体要受地方官监督，但"以本乡之人办本乡之事"的原则和相关制度的制定，将地方基层社会的管理纳入制度化、组织化的轨道，从而使基层社会管理的"民治"模式开始萌芽。

---

① 黄冬兰：《近代中国的地方自治与明治日本》，转引自郭冬梅《日本近代地方自治制度的形成》，第239页。

第七章

外官管理制度的变动

本章所论述的外官管理制度，主要指的是文官，即文职官员的选拔、任用、考绩、监察、俸禄等制度。① 清季外官制改革既包括直省官僚体制的调整与改革，主要是机构的设立、撤销、合并，机构新职能的确定、旧职能的转轨等；也包括与之相适应、继之而起的官员管理制度变革，如地方官员的选拔、任用、升黜、考核、奖惩、俸禄、回避等制度的兴废和变更。前者被称为"官制"，后者被称为"官规"。宪政编查馆认为："官规与官制，相为表里，官制为实体法，官规为辅佐法。官制不定，则官规无所附丽，而官规不与官制同时并改，则官制亦难实行。"② 官制与官规两者是互相关联的，其改革也是牵一发而动全身，不能偏废。清政府原定 1909 年编订《文官考试章程》、《任用章程》、《官俸章程》等官规，1910 年颁布。③ 1910 年修正逐年筹备事宜时，定于 1911 年颁布施行。④ 但由于外官制方案没有最后定夺，相关官规也

---

① 艾永明：《清朝文官制度》，商务印书馆，2003，第 2 页。该书指的文官制度主要包括选拔、任用、权利义务、奖励和处分、考绩、监察、休致等。鉴于清末文官制度改革的实际情况和资料状况，本章论述主要集中于选拔、任用、考绩、监察、俸禄等几个方面。
② 《宪政编查馆奏遵拟修正逐年筹备事宜开单呈览折并单》，《大清新法令（1901～1911）》（点校本）第 10 卷，第 173 页。
③ 《附逐年筹备事宜清单》，《清末筹备立宪档案史料》上册，第 62 页。
④ 《钦定修正逐年筹备事宜清单》，《大清新法令（1901～1911）》（点校本）第 10 卷，第 167 页。

第七章 外官管理制度的变动

就迟迟没有颁布。

然而改革是一个互相关联的系统工程，虽然外官制改革方案和官规没有最后颁布，但外官制改革仍在逐步推进，三司两道官制相继出台，审判厅在省城商埠陆续设立，加以科举停废所产生的一系列联动效应，都必然带动官员选拔任用、考核等相关制度的变化。关于省级三司两道主管官的选任，在前文已有所涉及，这里不再赘述。本章主要考察外官选任、考核、俸薪等制度的变革，关注点是除总督、巡抚、各司道长官之外的地方官、新设职能机构的专职人员。

这里有两个问题是值得注意并加以说明的：一是清季直省各职能部门通过考试选拔任用了一批专业性人员，从而替代了旧衙门中的书吏，但这些人并不是"实官"。宪政编查馆在考核提法使官制的奏折中说：官署科长、科员等"此项人员究与普通行政官吏不同，既须明其责任，更宜课以专长，并参用陆军部官与职分之意，暂不作为实官而定为实职"。[①] 承担一定职责、并有一定专长，是他们与"实官"不同的地方；他们依据新官制而统一设置，具有"实职"，也即一定的编制，这是他们区别于"吏"之处。由此，地方官府产生了一批专业性的实职人员。

二是各级审判厅、检察厅、巡警局所选用的专业人员，依照现代体制而言，都不属于行政职官之列。但是在清末，由于这些机构的权力都是从行政权力中分离出来的，所以在进行机构的制度设计时，常常将相关人员的设置与中国古代的官比附和联系，如法部、大理院在大理院官制折中就说："推官之名肇自有唐，相传甚古，然历代皆属外僚，不系京职。考宋时大理有左右推事之称，拟改推官为推事。"[②] 法官第一次考试录取人员均以正七品推事或检察官用，先分发各厅学习；二年期满

---

① 《宪政编查馆奏考核提法使官制折并清单》，《大清新法令（1901~1911）》（点校本）第6卷，第401页。
② 《法部大理院奏为核议大理院官制折并清单》，《大清新法令（1901~1911）》（点校本）第2卷，第119页。

经第二次考试合格者再以品级相当之推事、检察官奏留候补,① 各级审判厅、检察厅的推事、检察官、典簿、厅典、主簿、录事,皆有从五品到九品的职衔,并按一定轮次升补。② 说明当时这些人是从"官制"角度进行制度设计的,故而本章把这些人的选任也纳入考察范围。

第一节 外官选任制度的变革

一 疏通旧学和选任新学

在清代,入仕有多种方式,或者说选拔任用官员有多种途径。"凡满汉入仕,有科甲、贡生、监生、荫生、议叙、杂流、捐纳、官学生、俊秀。定制,由科甲及恩、拔、副、岁、优贡生、荫生出身者,为正途,余为异途……其由异途出身者,汉人非经保举,汉军非经考试,不授京官及正印官,所以别流品,严登进也。"③ 在这些诸多途径中,科举制又是选用官员的主要形式,文官制度性入仕选拔的组织机构主要是吏部。且正途入仕更受到官场、士人的重视和尊重。因此,清时有"科甲进士,高自位置;他途进者,依阿从人"之说。④

科举制度是教育制度与官员选拔合一的制度,其导向是以仕途为目标。科举考试的内容是四书五经,形式是五言八比,与社会需要严重脱节。对科举的弊端,有清一代批评之声不绝于耳。早在乾隆年间,兵部侍郎舒赫德批评科举制度"已非良法","今之时文,徒空言而不适于

---

① 《法部奏酌拟法官考试任用施行细则并单》,《大清新法令(1901~1911)》(点校本)第8卷,第170~171页;《法院编制法》,《国风报》第1年第6期,宣统二年三月,第13~14页。
② 《法部奏拟各级审判厅检察厅人员升补轮次片》,《政治官报》第810号,宣统元年十二月十六日,第8~10页。
③ 赵尔巽:《清史稿》卷110《选举志五》,中华书局,1977,第3205页。
④ 何士祁:《候补二十一则》,盛康辑《皇朝经世文编续编》卷25《吏政八》,第13页,沈云龙主编《近代中国史料丛刊》第84辑,第2594页。

第七章 外官管理制度的变动

用,此其不足以得人者"。① 到了晚清,这种情况更为严重。李东沅曾说:"举世奋志功名者,悉从事于此,老而不悔。竟有鬈龄就学,皓首无成,尚何暇他顾哉?"他们"将一生有用之精神,尽消磨于八股、五言之中,舍是不遑涉猎。洎登第入官,而后上自国计民生,下至人情风俗及兵刑钱谷等事,非所素习,猝膺民社,措治无从"。② 张之洞也说:"中国仕宦出于科举,虽有他途,其得美官者、膺重权者,必于科举乎取之。自明至今行之已五百余年。文胜而实衰,法久而弊起。主司取便以藏拙,举子因陋以侥幸,遂有三场实止一场之弊。所解者高头讲章之理,所读者坊选程墨之文。于本经之义、先儒之说,概乎未有所知。近今数十年,文体日益佻薄,非惟不通古今、不切经济,并所谓时文之法度、文笔而俱亡之。"③ 如此,科举培养出来的士人能力也就可想而知了。导致的结果是对时务一无所知,一旦任职只得假手幕友和书吏。

20世纪初,在内忧外患之中,清政府不得不实行变法,其中也包括改革科举考试制度,这一改革分成三个阶段。

第一阶段,改革考试形式与内容。1901年8月29日(光绪二十七年七月十六日),清廷宣布从明年开始,凡四书五经义,不准用八股文程式,改试策论。考试科目包括中国政治史事论、各国政治艺学策、四书义、五经义;进士朝考论疏、殿试策问,均以中国政治史事及各国政治艺学命题。④

第二阶段,决定"递减中额"。1901年1月清廷下诏变法时,曾要求官员们就"改革"问题"妥速议奏"。作为回应,袁世凯4月上奏提出:"旧科仍按期举行,不必一旦全废,但将各省岁科乡会各试取中额,先行核减二成,另增实学一科,即将旧科所减之额,作为实科取中

---

① 《议时文取士疏》,贺长龄辑《皇朝经世文编》卷57《礼政四》,沈云龙主编《近代中国史料丛刊》第74辑,第2117页。
② 李东沅:《论考试》,葛士濬辑《皇朝经世文续编》卷120《洋务二十》,沈云龙主编《近代中国史料丛刊》第75辑,第3217页。
③ 张之洞:《劝学篇》,上海书店出版社,2002,第52页。
④ 《七月十六日上谕》,《大清新法令(1901~1911)》(点校本)第1卷,第6~7页。

之数。"① 三个月后，刘坤一、张之洞建议："前两科每科分减旧日中额学额的三成，第三科每科分减旧额四成，十年三科之后，旧额减尽，生员举人进士皆出于学堂矣。"② 1904年1月13日（光绪二十九年十一月二十六日），张百熙、荣庆、张之洞在进呈《重订学堂章程》的附片中提出："将科举学额分别停止，以后均归学堂考取。"③ 清政府最终同意了这些重臣的建议，下令："著自丙午科为始，将乡会试中额及各省学额，按照所陈逐科递减，俟各省学堂一律办齐，确著成效，再将科举、学额分别停止，以后均归学堂考取，届时候旨遵行。"④ 这是改革科举的变通之法。

第三阶段，停止科举考试。1904年日俄战争爆发，袁世凯、张之洞等六位疆臣有感于"现在危迫情形，更甚曩日，竭力振作，实同一刻千金"，所以一改过去"递减科举中额"的主张，于1905年8月29日（光绪三十一年八月初二日）奏请"宸衷独断，雷厉风行，立沛纶音，停罢科举"。⑤ 鉴于"时艰日迫"和疆臣的压力，清廷在两天后迅速做出决定："著即自丙午科为始，所有乡、会试一律停止；各省岁科考试亦即停止。其以前之举贡生员分别量予出路，及其余各条，均著照所请办理。"⑥ 至此，在中国延绵一千三百年的科举制寿终正寝。实际上，由"递减"到废除这两个阶段，或者说决策的转变只是在短短的二年时间内完成的。

与此相适应，由于科举制度的废除和捐纳实官制的停止，清季职官

---

① 袁世凯：《遵旨敬抒管见上备甄择折》，《袁世凯奏议》（上），第271页。
② 刘坤一、张之洞：《筹议变通政治人才为先折》，舒新城编《中国近代教育史资料》上册，人民教育出版社，1961，第53～54页。
③ 《奏请递减科举注重学堂片》，璩鑫圭、唐良炎编《中国近代教育史资料汇编——学制演变》，上海教育出版社，1991，第527页。
④ 《十一月二十六日上谕》，《大清新法令（1901～1911）》（点校本）第1卷，第24页。
⑤ 袁世凯：《请立停科举推广学校并妥筹办法折》，《袁世凯奏议》（下），第1187～1191页。
⑥ 《八月初四日上谕》，《大清新法令（1901～1911）》（点校本）第1卷，第32页。

第七章 外官管理制度的变动

选用途径和方式也发生了重大变化。由科举选拔通才，转变为以学堂、留学等方式选拔通才，接受新式教育的学堂毕业生渐渐成为清朝官员选任的主体。这些变化表现在两个方面：一是具有临时性、过渡性的选任方式，主要是解决科举遗留问题——生员考职和举、贡会考授职；二是学堂、游学毕业生的考试授职。两者已经成为清季制度性选用官员的主要形式。尤其通过后者，一批具有新知识有学堂学生背景的外官得以选拔和任用。

1. 举贡优拔生员考试授职

1905年科举制度废除后，各省举贡人数合计不下数万人，生员不下数十万人，考虑到举贡生员的出路，政务处于1906年专门出台了一个《举贡生员出路章程》，确定了几条出路：（1）酌加优拔贡额。三年一次，各省均照例加四倍考取；（2）考用誊录，帮誊公牍，三年后分别奖叙，准以实官分发；（3）各省举人均准以拣选知县注册，由吏部酌定班次选用，其中式过十年者，准令交分发银两分省试用；（4）截取举人无庸再用教职，除用知县外，兼用直隶州州同、盐库各大使；（5）生员考职，即确定各省名额，由督抚会同学政考试，录取者咨送吏部，分别以巡检、典史用；（6）准每科会试中式之贡士有未经复试者，或复试后未应殿试或朝考者，可赴礼部呈请，开列所考等第，引见录用。①

同年，礼部又奏议各省生员考职办法，称定例贡监考职皆赴京考试，现人数过多，宜加限制，定各省生员均于考优贡之年准令各州县会同教官遴选保送，由各督抚会同学政考试，"取其文理畅达、事理明晰者，大省取一百名，中省取七十名，小省取五十名，其余保送人数约计照取额十倍为断"，并要求由各省提学使主持考试，头场试以经义史论各一篇，取额不妨从宽；二场试以时务策两篇，如额考取。还强调如有

---

① 《政务处奏酌拟举贡生员出路章程折》，《大清新法令（1901~1911）》（点校本）第2卷，第380~383页。

长于算学、舆地、财政、兵政、交涉、铁路、矿务、警章、外国政法等事者，可以于头场前赴提学使司报明，于二场试以专门题目，合校两场以定去取。① 生员考职由各省分别举行，如 1907 年 5 月湖南举行生员考职，由各属遴选保送到省，由提学使举行扃门考试两场，按额录取。② 湖北生员考职在 7 月进行，各州县将录取生员送省者有 700 余名。③ 各省录取后造册上报吏部，一等以巡检、二等以典史分发各省试用，并可免缴分发银两。④

1907 年还举办了优拔考试。先由各省分别举行考试，分别选取拔、优贡，于 8 在京城保和殿分别举行朝考。该年录取优贡一等 130 余人，二等 160 余人。⑤

礼部原定 1907 年 5 月举行举贡会考，各省在三月之前将考试保送举贡名册报部，但仍有贵州、云南、安徽、广东等省未能按期册报，考试遂拖延至 6 月 20 日在国子监举行。考试分两场，头场考经艺史论各一道；二场考算学地理等科题各一门。⑥ 因留京举贡到都察院递交呈请要求与考，于是之前又举行了一场甄考，分定去取后送考。⑦ 此次共录取了 371 名。⑧ 时任邮传部主事的孙宝瑄目睹了该年举贡生员赴京会考的情景："时举贡应考者，纷纷至都，盖朝廷颁特恩，使凡被举于乡，而未成进士者，或仅得副贡生者，虽科举罢后，犹得再试国子监，畀以

---

① 《礼部奏议各省生员考职办法折》，《秦中官报》1906 年第 4 期，丙午年闰四月，第 64 页。
② 《湘省举行考职》，《申报》1907 年 5 月 17 日，第 11 版。
③ 《鄂省举行考职》，《申报》1907 年 7 月 13 日，第 11 版。
④ 《吏部奏酌拟生员考职人员选补班次并免缴分发银两折》，《东方杂志》第 5 年第 1 期，光绪三十四年正月，第 29 页。
⑤ 《京事小言》，《申报》1907 年 8 月 23 日，第 3 版。
⑥ 《礼部奏定考试举贡章程》，《申报》1907 年 4 月 11 日，第 8 版；《专电·电一》，《申报》1907 年 6 月 8 日，第 2 版。
⑦ 《礼部议定留京举贡》，《申报》1907 年 5 月 23 日，第 3 版。
⑧ 《吏部奏举贡录用部属人员拟请统分各部折》，《大清新法令（1901～1911）》（点校本）第 2 卷，第 385 页。

出路。"①

1909年即乙酉年为例定考优贡之年，不仅要举行优拔考试，还要举行生员考职和举贡考试。由于考试场次繁多，礼部在前一年就奏定各省考试优拔等次序：各省先考选拔生，次考优生，次生员考职，次考试保送举贡，并"统限于明年六月以后十一月以前一律考竣"。②

该年下半年，各省先后举办了选拔生、优生、生员、举贡等各类考试。如云南将各属生员调省，于9月6日至12日分场考试选拔，经总督复试，考得选拔生207名。随之于9月25日、10月1日举行优生考试，经总督复试选取优贡10名。③ 河南先后进行了保举举贡考试，录取68名；优拔考试，取定选拔生250名，优生20名；生员考职由各州县会同教官遴选，由提学司分为两场考试，录取一等36名，二等37名，皆榜示后由司发给执照。④ 山西经考试后，录取选拔生243名，正优20名，副优13名，生员70名，举贡44名。⑤

1910年，京城举行了第二次举贡会考，5月初先对旅京举贡和八旗、满洲、蒙古举贡进行甄录考试，中旬在学部考棚分省举行头场、二场考试。⑥ 录取320名，⑦ 后又在保和殿复试，录取一等96名，二等108名，三等117名。⑧ 这些人的任用条件也颇为优厚，举贡经过复试

---

① 孙宝瑄：《忘山庐日记》（下册），上海古籍出版社，1983，第1009页。
② 《礼部奏补考优拔生折》，《政治官报》第323号，光绪三十四年八月二十四日，第6页。
③ 《护理云贵总督沈秉堃奏滇省考选优拔各生遵章录取折》，《政治官报》第775号，宣统元年十一月初十日，第16页。
④ 《河南巡抚吴重憙奏豫省考试保送举贡折》，《又奏考取优拔片》，《又奏保送考职生员片》，《政治官报》第829号，宣统二年正月十二日，第13～14页。
⑤ 《调补江苏巡抚山西巡抚宝棻奏考试举贡优拔一律完竣折》，《政治官报》第775号，宣统元年十一月初十日，第15～16页。
⑥ 《礼部奏考试举贡日期折》，《政治官报》第905号，宣统二年三月二十九日，第7页。
⑦ 《考试举贡榜单》，《政治官报》第918号，宣统二年四月二十三日，第8页。
⑧ 《礼部奏此次考试举贡请定引见日期折》，《政治官报》第945号，宣统二年五月十一日，第4页。

者,一、二、三等举人分别以知县、州同、盐库大使、司经历、州判等录用。所有未经录取人员,亦可到吏部注选,掣签分别录用。① 对已经拣选为知县的举人归于即用班补用。②

该年8月又分别举行拔贡和优贡朝考,录取人数较上次又有扩大。上旬举行拔贡朝考,考取一等149名以七品小京官分部学习,另有176名以知县分省补用;二等178名交吏部询问,愿就京职者以八品录事、书记等官分部,愿就外职者以直隶州州判、按察司经历、盐运司经历分省补用。③ 下旬举行优贡朝考,考取者分两批引见,其中考列一等者35名以七品小京官分部学习,110名以知县分省补用;考列二等者170名以盐运司经历、散州州判、府经历、县丞等分省补用。④

关于旧学人员考试授职,朝廷的说法是"疏通旧学,体恤寒畯",为一部分旧学人员,尤其是下层士人提供了出路。就考试内容而言,与既往的科举八股取士已有很大的不同,吏部表示:"此次考试举贡,凡经取中者,大都于交涉、财政、警察、铁路、矿务、政法、算学、地理、兵事各项科学,均有一长可取,与捐纳劳绩人员之未经考选者迥不相同",所以分发到部者,大都分到了外务部、农工商部、民政部、学部、邮传部、大理院。⑤ 然而当时毕竟是科举制度刚刚停止之时,科举入仕仍是许多读书人的梦想,正如署贵州提学使陈骧称,许多人"一闻科名,便纷然起图,即如本年将举行优拔考试,各学堂教员均思与

---

① 《吏部奏保送举人见遗后酌予录用并片》,《大清新法令(1901~1911)》(点校本)第2卷,第385页。
② 《吏部奏酌增考职京员并考班中书改外办法折》,《大清新法令(1901~1911)》(点校本)第6卷,第243页。
③ 《宣统二年七月十三日上谕》,《宣统朝上谕档》第36册,广西师范大学出版社,1996,第256~261页。
④ 《宣统二年八月初九日上谕》,《宣统朝上谕档》第36册,第312~324页;《宣统政纪》卷40,宣统二年八月庚辰,中华书局1987年影印本,第720~722页。
⑤ 《吏部奏举贡录用部属人员拟请统分各部折》,《大清新法令(1901~1911)》(点校本)第2卷,第386页。

考,半于去腊纷纷辞职"。他由此感叹:"办学之阻碍,实无有过于此者。"① 另外,各种考职,加上对留学生和学堂毕业生的奖励,使"岁入仕途者不下数千人","各部各省人浮于事几数百倍,差缺难得",② 故而有媒体斥其为"科举余毒","急宜铲除"。③ 鉴于各方的批评压力,也鉴于随着官制改革的推进,礼、吏二部都将面临裁撤,故学部以为"现在朝廷变法维新,若乃留此举,难免人言啧啧",故议缩短年限,除下届壬子一科提前考试加额录取外,"以后不再考试优拔"。④

2. 学堂出身选任

为鼓励新式学堂教育,清政府给予学堂毕业生以实官奖励。"毕业立奖实官"的政策从1901年开始实施,到1911年被取消,时间长达十年之久。

1901年8月29日(光绪二十七年七月十六日),清政府诏废八股,改试策论,饬令各省城所有书院改为大学堂,各府、直隶州均改设中学堂,各州、县均改设小学堂,新式学堂教育由此兴起。但学堂教育受到科举教育的严重制约,清政府决定采取将两种教育衔接的过渡方式,来促进鼓励学堂教育。12月,政务处、礼部上《遵旨核议学堂选举鼓励章程折》,承认学堂学生入仕具有与科举士人同等的资格,给予相应的出身以示鼓励。规定凡学堂考试合格毕业者,均给予贡生、举人、进士等出身;对成绩优秀的举人、进士,再进行殿试后,"量加擢用,因材器使,优予官阶"。⑤ 1902年8月公布的《京师大学堂章程》专设"学堂出身"一章,强调学堂毕业,学生学成后,给予不同等第的出身,

---

① 《又奏壬子年应取优拔各额提并本年考取片》,《政治官报》第528号,宣统元年闰二月二十九日,第21页。
② 《御史叶苕棠奏官多流杂有害治安请量予停止折》,《政治官报》第1077号,宣统二年九月二十五日,第5页。
③ 《论科举余毒急宜铲除》,《申报》1909年8月19日,第1张第2版。
④ 《拟停优拔两试》,《大公报》1909年3月21日,第1张第4版;《归并优拔考试之议》,《大公报》1909年5月14日,第1张第3版。
⑤ 《政务处礼部遵旨核议学堂选举鼓励章程折》,《中国近代教育史资料汇编——学制演变》,第37页。

以此作为铨选入官的资格。① 1904年1月（光绪二十九年十一月），清政府还具体规定了学堂各级毕业生的选录办法："通儒院毕业，予以翰林升阶，或分用较优京、外官；大学分科毕业，最优等作为进士出身，用翰林院编修、检讨；优等、中等均作为进士出身，分别用翰林院庶吉士、各部主事；大学选科，比照分科大学降等给奖；大学预备科及各省高等学堂毕业，最优等作为举人，以内阁中书、知州用；优等、中等均作为举人，以中书科中书、部司务、知县、通判用；中学毕业，分别奖以拔贡、优贡、岁贡；高等小学毕业，分别奖以廪、增、附生……优级师范毕业，最优等、优等、中等均作为举人，分别以国子监博士、助教、学正用；初级师范毕业，分别奖以拔贡、优贡、岁贡，以教授、教谕、训导用；高等实业学堂毕业，最优等、优等、中等均作为举人，分别以知州、知县、州同用；中等实业学堂毕业，奖励视中学。"② 1908年9月（光绪三十四年八月），又规定国内法政学堂三年别科毕业生，毕业考试最优等和优等者，以八品录事、二等书记官分部补用，或以直隶州州判分省补用。考试中等者，以九品录事三等书记官分部补用，或以道库大使、按司狱、县主簿分省补用。如果原是候补、候选人员，毕业考试最优等、优等，各就原官分别保奖京官，遇缺即补，或尽先选用；考试中等者，各就原官保奖升衔。③

这些规章给予学堂毕业生一定出身，为他们进入官场创造了制度性条件。但一方面，这些知识分子不能为官场所全部消化；另一方面，专业化、专门性人才的各种社会需求不断扩大。因此，1911年9月，清政府决定废止学堂奖励实官的办法。学部称："东西各国学堂毕业与入官考试，无不判为二事。中国兴学之初，科举未停，任官之制未备，自

---

① 《钦定京师大学堂章程》，《中国近代教育史资料汇编——学制演变》，第246页。
② 赵尔巽：《清史稿》卷107《选举二》，第3142~3143页。
③ 《学部奏续拟法政学堂别科及讲习科毕业奖励章程折》，潘懋元、刘海峰编《中国近代教育史资料汇编——高等教育》，上海教育出版社，1993，第158页。

不得不沿用科举办法，学堂毕业者即予实官，以广登进，而资任使。惟比年以来，毕业人数逐渐增加，而官缺之增设有限……拟自文官考试任用章程施行之日起，无论何项学堂考试毕业者，概不给奖实官。其游学毕业生之廷试，明年亦拟不复举行。"① 但必须承认，新式学堂教育经过十年的建设和发展，完整的国民教育体系得以建立和规范，为社会培养了大量的新式知识分子。其中，相当多的学堂学生毕业就职，或经过专门选拔考试被清政府所任用，包括任职地方。

3. 留学毕业生选任

1901年9月，清政府规定公费和自费的出洋游学者，也给予同样的待遇："一体考验奖励，候旨分别赏给进士、举人各项出身，以备任用而资鼓舞。"② 到1903年10月（光绪二十九年八月），留学人员日渐增多，清政府命张之洞拟订《约束鼓励游学生章程》。该章程规定：在普通中学堂五年毕业得有优等文凭者，给以拔贡出身，分别录用；在文部省直辖高等各学堂及程度相等之各实业学堂三年毕业得有优等文凭者，给以举人出身，分别录用；在大学堂专学某一科或数科，毕业后得有选科及变通选科毕业文凭者，给以进士出身分别录用；在日本国家大学堂及程度相当之官设学堂，三年毕业，得有学士文凭者，给以翰林出身；在日本国家大学院五年毕业，得有博士文凭者，除给以翰林出身外，并予以翰林升阶；游学生原有翰林、进士、举人、拔贡出身者，各视所学程度给以相当官职。③

1904年制定的《奏定各学堂奖励章程》详细规定了学堂毕业奖励的实施细则，除给予传统功名外，还授予不同的实官，在各衙门尽先补用。规定对出国游学的毕业生每年进行一次考试，按照考试的等次授予

---

① 《中国大事记·停止各学堂实官奖励并定毕业名称》，《东方杂志》第8年第8期，宣统三年八月，第8~9页。
② 朱寿朋：《光绪朝东华录》，总第4720页。
③ 张之洞：《筹议约束鼓励游学生章程折并附章程》，陈学恂、田正平编《中国近代教育史资料汇编——留学教育》，上海教育出版社，1991，第56页。

不同的出身和官职。例如，金邦平参加1905年的留学毕业生考试，得进士出身，任翰林院检讨；曹汝霖给予举人出身，以主事分部学习行走；林棨给予举人出身，以知县分省补用。

1906年10月（光绪三十二年八月），学部在奏折中再次强调游学毕业生考验在每年八月举办一次，与考者资格以毕业外国专门以上学校者为限。并为综核名实起见，妥议考验章程，将学成考试与入官考试分为两事，酌照分科大学及高等学堂毕业章程，会同钦派大臣，按所习学科分门考试。学部同时上奏的《考验游学毕业生章程》，获得了清政府的批准。该章程规定考试分两场，第一场考毕业生所学专业，第二场考语言（中国文和外国文）。考试结果分最优等、优等、中等。最优等者给予进士出身，考列优等及中等者给予举人出身，均由学部开单带领引见请旨。毕业生准给出身者，并加某学科字样，习文科者，称文科进士、文科举人；习法科者，称法科进士、法科举人；医科、理科、商科、农科等皆仿此。①

1908年1月（光绪三十三年十二月），宪政编查馆、学部制定了《游学毕业生廷试录用章程》，仿照科举会试的程序，对学部考试通过者给予不同出身；对廷试通过者，依据科名、等级，授予不同的官职。凡在外国高等以上各学堂毕业的学生，经学部考验合格并奏请皇帝批准后，可赏给进士、举人出身；凡获得此类出身者，每年在保和殿举行一次廷试，每人作经义一篇，科学论说一篇，其医、工、农等科毕业生及各种高等实业学堂毕业生可免作经义，只作科学论说即可。考后，按其出身和成绩分别授以翰林院检讨、主事、内阁中书、小京官和知县等职。② 具体为：（1）进士（学部考试最优等）廷试一等者，授予翰林院编修或检讨；（2）进士廷试二等者，授予翰林院庶吉士，俟三年期

---

① 《学部奏定考验游学毕业生章程折并附章程》，陈学恂、田正平编《中国近代教育史资料汇编——留学教育》，第64~65页。
② 《游学毕业生廷试录用章程》，陈学恂、田正平编《中国近代教育史资料汇编——留学教育》，第69~71页。

满，授编修或检讨；(3) 进士廷试三等者，优等举人（学部考试优等）廷试一等者，授职主事，按照所学科目分部学习；(4) 优等举人廷试二等者与中等举人（学部考试中等）者，授职内阁中书；(5) 考试官职优等举人廷试三等者，授职知县分省即用；(6) 中等举人廷试二等者，授职七品小京官，按照所学科目分部学习；(7) 中等举人廷试三等者授职知县分省试用。

学部根据变化的情况，仿照科举取士与学堂积分之法，在1909年（宣统元年）奏准了《酌拟考试毕业游学生章程》。该章程对游学毕业考生资格、查验文凭、预行甄录、分门命题、考试日期、分等给奖、分别职掌、严密关防等八个方面，①做了更全面和更科学的规定。

自1905年至1911年，清政府共举行留学毕业生考试7次，大量留学生借此获得出身，跻身仕途。1905年，学务处已组织了一次留学毕业生考试，录取金邦平等14人，授予进士、举人出身，分别赏给翰林院检讨、内阁中书、知县分省补用、主事分部行走。1909年和1910年两次考选留学生是规模较大，数量空前的。1909年通过考试，授予游学毕业生法政科、文科、医科、格致科、农科、工科、商科等科目的进士、举人共241人。②自1908年到1911年，举行了4届廷试，总共录取824名。依照给予的出身和考试等次，分别授职，一些游学毕业生被分发到地方补用。当时对留学毕业生回国参加入官考试的盛况有如下记载："时游学日本欧美毕业回国者，络绎不绝，岁举行考验以为常，终清世不废。"③ 由此可见，国外留学的毕业学生人数庞大，成为清季中央和地方官员的重要来源。留学生的考验与考试，也成为清政府延揽官员的重要途径。

---

① 刘锦藻：《清朝续文献通考》卷114《学校二十一》，第8726页。
② 《记载一·宣统元年九月大事记》，《东方杂志》第6年第11期，宣统元年十月，第436页。
③ 赵尔巽：《清史稿》卷107《选举志二》，第3145~3146页。

二 专业人员的选任

清季外官制改革中,省设三司两道,朝职能化、专业化方向发展。各机构分科治事,需要一批专业化的人才;加以审判厅、检察厅、巡警局所的设立,也需要熟悉新旧法律的专业人才。各种门类的专业人员的选任,成为清季选官制度变革中的一个重要特点。

1. 学务专业人员的选任

在新政改革前,在地方学务领域,清政府的管理者是学政和府州县儒学各教职。学政掌一省学校、士习文风之政令,以各级儒学生考课黜陟为职任,并对所属学官进行考核;教职掌学校生徒训迪之事。[①] 可见,这些学务官不是直接和全面地管理学校,而是以科举考试为轴心,以考试、考核为手段,间接影响学校,[②] 以期培养科举人才。且学政体制具有独特性。学政属京官系列,由清廷简放,三年一任,但对全省兴革大事也可参与会商。由于科举废除,整个教育管理体制发生了革命性的变化,地方学务的管理体制也随之调整。1906 年,学部制定各省学务官制,地方学务官制体系渐次建立。

总理全省学务的最高官员是提学使。由学部在"博求深明、素有阅历者"中开单,请旨简放。[③] 具体来说,是"由翰林院人员品端学粹,通达事理及曾经出洋确有心得,并京外究心学务素有阅历之员,不拘资格,一体擢用";另外,现任各省学政暨学务处总办,如"果系素谙学务,办事认真者",也可由学部奏请改任或补署。[④] 还特别强调,提学使除那些有出洋经历和"办理学务资劳久著者"可立即赴任外,其余各员应先派赴日本考察学校制度及教育行政事宜三个月,归国后再

---

① 刘子扬:《清代地方官制考》,紫禁城出版社,1988,第 426~427 页。
② 参见关晓红《晚清学部研究》,广东教育出版社,2000,第 30 页。
③ 《学部政务处奏请裁学政设提学使折》,《中国近代教育史资料汇编——教育行政机构及教育团体》,第 41 页。
④ 《学部奏陈各省学务官制折》,《中国近代教育史资料汇编——教育行政机构及教育团体》,第 43 页。

赴任。

各省设学务公所，设议长一人，议绅四人，"佐提学使参画学务，并备督抚咨询"。议长选择端正绅士通达学务者，由督抚咨明学部奏派；议绅由提学使延聘。学务公所设总务、专门、普通、实业、图书、会计六课，各设课长、副长一人，由提学使详请督抚札派。此外各省设立六名省视学，"承提学使之命令，巡视各府厅州县学务"，其资格和资历要求是曾习师范，或者出洋留学，曾充当学堂管理员、教员，并要有一定的成绩者。省视学由提学使详请督抚任用。

对厅州县劝学所的县视学（兼充学务总董）、劝学员，除部颁劝学所章程规定外，各省也有进一步的要求。如河南，1910年规定劝学所总董的资格是：出洋留学毕业者，或师范学堂毕业及中等以上学堂毕业者，或虽非学堂出身、曾历仕途有声望者；劝学员的资格是：身列校庠、夙能留心学务者，或乡望素孚、能为公益之事者，或具有总董资格之一者。① 县视学由提学使札派，归地方官监督。

各省地方学务官员的选拔任用有如下特点：（1）提学使虽然归督抚节制，但由学部开单奏请简放并受其考核，从而打破了以往学政隶属礼部，开列请旨简用权在吏部的定制。（2）省学务公所和视学的选拔都注重学堂毕业和专门知识，使一批拥有新知识的人进入地方学务系统。（3）学部奏定的《提学使权限章程》规定：学务公所的课长、副长，以及省视学、劝学所总董等，如无官者，给予五品、六品、七品职衔。其勤慎无误满三年者，由提学使详请督抚咨明学部，给予执照并咨吏部注册。② 以往省级和地方衙门皆无佐治辅助之官，由各长官自行聘请吏员帮同办理相关事务；而现在给予一定的职衔，虽然没有正式纳入官的行列，但也朝正规化迈进了一步。

---

① 《河南抚院通饬各属修订劝学所章程文》，《中国近代教育史资料汇编——教育行政机构及教育团体》，第80页。
② 《学部奏续拟提学使权限章程折附片并清单》，《大清新法令（1901~1911）》（点校本）第2卷，第182页。

2. 司法专业人才的选任

司法是专业性很强的职业，代表国家行使职权。因此，司法官员必须熟悉法律各类条文和章程，有丰富的社会阅历和社会经验，有良好的政治、道德素养。清政府对此的要求也十分严格。司法行政、审判官和检察官等各类司法官员，首先应具备参加考试的资格，然后参加考试。考试通过后，才能录用。

对司法行政官员的选拔和任用，即提法使司属官的选任，清政府在资格、考试和任用等方面作了硬性规定。1909年11月26日（宣统元年十月十四日），宪政编查馆奏定《考用提法使司属官章程》11条。按该章程规定，各省提法使司属官均依奏定官制，以考试合格者分别奏咨补用。科长、科员均须具备如下资格之一，方准应试：一是在法政、法律学堂学习三年以上，毕业得有文凭者；二是举人以上出身者；三是文职七品以上者；四是旧充刑幕，确系品端学裕者。若系京师法科大学，或法政学堂正科毕业以及在外国政法大学或法政专门学堂毕业，已经学部考试给予出身者，可免其考试，即予酌量分别署补。考试科目是国内外各项法律和国际法等。科长、科员之考试，由提法使主试，并详请各该省总督、巡抚派员监试，亦遴派深通中外法学者数人为襄校；凡经考试合格者，由提法使详请督抚，依考试成绩及原有之官阶、出身，分别派署。一年期满，由提法使出具考语，详请督抚咨达法部奏补；科长、科员业经奏补后，仍留该员原官、原衔，每届三年，由提法使查验各该员之办事成绩，出具考语，由督抚咨法部奏请，分别升黜。凡办事确不得力者，提法使随时详请督抚撤换，咨部另补。

书记官的要求是：在中学堂以上毕业得有文凭者，或生员以上出身者，或文职八品以下者。考试书记官，以文理清顺，缮写整齐为合格，考试科目由提法使临时酌定。凡经考试合格者，由提法使按照考试之成绩及该员之原有官阶、出身，分别派署。书记员署期亦为一年，试署期内果能称职者，再行补实，由提法使详请督抚办理。书记员补缺后，亦留原官、原衔，每三年甄别一次。①

对法官（推事）和检察官的选任，清政府的要求则更严格，除具备必要的考试资格外，必须经过两次考试并合格，否则不得正式任职。检察官与推事的任用条件基本相同。1910年1月法部奏《法官任用须经考试折》称："凡非推事、检察官者，未经照章考试，无论何项实缺人员，不得奏请补署法官各缺"，②即不参加法官考试并取得资格者，不得为推事、检察官。在法部酌拟的《法官考试任用暂行章程》中，规定推事、检察官的报考条件为：（1）在法政、法律学堂学习三年以上毕业者；（2）举人及副拔优贡；（3）文职七品以上者以实官为限，虚衔不得与考；（4）旧充刑幕历充五年以上，确系品端学裕者。③

上述人员须经第一次考试合格，方能"照章分发初级审、检厅作为学习人员。但开办之初，准其暂以考试成绩优者，分发高等以下审、检厅学习"，并对实习司法人员的要求、任务和限制条款做了严格要求。④ 学习推事、学习检察官须实习两年期满，参加第二次考试。第二次考试以"查验实习优劣为主"，合格者作为候补，先补各初级审、检厅之缺。"但开办之初，在高等以下审、检厅学习者，准其暂以考试成绩优者，分别酌补高等以下审、检厅之缺"。⑤ 任用高级检察官或高级推事，则必须具备更高级的资格条件。按《法院编制法》第118条的规定，要成为高等审判厅推事及高等检察官，必须分别具备特定的资格：一是任推事或检察官五年以上；二是通过或具有检察官或推事资格第一次考试合格之资格，并在京、省法政学堂任教习或任律师五年以

---

① 刘锦藻：《清朝续文献通考》卷133《职官十九》，第8929~8930页。
② 《法部奏法官任用须经考试折》，《大清新法令（1901~1911）》（点校本）第8卷，第20~21页。
③ 《法部奏酌拟法官考试任用施行细则折并单》，《大清新法令（1901~1911）》（点校本）第8卷，第167页。
④ 《法部奏酌拟法官考试任用施行细则折并单》，《大清新法令（1901~1911）》（点校本）第8卷，第167~171页。
⑤ 《法官考试任用暂行章程》，刘锦藻《清朝续文献通考》卷125《职官十一》，第8855页。

上。这两个资格只要具备其中之一,就可以补充高等检察官或高等审判厅推事。①

1910年9月到10月,举行了全国性的法官考试,其中西南、西北各省在提法司署举行考试,法部派员监督,其余省份赴京师考试。全国共三千五六百人报考,560人通过考试。② 考试后,等待分发实习。法部确定了分发的三个原则:分发京师人员,不论籍贯,总以熟悉官话为限;分发本省人员,准其自行呈请,惟仍以地方以下各厅为限;分发近省人员,其配置方法,由法部仿照吏部直隶州州同以下各员专归近省分发之例办理。③ 他们以学习推事、检察官的身份在地方各审判、检察厅进行实习。

按照清政府的安排,全国性的法官考试结束以后,要对已设立审判、检察机构的各省(含京师地方审检机关)在职推事、检察官进行一次考验。法官考试,重在选用,而法官考验,重在甄别,两者性质有所区别。由此,"则考验办法似未可与初试为吏者相提并论"。至于考验的计分方法,与法官选用考试不同。鉴于这些法官、检察官"昕夕从公,不无成绩可录",法部主张仿照学堂考试计分办法,"将各员平日办事成绩与考试各门总分数平均计算,以二除之,而定为考验总分数",④ 以重在考核"平时之经验"。1911年2月,京师、奉天对在职法官补行了考验。如奉天的考试分为两场,第一场考论说、宪法、办事成绩等八门,第二场考写作判词和口述。⑤

清季法官考试确立了通过考试选拔法官的制度。通过专业化的考试,将法官的选拔与行政官的选任区别开来,体现了司法独立的精神,

---

① 谢如程:《清末检察制度及其实践》,上海人民出版社,2008,第390页。
② 李启成:《晚清各级审判厅研究》,北京大学出版社,2004,第114页。
③ 《法部奏酌拟法官分发章程折并单》,《大清新法令(1901~1911)》(点校本)第9卷,第246~247页。
④ 《法部奏考验京外已设备审判检察衙门人员酌拟办法折》,《大清新法令(1901~1911)》(点校本)第10卷,第157页。
⑤ 李启成:《晚清各级审判厅研究》,北京大学出版社,2004,第119页。

第七章 外官管理制度的变动

有助于专业性司法人才的培育和形成。

3. 警务专业人才的选用

新政之初，清政府即倡办警察。各省在筹办警务之时，对警务官员的选用已有一套办法。如袁世凯在直隶，率先以军队士兵改任巡警。1901年底，他令抽调例应退伍之兵，施以短期训练，在北京试行站岗，维持秩序。① 袁世凯又招募3000名士兵，编成10局，暂住省垣保定。待到接管天津，将其编为"巡警营北段"，用警察名义进驻天津等处；建立警务总局，管理警察事务。其组织机构较为健全，人员的素质较好。还制定了一系列严格的警务规则。1902年5月，袁世凯委派赵秉钧，在警务顾问三浦喜传的帮助下，制定了《警务章程》，其他还有《保定警务局站岗规矩》、《保定警务局巡逻规矩》等。② 为培养合格的警务人才，1902年8月，袁世凯在保定开设警务学堂。第二年，在天津设立巡警学堂，并将保定警务学堂并入，定名"北洋巡警学堂"，招录学生、学员学习一至二年，以造就通省巡警官弁。③

1908年4月，民政部拟订《直省巡警道官制并分科办事细则》，对巡警道、警务公所科长和科员的任用，作了原则性的规定。关于巡警道的选任，民政部最初提出："各省巡警道员缺由民政部遴选相当人员开单，分别奏请简放或试署。各省如有历办警务熟悉情形人员，准由各该省督抚开单，出具切实考语，咨送民政部。"但宪政编查馆核议时并没有完全同意，而是改成"由督抚遴保堪胜此任人员奏请简放，或先行试署"，同时"民政部亦可预保人员请旨存记，由军机处开单一并进呈，恭候简用"。（详见本书第二章第二节）④ 警务公所科长和科员，

---

① 章开沅、林增平：《辛亥革命史》上册，人民出版社，1981，第172页。
② 韩延龙、苏亦工：《中国近代警察史》上册，社会科学文献出版社，2000，第157页。
③ 《北洋巡警学堂推广重订章程》，甘厚慈辑《北洋公牍类纂》卷7《警察一》，第499~500页。
④ 《宪政编查馆奏考核直省巡警道官制细则并清单》，《大清新法令（1901~1911）》（点校本）第2卷，第189页。

"均以毕业之巡警学生、曾经办理警务得力人员,由巡警道禀准本省督抚按章任用,仍将各该员履历申报民政部存案。"①

1910年民政部拟订了《巡警道属官任用章程》13条,报宪政编查馆审核后奏准施行。确定巡警道属官的范围,即警务公所科长、副科长;各厅州县警务长及各分区区官。选任的基本原则是:"严定资格,一体考试,非经考试及格,不得率请补用。"章程详细规定了巡警道各属官之出任资格及考试办法,规定:(1)凡警务公所之科长、副科长、科员、各厅州县警务长及各分区区官等,均需经过考试,合格者才得分别奏咨补用;(2)考试分为"高等考试"及"区官考试"两种。应高等考试者,必须是在高等巡警或法政、法律学堂三年以上、毕业得有文凭者,或曾办警务三年以上著有成绩者方能报考。如系曾于京师法科大学、法政学堂正科毕业,或在外国法政大学、政法专门学堂毕业,经学部考试给予出身者,得免其考试,视与高等考试合格者同;(3)考试科目有八项,其中"宪法纲要"、"大清违警律"、"法学通论"及"警察学"四科为主要科目,是必试内容;凡奏定之各种警察章程、地方自治与选举章程、各国户籍法大意及统计学等四科为选试科,应试者可先期报明选试一科。

高等考试由各省巡警道主持,并详请各该总督、巡抚派员监试,并遴派深通中外法学者为襄校。考试合格者,由各巡警道按照被录取人之考试成绩及原官阶、出身等,详请督抚,分别派署科长、副科长或厅州县警务长。以一年为试用期,期满再由巡警道出具考语,详请督、抚奏补,并将各员之履历咨报民政部存案。科长、副科长或厅州县警务长奏补后,仍留原官原衔,每届三年,由巡警道查验各员办事成绩,详由督抚奏请升黜。应区官考试者,必须有下列资格之一:在高等巡警学堂附设简易科学习者、中学堂以上毕业得有文凭者、现任巡官者。区官考试

---

① 《民政部奏拟订直省巡警道官制并分科办事细则折并细则》,《大清新法令(1901~1911)》(点校本)第2卷,第186~187页。

合格者，得由巡警道按照考试成绩及原有官阶、出身，分别派署区官。一年后，果系称职，再行补实，均由巡警道详请督抚办理，并将履历咨送民政部存案。①

1911 年，一些省陆续举办了巡警道属官考试，由于符合报考资格者不多，多采取变通之法，放宽条件。如湖南巡警道考试巡官，凡"一年以上毕业之警务学生得应区官考试，二年以上毕业者得应高等考试"，②即将原先毕业三年的规定缩短为二年。虽然各省在具体实施时问题丛生，但不可否认，各省巡警道属官的选拔已朝着专业化、规范化的道路前进了一步。

三 外官的培训、学习任用制

在外官的任用规范上，在新政时期，为刷新政治，清政府特别强调，部选官员，如试用、候补，甚至实任等官员，都要经过培训才能正式被任用，带有强制性。当然，任用有调补、署理和差委等形式。外官的培训形式多种多样，主要有课吏馆、法政学堂和到国外游历、游学等。③

1. 课吏馆

创设专门的机构，对省内官员进行正式、系统和规范的教育培训，首开其端的是刚毅。刚毅 1885 年擢升为山西巡抚。④ 他在 1887 年说："是以臣历任各省，必以开馆课吏为第一要务。每日传集在省候补及部选初到各员，分班到馆教之。"⑤ 继其后的有张之洞、吴大澂和陈宝箴

---

① 《宪政编查馆奏考核巡警道属官任用章程折并单》，《大清新法令（1901~1911）》（点校本）第 10 卷，第 37~40 页。
② 《遵饬考试巡官》，《时事新报》1911 年 8 月 18 日。另参见彭雪芹《纳民轨物：晚清巡警道研究》，博士学位论文，中山大学历史学系，2010，第 140~141 页。
③ 详见肖宗志《晚清新政时期官员的教育培训及其作用》，《史学集刊》2007 年第 2 期。
④ 王钟翰点校《清史列传》第 62 卷，中华书局，1987，第 4883 页。
⑤ 刚毅：《敬呈管见疏》，王延熙、王树敏辑《皇朝道咸同光奏议》卷 23《吏政类·官制》，沈云龙主编《近代中国史料丛刊》第 34 辑，第 1154 页。

等督抚。两广总督张之洞设课吏馆于广州光孝寺内,"以为各官学习吏治之所"。① 1892 年,吴大澂任湖南巡抚时,也创立了课吏馆,"专课在省候补各员,其实缺及署理人员均不与焉"。②

庚子事变后,清政府鉴于"时艰日迫"的局面,决定进行"新政"。整顿吏治,培训官员是改革的题中之意。在官员的教育培训上,各省督抚走在前列。1901 年,江西巡抚李兴锐在省城创办课吏馆,成为新政时期最早创办课吏馆的督抚。但首先提出"设馆课吏"主张的则是山东巡抚袁世凯。在一些疆臣大吏的请求下,1902 年初,光绪下谕旨:"有奏设课吏馆者,自应一体遵行。"③ 政务处也遵旨要求地方各将军督抚"一体设立课吏馆"。④ 于是其他省份陆续建立课吏馆,培训省内官员,教育培训官员经常化、制度化。

如果对上述课吏馆的基本情况进行分析,清季课吏馆的教育培训有四个方面的特点。其一,课吏馆招收的对象主要为没有实缺的文官,一般还有年龄限制,还要进行入学考试。这些官员多为捐纳和保举而来,缺少知识,同时候补官员人数庞大,很少有机会"历练"政事。"窃维为政首重得人,安民必先察吏,督责于临事,不若校核于平时,询考其事言,始得详征其才识。"⑤ 所以,培训的主要目的是提高候补官员的素养,以利选拔补用。

其二,建立了严格的规则体系,即制度化培训。各省课吏馆都制定了章程,章程对各方面作了详细和严格的规定,其中《直隶课吏馆章程》是各省中最完备的。涉及的内容有开馆讲习规程、常年月课规程、

---

① 阙名:《论设馆课吏之法之善》,宜今室主人编《皇朝经济文新编》卷 4《吏治一》,沈云龙主编《近代中国史料丛刊三编》第 29 辑,第 263 页。
② 黄遵宪:《黄公度廉访会筹课吏馆详文》,《湘报》第 11 号,中华书局 2006 年影印本,第 41~42 页。
③ 刘锦藻:《清朝续文献通考》卷 92《选举九》,第 8517 页。
④ 张寿镛等:《清朝掌故汇编内编》卷 6《吏政·考课二》,沈云龙主编《近代中国史料丛刊三编》第 13 辑,第 896 页。
⑤ 刘坤一:《江宁设馆课吏折》,《刘忠诚公(坤一)遗集·奏疏》卷 37,沈云龙主编《近代中国史料丛刊》第 26 辑,第 5044 页。

看书功课规程、藏书规程、馆务规程以及馆费规程。肄业的时间一般是一年以上，如江宁课吏馆是一年肄业，湖北仕学院年限为正科三年，简易科二年。为了保证这些候补官员安心学习，给予在课吏馆学习的候补官员一定的津贴。如湖南仕学馆对学习的候补同通州县每月津贴银12两，佐班每月津贴银6两。对候补人员入馆学习实行严格的考核。优等者，给予酌委、记大功等奖励，劣等者或再学习，或记大过或勒休回籍学习等。①

其三，学习、考试内容新旧杂糅，以时务为主要部分。各课吏馆学习内容比较广泛，如《江宁课吏馆考试事宜》规定："各员入馆肄习，不外刑名、钱谷、交涉、武备四大端……交涉则外国历史、地理、公法、约章诸学隶焉。"②春季的考试题目有四道：（1）汉南北军论；（2）今之律例即隋唐旧律而增损之，已臻美备，近年交涉日繁，有宜与西律会通者，何者宜中？何者宜西？试详考中西律令折衷一是，著论于篇；（3）选举之制度今古不同，唐代取士由学馆者曰生徒，由州县者曰乡贡，皆升于有司而进退之，今议废乡会科举，取士悉于学堂，与唐之学馆略同，顾不能黜乡贡而专取生徒也，试博考古今选举之法，参合中西时势详切论之；（4）救钱荒策。要求至少做两道。还规定"凡在省城候补府厅州县及佐贰杂职各员，无论有差无差一律应考"。③考试方法为开卷，六天内交卷。又如1904年秋天，湖南仕学馆举行候补同通州县官和佐杂官的入馆考试。考试候补同通、州县的试题之一是："庚子后，各国请订商约。沪上开议以来，先成英、美、日诸国之约。其条款得失若何？此外，议约未就之国要求权利，注意各不相同，应付斡旋，宜用何术？"次日考试候补佐贰杂职，试题之一是："华洋交涉，今后将以铁路、矿山之事为多。泰

---

① 《仕学馆章程》，《湖南官报》第704号，光绪三十年五月二十五日，第33页。
② 张寿镛等纂《清朝掌故汇编内编》卷6《吏政·考课二》，沈云龙主编《近代中国史料丛刊三编》第13辑，第901~902页。
③ 《江宁课吏馆春季课题》，《申报》1903年4月24日，第2版。

西路有路律，矿有矿律，其于购地、募工、集股、输税皆有一定律法，不得丝毫犯主权，凌压土著……试陈此中权限。"① 很显然，江宁（两江）、湖南的这些考试题目多与时务有关，也就是要求官员关注、研究和解决现实问题。

其四，培训方式具有过渡性的特点。从组织、学习和考核等形式看，课吏馆借鉴了旧式的书院模式。袁世凯在改课吏馆为法政学堂时，就认为"向日之课吏馆，不过旧时书院，既无讲堂授课之事，即乏群坐习业之仪"。② 课吏馆提供专门的场所和图书，主要靠这些官员自学，很少有教师按日授课，有些教习则是兼职。考试一般是每月小考一次，即如书院的月课之法，每三月或半年由督抚司大考一次。实行书院式的积分制，到期考试，给予不同的奖励。如湖南仕学馆，继承了维新时期湖南课吏馆的基本办法，学习方式是听讲与自修相结合，以自修为主，学员选择一门或两门深造。实行积分之法和月课之法。课吏馆的学员多是无实缺官员，所学的课程许多是新知识，且有严格的作息时间规定，学员按时到馆和散馆。从组织形式与学习内容看，课吏馆是从书院向学堂的过渡形式。

1904 年，政务处要求各省建立政治速成科，并《拟订各省政治速成科简明章程》。于是督抚按照上述要求，在课吏馆内设立政治速成科，以培养通才能吏为目标。该科分两学期，每期 6 个月，以一年毕业。"所学学科为十门，即政治、法律、掌故、交涉、词讼、保甲、荒政、治河、财政与学校。"③ 1905 年夏，修律大臣伍廷芳、沈家本奏请在各省已办之课吏馆内，添造讲堂，专设仕学速成科，自候补道府以至佐杂，凡年龄在 40 岁以内者均令入学肄业。绅士亦准附学听讲课程，

---

① 《湘宪考试仕学馆同通州县业验题》，《湖南官报》第 841 号，光绪三十年十月十九日，第 15 页。
② 刘锦藻：《清朝续文献通考》卷 108《学校十五》，第 8670 页。
③ 《拟订各省政治速成科简明章》，《东方杂志》第 1 年第 6 期，光绪三十年六月，第 140～142 页。

一切参照大学堂章程内法律学门所列科目及日本现设之法政速成科办理。① 于是，清政府饬令各省课吏馆添设专习法律的仕学速成科，教育培训的对象是除候补官员外，还有绅士。

各省课吏馆招收人员主要是候补官员，但朝廷也强调各省课吏馆"自应一体通行考核人才，视其才识，察其品行，其贤者量加委任，不必尽拘资格"。要求各省对课吏官学习人员经考核、考验后按等进行差委和淘汰。如江宁将正途劳绩捐纳各班候补人员，以同通州县为一班，佐贰杂职为一班，一年考四次，分别由总督、藩司、粮道和巡道考试。其中总督的春考最重要，取前列同通州县二十名、佐杂三十名各得有差缺。录取方法是：经考试后分等，有才识通达坐言起行者列为超等，给予酌委繁缺一次；如一时无酌委缺出，准将其名列于本班之首，定予轮委一次；列一等者也给予酌委一次；其劣者列为四等，如记大过三次者即停止差委；如文理荒谬见识猥琐者则勒令回籍学习。② 山西也以酌委为主，即将每月功课分数多者和季课名列前茅者，"遇有差缺即行尽先酌委"。③ 可见举办课吏馆还包含对候补和候选官员进行甄别分流和任用的目的。

2. 法政学堂

课吏馆虽然规定了学习课程，但组织和学习比较松散，"既无讲堂授课之事，即乏群坐习业之仪"，④ 久之必"徒具虚名，毫无成绩"，⑤ 故而不断受到时人的批评。

1905年11月直隶裁并课吏馆，于保定创办法政学堂，次年出台

---

① 伍廷芳：《奏请各省专设仕学速成科片》，《伍廷芳集》，中华书局，1993，第273～274页。
② 《吏治文牍辑要·江宁课吏馆章程》，邓实辑《光绪壬寅年政艺丛书》上篇《内政通纪》卷3，沈云龙主编《近代中国史料丛刊续编》第28辑，第450～451页。
③ 《吏治文牍辑要·重定山西课吏馆章程》，邓实辑《光绪壬寅年政艺丛书》上篇《内政通纪》卷8，第511页。
④ 《拟定法政学堂章程条拟折》，《袁世凯奏议》（下），第1355页。
⑤ 《组织法政学堂》，《申报》1906年7月9日，第17版。

《直隶法政学堂章程》。招收对象最初为本省年龄在45岁以下、文理明通、不染嗜好的候补人员，后来扩大招收山东等五省拣发举贡。修业期限为预科半年，继授正科一年半，计两年毕业。① 政法专门教学聘请日本教员担任。预科课程有伦理学、世界历史、政治地理、算学、教育学、法学通论、经济原论、东文东语和体操。正科为大清律例、大清会典、交涉约章、政治学、宪法、行政法、刑法、民法、商法、国际公法、国际私法、刑事诉讼法、民事诉讼法、裁判所构成法、应用经济、财政学、警察学、监狱学、统计学、中外通商史、东文东语、演习裁判。毕业后奖励分为三等：一等奖尽先署理本班繁缺；二等奖尽先署理本班简缺；三等奖分别差委。② 直隶法政学堂的办学模式引起朝廷的注意，1906年4月，清廷令各省将课吏馆改为法政学堂，各省纷纷遵旨，先后设立。③

较之于课吏馆，法政学堂采用学堂办学模式，有较为系统的课程，聘请学习法政等人员充任教师讲课，其中特设别科与讲习科以培训、选拔官员。1907年1月吏部据此奏定对候补人员的考试分等办法："凡在省候补人员，除正途出身及高等以上卒业学生与历任重要差使各员统归考验办法外，余均由督抚率同司道严行考试一次，分别五等，其考取一二等者分别差委，三四等者令入法政学堂分别速成、长期两班，其不列等者即饬令回籍。"④ 这样，通过学习考试分等，使对候补人员进行甄别选用有了较为明晰的规定。

1907年宪政编查馆奏定切实考验外官章程6条，进一步强调除正途出身及本系高等以上学堂学生及历任重要差使各员外，凡捐纳保举两项之道府同通州县以及佐杂各员，"无论月选分发到省，一律俱入法政

---

① 《拟请法政学堂章程条规折》，《袁世凯奏议》（下），第1355页。
② 《直隶法政学堂章程》，甘厚慈辑《北洋公牍类纂》卷3《吏治一》，第237~242页。
③ 关于将课吏馆改设为法政学堂的原因、设立和课程情况，可参见徐保安《清末地方官员学堂教育述论——以课吏馆和法政学堂为中心》，《近代史研究》2008年第1期。
④ 《贵州巡抚庞鸿书奏遵章考试正佐各员折》，《政治官报》第219号，光绪三十四年五月初九日，第3页。

第七章 外官管理制度的变动

学堂"。① 这样，法政学堂实际具有了两种功能：一是培养法政人才；二是通过考试甄别分流候补人员。宪政编查馆还为此专文分辨学部章程与该馆章程的不同："学部定章为造就人才而设，故官绅皆可招考……本馆定章为澄叙官方而设，凡有月选分发各官俱应一律入学。"② 此后各省遵旨相继举办。如 1908 年 6 月贵州巡抚庞鸿书奏报，贵州于这年 3 月进行考试，由提学使先行阅卷，巡抚复阅，27 名同通州县应考者通过考试分列五等，三四等即入法政学堂。③ 7 月江苏巡抚陈启泰奏报，江苏法政学堂定正额二百名，此外还设旁听员不计数额。由巡抚督率司道将在省府道以下各员分次考试，考列一二等者饬令听候差委，三四等者分作长期、速成两班，送入法政学堂。④ 在山西，举办情形略有不同，在省城设考验处，"将在省及新到候补道以至佐贰杂职分起调处，考以文字批判，验其品格才识"，然后分等差委或送法政学堂。⑤ 法政学堂毕业后则择优委用，如广西就确定，法政学堂别科考列中等以上、讲习科考列优等以上先供差一年，期满考验在平等以上者即归入候补班按班请补。⑥

除正规的学堂外，各省还建立了一些时间不等的培训班，或者附设机构，以解决各类专业人才的短缺和执法人员素质不高的问题。如在 1910 年，广东将原有的审判员研究班扩充为司法研究馆，分为审判员研究班、司法警察官研究班、司法警兵教练队、检验吏研究班、律师研

---

① 刘锦藻：《清朝续文献通考》卷 92《选举九》，第 8519 页；《热河都统廷杰奏遵章考试候补各员分别去留折》，《政治官报》第 454 号，宣统元年正月十四日，第 14 页。
② 《咨复豫抚增改法政学堂章程应各查照定章切实举办文》，《政治官报》第 686 号，宣统元年八月十一日，第 15 页。
③ 《贵州巡抚庞鸿书遵章考试正佐各员折》，《政治官报》第 219 号，光绪三十四年五月初九日，第 3~4 页。
④ 《江苏巡抚陈启泰奏遵章考试职官令入法政学堂学习折》，《政治官报》第 260 号，光绪三十四年六月二十日，第 5 页。
⑤ 《山西巡抚宝棻奏到省各员分别考验片》，《政治官报》第 443 号，光绪三十四年十二月二十六日，第 22 页。
⑥ 《广西巡抚张鸣岐奏法政学堂毕业州县各员请归候补班叙补片》，《政治官报》第 694 号，宣统元年八月十九日，第 8 页。

究班、典簿主簿研究班、承发吏研究班和庭厅教练队。审判员研究班主要学习大清律例、法学通论、行政法、法院编制法、刑法、民法、刑事诉讼法等，除学习外，可随时派驻各署局观审。其考试合格后，派署推事、检察等官。①

在浙江，1909年在审判厅筹办处内设审判研究所，准备招收法政毕业生入学研究，以养成各级审判厅应用人才。因法政毕业生不多，遂于将法政学堂讲习科毕业者80名，经考选为审判研究所甲班学员，学制8个月毕业。另招录文理优长粗有法政知识者为乙班，学制为15个月。②

河南则于法政学堂内附设司法研究科一班，额定120名，官班8成，绅班2成，分甲乙两级。甲级以6个月毕业，专就该堂上年官班讲习科毕业学员及现时在堂肄业各官绅中，择取成绩优胜者，教以司法手续各法；乙级以一年毕业，另行考取官绅之文理通达、品行端正者，一并教以司法之实体手续各法。③

3. 官员游历与游学

游历是短期出洋考察，游学是时间较长的留学学习，包括留日法政速成科。新政时期，疆臣大吏建言献策，强调王公大臣、宗室后进和官员游历游学的重要性和必要性。如1901年刘坤一、张之洞在会奏变法第三折中提出"广派游历"的主张。④ 又如1904年，张百熙等人指出："如内而京堂、翰林、科道、部属，外而候补道府以下等官，无论满汉，择其素行端谨，志趣远大者，使之出洋游历，分门考察，遇事咨询，师人之长，补己之短，用以开广见闻，增长学识，则实属有益无

---

① 《司法研究馆章程》，《广东宪政筹备处报告书》，司法类，宣统二年五月，第3期。转引自谢如程《清末检察制度及其实践》，上海人民出版社，2008，第75页。
② 《浙江巡抚增韫奏浙江筹办各级审判厅情形折》，《清末筹备立宪档案史料》下册，第877页。
③ 《河南巡抚吴重熹奏筹办省城各级审判厅情形折》，《政治官报》第791号，宣统元年十一月二十六日，第9页。
④ 朱寿朋：《光绪朝东华录》，总第4754页。

第七章 外官管理制度的变动

弊。其能亲入外国学堂留学者尤善。职官出洋游历游学者众，不独将来回国后任使之才日多，而在洋时与本国游学生渐相谙习，灼知其品谊才识，何人为学行兼修之士，何人为乖张不逞之徒，异时以类相求，黑白确有明证。且力持正论之人日多，则邪说诐词，势自孤而不敌，学生嚣张之气，亦必可默为转移。"① 很显然，政府鼓励职官游历游学，其目标是多方面的，而不仅仅是培训人才的问题。

为鼓励官绅出国游历游学，清政府也制定了奖励章程。在政府的大力倡导下，大批官员或官费或自费出洋游历游学，构成清季出国潮的主要部分。与此同时，一些官员还受地方督抚的派遣，出国游历游学。例如，1904年直隶选派官绅50人赴日本法政大学肄业速成科，1906年毕业先后回国。"该官绅等中学素有根柢，且于内地民情吏治，阅历较深，虽系速成所得，与完全科无异。其未经到省各员及本省绅士，分别酌委要差，藉觇学识。"已到省的官员有直隶州知州徐增敬、陆维炘，试用通判方大然、李祖熙，候补知县陈曾翰、姚和羹、徐永荣、李骏，试用知县韩树、梅心田、周忠绩、张祖厚，试用知州王仁铎等13员，"当经派入谳法研究所，使之练习律例"。②

1902年，湖北派遣弁目20人和补用知州知县数人赴日本学习警政。1905年，张之洞考选候补中正佐各班之文理清通者92员，赴日游学，其中48人学习警察，44人学习翻译。③

湖南抚院也派遣文化基础较好的候补官员和举贡生员出国学习。1902年，湖南巡抚俞廉三曾派大挑知县胡珍等12人游学日本。1904年，湖南抚院选派湖南候补知县贺国昌、盛弼、瞿世锟、李继青，县丞顾恩敞、杨王寿、陈丞昭，巡检钟铣，举人肖仲祁、彭作润，训导程天

---

① 张百熙、荣庆、张之洞：《奏请奖励职官游历游学片》，陈学恂、田正平编《中国近代教育史资料汇编——留学教育》，第21页。
② 《游学日本法政速成科毕业各官不论班次尽先请补片》，《袁世凯奏议》（下），第1469页。
③ 《各省游学汇志》，《东方杂志》第2年第2期，光绪三十一年二月，第29页。

立，廪贡生张络彝、聂其炜、杨道濂、陈嘉会、张家骝、薛宜廷、李兴衷等20人赴日本学习政治和法律。1905年，湖南巡抚端方谕令学务处从州县官、幕友、士绅三种人中各挑选10名"精力强壮、中学素优、熟悉中国法律者"，到日本学习法政。

在有的省，官员出国游学、游历成为考核任用的基本条件。1905年，直隶要求州县实缺官员先赴日本游历三个月然后赴任。袁世凯说："现通饬实缺州县人员除到任已久未便令离职守外，其余新选新补各员未到任以前，酌给津贴，先赴日本游历三月，参观行政司法各署及学校实业大概情形，期满回国，然后饬赴新任，并责令呈验日记，以证心得。"① 不久，两湖也仿行该办法，张之洞要求两湖新补州县自费赴日本考察6个月，或赴欧美考察9至12个月。②

在晚清，捐纳和保举的泛滥直接导致试用、候补、候选官员的数量十分庞大，官员数量是额定官缺的几倍、十几倍，甚至几十倍。相对官员大军来说，学习、差委的实习机会比较少，许多官员实际处于赋闲中。晚清政府重视官员的教育培训，建立专门机构对官员进行"补课"，要旨之一就是对一些现任、候补、候选和学习人员进行新知识、专业技能的培训，对提高候补候选官员的素质，满足社会和宪政改革的需要等方面，其积极意义也是十分明显的。通过馆、堂的在职学习，培训了大批有新知的专业人才。但受培训的官员毕竟不是多数，因此，清季官员教育培训的作用不能过分夸大。

四 州县停部选和外补制度的变化

清朝的道府以下正印官员的任职主要分为内选和外补两种。一般来说，中缺和简缺，由吏部铨选；最要缺、要缺，由督抚外补。但是，吏

---

① 《直隶总督袁奏实缺州县应先赴日本游历三月然后赴任片》，《东方杂志》第2年第9期，光绪三十一年九月，第164页。
② 引自罗福惠《湖北通史·晚清卷》，华中师范大学出版社，1999，第208页。

部铨选是通过掣签的形式，在遵循回避原则的基础上，选择任职地。结果导致"人地不宜"，也就是分发到该地的官员不了解当地的风土人情、习惯和方言，任职中常常无计可施，只能假手地方绅士和胥吏。有清一代，开明官僚、士大夫对绅士和胥吏弄权之弊多有批评，并提出改革建议，但并无实质性改变。

1901年张之洞、刘坤一在《江楚会奏三折》中提出"改选法"一条，要求："以后州县同通统归外补。无论正途保举捐纳，皆令分发到省补用、试用，令其学习政治……"张、刘会奏提出的方案实际涉及两个方面：一是州县通归外补，即将州县官的选任权全部交给督抚，而吏部的职责则是依选缺章程予以核准，始行验看，奏请引见发往；二是到省候补人员均要学习试用考核后补用，遇有缺出，"按照部章应补何班，即于本班内统加酌量拟补，不必拘定名次"；同时，"如有重要难办之事，并班次亦可不拘"，即督抚可在特定情况下"酌量遴委"。① 刘、张会奏后，朝廷在上谕中指出："刘坤一、张之洞会奏整顿中法以行西法各条，其中可行者，即著按照所陈，随时设法择要举办，各省疆吏亦应一律通筹。"② 刘、张会奏中关于候补人员学习政治、考试后试用一条，在部分省逐步展开。但值得注意的是，最为关键性的制度变革，即州县官"通归外补"的建议却迟迟没有动作。究其原因，主要是新政开始后至1905年，官制改革主要停留在中央层面，还没有涉及外官制的改革。

直到1906年清廷宣布预备仿行宪政并开始新一轮中央官制改革后，"改选法"才正式提上了议事日程。其直接原因，就是这一轮中央官制改革从一开始就涉及裁撤吏部问题。当时报端也不断有各种报道，称吏部将与军机处、内阁归并为内政部。吏部既要裁撤，则州县官将"各归外补，裁部选旧制"。③ 但这年8月中央官制

---

① 朱寿朋：《光绪朝东华录》，总第4747页。
② 朱寿朋：《光绪朝东华录》，总第4771页。
③ 《本馆接到王大臣会议改官制专电》，《申报》1906年9月4日，第2版。

改革方案初定时，吏部仍然保留，原因仅仅是因为"选制未及裁，暂留"。① 1908年4月，吏部奏拟筹备事宜，确定停选州县，奏定改选章程是该年筹备事宜之一。② 6月，清廷发布上谕，认为"吏部职司铨选，自例章繁密，仅以班次、资格为定衡，大失量能授官之本意"，"闻各省选缺州县，骤膺外任，不谙吏事者，十居七八"。决定"州县两途，著将部选旧例，限三个月后即行停止"，将吏部应选州县作为改选班，分发各省，由督抚试用，或派入学堂学习，并随时考察。③ 由此，部选州县旧例终于废除，这是清末州县官选任制度改革中力度最大的一项。④

吏部正式停止铨选州县，直接导致了晚清下层官员任用制度的变化。9月，吏部制订州县改选章程8条。其基本精神是：（1）将吏部改选人员到省仍按单双月选轮用，只将轮班加以简化；将捐保州县选用，或不论双单月选用及尽先选用，均改为指分到省后试用及试用班先用；（2）改选班人员到省后，由督抚率同三司量其才性，试以吏事，或派入法政学堂分门肄业。改选人员得缺先令试署。（3）改选人员采取"配签"办法分发各省，即照实在员数分别省分大小，配签匀分。改选人员准其呈明各以原籍界连省分配签，如一二省出现无签可配时，可将该省之缺通归外补。⑤ 此外还强调，各省补授必须在规定时间内行文咨部。在这种情况下，州县官任用程序和轮次又进一步发生变通。从此后督抚的奏报中已经可以看出，各省州县中、简各缺，即原来属部选之缺用改选班，依据部定双单月表轮用，并将轮用到班者题明咨报，先令试署，如称职再奏请补用。在试署期限方面，督抚则有较大的灵活性，可

---

① 《本馆接裁并部院已议定具奏专电》，《申报》1906年9月20日，第2版。
② 《吏部奏妥拟筹备事宜折》，《政治官报》第540号，宣统元年三月十二日，第5页。
③ 《五月十五日上谕》，《大清新法令（1901~1911）》（点校本）第1卷，第56页。
④ 参见刘伟《清末州县官选任制度的变革》，《社会科学》2009年第5期。
⑤ 《吏部会奏遵拟改选章程折并单》，《大清新法令（1901~1911）》（点校本）第2卷，第337~298页。

由"各督抚就缺分之冲僻、道里之远近随宜酌定,一并声明立案"。①

作为改革的第二步,1910年2月6日(宣统元年十二月二十七日),吏部制订外补州县班次轮次归并办法,定于宣统二年实行。这个办法规定了各省原有选缺即中、简缺的选轮办法,原则是"删减归并",即归并了一些自捐纳广开以后增加的各种"花样",余下的俱列为"插班";将即用候补等项列为"正班",两班轮次大大缩减。②这个办法的重大变化是不论科分名次、到省先后、何项出身,到班时均"一体统酌",即"无论何项到班均令酌补","实行拣选",③实际是允许督抚在选任中简缺知县时也可依据"人地相宜"的原则在一定班次内实行酌补。

1911年内阁成立后,裁吏部,吏部铨选权移交内阁叙官局执行。7月,内阁酌拟暂行章程,将原吏部所管事件划分归并,变通州县以上外补各缺,道府同通州县题调要缺出时,"除坐补原缺即行补用外,应无论何项缺分、何项班次,悉准择其人地相宜者升、调、补三项兼行"。但同时又强调,"惟特旨发往及卓异、候升、截取、记名、分发人员应先尽酌量升补,如果人地不宜,方准以他项人员升补,应扣甄别。考验未经期满留省者,仍不准补用。其中、简各缺补班仍暂按现行例章办理。至初任、候补、试用及河工人员补缺试署试俸名目应一并化除"。④这一决定仍带有过渡特点,一方面取消督抚题补、调补、升补员缺的限制,以笼统的"人地相宜"作为选用标准。但另一方面又说"中、简各缺补班暂按现行例章办理",即改选班仍在运行,题调缺与选缺的界

---

① 《河南巡抚吴重熹奏请以史之选等拟补虞城县令等缺折》,《政治官报》第574号,宣统元年四月十七日,第16页。
② 《吏部奏定外补州县班次轮次归并办法折》,《政治官报》第861号、862号、863号、864号。
③ 《吏部奏议复桂抚奏选缺各府州县分别改要议驳折》,《政治官报》第894号,宣统二年三月十八日,第9~10页。
④ 《内阁奏接收吏部印信文件分别归并酌拟暂行章程折》,《政治官报》第1323号,宣统三年六月十六日,第14页。

限仍没有完全取消。保留这些旧的痕迹，其实是对督抚用人上的制约，防止其随意性。①

按照清政府的筹备宪政的计划，在1910年正式颁布文官考试章程、任用章程，1911年实施。但由于内外官制尚未厘订编定，文官考试章程由于"无所依据"而迟迟未能公布。②

五 外官回避制度的变通

1. 新政前官员的回避制

清朝对官员的任职回避做了严格、细致的规定，以确保官员执政不受外部关系的干扰，做到为官公正和廉洁。"回避制度，旨在防弊。防止官吏因同宗、同乡、同年、同门等关系而徇私，有碍于执行公务。"③终清之时，回避制度尽管也不断地在修改，但一直存在并发挥作用。

魏秀梅在《清代之回避制度》中将回避类别分为四种：籍贯回避、亲族回避、考试回避、审案回避，并分别对此进行了梳理和论述。韦庆远将清代文官回避的形式分为三类，即地区回避、社会关系回避和特定

---

① 参见刘伟《"停部选"与清末州县官选任制度的改革》，《清史研究》2010年第1期。
② 1910年《国风报》"中国记事"栏目曾刊载"文官考试章程预闻"，称："文官考试一节，闻宪政编查馆业已将考试章程大概拟定，不日即须颁布。今略志其章程大概如下：（一）高等文官考试及普通文官考试分场考试。（一）高等考试每年九月在京举行，普通在各省举行，考期由各省长官酌定。（一）高等考试费洋十元，普通四元。（一）应考之资格如左（甲）曾在高等专门以上学堂毕业得有奖励者。（乙）举人出身者。（丙）七品以上者。（一）高等考试分头二两场，头场试经义策论文牍各一篇。（一）二场应试科目如左（甲）大清宪法。（乙）大清民法。（丙）大清刑法。（丁）大清行政法。（戊）经济学。（已）国际法。以上六科为主要必须考试者。（子）大清会典。（丑）大清商法。（寅）财政学。（卯）各国宪法比较。以上四科自择一科应试。（一）曾在东西洋及在本国高等法政学堂毕业得有奖励者，免去头场考试。（一）应普通考试之资格如左（甲）中学堂毕业。（乙）五贡出身者。（丙）九品以上者。（一）普通文官考试之科目由各该省长官酌定。"见《国风报》第1年第31号，宣统二年十一月，"中国记事"，第6~7页。
③ 魏秀梅：《清代之回避制度》"前言"，《中央研究院近代史研究所专刊》(66)，1992。

职务回避。①

地区回避亦称籍贯回避，即不允许官员在原籍或与原籍接壤地区任职。在京官员的回避是指出任户、刑二部司官和道监察御史的籍贯，不得与所管省份相同。外地官员的回避，规定自督抚至州县官，本省人不得在本省任职，有的虽非本省人，但因原籍与任地相距在五百里以内，也得照例回避。1703年（康熙四十二年）规定："选补官员所得之缺，在五百里以内，均行回避。若有以远报近，以近报远，希图规避，择缺之美恶者，或经部察出，或到任后督抚题参，照规避例革职。"② 1744年（乾隆九年），又对以上规定作了补充："现任各官，有任所与原籍乡僻小路在五百里以内者，均令呈明该督抚酌量改调回避……如应声说回避而不声说，并虚捏者，一经查出，皆照例议处。"③

社会关系的回避顺序，首先是血亲，其次是姻亲，再其次是师生、官幕等关系。1664年（康熙三年）令"外任官员，现在上司中有系宗族者，皆令回避"。④ 乾隆时期，吏部议定，"各省道府大员，隔属姻亲，毋庸回避"。⑤ 所谓"本属"姻亲，一般认为仅限于翁婿、郎舅、外祖父与外孙之类的直接亲属，其他大量的旁系姻亲就不必再受回避任职的限制。1803年（嘉庆八年），又补充规定，"考试各官及外任上司属员，凡妻之胞侄，与胞姑之夫，均令一体回避"。⑥ 是将姨甥、姑夫等亦列入"本属姻亲"的范围了。

清朝对于某些特定人员或特定职务，又定有特别的回避限制。如军机处，自雍正以来，一直为办理核心机密的机构。为保密起见，1805年（嘉庆十年），朝廷接受御史吴邦庆的建议，规定道员以上子

---

① 韦庆远：《论清代人事回避制度》，《历史档案》1989年第2期。
② 《钦定大清会典事例》（光绪重修本）卷84《吏部·处分例》，光绪二十五年石印本，第1页。
③ 《钦定大清会典事例》（光绪重修本）卷84《吏部·处分例》，第1页。
④ 《钦定大清会典事例》（光绪重修本）卷84《吏部·处分例》，第1页。
⑤ 《钦定大清会典事例》（光绪重修本）卷84《吏部·处分例》，第2页。
⑥ 《钦定大清会典事例》（光绪重修本）卷84《吏部·处分例》，第3页。

弟，皆回避在军机处任职。1811年（十六年），又酌改为"文职京官三品以上，外官臬司以上，武职京官副都统以上，外官总兵以上，其亲子弟均不准在军机章京上行走。其行走在先者……即令照例回本衙门当差"。① 大臣在奉谕办理或审讯案件时，如被审办之人与本人存在各种关系和牵连的，亦应照例奏请回避。对特殊官员也有不同的回避规定，如1655年（顺治十二年）规定，教职官员不得在本府任职，要回避本府。

2. 变革回避制度的主张

清朝的回避制度固然起到了一定的积极作用，但对吏治和民生也产生了不利的影响。故而，因袭明朝回避制度以来，朝野内外质疑、批评之声不绝于耳，纷纷提出变通的建议。乾隆朝，御史陶正靖奏请停州县官五百里回避之例，其用意是为有老亲者，便于迎养起见。② 道光时期，冯桂芬提出："至于远任之害，昔人多有言之者，舟车、驴马、人夫之费，其给之也，非斥产即揭债；其偿之也，非国帑即民膏。到官之后，言语之不通，风土之不谙，利弊则咨访无从，狱讼则词听无术，不得不倚奸胥为耳目，循宿弊以步趋……无益于国，有损于民，莫此为甚。"他建议的办法是："大吏特简者不论外，府厅州县各官，用宋政和无过三十驿之法，无论有亲无亲，皆选近省；县丞以下不出省，复古乡亭之职。"③

1906年出使各国考察政治大臣戴鸿慈等奏请改定全国官制，指出："各国通制，多以本籍之人任地方之事，不独民选之乡市各长为然……中国宋元以后始有回避之条，以数千里风俗殊绝言语不通之人，来尹斯土，岂能熟其情状，因应咸宜。然其为此制者，徒曰避嫌防弊耳。"建

---

① 《清仁宗实录》卷239，嘉庆十六年二月丙戌，《清实录》第31册，中华书局1986年影印本，第222页。
② 《清高宗实录》卷67，乾隆三年四月乙巳，《清实录》第10册，中华书局1985年影印本，第82页。
③ 冯桂芬：《免回避议》，《校邠庐抗议》，上海书店出版社，2002，第6~7页。

第七章 外官管理制度的变动

议仿效外国,"嗣后地方各官,不必更问籍贯,皆可简补"。① 出使德国大臣杨晟也提出:"变通知县回避之例,别定选任专章,以重其资格,非本省人不得与选,他省人非入籍若干年有田宅者,不得与选"。当然,并不是完全不要回避,"除督抚、诸司知府仍回避本省外,其他官吏不论籍贯,知县只回避本府本县及本县境界紧接之邻县"。②

改革回避制度,以本地人任本地之官之所以为这些官员所重视,不仅仅在于这是各立宪国的通制,还在于地方自治的推行使其有了现实的紧迫性。地方自治的理念,就是"以本地人办本地事"。这样一来,言语不通、不谙当地习俗的外籍州县官与由本地"乡官"组成的自治机构之间必定会产生矛盾,甚至会导致官治的虚化。而把自治置于官治的监管之下,则是清政府推行自治的基本原则。由此,原来那种严格的回避制度势必要进行调整。当时就有人在条陈立宪的奏折中直接提出"地方官应用近省人员,并请免回避本省"的主张,认为以本省之人任本省之州县各官,除熟悉当地情况外,其便之处在于"本省为官与地方自治相辅而适相成"。③ 1907年6月奕劻等人奏折中也说:"州县为天下根基,欲求自治完全,则佐治各官以下,势必遍用乡官……而取才之道,莫若即于中等学堂以上毕业学生考试任用……由乡官渐擢至佐治各员,以至州县以上。"④ 他们虽没有明确提出以本地人为州县官,但也预计到地方自治中"乡官"的推行,必定会突破州县官任用中的籍贯回避原则。报载"政界中亦多有深知其非,而主张废去者",⑤ 改革回避制度的呼吁日渐高涨。

与此同时,也有不少官员为稳妥起见,主张渐进变革,纷纷上折

---

① 《出使各国考察政治大臣戴鸿慈等奏请改定全国官制以为立宪预备折》,《清末筹备立宪档案史料》上册,第381页。
② 《出使德国大臣杨晟条陈官制大纲折》,《清末筹备立宪档案史料》上册,第400页。
③ 《举人阎毓善条陈预备立宪应先剔除吏治积弊八策呈》,《清末筹备立宪档案史料》上册,第252页。
④ 朱寿朋:《光绪朝东华录》,总第5689页。
⑤ 《论法官回避之无当》,《申报》1910年6月30日,第1张第2版。

385

提出官制不可骤改的问题。如1906年9月,载泽等提出应以"更张必分乎次第,创制贵合乎时宜"为官制改革的宗旨,先"就行政司法各官以次厘定,此外凡与司法行政无甚关系的各衙门一律照旧"。其中特别提到实行新官制后各种人员的安排问题,"所有应行分发人员均优列尽先班次以昭体恤"。① 依照这个宗旨,吏部还将存在一段时间,旧有分发人员的安排还将是其工作的重点,回避制度难以进行全面的改革。

正是在这种情况下,1908年6月河南巡抚林绍年提出变通改革之法。他指出,河南州县佐贰差缺不过二三百,而候补人员多至千余,分发者尚源源而来,而这些候补者"言语不通,风土不习,痛痒不关,怨谤不恤"。他建议:"同通州县以下各官概照驻防人员例免其回避本省,一切差缺只回避本府或仍以距原籍五百里为限"。他详细地论述了改革回避制度的必要性和紧迫性,认为免回避有七利:"风土既谙,利病自悉,便于兴废一也;语言素通,不必假手胥吏,无所壅蔽二也;祖宗坟墓之依,子孙田宅之托,推爱私之心以爱所治,必能关切殊常三也;所治皆耳目切近之人,非一官传舍之比,朝失官常,夕腾舆论,必当倍自爱重四也;以本地之人办本地之事,可以渐立地方自治基础五也;有老亲者,不必远出,安人子之心,可以劝孝六也;而尤便者费省累轻,心专地熟,其有益于吏治者,实非浅鲜。"② 作为地方大员,他深知人地不宜的缺陷,极力主张和支持改革回避制度。

1910年,山东巡抚孙宝琦上奏,特别强调新政改革对官员的挑战和回避制度的影响。认为"现当新政亟行,自治萌芽之初,兴革损益,日趋复杂,既事非素习,亦力所难能,不敷衍以塞上官,即鲁莽以滋民累,情见势绌,窘急更甚于前"。针对回避制,他说:"现在佐杂之职

---

① 《泽公等会奏厘定官制宗旨折》,《申报》1906年9月25日,第4版。
② 《汴抚林奏请议免回避原籍敬陈管见折》,《申报》1908年6月24日,第2张第2版。

已免回避本省，与教职同，拟请将州县并前条所议增设各衙门科员，举凡五品以下佐职，亦一律办理。州县任地，以去本籍五百里为限。"① 州县任职不必回避本省，只要距本籍五百里即可。

3. 外官籍贯回避制的变通

新政时期回避制度变革的重点是调整和修订，而不是完全废除。1907年，内阁、会议政务处针对直省官制中的回避问题，再次强调："嗣后添设之佐治各员除视学、劝学两员准由州县官采访舆论，参用本地士绅外，其余各员虽不必限制省分，仍应一律回避本府。"② 也就是说，一般情况下，佐治各员要回避本府。

针对巡抚林绍年和御史吴纬炳有关变更回避制度和掣签章程的奏议，朝廷令吏部复议。1908年7月，吏部拟定变通分发章程。该章程对回避制度和与此相关的掣签章程分三类情况分别做了变通：（1）佐贰中缺分之较多者，如府经历、州吏目、县主簿、巡检、典史六项"应请嗣后准其添配本省之签"，与近省各签统掣。如掣得本省，仍不得在本府、本州当差，及补署距本籍三百里以内之缺，或该员呈明情愿回避本省，即专以近省掣分；（2）佐贰中缺分之较少者，如直州同、直州判以下，迄于各项从九品、未入流，"应请嗣后准其专掣近省之签"。如近省中无该员同项相当之缺，再以远省配掣；（3）佐贰中体制之稍殊者，如同通首领等官，应请嗣后准其无论有无老亲，但声明愿归近省者，即专配近省之掣。

该章程还同时强调了以下几点：其一，"所有近省中距本籍三百里之缺"仍不得辄请补署，有应行回避之人仍令回避其祖籍、商籍及游幕经商省分，概请勿论；其二，州县两项，虽系正印，"准照现定同通等官办法办理"。道府、河工、盐务各官，省分本有限判，"均

---

① 《山东巡抚孙宝琦奏厘定直省官制谨陈管见折》，《东方杂志》第7年第2期，宣统二年二月，第26页。
② 《内阁、会议政务处议覆孔祥霖奏考试视学官及佐治各员回避本籍折》，《大清新法令（1901~1911）》（点校本）第2卷，第185页。

应仍照旧章,暂从缓议";其三,所有候选自同通、州县以下各官,按照上开签分之法,如预行声明,愿选近省、本省之缺者,自应一体照准。未经声明,亦仍按远近省统选。①10月,又变通满蒙汉军外任章程,以上人员"如有愿归近省者,无论有无老亲,准其具呈声明,与汉员一律办理"。吏部也许预料到此后的官制改革会突破原有制度,所以章程也留了一点变通余地,"如有不甚相宜之处,即由该督抚随时酌办"。②

这些变通,改变了佐贰回避本省的规定,只要求回避本府;坚持其他官员不得在本人籍贯地任职的制度,重点是对"告近之例"做了调整。将离籍贯500里内俱行回避调整为可在近省任职,距离以300里为限。自籍贯回避变通后,吏部的掣签之法随之变通为"配签",即州县分发愿归近省者准其呈明,吏部以原籍界连省分配签。1908年,停止州县部选,所有部选人员皆归入改选班,分发各省,这样,州县官题、调缺与选缺的界限就不复存在。凡州县官出缺,其继任者均由督抚委署题补。9月,吏部拟定改选班章程时,提出州县改选班人员照实在原数分别省分大小配签匀分,如出现一二省缺员无签可配之时,则将该省之缺"暂行统归外补",由督抚酌用"人地相宜"之人。③ 籍贯回避制度有所调整,但并未废除。

4. 司法、检察官回避制的新订或变通

(1) 司法官的籍贯(地区)回避。新政以前,按定例,所有经制官员都执行回避制度。筹备立宪后,司法权拟从行政权中分离,专业性的司法职业出现,司法官要遵循新的籍贯(地区)回避制。1910年6月,宪政编查馆会同法部奏定法官回避办法,规定各省地方审判、检察

---

① 《吏部奏酌议变通分发章程并案覆奏折》,《大清新法令(1901~1911)》(点校本)第2卷,第280~281页。
② 《吏部奏变通满蒙汉军京外分发片》,《大清新法令(1901~1911)》(点校本)第2卷,第281~282页。
③ 《吏部会奏遵拟改选章程折并单》,《大清新法令(1901~1911)》(点校本)第2卷,第337~298页。

厅以下推事检察各官，只令回避本管府州及本籍三百里以内，邻府、邻省皆可任用。而各省高等审判、检察厅及分厅之推事、检察官，仍照旧例，回避本省。①

同年 8 月，法部在上奏《法官分发章程》时，为使司法官员能尽快适应当地环境以便顺利开展工作，对本省籍回避的主张作了修正。该章程的目的是："司法各员以清理讼狱为专务，而求能各举其职，自以熟于风土人情、语言之士为合宜。臣等此次所订各条，亦即原本此义，俾广登用而利推行。"为遵守回避规章，章程关于法官分发的具体做法是："拟请嗣后凡法官考试录取人员及《法院编制法》第一百七条及一百十二条之免考人员，应分发京外各审判、检察厅学习或候补者，得照馆章由该员自行呈请，准其分发本省，仍以地方以下各厅为限。此外各员应由臣部仿照吏部分发直州同、直州判各项人员之例，专分发邻近省份，以资便利。其各该员或已服官到省，或现在流寓省份，果系风土人情熟悉，语言亦不隔阂，均听由各该员自行呈请，经臣部考验，准予发往；至京师为首善之区，各署人员向例不拘籍贯，自不必以本省、近省相绳；其各省高等审判、检察厅及分厅之推事检察官，应仍照宪政编查馆会同臣部原奏回避本省，以示限制。"② 应该说，新订的法官分发原则与其他修订的回避原则基本一致：与岗位重要与否相关。即对重要的处于高级司法职位的司法官员坚持实行回避本省，而对中下级司法官员在回避问题上有所松动，如可以分发近省。对于那些法官考试刚录取人员、法律规定的免考人员，可以分发到本省的地方以下各厅学习或候补，因为这些人还无独立担任审判、检察官的资格。

（2）司法官的审案回避。审案回避制在新政前已存在，法律规定：

---

① 《宪政编查馆会奏酌拟各省法官变通回避办法折》，《大清新法令（1901～1911）》（点校本）第 8 卷，第 393～394 页。
② 《法部奏酌拟法官分发章程折并单》，《大清新法令（1901～1911）》（点校本）第 9 卷，第 245～246 页。

"凡官吏于诉讼人内,关有服亲及婚姻之家,若受业师(或旧为上司与本籍官长有司)及素有仇隙之人,并听移文回避,违者(虽罪无增减)笞四十。若罪有增减者,以故出入人罪论。"① 在亲属回避上涉及血亲和姻亲两种情形并规定了范围,同时强调师生故朋回避、刑名幕友回避。

清季预备立宪开始后,朝廷仿行三权分立体制,强调司法独立,并在中央和地方开始进行大规模的司法体制改革。为了确保司法独立和司法公正,在直省司法体制上,提法司是司法行政机关,审判厅推事掌审判,检察官为实行公诉之机关,并监察判断之执行。② 故此,司法官员的审判回避制也是其改革的重点。

1906年,沈家本等拟定了《刑事民事诉讼法草案》。其中规定,承审官有下列情形者,应向高等公堂申明缘由,陈情回避:"一、承审官自被损害者。二、承审官与原告或被告有戚谊者。三、承审官于该案曾为证人或代理人者。四、承审官与该案无论现在或将来有关涉利益或损害者。"③ 提出了审判官的回避原则。

1907年11月,法部将拟订的《各级审判厅试办章程》上奏。其中第二章第三节"回避"规定审判官承审案件的回避条件是:"一、审判官自为原告或被告者。二、审判官与诉讼人为家族或姻亲者。三、审判官对于承审案件现在或将来有利害关系者。四、审判官于该案曾为证人、鉴定人者。五、审判官于该案曾为前审官而被诉讼人呈明不服者。"④ 实是在沈家本所提原则基础上的进一步细化。1909年,宪政编查馆详核各级审判厅试办章程后,认为大致妥善,准予试行。嗣后,清廷遂即予颁布。

---

① 《钦定大清会典事例》(光绪重修本)卷817《刑部·听讼回避》,第12页。
② 《法院编制法》,《国风报》第1年第6期,宣统二年三月,第11页。
③ 刘锦藻:《清朝续文献通考》卷254《刑法十三》,第9992页。
④ 《法部奏酌拟各级审判厅试办章程折并章程》,《大清新法令(1901~1911)》(点校本)第1卷,第391~392页。

第二节 外官考核、监督制度的调整

一 新政前外官的考核、监督制度

一般来说,清朝对地方官的考核主要是大计,定例每三年一次。《会典》称:

> 州县察其属出考详府,直隶州之属县亦察其属出详直隶州知州;知府、直隶州知州复遍察其属出考详道,直隶厅亦察其属出考详道;道复遍察其属出考移司,司汇核加考详总督、巡抚。①

这是一种"递察其属"的办法,即由府察州县,然后移道、移司,最后由督抚"遍察而注考",对举、核人员加考语上报。考核的标准是"四格":守(有清、有谨、有平)、才(有长、有平)、政(有勤、有平)、年(有青、有壮、有健)。考核后分为卓异、供职两等,作为提拔任用的依据。② 大计对象是"全省中,自道员以迄学官、杂职,皆入举劾范围。然只以实缺人员为限,且须曾到本任者"。③

甄别制度也是考核地方官员的一种手段。主要有两种形式:一是督抚到任甄别。定例,督抚到任三个月后,须举行,对全省官员一律择尤,分别举劾;二是年终甄别,每届年终,分别优劣,上奏举劾。④ 而

---

① 《钦定大清会典》(嘉庆朝)卷8《吏部》,第10页。
② 参见艾永明《清代文官制度》,商务印书馆,2003,第222~226页。
③ 周询:《举核奖罚》,《蜀海丛谈》卷2,沈云龙主编《近代中国史料丛刊》第1辑,第327页。
④ 沈云龙:《清代地方官吏之举劾》,载《近代史事与人物》,沈云龙主编《近代中国史料丛刊》第63辑,第31页。

对分省新任官员，一年后也要专门甄别，称试用期满甄别。"外官分发到省，例由督抚考试，分别等第，黜陟有差"。① 清朝定制，外省道府州县等官，试用一年期满，也由该督抚察看考核，分别繁简补用。佐杂等官期满考核，也仿照办理。

对于候补官员，各省也要按例进行甄别后补用。除特别规定的外，无论何项出身、何项劳绩，凡系初任人员保归候补班次，均扣足一年甄别补用。捐纳试用道府期满甄别补用、劳绩保举试用本班尽先人员期满甄别补用。对俊秀监生捐纳人员，无论实缺、署事、候补，随时面加考试。如有文理清顺、识论通达者，方准与正途人员升转补用。② 光绪年间还规定，各项试用人员一年期满之时，于地方公事未能谙悉，而其才堪造就者，或应再学习试看，或饬令回籍读书三年，再行赴省试用或令其降补佐贰。③ 捐纳与保举归候补班补用的官员，一年后也要甄别，只有规定的候补官员例外。对各项捐纳等候补人员有考试制度。不仅部、院捐纳司员要进行考试，且外官捐纳及各项人员非由正途出身者，"向于铨选分发到省时，由督抚面加考试，别为一、二、三等。一、二等照例委用，三等实任开缺，候补者停委道府、州县等官，以佐贰杂职降补；不列等者，咨回原籍学习"。④

荀参制也是地方大吏与官员定期交流的制度化形式，即督抚按时接见地方官员，并借此考察官员。在一些省份，荀参制一直延续到清朝末年。"惟候补、试用人员之在省者，定以荀参之例，或逢五、十，或逢三、八，定期参谒，久久相接，属吏之贤否自可周知，将来自不致以阘茸之流，使虐民社矣。且僚属经上宪勤于延接，多方指授，即阘茸之流亦当深自磨濯，化莠为良，可知荀参之制尽善尽美，为吏治中必不可少

---

① 赵尔巽：《清史稿》卷112《选举七》，第3244页。
② 《钦定吏部铨选章程》卷11《甄别类》，同治十二年石印本，第1~5页，湖北省图书馆藏本。
③ 《钦定吏部则例》卷6《铨选汉官（下）》，光绪十一年石印本，第20页，湖北省图书馆藏本。
④ 朱寿朋：《光绪朝东华录》，总第708页。

第七章　外官管理制度的变动

之事也"。① 为了防止背后的私下交易，衙参"不准单见，亦不准留后。有之，则人皆讥诮之"。② 地方大吏通过一月几次的接见，其目的是了解官员的各种状况，特别是候补官员的学识、素养和能力，以便用于考核、鼓励和任用人才。在晚清新政时期，陆元鼎任江苏巡抚之初，因时而革，对衙参制进行调整，重在衙参制能起到实质性作用。他提出："上司下属如朋友，如师弟，大小相维，有不容睽隔之势，定期接见，原所以询其事，而考其言。乃近年候补多，凡遇衙期接见，略谈片时已不暇给，且此一日中，群焉聚集，投刺为事，站班为礼，是以无谓之酬应，辜负有用之光阴也。嗣后与诸同寅约，有公事者，随到随见，其余各员候斟酌人数，分班分月传请，每月各见一次，单日见文员，双日见武员。"③ 湖北也还一直保留衙参这种形式，且以二、八为期。从上述可知，衙参制作为专门对候补、试用官员的接见考察制度，在各省都曾经长期通行，至少在名义上一直存在。

　　清朝的监察有多种制度，主要是都察院的监督和一省行政层级中上对下的行政监督，且监督是混同性的，没有所谓对行政、司法和立法等分别、单项的监督。清朝地方官员的事务是以刑名钱粮为主要内容的，官员尤其是府州县官，实为"一人政府"，④ 职能无所不包。因此，对某个官员的监督也就是全方位的。

　　都察院是清朝专门的监督机关，其职能与规范体现在《钦定台规》中。乾隆朝首次修纂的《钦定台规》共八卷，规定言官纠弹官员，对考核、稽察、理刑、朝会、祭祀、监试、巡城、巡仓、巡盐、巡漕等项事务进行纠察。之后四修台规，屡有变更。如光绪朝《钦定台规》分为八门：（1）训典，编入历朝皇帝有关监察的圣谕；（2）宪纲，分为

---

① 《论谕止衙参事》，何良栋辑《皇朝经世文四编》卷13《吏政》，沈云龙主编《近代中国史料丛刊》第77辑，第222页。
② 欧阳兆熊、金安清：《水窗春呓》卷下《衙参不准单见》，中华书局，1984，第79页。
③ 《苏抚整顿吏治文告》，《申报》1905年5月16日，第17版。
④ 瞿同祖：《清代地方政府》，法律出版社，2003，第334页。

393

序官、陈奏、典礼、考绩、会谳、辩诉六项；（3）六科，编入各科给事中共同职掌及分科职掌的规定；（4）各道，编入各道共同职掌及分道职掌的规定；（5）五城御史，汇集治安监察的法规；（6）稽察，编入有关派遣御史稽察钱粮财务和考选官吏的规定；（7）巡察，汇辑有关经济监察的规定；（8）通例，有关御史官员考选、升转、礼仪的规定。《钦定台规》使监察活动的各个方面皆有章可循，是中国封建社会最后也是最为完备的一部监察法典。①

都察院的机构下分六科和十五道。十五道按照地域划分，"掌弹举官邪，敷陈治道，各核本省刑名"。②但十五道既监察地方又监察中央，"掌纠察内外百司之官邪。在内刷卷、巡视京营、监文武乡会试、稽察部院诸司；在外巡盐、巡漕、巡仓等及提督学政，各以其事专纠察；朝会纠仪，祭祀监礼，有大事集阙廷预议焉"。③

除都察院外，还有各省行政层级中的上级对下级的监督。按照清朝的制度，"外省督、抚并以右系衔，右都御史、右副都御史、右佥都御史为督、抚坐衔"。④ 即总督、巡抚也加都察院宪衔，以示有监察地方官之权。三年大计，督抚对属下官员定出卓异、供职等两个类别，出考具题，报送吏部；属下官员如有违法或不尽职行为，可上折举核。此外还有对府厅州县重要案件的复审权，体现了督抚对司法的监督责任。

提刑按察使司是一省最高的司法监察机构，每省各置提刑按察使一人，正三品。清代按察使的职能有四个方面：第一，监察审理本省的刑狱案件，"所至录囚徒，勘辞状，大者会藩司议，以听于部、院"；"秋审充主稿官"；凡"按察司自理事件，限一月完结"。第二，兼领全省驿传事务。第三，参与并监督科举事务，"三年大比充监试官"。第四，

---

① 引自张晋藩《中国古代监察法的历史价值——中华法系的一个视角》，《政法论坛》2005年第6期。
② 赵尔巽：《清史稿》卷115《职官二》，第3302页。
③ 嵇璜：《清朝文献通考》卷82《职官六》，商务印书馆万有文库本，第5603页。
④ 赵尔巽：《清史稿》卷115《职官二》，第3303页。

参与考察官吏，"大计充考察官"。①

省与府（州、厅）之间设道，分设分守道、分巡道。前者是承宣布政使司派属驻守地方者；后者是按察使司派驻地方者。也就是说，分守道是承宣布政使司的辅佐官，分巡道是按察使司的辅佐官。1753 年（乾隆十八年）定为四品官，"职司巡守，以整饬吏治、弹压地方为任"，无论分守道或分巡道都有监察地方府、州、县的职能，因而也有"监司"之称，"帅所属而廉察其政治"，②二者的职能也逐渐趋一。守巡道要定期到各地巡查地方官的施政情况，对于州县词讼案件有稽查督率之责。道之下设府，"承上接下，以察吏安民为要务"，有审决狱讼，稽查奸宄，考核属吏之贤否之责，并须对州县各种情况详加了解，向督抚汇报，充当耳目。③

二 外官考核制度的演变

治官是清朝政治的一个传统，而对官员的考核是治官的主要方面。然而上述种种考核制度注重的是官员的履职情况，久而久之，大多流于形式。旧有考核制度的松弛，反映这种制度本身不能适应新的社会变化。因为在晚清督抚保举扩大的情况下，所举人员更看重的是军功实绩，这已大大超出了原来的仅仅以履行职责为中心的考核内容。而保举捐纳的扩大，又使地方官品流不一，原有的标准显然过于宽泛，也需要用更为确定的标准以代之，以使考核不至于失去激扬与整饬吏治的作用。

新政时期，为了刷新政治，重振纲纪，修订和完善考核制度就成为清政府吏治改革的着力点。

1902 年，鉴于官场人浮于事的情形，上谕指出："现当振兴庶务，

---

① 赵尔巽：《清史稿》卷 116《职官三》，第 3348 页。
② 赵尔巽：《清史稿》卷 116《职官三》，第 3355 页。
③ 参见魏光奇《有法与无法——清代的州县制度及其运作》，商务印书馆，2010，第 26～27 页。

亟应切实考课，以期鼓励真才。""至各省候补人员，冗滥尤甚，平时不加考察，一旦使之临民莅事，安望其措理得宜。近来各省已有奏设课吏馆者，自应一体通行，惟重在考核人才，不得视为调剂闲员之举"①提出以新设的课吏馆来培训和考核地方官员。并且做出硬性规定，要求督抚将考核结果，每半年向朝廷上报一次。该年5月上谕又要求各省督抚对到省分发人员"务当破除情面，严加考核。自道府以至州县，凡初到省，必躬亲面试，其鄙俚轻浮者，即行咨回原籍，其尚堪造就者，均令入课吏馆讲习政治法律一切居官之要，随时酌予差委，以觇其才识。期满甄别，一秉大公，优者留补，劣者斥罢，平等者再勒限学习。均各出具切实考语"。② 强调进入课吏馆学习政治法律后试用、加强面试、差委察看，实际都蕴含对官员的考核重心开始从"四格"转向注重实事和实际能力。

1904年6月（光绪三十年五月），懿旨令："著自本年为始，年终各该督抚将各州县胪列衔名年岁籍贯清单，注何年月日补署到任，经征钱粮完欠分数，及有无命盗各案，词讼已结未结若干起，监禁羁押各若干名，均令据实开报。其寻常公罪处分，准予宽免，不准讳饰。任内兴建学堂几所，种植工艺巡警诸要政是否举办，一并分别优劣，开列简明事实，不准出笼宽泛考语。奏到后著交政务处详加查核，分起具奏，请旨劝惩。"③ 这是州县官考核制度的重要变化，具体来说就是：（1）考核的具体内容，从"四格"转为实事，除一般政务外，还将兴建学堂、种植、工艺、巡警诸要政列入；（2）考核的具体办法，从出具宽泛考语转向"开列简明事实"；（3）考核时间，从三年一次转为每年年终开列事实报告；（4）考核的汇总单位，由吏部转向政务处。

第二年年终，14个省的考核表册咨到政务处。政务处据此考核，分为最优等、优等、平等和次等。建议最优等者，仍交督抚出具切实考

---

① 朱寿朋：《光绪朝东华录》，总第4829页。
② 朱寿朋：《光绪朝东华录》，总第4863～4864页。
③ 朱寿朋：《光绪朝东华录》，总第5193～5194页。

第七章　外官管理制度的变动

语具奏，实缺者以应升之缺在任候升，署缺者遇缺即补；列入优等者交部议叙；列入平等者，准其照前任职；列入次等者，仍先由督抚督饬该员认真举办各事，如始终不知奋勉，即行分别参撤。

同时，由于各督抚提交的表册中，有些州县考核事实不详，格式不统一，政务处又提出了《画一章程》五条。① 其中特别强调考核的优次等级宜有一定限制，如"学堂当以开报处所学生人数最多者为上，次多者为中，最少者为下"。强调以所办新政具体政务实绩为依据，分出等次。每年一次考核州县，考核项目也超越了既往刑名钱谷等旧的事项，包括了学堂、巡警、工艺、种植、命盗、词讼、监押、钱漕等八项执行情况的考察，并要求每项内容量化统计上报。次年，又在切实劝惩办法、声明定章办法和整饬新政办法等三个方面，对考核州县事实原有章程做了进一步的补充。②

最初两年的州县考核由政务处、考察政治馆（宪政编查馆）主持。其后的两年，则由宪政编查馆和民政部共同负责。宣统元年起，转交民政部、学部、巡警部、法部等各主管衙门。刚开始实施时，各省督抚对突如其来的改变无所适从，纷纷奏请展缓实行新制，要求延至次年三月或五月再行具奏，故自光绪三十年起至清亡，七年间州县考核实际进行了六届。③

既往的"四格"考绩制度注重日常政务，而州县事实考核更注重实际工作的成绩，尤其是新政工作的政绩，这对于激扬官员、推进新政事业在州县的落实，起到了一定的积极作用。但是这一制度并没有从整体上改变中央集权官僚制度的监督体制，虽然考核有章程，但缺乏严格的规程，实际运行中差别依然很大。加上执行考核的主体是督抚、司

---

① 《政务处奏考核各省州县事实分别劝惩并拟画一章程折》，《大清新法令（1901～1911）》（点校本）第2卷，第431～432页。
② 《考察政治馆奏考核州县事实并酌拟办法折》，《大清新法令（1901～1911）》（点校本）第2卷，第434～436页。
③ 参见关晓红《清末州县考绩制度的演变》，《清史研究》2005年第3期。

道,从而使官官相护之风气不可避免。考核本身与事实之间必定存在很大的距离,极易流于形式。这一点,考察政治馆也有所觉察:"各省咨报之件有与章程不甚符合者,如学堂但有处所而无人数,巡警但云筹办而无员名,或以团防练勇为警察,或以罪犯习艺为工艺,或混监押不分,或漏钱粮不报,淆杂纷歧,比比皆是"。① 这不仅是州县事实咨报的情况,也是州县改制中存在的实际状况。

清末课吏馆和法政学堂的建立,确立了对候补人员入官的考试任用制度,虽有定例,但各地"因习视为具文,遂致鲜收实效"的现象仍然存在。故1907年10月一道上谕严厉指斥各省"一味虚应故事,滥容闒冗",要求宪政编查馆和吏部详定切实考验外官章程。次年1月,宪政编查馆拟定《切实考验外官章程》6条上奏。该章程有三点重要变化:一是变通考试旧例,规定凡捐纳、保举之道府同通州县、佐杂各员,除正途出身及本系高等以上学堂毕业学生外,无论月选,分发到省一律入法政学堂,先考以文字。文理不通及不能执笔者咨令回籍,其余分成长期、速成两班限年学习,经督抚司道考试后,方准赴任差委。二是法政学堂毕业差委人员还要重加考验,即对洋务学务巡警审判监狱工艺等事,各就其所供差事,分别由司道切实考验,再由督抚层递加考,条列实在事迹,每年分别造具差委事实清册,分别最优等、优等、平等、次等、下等,出具切实考语,于年终汇总咨明吏部。三是改定甄别办法,强调必须"奉有差委日起,扣足一年,确实试验,方准出具考语。"并将"差委事实册"报部,依据等级决定是否留省补用。②

宪政编查馆称:"考试第试之以言,而考验必验之以事",甄别必须在这二者之上方能举核,因此新章是"参合旧例"而定,即强调学习考试、事实考验和甄别的三者合一,将选任和考核结合。而对象则包

---

① 《考察政治馆奏考核州县事实并酌拟办法折》,《大清新法令(1901~1911)》(点校本)第2卷,第435页。
② 《宪政编查馆吏部会奏遵旨酌拟切实考验外官章程折附清单》,《东方杂志》第5年第3期,光绪三十四年三月,第163~167页。

第七章 外官管理制度的变动

括捐纳、保举出身并分发到省的道府同知、通判、州县，以及佐杂各员。这既是对州县事实考核制度的进一步扩大，也是地方官选任制度的进一步修改。

各省督抚按照朝廷和政府的要求，对外官也确实进行了考验。如湖南省1909年考验候补官员计298人，然后分别等第，或留差委，或入学堂各班学习。① 在新政时期，直隶还仿照吏部学治馆办法，专门建立考验处。考验处章程规定凡初次到省暨新选新补应行甄别人员，无论何项出身，除道府大员由本部堂延见考问外，余须经该处考验，方能出具考语，分别委以差缺。② 考验科目分为五项：一阅历；二批判；三律例；四行止；五口才。并制定了考验处章程。章程第12条特别规定对候补人员的奖惩办法，凡候补人员考列最优等者拔署一次，优等者酌予差委，中等者存记，其不及格者得令修业半年，再行考验，如再不及格时呈请总督咨回原籍。

清末各省三司两道相继建立，出现了一批专职人员，故而还需要建立对各职能部门及其专职人员的一系列考核制度。1906年，学部就指出："提学使照各直省藩臬司例，为督抚之属官，归其节制考核，一面由学部随时考查，不得力者即行奏请撤换。"③ 并称，提学使总理全省学务，考核所属职员功课。也就是说，各省提学使由督抚考核，省以下学务官均归提学使考核，而学部则总其成并随时考查。这一办法为其他部门所仿效。1908年，民政部专门制定了更为详细的《考核巡警官吏章程》九条，在其奏折中说："举凡官员之任用、警务之得失，臣部皆有督率考核之权……京师自巡警总厅厅丞以下，各省自巡警道以下，所有办事成绩均由臣部定期核办，分别殿最，请旨劝惩。"考核的具体办

---

① 《湖南巡抚岑春蓂奏考验候补人员办理完竣折》，《政治官报》第615号，宣统元年五月二十八日，第5页。
② 《督宪袁札委李守兆珍为考验处坐办文》，甘厚慈辑《北洋公牍类纂》卷3《吏治一》，第199页。
③ 《学部奏陈各省学务官制折并清单》，《大清新法令（1901～1911）》（点校本）第2卷，第178页。

399

法是：巡警总厅厅丞由部考核出具考语；巡警道由部随时考核，咨行该省督抚出具考语，每届三年期满胪陈奏闻；总厅及各道所属各员除由部随时考查外，还由该管负责人分造清册出具切实考语，每届六个月申报一次。此外，总厅及巡警道办事成绩也要分类造册列表申部，每届六个月申报一次。①

此外，一些专项工作也都制定了严格的考核制度。如清末实行禁烟，负责该项工作的民政部认为："禁烟之有无成效，视稽查之疏密为衡，奉行之是否实力，视功令之宽严为断。"故制定稽核章程严定考成，就减种、公行、烟店、烟馆、烟具、吸食、戒烟等各个环节制定禁烟目标，要求各省地方官依限造报，由部议叙或议处。②

总之，清季对外官的考核从内容到形式都发生了很大的变化。从内容来说，变过去偏重德行判断转向注重事实，即看重各项新政的落实和实施情况，并把察言与考行结合，把考试、考验与甄别结合，把考核结果与考成奖惩结合。从形式来看，变过去由吏部总掌考核为各部分别负责，各省司道执行、督抚汇总和覆核；变三年一次为半年一次或一年一次；变看重考语为偏重各种册报。

清末外官考核这些变化是适应宪政改革需要的结果。清季预备立宪的重要目标是加强中央集权，各部为加强自身的权力，无不强调对各省相关部门和职能的考核，从而形成了多头考核的局面。另外，由于内忧外患的巨大压力，清季改革采取了"一揽子改革"的路径，各个方面的改革同时推进，各项措施都是由部颁章程，各省落实。为了加快推进改革，采取了责任到人、任务到人、依限完成的办法。为此，各部制订了大量的表册，以把握进度、落实考成。这种考核，虽然对各项改革事业的推进起到了一定的促进作用，但也使表册的数据与实际状况之间存

---

① 《民政部奏拟订考核巡警官吏章程折并清单》，《大清新法令（1901～1911）》（点校本）第 2 卷，第 443～445 页。
② 《民政部会奏酌拟禁烟稽核章程严定考成办法折并清单》，《大清新法令（1901～1911）》（点校本）第 3 卷，第 63～68 页。

第七章　外官管理制度的变动

在着巨大的落差。

三　外官监督的新景

新政时期，随着内外官制改革的进行，对地方官的监督体制也随之发生变化，集中体现在以下三个方面。

第一，都察院的改革。

1906年8月，出使各国考察政治大臣戴鸿慈等在奏请改定全国官制折中，提出学习各国之法，在司法行政之外设行政裁判院，"专理官民不公之诉讼，及官员惩戒处分，凡内外百僚之办事无成效者，并有弹劾之责"。另将都察院改为集议院，由各省选举议员，但又与国会分别，以"建议条陈"、"取决公论"。① 这样一来，都察院的性质将发生根本性的变化，故遭到许多官员尤其是御史的反对。他们纷纷以都察院"行数百年之久"为由，认为若裁言官，将会使"舆论壅于上闻，宫禁势成孤立"，所以"断无可裁之理"。②

面对强大的守旧势力，10月，奕劻等拟订的中央官制改革方案采取了新旧调和的方法，除调整和新设各部外，保留了都察院。称"都察院原掌纠劾官邪，条陈利弊，关系至重，惟原缺职掌与新拟部院官制参差重复者，当略加厘正，以归画一"。③ 即都察院职能地位不变，唯内部设置略作调整。上谕对该方案表示同意，并定都察院改为都御史一员、副都御史二员。六科给事中改为给事中，其余御史各员缺"均暂如旧"。④

---

① 《出使各国考察政治大臣戴鸿慈等奏请改定全国官制以为立宪预备折》，《清末筹备立宪档案史料》上册，第374页。
② 《御史杜本崇奏更改官制不宜全事更张折》、《翰林院侍读学士周克宽奏更改官制只各易新名实不如旧制折》、《内阁中书王宝田等条陈立宪更改官制之弊呈》，《清末筹备立宪档案史料》上册，第425、420、159页。
③ 《庆亲王奕劻等奏厘定中央各衙门官制缮单进呈折》，《清末筹备立宪档案史料》上册，第470页。
④ 《裁定奕劻等拟中央各衙门官制折》，《清末筹备立宪档案史料》上册，第472页。

之后，军机处议复都察院官制，对都察院设置进行调整：六科给事中撤去六科之名；科道原设八十缺改为六十四缺；原设十五道，现按行省分设，于东三省增设辽沈道，另增设甘肃道、新疆道，同时析湖广道为湖南、湖北道，析江南道为江苏、安徽道。除辽沈道仿京畿道置掌道御史、协道御史各二人外，其他各道均设掌道御史二人，不设协道御史。① 1907年1月（光绪三十二年十二月），都察院奏整顿变通章程，强调"在京各衙门都察院均有稽查之责"，故近年陆续新设之外务部、学部、民政部、邮传部等衙门章奏"凡关涉用人行政、举措损益者"，概行发抄都察院考究。并责成各道御史"访求利病"，"令各省于州县以上之补署，内外各局所之增减，以及兵制、财政、学务、农业、路矿、警察诸大纲，按年列表，咨送都察院，以凭考察"。② 经过这些调整，都察院只是裁缺了一些人员，设置了二十道监察御史，其余并无大的改变。在职能方面，强化了都察院对中央新设各部、各省州县以上人员补署和新政事项的监督考察之责。

然而随着官制改革的推进，尤其是各省谘议局的成立，都察院去留问题又成为热议话题。大致有三种意见："或主裁撤，或主保存，或主改为行政裁判所"，③ 议论分歧，不一而足。处于漩涡中的御史们亦寻求自保，上书自行请改职掌，认为议院监督之范围仅止政府大臣，有所疏漏，而都察院"则上自主上之尊，下逮闾阎之细，皆可风闻言事"，④ 正可补议院监督之不足。还聚会集议办法，"以本院改设行政审判院为唯一目的"。⑤

不过就清廷而言，虽然面对各种裁撤都察院、改设行政裁判院的

---

① 《军机大臣等会奏议复都察院官制折》，《大清新法令（1901～1911）》（点校本）第2卷，第154页。
② 《都察院整顿变通章程》，《大清新法令（1901～1911）》（点校本）第2卷，第157页。
③ 《论今后之都察院存废问题》，《申报》1911年8月20日，第1张第4版。
④ 《都察院以行政裁判院自居》，《申报》1911年2月2日，第1张后幅第4版。
⑤ 《御史团心中之行政裁判所》，《申报》1911年8月23日，第1张第5版。

言论，但基本趋势是保存旧制、略加变通。有媒体报道"都察院可无虑裁撤"，原因是朝中有大佬表示："该院有调查民间疾苦、参劾贪墨官吏之权，关系极为重要，故其职掌权限必须重订"。① 8月又有报道："现拟仍存其名，其官制草案业经脱稿，大致与旧时无大差异，惟掌院及左右两副都御史今则改为正副院长各一，院长以下设掌印给事中八人，给事中十六人，御史共八十人。"另外裁撤书吏，改设录事。②

得以保留的都察院于1911年10月拟订了一个法规总纲，共分训典、官制、规谏、弹劾、条陈、奏请、监督、稽核、研究和考选十章。强调"上匡君德，下达舆情，纠察百司，综核庶政，为都察院唯一之职权，重要之责任"。与《钦定台规》比较，这个大纲确定的监察权仍然包括规谏、弹劾、条陈、奏请、监督、稽核几个方面，但监察的内容则扩大了："给事中御史统司纠察，凡内外各衙门用人不当、办事不实均准参奏"；有参劾国务大臣之权，"得自行专折入奏，候旨裁夺"；对各级官员举办宪政之情况，则可"留心察访，有逾期不办，或阳奉阴违，或有名无实，均指名据实纠参，则又予以督催、侦察之特权"；可直接条陈应兴应革之事；可据情代奏官员呈诉、人民陈请之件；对内外衙门之官员的赴任、考核有随时纠正之权；对各部、各省的经费出入均有考核之权。③

预备立宪时期，虽然有官员提出设立行政裁判院问题，甚至御史们也以改设行政裁判院为自救之唯一目的，但行政裁判院终究没有进入九年筹备立宪清单，即没有进入清政府预备立宪规划之中。个中缘由，主要是当时很多人都认为，行政裁判院作为外国制度，不一定适合中国；而都察院在中国行之已久，"职司弹劾，主持风宪"，"足以儆官邪而扶

---

① 《都察院可无虑裁撤矣》，《申报》1911年3月2日，第1张第3版。
② 《都察院之改革》，《申报》1911年8月2日，第1张第4版。
③ 《都察院奏厘订法规先撮举大要编成总纲折并单》，《申报》1911年10月19日，第2张后幅第2版。

正道"，此精意足当保留。① 在这种情况下，都察院官制只略作调整，一是扩大职能，尤其是把各省地方官员推行宪政的各项工作也纳入监察范围；二是监察方式方面，对言官"风闻言事"做了限制，强调要"确有依据"、"据实纠参"，因此又赋予其"督催、侦察之特权"。这恐怕是"与旧时无大差异"的都察院适应宪政需要的一项变革吧。

第二，各省谘议局建立并开始行使监察权。

清末中央成立资政院，各省设立谘议局，而这两个机构正是在借鉴西方国家议会制度模式的基础上形成的。但作为法律文本的《各省谘议局章程》中，关于谘议局的权力只是笼统地说："谘议局为各省采取舆论之地，以指陈通省利病，筹计地方治安为宗旨。"没有明确提出谘议局的立法权和监督权。但是，谘议局可议决本省应兴应革事件、决议本省财政预算、决算、税法、公债，收受本省自治会或者人民的建议事项等；对本省官绅如有纳贿及违法等事，《各省谘议局章程》又规定谘议局可指明确据，呈候督抚查办。② 谘议局作为一省准议会机关，法律又给予了一定的建议权、咨询权和监督权。但根据有关规定，谘议局议定可行之事，需呈候督抚公布实施。"若督抚不以为然"，可令谘议局复议。如双方仍持前议，则"督抚得将全案咨送资政院核议"，其监督行政机关的地位和权力是有限的。不过，从实际运行情况看，谘议局的绅士们常常以地方立法、监督机关自任，超越章程规定的范围，行使权力。舆论界也认为，谘议局是民意机关，"朝廷以议政之权给予国民，许国民预闻国政之权舆"，那么，谘议局就是"握监督政府之枢键"。③

谘议局作为"采取舆论之地"，积极履行职责，不仅监督各类公共事务，也监督各级官员的活动。1910年3月，湖南木商谢玉树等指出：

---

① 《有添设而无消灭之改革观》，《申报》1911年8月1日，第1张第2版；《论今后之都察院存废问题》，《申报》1911年8月20日，第1张第4版。
② 《宪政编查馆等奏拟订各省谘议局并议员选举章程折附清单》，《清末筹备立宪档案史料》下册，第678页。
③ 问天：《各省谘议局议案论略》，《东方杂志》第6年第13期，宣统元年十二月，第478～479页。

"光绪三十三年善后局借整顿厘金为名，添设复查补抽木厘三卡。名曰复查，实为重征"。先后多次向湖广总督张之洞、赵尔巽、陈夔龙和湖南巡抚岑春蓂申诉。各督抚命湖南善后局查复，但善后局以"筹款维艰，暂难裁撤"为借口，拒绝撤卡。木商于是转向谘议局陈情。谘议局"公恳集议，呈请抚部院迅速将添设新卡一律裁撤，以除巨害"，并"伏候裁夺施行"。① 6月，嘉禾士绅廖如璲又向谘议局陈请，指陈嘉禾县令鲁潘的弊政，如规复词讼各费，不准团绅息讼，任用门丁差役，任用非人等。谘议局认为"如果属实，殊负抚部院整饬吏治之盛心"，特向巡抚呈请，"遵章呈请查办，伏候核夺施行"。② 7月，抚院札复，表示将饬司派员查明确据，以凭核办。③ 安福县原县令"经理税捐各款，诸多侵蚀，征收地丁，则有将铜元官票，每串折做制钱七百六十文"。新任胡令廷枢接篆后，非特不为轻减，甚至并漕粮路股，任由书吏肆虐，路股大半不给收条。湖南谘议局根据安福县绅士蒋定翊等人提供的情况，对安福县两位贪赃枉法的县令提出了弹劾，要求湖南巡抚岑春蓂对此两人查办。岑春蓂在谘议局的压力下，一面将赵协莘、胡廷枢两县令分别撤任，听候查办，一面派补用知府赵守麟驰赴安福县查清事实，并通令各级官吏以此为鉴，使官员受到很大的震动。④ 从以上绅民的举报案子看，绅民的政治参与和维权意识增强。同时，湖南谘议局按照章程的规定，对此进行了纠举，履行了作为代议机构的职责。

在1910年湖北谘议局第二次常年会议上，有关湖北吏治的请议案和人民的提议案不少。如对公共事务的指控，有请禁革各厅州县官价购物案、质问停止刑讯并求实行案、请禁送在任官吏碑伞牌匾案、请慎简

---

① 《呈据木商谢玉树等请撤新添厘卡文》，杨鹏程编《湖南谘议局文献汇编》，湖南人民出版社，2010，第496~499页。
② 《呈据嘉禾廖如璲等指控县令各款请饬查办文》，杨鹏程编《湖南谘议局文献汇编》，第499~502页。
③ 《呈据嘉禾廖如璲等指控县令各款请饬查办文》，杨鹏程编《湖南谘议局文献汇编》，第499~502页。
④ 《湖南谘议局为民除害》，《申报》1910年4月3日，第1张后幅第2版。

委员以杜弊端案、严禁违律苛罚案等。对不法官员的弹劾，包括纠举前署襄阳县令徐久绪案、前署建始县令金策先案、前署广济县令何庆涛案、荆州府太守斌俊案等。如1910年4月，襄阳县令徐久绪就遭到湖北议员的举报。7月，又有人状告该县令不法。湖广总督即先后委派襄荆郧道钱道台等官员调查，审理案卷。经过几个月的调查，其结论是"查明各款，实无隐匿浮冒情弊"。但1910年10月湖北谘议局开会时，又先后接到多个举报徐久绪勒罚、滥费、营私等不法行为的陈请。经谘议局审查，证据确凿，先于纠举。但该案仍疑窦很多，谘议局"呈请督部堂选派廉明骨鲠贤员，赴襄逐款彻查，禀复核办"。而襄荆郧道道台钱绍帧对此案"遽予了案，其袒护劣吏，冤抑平民，尤属有负监司大员之任"，谘议局一并纠举。督宪在11月给予答复，允诺另派公正大员前往复查。① 应该说，谘议局的纠举使督宪不得不加快对违法官员的惩处。

1910年10月，谘议局接到东湖县议事会的陈请书。内称：宜昌警察坐办舒承荫于八月初九日照会自治公所开会，磋商警察改良办法，欲创办灯火捐，"议员等均未认可，府县亦未允"。舒坐办竟于二十五日并不会同地方官绅，悍然"亲率勇丁，随带刑具按户勒捐"，并将"保正刘洪胜于是晚传去，诬以造谣，重责二千，次日枷号游历十二区，以示威而压众"。谘议局呈请"督部堂暂撤去宜昌警察局坐办舒牧差使，一面电饬东湖县将杖枷情形禀报核办"。湖广总督派员调查，决定给予不同的处罚。舒坐办"卤莽操切，有违警章"，决定对其撤差；东湖县令"身任地方，责无旁贷，此事既疏觉查于前，又不能持平办理于后，应行司记过一次"。② 谘议局的纠举权在此案的处理中发挥了重要作用。

---

① 《纠举前署襄阳县徐令久绪案》，吴剑杰主编《湖北谘议局文献资料汇编》，第562~567页。
② 《东湖县议董事会陈请该县警察勒捐滥刑案》，吴剑杰主编《湖北谘议局文献资料汇编》，第584~589页。

第七章　外官管理制度的变动

在 1909 年江苏谘议局第一届常会期间，议员就提出苏松太道蔡乃煌违法一案，指斥他允许领事派人参与命案验尸，致主权外落。并依从各国领事要求，将因案提惩之地保释放。还见好洋商，以国家名义借洋债代偿钱庄欠外国银行钱款，允许未经核准之商家发行彩票。在 1910 年第二次常会期间，谘议局提出进一步质询案。提案人杨廷栋解释，蔡道虽已被革职，"在本局职任言之，仍应提议，并历述所见所闻之情形"，用以慎防流弊，并由督抚声明各洋商他日不得援以为例，通告各国公使领事以维持商业而杜流弊。① 事实上，这是以蔡乃煌被革职为契机，将该案的处理结论作为一个规则确定下来，以为后来者警戒。

在四川第二届常年会上，除提议案外，四川谘议局按照法定程序，议决纠举官吏违法案约十余起。如纠举巡警道违法扰民案，纠举崇庆州牧张溥酷刑虐民案，纠举江津、西昌、通江等各县县令违法殃民案等，② 提请督抚核办。其中比较大的是第二届常年会上纠举的巡警道周肇祥违律扰民案。周肇祥自任巡警道以来，寻隙苛罚，滥施权力，对偶有触犯者，以修理街道为名，罚石板数十、百块不等。还以抓赌为名，夜闯民宅，蹂躏民户。③ 谘议局列举事实请赵尔巽从严查办。还有崇庆州牧张溥酷虐玩法案。崇庆州牧张溥，借称地方多盗，加派巡防军及堂勇、差役四处搜缉，凡认为形迹可疑者，甚至姓名偶同者，即拘捕严讯。施用"满底抬磕"、"塌背烧香"、"坐懒板凳"、"吊鸭儿凫水"、"打马鞭"、"吊高笼"等非刑，冤死者数以百计，因刑残废者不计其数。四川谘议局纠举张溥不法，请求川督严办。④ 川督迫不得已，将该

---

① 《江苏谘议局开会纪事》，《时报》1910 年 10 月 7 日，第 3 张。关于江苏谘议局质询苏松太道一案，可参见刁振娇《论地方议会制度在清末的实验——以江苏谘议局为核心的研究》，博士学位论文，华东政法学院，2007，第 117~118 页。
② 《四川谘议局宣统二年九月常年会纪略》，隗瀛涛、赵清主编《四川辛亥革命史料》上册，四川人民出版社，1981，第 152 页。
③ 《巡警道周肇祥违律扰民案》，隗瀛涛、赵清主编《四川辛亥革命史料》上册，第 154 页。
④ 《崇庆州牧张溥酷虐玩法案》，隗瀛涛、赵清主编《四川辛亥革命史料》上册，第 158~161 页。

407

州牧撤任。

从上述可见，谘议局议员纠举地方官是清季一种全新的监督方式，一定程度上体现了民意和民主。而且，从实际运行情况和效果看，各省谘议局认真地行使了自己的监督权，确实起到了不可忽视的作用，甚至由此导致与督抚大员或明或暗的对抗。这说明代表民意的谘议局对地方官员的纠举监督，是中国有史以来首次对无限官权的压缩，是在体制内的民间力量的扩张，并由此形成了具有近代特质的官与民、国家与社会既相互促进又相互制衡的关系。各省谘议局始终以立法机关自居，提出了很多惩处贪官污吏、肃清吏治的议案。虽然谘议局无权直接惩办官吏，但其监督弹劾也产生了不小的作用。如顺直谘议局在查办直隶巡警道舒鸿贻案中，不屈不挠，两次弹劾，总督陈夔龙才有所妥协。案后，有媒介称："官府知地方机关（谘议局）可畏，近来一般司道对该局议案无不异常恭顺"；①谘议局之设，普通民众通过"人民建议案"，不仅维护自身权益，而且直接参政议政，有了一条直接表达民意，践行民主的制度化渠道，是几千年以来的一种制度创新。

第三，司法行政监督的建立。

清末宣称司法独立，在建立大理院、高等审判厅、地方审判厅、初级审判厅，以及各级检察厅的同时，还确立了法部、各省提法司的司法行政系统。司法行政的重要职责，是司法监督。宪政编查馆对"司法监督"的解释是："查监督之义，乃监临督率之谓，只能限于司法行政行之。"②由此确立司法行政对司法审判的监督权。

（1）法部的司法监督权。法部的监督对象是大理院以及大理院以下的各级审判厅。1906年，庆亲王奕劻等拟议的并得到慈禧太后同

---

① 《本埠·弹劾无效》，《大公报》1911年4月12日，第1张第6版。
② 《宪政编查馆咨复检察官职权监督审判等项文》，《大清新法令（1901～1911）》（点校本）第9卷，第371页。依宪政编查馆的解释："检察官莅视法庭，依据法律追行诉讼程序，此本职务之当然，谓之监察即可，谓之监督则不可。"检察官与法官处同等地位，其职责包括依据法律，监察审判厅的判决执行，不能等同于司法行政监督。

第七章 外官管理制度的变动

意的中央官制改革方案就提到:"司法之权,则专属之法部,以大理院任审判,而法部监督之,均与行政官相对峙而不为所节制。"明确提出司法审判权与司法行政权的分离,以及司法审判受司法行政监督的体制。法部官制清单第一条就规定:"法部管理全国民事、刑事、监狱及一切司法行政事务,监督大理院、直省执法司、高等审判厅、地方审判厅、乡谳局及各厅局附设之司直局,调查检察司务等。"①对于司法监督,法部在酌拟司法权限折中定为:"大理院自定死刑之案,皆送法部核定,将人犯送法部收监";"秋后人犯于完案后移送法部监禁,朝审册本由法部核议"。各省审判厅审理犯罪案件,由大理院覆核后咨送法部核定,由法部主稿,会同大理院具奏;寻常军流以下咨案,由法部覆核;大理院官制,皆须与法部会商,会同法部具奏;各级审判厅官制员缺,及分辖区域设立处所,由法部主稿;法部监督各级审判厅、检察厅并议定处分。② 也就是法部通过对大理院、审判厅审理案件的覆核权,通过对大理院、各级审判厅的人事权和议处权,行使司法行政监督。

由于法部的司法监督权包含对大理院、审判厅审理案件的覆核权,故而引起大理院的极大不满,他们很快上奏,援引各国审判制度,逐条反驳,由此引发了"部院之争"。最后部院奉旨会同商办,将原定司法权限略加改动,法部仍有对大理院死罪人犯的复核权,但外省审判厅死罪案件由大理院覆判、法部核定。在人事方面,大理院和检察厅厅丞及检察官由法部会同大理院分别开单请简请补。③

(2)提法使的司法监督权。1907 年公布的《直省官制通则》将各省原设提刑按察使改设提法使,"受本管总督巡抚节制,管理该省司法

---

① 朱寿朋:《光绪朝东华录》,总第 5578 页;《法部奏核议法部官制关陈明办法折并清单》,《大清新法令》(点校本)第 2 卷,第 108 页。
② 《法部奏酌拟司法权限折并清单》,《大清新法令(1901~1911)》(点校本)第 1 卷,第 370 页。
③ 《法部大理院会奏遵旨和衷妥议部院权限折并清单》,《大清新法令(1901~1911)》(点校本)第 1 卷,第 376 页。

上之行政事务，监督各审判厅，并调度检察事务"。① 而 1908 年 1 月法部在奏复东三省总督"酌拟奉天提法司衙门及各级审判厅官制员缺折"时称："提法司管理一省司法上之行政事务，而以审判专属之各级审判厅，以提法司监督之，期达于司法独立之地位"，② 从而进一步明确了提法司的司法监督职能。提法司的司法监督职权主要有解释法律，监督审判厅对案件的审理，对该省各级审判厅及检察厅的司法审判活动进行监督和对审判厅、检察厅的人事监督四个方面。监督之法为随时前往全省各级审判厅、检察厅巡视，事峻除申报本省督抚外，还要申报法部③（详见第四章第三节）。在 1910 年 1 月公布的《法院编制法》中，又具体规定了这种监督的施行之法："有废弛职务及侵越者，应加儆告使之勤慎"；"有行止不检者应加儆告使之悛改"；如屡戒不悛或情节较重者，"应即照惩戒法办理"。④ 也就是说，提法使主要承担对法官行使职务的监督权和惩戒权，这是其司法行政权的重要组成部分。

1911 年 8 月，法部又做出决定："通行各省督抚，饬令该省谘议局随时考察，如该法官等有违法受贿、任性滥刑种种情弊，准由该局揭其实据严行纠举，并将纠举之一切理由径咨本部以凭查办。"⑤ 这是赋予谘议局监督法官的职责。

第三节　外官官员俸禄的改革

一　官制改革前外官俸禄制及其特点

俸禄是官员履行和完成公共职能后所得到的法定收入。清代官员的

---

① 《总司核定官制大臣奕劻等奏续订各直省官制情形折》，《清末筹备立宪档案史料》上册，第 507 页。
② 朱寿朋：《光绪朝东华录》，总第 5828 页。
③ 《宪政编查馆奏考核提法使官制折并清单》，《大清新法令（1901～1911）》（点校本）第 6 卷，第 402~404 页。
④ 《法院编制法》，《国风报》第 1 年第 6 期，宣统二年三月，第 18 页。
⑤ 《谘议局将为法官之监督》，《大公报》1911 年 8 月 4 日，第 2 张。

第七章 外官管理制度的变动

法定俸禄制度中,京、外文官具有不同的构成。京官实行由正俸、恩俸组成的双俸制,外加禄米。外官的俸禄由俸银和养廉银组成。① 俸银以品级为准,文职官一品年俸银为 180 两、二品 155 两、三品 130 两、四品 105 两、五品 80 两、六品 60 两、七品 45 两、八品 40 两、正九品 33 两、从九品兼未入流 31 两。可见,清代外官的正俸是相当低的。1723 年(雍正元年),外官养廉银制度确立。养廉银则以职位的重要程度和事务的繁简为依据,数量从几十两到几万两不等。总督养廉银 20000～13000 两、巡抚 15000～10000 两、道员 6000～1500 两、知州 2000～500 两、知县 2000～400 两不等。② 外官的养廉银比正俸要优厚,养廉银成为正俸之外最为重要的收入来源。但由于清朝官员自请幕友,开支较大,还常常因重大事件减成发放、扣俸以及捐俸,官员到手的俸禄比额定的要少得多,还不考虑物价变动导致的单位购买力下降的因素。所以,从结果来看,清代地方官员的俸禄水平是非常低的。

清朝外官俸禄或收入的基本特点:第一,法定俸禄采用的是"二元"结构制,即按照品级发放的正俸和按事务繁简发放的养廉银。结构俸禄制成为清朝地方官员俸禄的基本制度,较少变更,即使是在新政改革时期。第二,由于法定收入有限,再加之减成发放等多种因素,外官的法定收入水平不高,正如戴鸿慈等人所说:"中国官俸之薄,为前代所未闻,外官虽有养廉,实则不足为养。"③ 第三,在用途上,由于缺乏法定的办公费用,外官的费用支出常常是公私不分。外官的助手如幕友、长随等,由自己聘请,在自己的收入中支付。第四,为了弥补自己不堪重负的开支,外官变本加厉地对地方进行盘剥,谋取法定外的收入,是清朝官员经常和普遍的现象。第五,官员包括地方官员获取法定

---

① 嵇璜:《清朝文献通考》卷 42《国用四》,商务印书馆万有文库本,第 5244～5245 页。
② 《钦定大清会典事例》(光绪重修本)卷 261《户部·俸饷》,第 1 页。
③ 《出使各国考察政治大臣戴鸿慈等奏请改定全国官制以为立宪预备折》,《清末筹备立宪档案史料》上册,第 382 页。

外的各类收入，如火耗、平余、节敬等规费，成了其约定俗成、不可缺少的"合理"收入。

二 公费改革是俸禄改革的前奏

清朝有正俸、养廉银、薪银、公费、津贴、薪水等名目，常常名相同而质有异，彼此混同。所以刘锦藻指出："当时官俸或曰公费，或曰津贴，或曰薪水，名目参差。京官各部院不同，外官各直省不同。"① 官俸除正俸、养廉外，还"别定公费与津贴、薪水等名目，于是俸制之范围日广，而俸给之名称益淆矣"。② 对不同的名目，各省的理解是有差异的，即使同一名目，理解也不一定相同。如公费，按照字面的解释，就是指各机构官员执行公共事务而用于办公的费用。当时人也有持此观点的，"公费名词缘于后起，申其义曰'办公经费'，似不应属于私人之范围"。③ 有研究者也同意上述说法："就本义讲，公费是指办公经费，是用于官僚机构公用之费，而非官员本人私用开支。这就产生一个问题：官员代表政府所办之事是否由公费开销？长期以来，清政府对官员私人开支和政府公用开支并未认真界定，官员侵吞公款用于私人开销和拿出合法官俸用于公用开支两种现象比比皆是。最为常见的场景是：由于没有足够的公费收入，官员个人代表政府办事往往要自己掏腰包，公费实际上仅被看作不含任何个人色彩的官方开支。"④ 但实际上，公费的名称、来源、用途和管理都十分混乱，可以是办公费用，也可以是官员的个人补助。在清朝的行政和财政体制内，直省及其各级衙署除为数甚少的心红纸张与烛炭银外，未设专项办公经费定额。⑤ 尽管公费

---

① 刘锦藻：《清朝续文献通考》卷 73《国用十一》，第 8307 页。
② 《浙江巡抚增韫代奏在籍编修邵章条陈厘定官等事宜折》，《清末筹备立宪档案史料》上册，第 539 页。
③ 《苏抚程奏酌定司道等公费并行行政经费折》，《大清新法令（1901～1911）》（点校本）第 9 卷，第 283 页。
④ 申学锋：《晚清财政支出政策研究》，中国人民大学出版社，2006 年，第 126 页。
⑤ 关晓红：《晚清直省"公费"与吏治整顿》，《历史研究》2010 年第 2 期。

与俸禄、养廉的性质不同,但由于清朝官员俸银支出公私上的混乱,公费改革与官员俸禄水平的变化直接相关。

晚清关于公费改革的呼声不断。如同治八年(1869),御史王垕奏称,因道府州县的养廉被扣尽,"不得不借资于州县,谓之津贴",而州县"则于征收钱粮正额外,亦另有所谓津贴"。直省官员以各种不法手段攫取钱财,造成吏治腐败、扰民害民。他提出补偏救弊之策,即"由各省大吏秉公核实,彻底查明,酌中定拟,视道府州县缺分之繁简,定为津贴数目,务使办公与自给均有所资,所谓恤民必先恤吏也。额既定,而仍有额外需索者,以赃论重惩之。如此,则州县不能挟制上司,绅民亦不能挟制州县。积弊既除,地方官乃得各举其职,尽心教养,以安民生而培国本"。王垕向朝廷奏请,各省仿效江西省的办公津贴改革办法,以期整顿吏治。① 然该奏议未见采纳。光绪四年(1878),詹事府左庶子黄体芳上奏说:"外省陋规原非一致,惟取之属员者,最为吏治之害。"如何使地方官做到"既不取靦颜暧昧之财,亦不受办公竭蹶之累?"他认为比较好的办法是,将陋规名目永远裁革,借此为臬司道府酌定公费,"其数以二三十年前旧规为准,过多者量加核减,取足办公而止"。②

在晚清,一些地方大员如胡林翼、曾国藩、沈葆桢、阎敬铭等,对陋规也有过不少次的改革尝试。他们比较一致的主张是裁除各类陋规,化私为公,按照职守的繁简,"匀定"给各级官员,作为办公经费。同治初年,浙江巡抚左宗棠奏定《减浮章程》,"就各厅州县平余项下提解知府办公经费,暨留给本官家用,其余以资幕薪伙食、监班口粮以及缉捕、征粮等各项经费,本按公用之多寡以定银价之等差"。③ 1880年

---

① 王垕:《请定外吏津贴公费疏》,盛康辑《皇朝经世文编续编》卷20,沈云龙主编《近代中国史料丛刊》第84辑,第2227页。
② 黄体芳:《请分别裁定陋规以肃吏治疏》,盛康辑《皇朝经世文编续编》卷20,沈云龙主编《近代中国史料丛刊》第84辑,第2231页。
③ 《浙抚增奏酌定府厅州县公费并拟厘定经费办法折》,《大清新法令(1901~1911)》(点校本)第9卷,第385页。

（光绪六年），河南巡抚涂宗瀛奏称："陋规固应裁革，而办公亦需资助"，河南效仿江西、福建和安徽的章程，在各厅州县平余项下酌解各道府公费，将从前各道府向收各属节寿、季章、漕规等项陋规一律禁革，作为定章；于漕折项下每石提二钱作为本省办公之用，臬司公费即由所出。公费管理办法是，"于所属州县内除苦缺不计外，核其平余多寡，酌量派提，即由该州县按季经解该管道府，不必再解司库，以免领解之烦，所有银数均系按照该司道府折开出款酌定，计尚足敷公用"。①由此可见，河南等省公费改革的主旨是从州县提取平余、部分漕折，当作公费，来解决臬司道府等官津贴不足的问题，其公费改革面比较狭窄，具有临时性，是不彻底的。

这一时期，其他各省也注意到这个问题，但改革方法各异。如福建、四川，"或取之厘羡，或取之漕折，或取之盐平"，改革陋规，议定公费，企图解决该问题。1882年（光绪八年），任山西巡抚的张之洞奏明将通省陋规、摊捐全行裁免，改给公费。他并重申从该年四月始，"此后倘有于裁减之外横索巧取者，当即劾治其罪，奏明立案"。②升任两广总督后，他在1888年（光绪十四年）又奏请改革广东官俸制度，竭数月之力，"将各属公私出入各款"逐一详查清楚。禁革陋规馈遗，裁免司库捐摊，加给道府州县公费津贴，作为补助。③但是，从实际情况看，各省陋规几经裁革，又不断衍生，不仅败坏吏治，且使财政日益紊乱。

新政开始后，公费改革问题继续受到诸多地方大员的关注。1902年，袁世凯认为各省陋规大量长期存在，如"直隶州尚有粮赋平余，其道、府、厅除廉俸外别无进款，禄入既甚微薄，而办公用度又甚浩繁，乃不得不取给于属吏。于是订为规礼，到任有费，节寿有费，查

---

① 刘锦藻：《清朝续文献通考》卷141《职官二十七》，第9016页。
② 《裁革公费馈送折》，《张之洞全集·奏议》卷4，河北人民出版社，1998，第108~109页。
③ 《裁革州县规费各项加给公费津贴折》，《张之洞全集·奏议》卷27，第723~726页。

第七章 外官管理制度的变动

灾、查保甲有费,甚或车马薪水,莫不有费。此等风气,大抵各省皆然,非仅直隶有之"。其消极作用十分显然。"虽相治已久,不同暮夜苞苴,但平时既受陋规,即遇事不无瞻顾,设一旦见有不肖之属吏,为上司者欲破除情面,据实纠参,或往往为其下所挟持,转不克径行其志。吏治之敝,所由来也。"解决办法是将旧有之陋规化私为公。袁世凯奏请将道府厅州县各项陋规一律酌改公费。"道府厅州各将每年应得属员规费,据实开报,和盘托出,即按其向来所得之多寡,明定等差,酌给公费。"公费由司库统收统支,"各州县仍将向来应出节、寿等项,一律径解司库,不加耗费,另款存储。道府厅直隶州应支公费,按月赴司库请领,不准折扣,闰月不计,司库统计出入,如有不敷,另筹弥补"。自此以后,道府厅直隶州若还有私相授受,巧立名目,借端敛派等事,查实后,按赃私例严参治罪。光绪由此谕令"各督抚仿照直隶奏定章程,将各项陋规一律裁革,仍酌定公费以资办公,务期弊绝风清"。①

1907年,东三省总督徐世昌借厘定东三省官制之际,提出"现值改章伊始,万不容再蹈前辙"。他下令所有内地办差各名目及一切陋规,概行禁绝,酌定公费。要求公费列为正项支出,在"正款内分别筹拨,应请作正开销"。② 这是将晚清直省公费列为定制的滥觞,但只是仍属请旨奏准的个案,尚未向全国推广。③

1908年6月28日(光绪三十四年五月三十日)有一道上谕:"有人奏请匀定州县公费,以期久任而整吏治一折,所陈各节,不为无见,确中官场积弊,著各该督抚按照所陈,体察情形,迅速妥筹,奏明办理。"④ 四川总督赵尔巽率先响应,奏报四川与他省有别,各州县所用办

---

① 《道府厅州各项陋规一律酌改公费折》,《袁世凯奏议》(中),第631~633页。
② 徐世昌:《酌拟奉省各官养廉公费折》,《退耕堂政书》卷13,沈云龙主编《近代中国史料丛刊》第23辑,第697页。
③ 关晓红:《晚清直省"公费"与吏治整顿》,《历史研究》2010年第2期。
④ 朱寿朋:《光绪朝东华录》,总第5932页。

公费用，向来所恃不在平余和陋规，而在不经不正之砲税。砲税者，"向州县临去任减价税契之谓也"。有倒砲、恩砲、太平砲等种种名目。"其为税无籍可稽，无数可考，即询问本员所入实数亦不能确知"。州县任职者常常捞一把就走，这样混乱的情形于吏治民生皆有大碍。赵尔巽提出的解决办法是综合各州县所辖面积、人口、商业发达程度及治安情况等因素，将川省140余州县，按缺分繁简分成五等，制定不同的公费标准。各州县公费统一由税契正款项下支给，不许以后自行征收，"但系州县所私得者，一概裁革。嗣后各州县既有公费廉俸，倘敢私取民间分文者，以赃私论"。这一主张得到了朝廷的认可。① 各州县公费具体的标准是：最繁要每年公费银12000两，另加缉捕津贴等费银8000两；繁要10000两；繁缺、边缺7000两；中缺5000两；简缺4000两。四川各厅州县共计143缺，每年公费银支出总额为926000两。②

1909年1月，宪政编查馆核议《清理财政章程》，③ 企图通过清理各省财政，规范财政，为财政统一打下基础。其第7章中的第27条"酌定外官公费"规定："在官俸章程未经奏定之先，除督抚公费业由会议政务处议筹外，其余文武大小各署及局所等处，应由清理财政局调查各处情形，一面禀承督抚及度支部酌定公费，一面提出各款项规费，除津贴各署公费外，概归入该省正项收款。"④ 各省全面的公费改革由此正式拉开了序幕。裁汰陋规而加给公费是晚清官俸政策演变过程中的重要一环。中央政府大力裁革陋规，并规定了公费的法定来源，这标志着官俸政策已迈入规范化轨道。

不过，即使有全国性的统一章程，但由于公费改革缺乏明确的目标，

---

① 《川督赵奏遵筹匀定州县公费折》，《申报》1908年11月1日，第4张第1版。
② 《四川匀定州县公费清单》，《申报》1908年10月30日，第1张第5版。
③ 该章程由度支部于1908年12月23日（光绪三十四年十二月初一日）遵拟上奏，宪政编查馆于1909年1月6日（光绪三十四年十二月十五日）核议具奏。见《大清新法令（1901～1911）》（点校本）第1卷，第138～142页。
④ 《宪政编查馆奏核议清理财政章程酌加增订折并单》，《大清新法令（1901～1911）》（点校本）第1卷，第147页。

第七章　外官管理制度的变动

各省的公费改革仍步调不一致，公费的来源不一样，公费支出的标准也不一致，公费执行的起始时间也不同。在 1910 年以前，山西省各司、道除了养廉银之外，有各种名目的经费补贴。从 1910 年 2 月 10 日（宣统二年正月初一日）之后，决定以公费的名义将各司、道的经费补贴"一律归提归公"，并按照繁简做调整，除养廉银照额另支外，藩司每年支公费银 18000 两，学司每年 10500 两，臬司每年 8000 两，巡警道每年 8000 两。这些公费并由司库"分别支发作正开销"。巡抚除养廉银照支外，其公费暂定为每月 1200 两。① 在浙江，新设各司道如学司、交涉司、劝业道、巡警道，都有"原拨公费"，其他旧有司道则有办公经费和各类名目不一的陋规。按照章程，浙江决定司道公费，依照繁简"实行匀给"。各司道的公费从藩司的 20000 两，到温处道 9600 两不等，从 1910 年 9 月 4 日（宣统二年八月初一日）开始执行。公费改革后，浙江一省仅司道的公费总额，"较诸原有各款之数，实可节省银 14900 余两"。②

直隶的公费改革有另外一种做法，即分为"公费"、"经费"两项。凡本官服食、仆从、车马及一切私用应酬、杂支，属"公费"；凡该衙门因公费用与署内幕僚、员司、弁勇、夫役、修理房屋等项，属"经费"。"公费如何支用，无庸造报，经费动用细数，仍于造送清理财政局月报册内逐项开列，归入决算，一律办理"。直隶四司七道各官公费和经费分开罗列支付。如藩司，年支公费银 40800 两，经费银 72000 两。各州县则按照大、中、小治三类，分别支给。大治岁给公费 5400 两，中治 4800 两，小治 4200 两。经费则等详细复查后酌定。③

奉天是东北新设省份，无规费可言，1907 年时，就给予官员公费补助，如总督，每月支公费银 5000 两，巡抚支 3000 两左右。除公费

---

① 《晋抚丁奏酌定司道各官公费折》、《又奏暂定抚署公费片》，《大清新法令（1901~1911）》（点校本）第 9 卷，第 36~37 页。
② 《浙抚增奏遵章拟定各司道公费折》，《大清新法令（1901~1911）》（点校本）第 9 卷，第 38~39 页。
③ 《直督陈奏酌定司道以下各官公费折》，《大清新法令（1901~1911）》（点校本）第 9 卷，第 48~50 页。

外，还有津贴。如总督津贴银每年为30000两，五司一道的津贴每年从3600到2000两不等。但由于奉省财政支绌，津贴停发。1910年，则请求将民政使的养廉银和公费，增加到8000、1200两。① 各巡道、府厅州县的公费，是依据直隶做法进行的，分为公费和经费两项，府厅州县分为五等，支付公费和经费。②

广西公费的标准，是按照事务繁简、路途远近，将府厅州县分为几个等级。府、直隶厅州分为三等，同通州县分为五等。不同的等级，公费标准不宜。如府、直隶厅州一等，每月公费800两，二等600两，三等400两。在广西，公费的来源，或者说是"底款"包括"原支公费养廉"和"各属原收平余规费"两部分。由于财力有限，府厅州县的公费不能足额发放，每缺每月减支100两。③

河南厅州县的公费标准是按照最繁要缺、繁要缺、繁缺、中缺和简缺五等发放，从1911年1于30日（宣统三年正月初一日）开始。有的道与同知、通判除月支公费外，另有防汛经费；有的府、州县则另有司法经费，或者财务经费补助。④

湖北、江苏等省是按照直隶酌定府厅州县公费办法执行的，包括公费和经费两类。如湖北，公费标准，府按照上中下三等支付，厅州县则按两等两级，实际就是四等支付。这与直隶的基本精神一致，做法稍有不同。⑤ 由于府厅州县的各类规费的来源和数目尚未查明，山西、江苏、福建、黑龙江、安徽、江西等省的府厅州县公费的标准未确定，两

---

① 《东督锡奏陈明奉省总督司道原定公费并请酌加民政使廉费折》，《大清新法令（1901~1911）》（点校本）第9卷，第52页。
② 《东督锡奏酌定巡道府厅等公费折》，《大清新法令（1901~1911）》（点校本）第9卷，第359~360页。
③ 《桂抚张奏酌定司道以下文职各官公费折》，《大清新法令（1901~1911）》（点校本）第9卷，第54~56页。
④ 《豫抚张奏酌定文职各官公费折并单》，《大清新法令（1901~1911）》（点校本）第9卷，第74~77页。
⑤ 《鄂督瑞奏酌定湖北府厅州县公费折》，《大清新法令（1901~1911）》（点校本）第9卷，第252页。

江则是厅州县公费的标准未确定。

1910年各督抚进行的公费改革有许多相似之处：一是公费的来源以1908年（光绪三十四年）各种名目的陋规为基数，化公为私，统称公费、津贴；二是公费的开支主要依据职责的繁简，予以匀给的补贴；三是公费的管理上，由司库统一收支，相对以前的糊涂账，开始走向公开；四是公费公开、匀定后，各官员不得收取任何额外的收入，否则按赃私例治罪，这有利于革除各种不合理摊派，肃清吏治。

在各省初步厘定州县以上官员公费的基础上，1910年资政院议决京外各官公费的全国性标准，这标志着清政府公费改革已取得阶段性进展（参见表7-1）。

表7-1 京内外各官公费标准

单位：两

京官	公费标准（年）	外省各官	公费标准（年）	督抚司道各科属员	公费标准（月）
军机大臣	24000	总督	繁者24000 简者20000	科长	80
尚书	10000	巡抚	繁者18000 简者14000	副科长	60
侍郎	8000	布政使	繁者10000 简者8000	一等科员	50
左右丞	4000	民政、交涉、度支、提法、提学、盐运各使	6000	二等科员	40
左右参议	3600	各道	繁者5000 简者4000	三等科员	30
各司乌布	2400~180	各府	繁者4000 简者3600		
		州县	照原，不加修正		

资料来源：刘锦藻：《清朝续文献通考》卷73《国用考十一·俸饷》，第8307页。

公费改革是实行新的俸薪制度之前的过渡性改革。因涉及财政改革、俸薪改革，加以资政院议决公费标准后，由东三省总督锡良领衔，督抚电致枢府代奏，纷纷表示不同意见，① 所以统一的公费标准并没有得到真正落实。

公费改革的意义在于，它使各种规费等灰色收入浮出水面并被纳入正规渠道，统一名目，以职务高低和职责繁简为公费多少的标准，从而使"办公经费"与"俸薪"分离，使官员的公务用度在受到一定的限制同时亦得到一定的保障，对整饬吏治有一定的积极作用。

三 《官俸章程条议》的草拟

1908年8月，清政府已规划并公布了议院未开以前中央和地方逐年筹备的宪政事宜。其清单规定：1910年（光绪三十六年，第三年）厘订直省官制，颁布文官考试章程、任用章程、官俸章程。1911年（光绪三十七年，第四年），实行文官考试章程、任用章程、官俸章程。1912年（光绪三十八年，第五年），颁布新定内外官制。1914年（光绪四十年，第七年）试办新定内外官制。1916年（光绪四十二年，第九年）新定内外官制一律实行。② 1910年10月（宣统二年九月），决定官制提前一年、官俸章程展后一年，即1911年颁布。但迫于国内形势和各方面的压力，清廷不得不于1910年11月4日（宣统二年十月初三日）宣布将开设议院时间提前到1913年。那么，筹备清单中的各事宜也必须加以修正，提前赶办。宪政编查馆在拟订《修正逐年筹备事宜清单》的奏折中称："原单所列《文官考试章程》、《任用章程》、《官俸章程》，皆官规以内之事。惟施行期限，在厘定官制之先，次序实未允洽。本年业经宪政编查馆查明酌改，务与官制同时施行，自属正

---

① 《各督抚反对公费原电》，《申报》1911年3月17日，第1张第6版。
② 《宪政编查馆资政院会奏遵拟宪法大纲暨议院选举各法并逐年应行筹备事宜折附清单二件》，《大清新法令（1901~1911）》（点校本）第1卷，第123页。

办",将颁布施行内外官制和颁布施行各项官规都提前到1911年。①

应该说,最迟从1909年开始,清政府已经开始着手制定统一的官规。清末官制改革中的重要人物、任职宪政编查馆的汪荣宝有如下的记载:宣统元年三月初五日(1909年4月24日),"饭后到部办事,定堂司各官津贴,尚、侍、丞、参按原来数目支给六成,参事以下支给五成,其科员及录事津贴各分为一二三等。一等五成,二等四成,三等三成;两厅则厅丞六成,佥事五成,科长以下办法与本部科员同";宣统二年五月二十八日(1910年7月4日),与宪政编查馆提调李家驹(字柳溪)"论官制官规问题"。② 当时报纸也有报道:"文官考试、任用、官俸三项章程前由宪政编查馆核订草案,预备随同新官制颁布施行。现闻各王大臣对于此项章程极为注重,日前特公同参核,于官俸新章多持异议。有谓俸给太优,近于糜滥,尚须核减者;有以此项章程施行后,则各项津薪杂费同归淘汰,非此不足以资养廉而敷办公者,以是未能决定,尚须详细磋商。"③ 但直到清政府垮台,包括官俸章程在内的主要官规都未正式公布,更谈不上施行了。

有研究者在第一历史档案馆的"宪政编查馆档案"查到了一份"官俸章程条议写本"。据称,写本原拟17条,后删去最后一条,共计16条,大致应于1910年(宣统二年)草拟。依笔者愚见,因为截至1911年清朝瓦解,《官俸章程》未正式公布,这个《官俸章程条议》可能是一份草案。现择数条内容如下:

> 第二条 官俸之目有四:品俸、职俸、恩俸、年级增俸。品俸照现支俸银两数按国币元数改支,删去减成、减平等名目,以现定元数十成支给,支米者照定例办理。职俸京官有差者、外官有缺者

---

① 《宪政编查馆奏遵拟修正逐年筹备事宜开单呈览折并单》,《大清新法令(1901~1911)》(点校本)第10卷,第173页。
② 《汪荣宝日记》(北京大学图书馆馆藏稿本丛书),天津古籍出版社,1987,第93、550页。
③ 《官俸新章果何时决定耶》,《申报》1910年7月12日,第1张第3版。

给之，无者不给。恩俸凡任职繁剧、致仕引年者候旨赏给。年级增俸拟于司法各官及教授官用之。

第三条 京官自军机处至各部人员岁支职俸数目，列表如下：

官 职	职俸数（元）	官 职	职俸数（元）
各军机大臣	36000	司长	2600
军机领班章京	3600	副司长	2400
帮领班	2400	科长	1200
章京	1200	一等科员	960
各部尚书、充会议政务处大臣	12000	二等科员	720
侍郎、协管部务	8400	三等科员	480
丞领承政厅	6000	额外科员	300
参议领参议厅	4800	录事、书记	240

第七条 外官督抚以下岁支职俸数目，列表如下：

官 职	职俸数（元）	官 职	职俸数（元）
总督	48000	盐道	14400
巡抚	36000	巡警道、劝业道	12000
度支使、民政使、布政使	24000	各道	12000
关道	24000	知府、直隶州、直隶厅	分上中下三等，分别为7200、6600、6000
提法使	18000	知县、散州、散厅	分五等，分别为4800、4200、3600、3000、2400
交涉使、提学使	14400	各司道及府州县属官	视各部一等科员之录事

第八条 京外各官署所需办公用项，应于品俸、职俸、恩俸外另行酌定确实数目开支。

第十二条 嗣后京外各官遇有应议处分，皆罚品俸，不罚职俸、恩俸。

第十五条 凡京外各官在本章程规定以内者，自实行之日，原支俸廉、公费、津贴、车马费名目一律停支。①

从上述未公布的《官俸章程条议》来看，清朝的俸禄制度从"俸银－养廉－陋规"结构向"品俸－职俸－公费"结构转化。② 一方面，新的俸禄制度对原来的俸禄制有所继承，主要在于按品级，即资历、资格给予品俸；职俸则是按照职责大小、繁简来确定。新、旧制度所依据的基本精神和立法主旨是基本一致的，尽管与原来相比，名称有所变更。另一方面，新俸禄制度有变化。首先是肯定官员在俸薪之外还有办公用项经费；其次是相对过去的养廉银，不考虑物价、银价变动等因素，职俸标准的绝对数是大大增加了，支付的不再是现银，而是国币元；再次是与过去不同，各省督抚司道的职俸不再分等。首县撤销后，府厅州县直接临民，事务繁简不一，故府分三等，州县分五等，分别享有不同的职俸；最后还在于该章程罚俸一条规定只罚品俸，不扣职俸，避免地方官员俸禄过低而导致官员贪污的可能性，较以前俸廉并罚的做法有所进步。由此可见，至少在文本上，清末制定的官俸政策比较完善与合理，是清政府改革官俸政策的积极成果。

---

① 中国第一历史档案馆藏：宪政编查馆档案，"官俸章程条议写本"。转引自申学锋《晚清财政支出政策研究》，中国人民大学出版社，2006，第127～129页。
② 申学锋：《晚清财政支出政策研究》，第129页。

余 论

清季外官制改革的成效与困境

一 清季外官制改革的成效

清季外官制改革并不仅仅是行政机构的改革，也不仅仅是职官制度的改革，而是涉及行政与司法、行政与立法分离，州县及以下基层社会治理方式改革的外官体制变革与转型。面对清政府所推进的这一场大规模的外官体制改革，当时的社会舆论普遍评价不高，正如《申报》评述的："内部既乏振刷之精神，又怵于将来之纷扰，于是以因陋就简为敷衍之行，或稍易以名称，或稍变其组织，对于旧设之官厅，决不肯为根本之取消。"① 舆论反映了当时一种较为普遍的社会心理，即对清廷改革的失望。这种心理也潜在地影响着后人对这段历史的认知。即便当今，学术界对清季外官制改革的总体评价还是不高，利益之争、新旧纠葛、纸面文章，成为当今评价这一改革的主要着眼点。

诚然，如果深入改革的场景，上述问题都存在，并且相当严重。从内部看，由于改革者缺乏领导改革的能力、官僚缺乏振刷之精神，加以既得利益的纠葛和阻挠，致使改革在上层缺乏有效的共识，导致一些制度设计与政策的不配套，进而引发改革过程中的种种利益之争与新旧纠葛。从外部看，虽然有立宪派为之呼应，虽然有绅士的配合与参与，但

---

① 《论新官制之前途》，《申报》1911 年 9 月 3 日，第 1 张第 3 版。

广大社会民众对改革仍然处于不了解的状态。他们没有从改革中取得实际利益，相反，还承担了相当部分改革的费用，故而走到改革的对立面，以群体反抗的形式表达自己的诉求。而清政府为了缓解矛盾，不得不加快改革的步伐，导致改革停留在纸面上，并随着清政府的覆亡而成为一场未能完成的改革。

但清末的改革更是一场制度变革，从制度创设的角度而言，清季外官制改革具有重要意义。清末改革的总体目标是变君主专制为君主立宪政体，这是一场仿效当时日本体制的、植入式的、自上而下的改革，故而一切领域的改革都必须从制度设计入手，才能一步步推进。从这个角度而言，清季外官制改革已经完成了一系列制度设计：从《直省官制通则》到各司道官制；从谘议局章程到府厅州县及城镇乡地方自治章程、选举章程；从《法院编制法》到各级审判厅、检察厅官制；以及已经初步完成或正在编制之中的内外新官制、文官考试、录用、俸禄章程等等。与之前的制度相比，新制度体现了三权分立、司法独立、地方自治等宪政新精神。其意义，正如任达在《新政革命与日本》中所说：是按照外国模式，"改变了中国长期以来建立的政府组织，改变了形成国家和社会的法律和制度"，这一变革是革命性的。[①]

但正如本书各章所分析的，这些制度建构本身也是不完备的。许多新制度颁布了，但旧的制度并没有废除，新旧制度的同时存在带来了许多矛盾。很多新制度借鉴了日本成法，但与中国实际不相吻合，以致各省实行中不得不寻求变通，或者敷衍从事。更重要的是，各种制度之间缺乏整体安排，致使各项改革不能配套而行。以上种种，不能不使社会产生"新旧并用"、"因陋就简"的认识。[②]

从实践的角度看，在自上而下、全面推进的改革之中，外官体制正在发生着重大变化，其中最具成效的一是省制，二是州县制度。

[①] 〔美〕任达：《新政革命与日本——中国，1898~1912》，李仲贤译，第215页。
[②] 《论新官制之前途》，《申报》1911年9月3日，第1张第3版。

在省制方面，督抚衙门会议厅的设立，建立了新的行政决策机制；三司两道的设立，省级政府有了分管财政、学校教育、司法行政、巡警和农工商业的职能部门，各司道分科治事，形成具有现代意义的科层体制；谘议局作为一省之议会的建立，使向来独断的行政机构之旁多了一个由选举出来的议员们"议政"的地方，形成了对行政机关的制约与冲击；省城和商埠地方审判厅陆续设立，预示着司法审判将从行政权力中剥离出来，司法体制开始发生重大变化。

清末省制改革的意义是深远的。一方面，直省督抚衙门通过会议厅的设置和幕职分科改变了行政决策的方法，确立了新的办公体制；加以三司两道各个职能部门的设立，扩展了省的地方事权，一个具有现代色彩的省级地方政府雏形开始显现；另一方面，督抚为中央派遣大员、直接向中央负责的地位没有变化，但三司两道在成为督抚属官的同时，又在职能上分别向中央各部负责。从而使省级政府表现出结构上的二重性：省级政府为地方最高行政机关，但总督巡抚仍为中央直接派遣官员；各职能部门承担的是地方事务，但又要就各自事务向中央负责，由此建立起一种地方事务受中央部门与直省长官双重领导的新体制。[①]

在州县，就行政改革而言，劝学所、巡警局在大多数州县建立，劝业所在部分州县建立，且部分州县已实现了分科治事。就司法改革而言，各省省城商埠首县已率先成立地方审判厅或初级审判厅，州县监狱改良也在进行之中。就地方自治而言，一部分州县的城镇乡议事、董事会已告成立，而府厅州县自治也已开始启动。而伴随着这些改革的进行，州县财政和办公经费制度、州县官的铨选和考课制度均有所改变。

州县变革的最为深刻的意义，是打破了州县官"一人政府"独治的局面，出现了行政组织的科层化倾向。由于地方自治的推行，使地方社会的治理向官治与自治结合的方向发展。尽管清末地方自治的官治色

---

① 沈乃正在《清末之督抚集权，中央集权，与"同署办公"》一文中将这种体制称为"共管机关之分权方法"，见《社会科学》第2卷第2期，1937，第332~341页。

彩非常浓厚，但是相较于传统体制，仍表现出新的特点与进步。

第一，在府厅州县一级，州县官一方面执行国家交办的行政职能，另一方面作为参事会会长，还要"掌执行自治事宜"，① 这样，州县官的职能本身就具有了双重性。由于其他参事会成员由议员中选举产生，而议事会有审议预算决算的权力，又使州县官的"自治行政"职能受到一定的制约。② 由于直至清王朝覆亡，府厅州县自治才刚刚启动，我们无法了解其运作情况，但是州县官官治和自治双重职能的制度安排，却是中国县制发展中的一个不可忽视的重要变化。

第二，在城镇乡一级，随着城镇乡自治的推行，各地议事会、董事会纷纷成立，凡重要公益事件均经议事会讨论议决、董事会执行，地方士绅参与社会公益事务有了制度化的平台，从而改变了过去缺少法律、地方绅士仅凭"个人影响力"办理公益事务的局限。与此同时，由于地方自治的举办，使"城"有了独立的建制，使县以下有了镇、乡两级建制，改变了过去各省县以下没有统一建制、各地乡地极不一致的状况，为20世纪国家权力向基层社会的延伸提供了基础条件。

与省制及州县相比，中间层次的道、府由于没有取得共识而只限于局部调整：裁撤了个别巡道，但边疆巡道军事职能有所加强；府究竟是作为层级还是作为等级的问题摆上议事日程，府之首县开始裁撤。

总之，从制度创设的角度来看，改革取得了极大的进展。当然，纸面的制度和实际的运行是有距离的，当时就有一位御史赵炳麟不无担忧地指出："纸片上之政治与事实上之政治全不相符。从纸片上之观之，

---

① 《宪政编查馆奏覆核府厅州县地方自治暨选举各章程折并单》，《大清新法令（1901～1911）》（点校本）第7卷，第240页。
② 清末《府厅州县地方自治章程》第四章为"府厅州县自治行政"，定府厅州县长官"执行府厅州县议事会或参事会议决之事件"。详见本书第六章第一节的论述。《宪政编查馆奏复核府厅州县地方自治暨选举各章程折并单》，《大清新法令（1901～1911）》（点校本）第7卷，第246页。

则百废具举,从事实上之核之,则百举具废。"① 赵氏担心的是财政困难将会使改革成为表面文章,但这种情况却是真实的存在。其原因,不仅仅是财政的困难,还是由于"自上而下、全面铺开"的改革路径,使改革缺乏必要的基础和相应的准备,不仅很多旧制度还没有来得及转换,就被纳入新制度中,而且一些新订制度本身也不完善,彼此之间还不配套。在"加紧赶办"的压力下,中央各部急于完成筹备清单,无不以各种册报、考成向下施加压力。在督抚和州县,因各项任务同时都要依限完成,常常被动应付、敷衍了事。时任浙江知县的程稣的感受是:

> 中国每举一事,不察收效如何,必先增设多官,厚其廪饩。即以学界论,如已设劝学所、教育会矣,又有县视学,又有省视学,近更有部视学,更有所谓学务佐治员。学界之官相望相逾,非虚縻廪禄,即滋扰地方,何尝有裨学务毫末哉!……近数年新政之耗费不赀,宪政未行,而上下之交困益甚,是以外官之不可为者,上莫如藩司,下莫如州县。受业到此一年,心血呕尽,就使缺尚不致亏累。而新政繁兴,长官逼迫于上;绅权膨涨,绅士劫持于下,亦且有不可终日之势。②

在改革实施者缺乏热情的情况下,改革的实际效果是显而易见的。总体来看,清季的外官体制改革是制度建构的成绩大,而实施的效果却不尽如人意。但是,如果从近代中国社会转型的角度来看,许多新制度并没有因为清政府的垮台而终结,其历史效应延伸到了民国以后。

然而,为什么正在进行改革和转型的清政府却难逃覆亡的命运?客观上虽然是革命党人坚持进行武装反清斗争的结果,但釜底抽薪的则是

---

① 赵炳麟:《请确定行政经费疏》,《赵柏严集·谏院奏事录》卷6,沈云龙主编《近代中国史料丛刊》第31辑,第1189页。
② 程稣:《上座师学部唐尚书书》,《浙鸿爪印》下卷,沈云龙主编《近代中国史料丛刊》第80辑,第175~176页。

清政府自身的腐败和改革的失误。关于此问题，学术界已经进行了许多深入的讨论，但就外官制改革而言，督抚制度改革和财政困难的双重困境以及由此带来的后果是不可忽视的重要因素。

二 集权与分权的两难

清季的外官体制改革是在旧制度基础上的改革，长期以来旧制度的存在和运行，不仅会造就既得利益集团并成为改革的阻碍力量，而且会影响人们的思维习惯，进而影响改革者的行为方式，致使改革陷入困境。

清季官制改革的重要目标是加强中央集权。正如当时媒体所称："中央集权四字，直至今日始从外国输入。"① 有人撰写文章指出："今夫中央集权者，地方自治之对待也，有疆吏之分权，而后有枢廷之总汇，其事以相须而成，非可分歧而孤立者也。"中央集权与地方分权相对待，故而只能行于立宪之国，非所宜于专制之朝。② 更有文章建议，政府若真欲中央集权，"则当先布宪法而后议此事"。③

但是清廷官员却是从另一个角度理解"中央集权"。出使各国考察政治大臣戴鸿慈等人在请定全国官制折中，以日本为例解释道："所有地方行政长官皆属于内务大臣监督之下，一切政策悉须禀承。"中央集权被解释为集权于中央政府，目的就是要解决晚清以来督抚权力扩展所造成的"内轻外重"局面，以加强中央权力。

无论是中央集权，还是地方分权，督抚制度都是焦点。较早发现并提出这一问题的是考察政治大臣戴鸿慈、端方等人。1906 年 8 月，他们在奏请核定全国官制以为立宪预备折中，就注意到各国行政有中央集权、地方分权两种，而"中国以军机、各部统治于内，以督抚分治于外，参酌于集权之间"。督抚以中央大员身份统辖地方，与中央各部居

---

① 《再论中央集权》，《东方杂志》第 1 年第 7 期，光绪三十年七月，第 151 页。
② 蛤笑：《论政府中央集权之误》，《东方杂志》第 4 年第 2 期，光绪三十三年二月，第 21~26 页。
③ 《再论中央集权》，《东方杂志》第 1 年第 7 期，光绪三十年七月，第 152 页。

于同等之地位，这是督抚制度的独特之处。诚如梁启超所言："现制各省督抚与中央各部尚侪立于同等之地位，非有部属之关系。彼此同对于君上而负责任，督抚曾无服从部臣之义务。倘他日责任内阁成立后而沿此制，则内阁政纲将徒托空言。"① 这与内阁制下中央政府对地方政府的领导与监督关系是大相径庭的。

尽管当时裁督言论不绝于耳，但是朝廷和多数官员都认为，在内忧外患的困局中，需要以督抚来拱卫中央。戴鸿慈等人认为："治泱泱之中国，万不能不假督抚以重权，而各部为全国政令所从出，亦不能置之不理，视为具文"；两广总督岑春煊驳斥尽收地方财、兵两权之说是"不知……军兴以来，督抚之权似已稍重，然进止机宜，悉秉庙谟，大难敉平，幸赖有此。中国政体早含有中央集权之习惯，天下更安有无四方而成中央者哉！恭绎列朝圣训，于治臣御侮皆注重疆臣，以矫宋明重内轻外之弊"②，含有要朝廷承认现实的咄咄逼人之势。在这种局面下，外官制改革就有两大制度难点：一是建立内阁后，督抚是否还要兼任政府大臣？二是各省设立三司两道后，怎样建构各司道与中央各部的关系？前者关系督抚的地位，是保留双重身份，还是作为地方行政长官；后者关系中央集权的行使，即中央各部是否对各司道有直接指挥权，核心则是一省的权力是否集中于督抚一人。

针对这种情况，戴鸿慈等人提出的建议是"明定职权，划分限制"，即划分中央与地方之权限，"以某项属之各部，虽疆吏亦必奉行，以某项属之督抚，虽部臣不能搀越"，以"使一国机关运动灵通"。他们注意到督抚制度的特殊之处，既然以中国之大，督抚制度必须保留，那只有通过划分权限把督抚纳入中央集权的宪政体制之中。③

---

① 梁启超：《外官制私议》，《饮冰室合集》文集之二十三，中华书局，1989，第70页。
② 《两广总督岑春煊奏请速设资政院代上院以都察院代下院并设省谘议局暨府厅州县议事会折》，《清末筹备立宪档案史料》上册，第500页。
③ 《出使各国考察政治大臣戴鸿慈等奏请改定全国官制以为立宪预备折》，《清末筹备立宪档案史料》上册，第370页、376页。

余　论　清季外官制改革的成效与困境

　　本来，合理划分中央与地方之间的权力，应是实行宪政的应有之义，但是在当时，这一改革却受到两种力量的制约：一是朝廷加强中央集权的改革宗旨，力图削弱和收回咸同以来督抚所掌握财政、军事、行政等项权力；二是咸同以来所形成的督抚权力扩大和"地方政府化"的趋势，也使督抚的权力和既得利益成为左右改革的一支重要力量。正是这种权力和利益的较量，使改革陷入左右为难、难以定夺的境地。

　　通观整个过程，我们看到，1907年的《各省官制通则》在督抚的反对之下，只得采取妥协之法，省级除调整、改设机构外，又确定了督抚对司道的节制关系，督抚在一省之内的集权地位没有改变。

　　与此同时，清廷通过清理财政和军事改革将财权、军权收归中央；而各部也在强化对各省的控驭。由于各部掌握了制定各省司道官制的主动权，所以很快就在制度上确定了中央各部对省级司道的垂直领导关系，不仅制定相关章程，而且拥有人事任免和相关业务的指导权。正如当时媒体所评论的，清廷一系列中央集权的举措"不过举外省之兵权、财权悉归之政府而已"。①

　　进入宣统年间，两种力量的较量达到了白热化的程度，使外官制改革方案难以定夺。② 在这种局面下，督抚制度改革集中到了中央与疆吏之间的权力划分问题上，但双方立场很不一致。1910年宪政编查馆编订《行政纲目》，虽然划定了直接官治、间接官治、地方官治和地方自治四级行政机关的权力，但也使督抚失去了大部分实际权力，拥有的，只是各方事务的实际执行权（详见第二章）。而督抚则提出了内外统筹的三级方案。虽然讨论中他们意见并不完全一致，但也接受了"地方最高行政官"这一地位。他们所争取的是在承认"地方行政长官"的前提下，扩大和实现督抚在省内的集权。

---

① 蛤笑：《论政府中央集权之误》，《东方杂志》第4年第2期，光绪三十三年二月，第23页。
② 关于外官改革方案的难产及其原因，可参见关晓红《清季外官改制的舆论及方案选择》，《近代史研究》2007年第6期。

431

现实改革的发展，却使督抚地位悄然发生改变。1911年5月责任内阁成立，督抚没有兼任内阁大臣。内阁官制规定："内阁总理大臣就所管事务对于各省长官及各藩属长官得发训示"；"内阁总理大臣就所管事务监督指挥各省长官及各藩属长官"。在《内阁办事暂行章程》中，有"各省将军督抚除请安请训及奉特旨召见外，其于国务有所陈述者，应先商明内阁总理大臣、协理大臣或主管各该部大臣会同入对"一条，① 确定了督抚受内阁监督指挥的体制。与此同时，在中央收督抚军权的过程中，督抚的陆军部尚书、侍郎之兼衔随之裁撤。② 虽然该年报纸透露的外官制方案仍定督抚为"简放"，即仍由中央任命，但督抚与各部不再处于同等地位，把督抚定为地方行政长官的趋向愈加明显。

在这种局面下，外官制改革所面临的核心问题，实际已是"集权"与"分权"，即如何划分中央政府与各省督抚的权限问题了。但在这一问题上，由于中央与督抚各自立场不同，所以无法达成一致。但作为双方博弈的结果，却确立了一种新的机制，也就是随着中央各部对直省司道垂直关系的建立，使司道从督抚的属官，转而接受督抚和上级中央部门的双重领导。这不仅是一种新体制，更是兼顾中央集权与督抚权力的一种新机制。在这种机制下，督抚仍然拥有节制司道的权力，但各司道行政事务又要受上级部门的指导与监控，对督抚的集权权力造成一定的制约。虽然民国此后这种机制常常成为兼顾中央与各省权力的一种有效办法，但也因缺乏良好的宪政环境和明确的制度划分，使中央与各省权力的倚重倚轻成为一个难以解开的结。

三 财政困局与社会危机

一定程度上说，财政是改革的基础，尤其是自上而下的改革，需要

---

① 《宪政编查馆会奏内阁官制并办事暂行章程恭候钦定折并单》，《大清新法令（1901~1911）》（点校本）第11卷，第194~197页。
② 《又奏请将各省督抚陆军部尚书侍郎兼衔一并裁撤片》，《大清新法令（1901~1911）》（点校本）第10卷，第33页。

相对充裕的财政支持。九年筹备立宪清单公布后，御史赵炳麟在《请确定行政经费疏》中对外官体制改革中需费较繁的项目有个粗略的估算：巡警一项，大省岁略需银三百余万两；审判厅，岁略需银五十万两，加上改良监狱、书记执事薪水，必在百余万以外；教育，每省非百余万之教育经费必不敷用。① 各省督抚所估算的新政用费更高，如河南巡抚宝棻估计该省设立审判厅约需经费二百四十二万四千余两；办理巡警每年约需银六十万；学务经费平均每年支出一百三四十万两；筹办各属地方自治、开办事务所研究所年需费用三十万金。② "财力奇绌"、"无米之炊"、"财竭事夥"成为督抚笔下的常用语。

赵炳麟认为，财政困局将会给宪政改革带来深远影响，会败坏吏治，使"巧黠者装聋虚文张皇门面，以欺陛下之爵禄而剥民间之膏血；浮薄之士从而标榜之曰某也才某也能，其实皆虚应故事而已。"其结局，将会是"法制纷扰，上下相朦"。③

赵氏所言并非危言耸听，而是洞若观火。然而革命与立宪形势的发展，内忧外患的压力，已使清政府不得不把加快改革作为最后的救命稻草。为应对财政困局，清廷采取了两方面措施：一是派遣直接向中央负责的监理官分赴各省清理财政，迫使各省隐匿的"外销"浮出水面；借统一财政之机，裁并各省原来直接隶属督抚的财税局所，建立财政局并纳入藩署，由藩司管理全省财政并由度支部考核。

这些举措削夺了督抚的财权，其直接后果是督抚日益增长的不满和对抗。他们最引人注意的举动是几次为速立责任内阁、重定预算、内外官制的联衔电奏，这不仅是向中央施加压力，而是体现了督抚与中央的离心倾向。正如当时刊物评论说："其远因则因近年中央集权事事掣督

---

① 《请确定行政经费疏》，《赵柏严集·谏院奏事录》卷6，沈云龙主编《近代中国史料丛刊》第31辑，第1186～1188页。
② 《河南巡抚宝棻奏遵旨并议御史赵炳麟等奏请确定行政经费折》，《政治官报》第1055号，宣统二年九月初三日，第9～13页。
③ 《请确定行政经费疏》，《赵柏严集·谏院奏事录》卷6，沈云龙主编《近代中国史料丛刊》第31辑，第1189页。

抚之肘，督抚之不慊于中央之所为非一日矣，中央地方意见既分离，而各督抚彼此因病自易于结合。"① 早在同治六年，曾国藩的幕僚赵烈文在日记中就预感50年后中国将有大变："若非抽心一烂，则土崩瓦解之局不成，以烈度之，异日之祸，必先根本颠仆。"② 督抚在心理上与中央的背离加剧了清王朝的统治危机，正起到了这"抽心一烂"的作用。

二是允诺各地就地筹款举办新政。广东清理财政书将"各州县新政待兴，往往就地筹款，以为弥补之计"作为国家财政状况的一大变局。清末就地筹款办理的新政，包括学堂、巡警、地方自治、工商实业等，各州县需索既空，新政待举而又欲避加税之名，势不得不另立名目，造成税捐名目繁多，"民之受病也转甚于加税"。③

然而，从清季外官制改革的全过程来看，"就地筹款"举办新政的影响远不止捐税的加重，而是带来了社会原有的绅民结构的分离，从而造成社会危机。

清季外官制改革的过程中，大批绅士从体制外进入体制内，他们或进入劝学所、劝业所，成为总董、绅董；或成为调查员调查户口、登记选民；或进入各自治筹办机构，成为自治职员，成为议事会议员和董事会董事。可以这样说，在外官制改革中，绅士们取得了办学校、办工商和在地方自治的框架内举办地方公益事务的广泛权力，其中也包括直接从官府获取的"就地筹款"财权。与以往不同的是，他们这些权力的行使有了制度的保证，有了组织的平台，从而使乡民们认为学董、绅董收捐税是代官府所为，故而站到与绅董对立的地位。

反过来，普通民众并没有享受改革的成果，反而成为改革成本的承

---

① 宣樊：《筹备宪政问题》，《东方杂志》第7年第11期，宣统二年十一月，第278页。
② 《能静居日记》，罗尔纲、王庆成主编《中国近代资料丛刊续编·太平天国》（七），广西师范大学出版社，2004，第327页。
③ 《总说》，《广东财政说明书》卷1，《清末民国财政史料辑刊》第9册，第15、18页。

担者，他们是办学校、巡警、地方自治等各项改革费用的主要提供者，而在提供捐税的同时，他们却基本没有从改革中得到什么好处。清末外官制改革主要停留在官制和各项制度建构的层面，而对下层民众来说，与他们最为密切相关的是捐税，而现在不仅田赋有附加、有亩捐，与他们生活密切相关的柴、米、纸张、杂粮、菜蔬等等，"几乎无物不捐"。而地方自治中"特捐"、"公益捐"的规定，也为滥收捐税提供了合法的渠道。

本来，在传统社会里，绅与民处于社会的不同等级，具有各自不同的利益，但绅士在举办地方公益、维护本地方利益方面，俨然又成为民的代言人。他们之间的利益在代表地方方面有关联性。

而在清末的州县改革中，绅士成为利益获取者并向官府靠拢；而民众不仅没有获得好处，反而承担了改革成本，二者在利益上的关联性逐步消失，民众开始以激烈手段进行反抗。在各地的毁学事件中，劝学所、新学堂及其绅董都处于首当其冲的地位，民众视其为"官绅勾结"，甚至喊出"毁学杀绅"的口号。[①] 在反自治风潮中，自治绅董被视为"陋绅劣董"，甚至有文章将绅士称为"平民之公敌"，是政府利用他们，他们又利用政府的"同恶相济"之徒。[②] 与传统社会的反官府不同，现在是将官、绅联系起来加以反对。绅、民的分离和对立作为外官体制改革的伴随物，是改革者所没有料到的。其根子则在于改革的利益不公，其结局则是加剧了地方社会的矛盾冲突，它虽然客观上有利于辛亥革命的爆发和胜利，但也进一步成为20世纪上半期乡村社会持续动荡的重要因素之一。

[①] 张振鹤、丁原英：《清末民变年表（下）》，《近代史资料》总第50号，中国社会科学出版社，1982，第85页。

[②] 《绅士为平民之公敌》，《辛亥革命前十年间时论选集》第3卷，三联书店，1977，第303页。

主要参考文献

一 档案与文献资料

北京图书馆出版社影印室辑《清末民国财政史料辑刊》，北京图书馆出版社，2007。

陈学恂、田正平编《中国近代教育史资料汇编·留学教育》，上海教育出版社，1991。

程龢：《浙鸿爪集》，沈云龙主编《近代中国史料丛刊》第80辑，文海出版社1968年影印本。

邓实辑《政艺丛书》，沈云龙主编《近代中国史料丛刊续编》第28辑，文海出版社1976年影印本。

甘厚慈辑《北洋公牍类纂》，全国图书馆文献缩微复制中心2004年影印本。

葛士濬辑《皇朝经世文续编》，沈云龙主编《近代中国史料丛刊》第75辑，文海出版社1968年影印本。

故宫博物院明清档案馆编《清末筹备立宪档案史料》，中华书局，1979。

侯宜杰整理《清末督抚答复厘定地方官制电稿》，中国社会科学院近代史研究所近代史资料编辑室编《近代史资料》总第76号，中国社会科学出版社，1989。

刘锦藻：《清朝续文献通考》，商务印书馆，1936。

《清末筹备立宪档案史料补遗》，《历史档案》1993年第3期。

上海商务印书馆编译所编纂《大清新法令（1901～1911）》（点校本）第1～11卷，商务印书馆，2010～2011。

盛康辑《皇朝经世文续编》，沈云龙主编《近代中国史料丛刊》第84辑，文海出版社1968年影印本。

汪庆祺编，李启成点校《各省审判厅判牍》，北京大学出版社，2007。

王延熙、王树敏辑《皇清道咸同光奏议》，沈云龙主编《近代中国史料丛刊》第34辑，文海出版社1968年影印本。

吴剑杰主编《湖北谘议局文献资料汇编》，武汉大学出版社，1991。

徐世昌：《退耕堂政书》，沈云龙主编《近代中国史料丛刊》第23辑，文海出版社1968年影印本。

《宣统政纪》，中华书局1987年影印本。

杨鹏程编《湖南谘议局文献汇编》，湖南人民出版社，2010。

袁世凯撰，廖一中、罗真容整理《袁世凯奏议》，天津古籍出版社，1987。

张振鹤、丁原英编《清末民变年表》，《近代史资料》总第50号，中国社会科学出版社，1982。

张之洞撰，苑书义等编《张之洞全集》，河北人民出版社，1998。

章开沅、罗福惠、严昌洪主编《辛亥革命史资料新编》（4），湖北人民出版社，2006。

赵尔巽等撰《清史稿》，中华书局，1976。

浙江社会科学院历史研究所编《辛亥革命浙江史料续辑》，浙江人民出版社，1987。

政学社编《大清法规大全》，台北，考正出版社1972年影印本。

志伊斋辑《庚戌资政院议案草》，沈云龙主编《近代中国史料丛刊三编》第80辑，文海出版社1989年影印本。

中国第一历史档案馆、北京师范大学历史系合编《辛亥革命前十年间民变档案史料》，中华书局，1985。

中国第一历史档案馆编《光绪朝上谕档》、《宣统朝上谕档》，广西师范大学出版社，1996。

中国第一历史档案馆藏军机处录副奏折、会议政务处档案、宪政编查馆档案。

中央财经大学图书馆辑《清末民国财政史料辑刊补编》，国家图书馆出版社，2008。

朱寿朋编，张静庐等校点《光绪朝东华录》，中华书局，1958。

朱有瓛等编《中国近代教育史资料汇编·教育行政机构及教育团体》，上海教育出版社，1993。

《谘议局章程草案》，中国社会科学院中国近代史研究所藏。

二　报刊杂志

《申报》、《大公报》、《盛京时报》、《东方杂志》、《教育杂志》、《法政杂志》、《京报》、《湖北地方自治研究会杂志》、《山东自治报》、《国风报》、《江苏自治公报类编》、《政治官报》、《内阁官报》、《吉林官报》、《北洋官报》、《四川官报》、《甘肃官报》、《云南官报》、《南洋五日官报》、《甘肃教育官报》、《湖北教育官报》、《广东教育官报》、《福建教育官报》、《河南教育官报》、《贵州教育官报》、《湖南教育官报》、《教育官报》（吉林）、《广东警务官报》、《四川警务官报》。

三　地方志

光绪《华容县志》、民国《巨野县志》、民国《农安县志》、民国《青浦县志》、宣统《泰兴县志续》、民国《通化县志》、民国《吴县志》、民国《萧山县志》、民国《咸丰县志》、民国《新修丰顺县志》、民国《钟祥县志》。

四　论著

艾永明：《清朝文官制度》，商务印书馆，2003。

白钢主编，郭松义、李新达、杨珍著《中国政治制度通史》（清代卷），人民出版社，1996。

蔡东洲等《清代南部县档案研究》，中华书局，2012。

迟云飞：《清末预备立宪研究》，中国社会科学出版社，2013。

关晓红：《从幕府到职官：清季外官制的转型与困扰》，三联书店，2014。

关晓红：《晚清学部研究》，广东教育出版社，2000。

郭冬梅：《日本近代地方自治制度的形成》，商务印书馆，2008。

侯宜杰：《二十世纪初中国政治改革风潮——清末立宪运动史》，人民出版社，1993。

瞿同祖：《清代地方政府》，法律出版社，2003。

孔飞力：《中华帝国晚期的叛乱及其敌人》，中国社会科学出版社，1999。

李凤鸣：《清代州县官吏的司法责任》，复旦大学出版社，2007。

李启成：《晚清各级审判厅研究》，北京大学出版社，2004。

李细珠：《地方督抚与清末新政——晚清权力格局再研究》，社会科学文献出版社，2012。

李细珠：《张之洞与清末新政研究》，上海书店出版社，2003。

里赞：《晚清州县诉讼中的审断问题——侧重四川南部县的实践》，法律出版社，2010。

刘子扬：《清代地方官制考》，紫禁城出版社，1988。

马敏：《官商之间：社会剧变中的近代绅商》，天津人民出版社，1995。

马小泉：《国家与社会——清末地方自治与宪政改革》，河南大学出版社，2001。

那思陆：《中国审判制度史》，上海三联书店，2009。

彭剑：《清季宪政编查馆研究》，北京大学出版社，2011。

钱穆：《中国历代政治得失》，三联书店，2001。

任达：《新政革命与日本——中国，1898～1912》，江苏人民出版社，1998。

申学锋：《晚清财政支出政策研究》，中国人民大学出版社，2006。

施养成：《中国省行政制度》，商务印书馆，1947。

汪太贤：《从治民到民治：清末地方自治思潮的萌生与变迁》，法律出版社，2009。

王树槐：《中国现代化的区域研究：江苏省（1860～1916）》，《中央研究院近代史研究所专刊》（48），1984。

王先明：《变动时代的乡绅——乡绅与乡村社会结构变迁（1901～1945）》，人民出版社，2009。

魏光奇：《官治与自治——20世纪上半期的中国县制》，商务印书馆，2004。

魏光奇：《有法与无法——清代的州县制度及其运作》，商务印书馆，2010。

魏秀梅：《清代之回避制度》，《中央研究院近代史研究所专刊》（66），1992。

吴吉远：《清代地方政府的司法职能研究》，中国社会科学出版社，1998。

肖宗志：《候补文官群体与晚清政治》，巴蜀书社，2007。

谢如程：《清末检察制度及其实践》，上海人民出版社，2008。

徐建平：《清末直隶宪政改革研究》，中国社会科学出版社，2008。

许大龄：《清代捐纳制度》，收入《明清史论集》，北京大学出版社，2000。

阳信生：《湖南近代绅士阶层研究》，岳麓书社，2010。

张德泽：《清代国家机关考略》，中国人民大学出版社，1981。

张玉法：《中国现代化的区域研究：山东省（1860～1916）》，《中央研究院近代史研究所专刊》(43)，1982。

张仲礼：《中国绅士——关于其在 19 世纪中国社会中作用的研究》，上海社会科学院出版社，1991。

郑秦：《清代司法审判制度研究》，中国政法大学出版社，2000。

周保明：《清代地方吏役制度研究》，上海世纪出版集团上海书店出版社，2009。

周松青：《上海地方自治研究（1905～1927）》，上海社会科学院出版社，2005。

周振鹤：《中国地方行政制度史》，上海人民出版社，2005。

朱英：《晚清经济政策与改革措施》，华中师范大学出版社，1996。

五　论文

敖天颖：《清季劝业道、劝业员初探》，硕士学位论文，四川大学历史文化学院，2004。

杜家骥：《清代官员选任制度论述》，《清史研究》1995 年第 2 期。

费秋香：《论清末新政时期的地方官制改革》，硕士学位论文，华中师范大学历史文化学院，2001。

耿云志：《论清末立宪派的国会请愿运动》，《中国社会科学》1980 年第 5 期。

关晓红：《从幕府到职官：清季外官制改革中的幕职分科治事》，《历史研究》2006 年第 5 期。

关晓红：《独断与合议：清末直省会议厅的设置及运作》，《历史研究》2007 年第 6 期。

关晓红：《清季府厅州县改制》，《学术研究》2011 年第 9 期。

关晓红：《清季三司两道改制》，《中华文史论丛》总第 103 期，2011 年第 3 期。

关晓红：《清末州县考绩制度的演变》，《清史研究》2005 年第 3 期。

关晓红：《晚清直省"公费"与吏治整顿》，《历史研究》2010年第2期。

关晓红：《种瓜得豆：清季外官改制的舆论及方案选择》，《近代史研究》2007年第6期。

贺跃夫：《晚清县以下基层行政官署与乡村社会控制》，《中山大学学报》1995年第4期。

黄东兰：《清末地方自治制度的推行与地方社会的反应——川沙"自治风潮"的个案研究》，《开放时代》2002年第3期。

黄俏凤：《官治与自治的悖论与困境：清末天津县地方自治研究》，硕士学位论文，华中师范大学历史文化学院，2013。

黄宗智：《中国革命中的农村阶级斗争——从土改到文革时期的表达性现实与客观性现实》，《中国乡村研究》第2辑，商务印书馆，2004。

李国祁：《明清两代地方行政中道的功能与演变》，《中央研究院近代史研究所集刊》第3期，1972。

李治亭：《清代基层官员铨选制考察——以〈清史稿·循吏传〉为例》，《社会科学战线》2008年第3期。

刘福霖、王淑娟《劝学所沿革述论》，《重庆社会科学》2006年第12期。

刘伟：《官治与自治之间：清末州县劝学所述评》，《近代史研究》2012年第4期。

刘伟：《清末州县官选任制度的变革》，《社会科学》（上海）2009年第5期。

刘伟：《"停部选"与清末州县官选任制度改革》，《清史研究》2010年第1期。

刘彦波：《晚清两湖地区州县行政研究》，博士学位论文，华中师范大学中国近代史研究所，2010。

刘增合：《由脱序到整合：清末外省财政机构的变动》，《近代史研究》2008年第5期。

潘鸣：《1907年地方官制改革方案筹议研究》，《清史研究》2011年第2期。

潘鸣：《清末省级行政机构改革研究（1906~1911）》，硕士学位论文，首都师范大学历史学院，2007。

彭剑：《抗衡民权与清季行省会议厅的建立》，《华中师范大学学报》2010年第2期。

彭剑：《清季外官制改革中幕职分科治事补证》，《历史研究》2008年第1期。

彭雪芹：《纳物轨民：晚清巡警道研究》，博士学位论文，中山大学历史学系，2010。

〔日〕高田幸男：《清末地方社会教育行政机构的形成——苏、浙、皖三省各厅、州、县教育行政机构的状况》，甘慧杰译，承载校，《史林》1996年第3期。

申立增：《清代州县佐贰杂职研究》，硕士学位论文，首都师范大学历史学系，2006。

沈怀玉：《清末地方自治之萌芽（1898~1908）》，《中央研究院近代史研究所集刊》第6期，1977。

沈乃正：《清末之督抚集权，中央集权，与"同署办公"》，《社会科学》第2卷第2期，1937。

史新恒：《清末提法使研究》，博士学位论文，华中师范大学中国近代史研究所，2010。

岁有声：《清代州县衙门经费》，《安徽史学》2009年第5期。

孙海泉：《清代中叶直隶地区乡村管理体制——兼论清代国家与基层社会的关系》，《中国社会科学》2003年第3期。

孙洪军：《清代按察使的历史角色及其嬗变研究》，博士学位论文，苏州大学历史学系，2008。

汤钦飞、杨忠红：《清末教育行政机构的改革》，《云南社会科学》1996年第5期。

王鸿志：《兴利与牧民：清季劝业道的建制与运作》，博士学位论文，中山大学历史学系，2009。

王鸿志：《由"司"至"道"：清季劝业道之议设》，《学术研究》2010年第11期。

王树槐：《清末江苏地方自治风潮》，《中国近代现代史论集》第16编，台湾商务印书馆，1986。

韦庆远：《论清代人事回避制度》，《历史档案》1989年第2期。

魏光奇：《地方自治与直隶"四局"》，《历史研究》1998年第2期。

魏光奇：《清代州县官任职制度探析》，《江海学刊》2008年第1期。

魏光奇：《晚清的州县行政改革思潮与实践》，《清史研究》2003年第3期。

魏光奇：《晚清州县官任职制度的紊乱》，《河北学刊》2008年第3期。

吴桂龙：《清末上海地方自治运动述论》，《近代史研究》1982年第3期。

吴吉远：《试论明清时期的守巡道制度》，《社会科学辑刊》1996年第1期。

吴佩林：《万事胚胎于州县乎：南部县档案所见清代县丞、巡检司法》，《法制与社会发展》2009年第4期。

肖宗志：《晚清新政时期官员的教育培训及其作用》，《史学集刊》2007年第2期。

徐保安：《清末地方官员学堂教育述论》，《近代史研究》2008年第1期。

徐文勇：《清季直省学务机构建制及与地方社会的互动》，博士学位论文，中山大学历史学系，2009。

曾作铭：《清末劝业道探析》，硕士学位论文，华中师范大学中国近代史研究所，2010。

张季：《清季铨选制度流变》，博士学位论文，中山大学历史学系，2008。

张瑞泉、朱伟东：《清末民初陕西司法改革初探》，《唐都学刊》2003年第1期。

张研：《对清代州县佐贰、典史与巡检辖属之地的考察》，《安徽史学》2009年第2期

张玉法：《清末民初的山东地方自治》，《中央研究院近代史研究所集刊》第6期，1977。

张振国：《清代文官选任制度》，《历史教学》2008年第4期。

郑永福、吕美颐：《论日本对中国清末地方自治的影响》，《郑州大学学报》2001年第6期。

索 引

B

拔贡 353，356，358，359

办公厅 99

办事官 284

编制馆 18，86，97

兵备道 40，72，74，226，229~235

布政使 24，43，44，53，54，56~58，60~64，83，100，101，103，142，224，231，301，395

部院之争 409

C

财政公所 60~62

财政局 58，59，116，416，417，433

参事科 91~94

岑春煊 17，35，127，129，133，137，138，228，232，430

长元吴城厢议事会 336

朝考 27，351，353，354，356

陈夔龙 28，30，85，117，121，122，214，227，237，241，281，282，319，328，405，408

陈启泰 88，375

陈昭常 58，89，117，160~162，233

承发吏 198，199，221，376

承启官 285

城厢巡警 265，267，268

城镇乡地方自治 42，43，249，256，258，278，287，288，294~296，299，307~311，313，319，324，329，332，334，335，343，345，346，425

城镇乡董事会 289

城镇乡议事会 10，23，159，288，290，291，295，321

程德全 115，120，214

初级检察厅 180，181

初级审判厅 37，42，180，192，194~198，206，207，212~216，222，271，284，408，426

D

大计 35，104，391，394

大理院 20，65，105，169～175，178～181，183，184，186，188，190～194，196～198，218，349，356，408，409

戴鸿慈 2，10，16，17，38，65，70，79，96，176～178，184，189，223，227，236，237，277，286，384，401，411，429，430

地方检察厅 180～182

地方审判厅 7，10，22～24，28，29，37，39，172，180，184，190～199，213，216～218，220，222，245，283，408，409，426

地方学务章程 257，258

地方自治 3，4，6，7，11～13，25～27，30，31，41～45，106，108，113，130，132，135，136，138，152，154，216，249，252，254，256，258，259，267，278，286～288，291，294～302，305～313，315，316，318～324，326，328～335，337，339～347，368，385，386，425～427，429，431，433～435

递减中额 351

典簿 182，183，198，350，376

东三省官制 40，41，67，68，73，238，415

都察院 127，157，158，323，354，393，394，401～404

度支部 53，57～62，81，101，103，106，112，187，294，304，416，433

度支使 57～60，62，112

端方 16～18，38，55，58，132，142，143，145，176～178，184，189，249，254，311，340，378，429

F

法部 44，51，53，65，68，69，81，101，103～105，112，129，130，169～179，181～191，198，199，203，204，209～213，218～221，271，349，364～366，388～390，397，408～410

法官分发章程 389

法官考试任用暂行章程 365

法院编制法 174，180～182，192，193，196，198，211，216，218，365，376，389，410，425

法政学堂 8，51，142，276，323，358，364，365，368，369，372～376，380，382，398

反自治风潮 329～331，435

仿行预备立宪上谕 2

分科治事 8，12，36，57，60，62，74，77，97，101，235，275，280，281，362，426

冯煦 74，87，133，231

府厅州县参事会 290，293

府厅州县地方自治 216，286～288，293，298，302，308，324，327，335，343

447

府厅州县议事会　11，287，290～293，
　295，298，308，332
府制　4，235，240，244，325
附捐　293，294，333，334，337，344

G

改订劝学所章程　257，258
改试策论　351，357
改选班　322，380，381，388
改选法　379
高等检察厅　180～183
高等审判厅　5，10，22，24，37，39，
　65，172，180，184，190～194，196～
　198，210，211，218，220～222，365，
　366，408，409
稿生　284
各级审判检察厅职官补缺轮次表式
　182，183
各级审判厅试办章程　65，390
各省会议厅规则　93，94
公费　8，74，75，80，214，231，276，
　294，344，359，411～420，422，423
公益捐　288，289，293，315，337，345，
　435
官办学务　257，258
官俸章程条议　420，421，423
官规　348，349，420，421
官制改革　2～21，25，27，28，33，
　34，38，41，43，53，70，79，95，
　100，107～109，119，124～128，
152，168，169，184，192，196，
223，231，236，246，249，250，
258，264，280，286，287，306，
309，347～349，357，361，379，
386，388，401，402，409，410，
421，424，425，429～432，434，435
官治　6，7，11，108，113，114，223，
　227，236，240，249，250，252～
　259，277，278，286，287，295～
　301，303，309，324，326～329，
　338，347，385，426，427，431
国会请愿同志会　159
国会请愿运动　157，159

H

黑龙江设治章程　233，240
户口调查　63，270，273，309，314
会议厅　8，12，36，37，83，86～95，
　129，132，134，246，426
会议政务处　58，59，69，110，111，
　387，416

J

籍贯回避　382，383，385，387，388
甲级选民　289，316，342
间接官治　108，109，113，431
监督推事　180，197，218，219
检察官　155，179～182，187，211，
　217～219，349，350，364～366，
　388～390，409

江宁课吏馆考试事宜 371

教职 63，279，281，282，284，353，362，384，387

金山城厢议事会 337，339

津贴 301，371，378，412～414，416，418，419，421，422

警捐 76，274，275

警务长 36，75，76，264，265，268，269，271，275，276，279，280，368

警务公所 70，75，367，368

就地筹款 51，54，63，252，253，284，434

举贡会考 354，355

军咨府 106

K

考核巡警官吏章程 399

考核专科 321

考验游学毕业生章程 360

课吏馆 8，369～374，396，398

L

厘定官制大臣 10，23，24，29，30，34，35，37，38，55，65，70，79，84，97，227，236，275，287，307

李家驹 108，109，113，123，173，240，421

李经羲 68，81，114，116，120～122，242

立宪改官 15，18，21，25，33

联魁 30，146，147

陋规 284，334，340，413～417，419，423

陆军部 106，107，112，171，322，349，432

录事 100，180，182，183，198，350，356，358，403，421

M

民政部 35，43，53，59，63，70，74～76，81，101～103，105～107，112，141，264，268，270，279，284，290，293～295，307～311，321，328，341，356，367～369，397，399，400，402

幕职分科 83，95，97，98，100，426

N

内阁 11，20，27，36，89，109，114～117，120～126，129，152，158，166，169～171，177，213，217，230，242，243，245，322，358，360，361，379，381，387，430，432，433

内官制 20，21，35，100，185

农工商务局 327，338

P

品俸 421～423

Q

切实考验外官章程 374，398

钦定宪法大纲 2,69,115

清理财政章程 187,416

区官 37,75,264,265,268,279,281,368,369

劝学所 34,39,52,247~260,262,276~278,281,296,326,363,426,428,434,435

劝学员 52,248~255,257,260,276,278,279,363

劝业道 4,9,41,43,51,59,60,72,73,76,77,80~83,101~103,107,110,112,203~205,227,231,232,259~263,280,417

劝业公所 258,260~263,278,279

劝业员 9,36,82,258~263,276~280

R

瑞澂 94,100,107,115,118,120,121,123,245,319

S

商务局 63,77,78

审查科 91~94

审判分厅 192~194,196,197,210,214

审判研究所 376

生员考职 282,353~355

省官制 4,5,9,11,12,21,23~25,33,35,36,39~42,53,57,59,66,72,74,80,86,87,97,101,107~110,122,132,134,185~187,192,206,223,227,229,230,234,238,240,243,259,264,275,276,279,281,282,286,306,307,387,409,420,425,431

仕学速成科 372,373

视学官 32,106,255,277,279

收发委员 285

守道 10,223,224,227,229,236,395

守巡道 223~227,229~232,234,238,395

首县 21,40,44,236,238,239,243~247,289,309,319,334,336,423,426,427

书记官 10,182,186,189,198,199,219,220,277,358,364

司法独立 11,12,23,24,28,29,34,69,118,168,170,173~177,184,209,213,216,221,366,390,408,410,425

司法警察 179,180,182,188,271,375

司法区域分划暂行章程 194

司法行政 40,64,65,67,104,168~170,172~178,183~188,199,202,203,205,209,217~220,225,235,245,364,386,390,401,408~410,426

司法研究科 376

孙宝琦 110，119，160，240，386

孙家鼐 17，18，27，28，36，152

T

特捐 293，294，332，337，344，345，435

提法使 9，40，43，63，66~69，72，81，101，103~105，112，185~189，198，199，202~205，208，210，211，217~222，232，349，364，409，410

提学使 37，38，43，47~53，59，60，69，70，81，101，105，106，110，112，142，146，248~259，278~280，326，353，354，356，362，363，375，399

天津城议事会 327，328

天津府自治局 39，302，303

天津县地方自治 302，305，327

天津县议事会 39，256，257，304，325，327，341

厅丞 104，179~181，183，197，199，218~220，399，400，409，421

庭长 197

庭丁 198，199

停罢科举 352

停部选 378

同署办公 4，10，23，24，37，40，56，84~86，277

推事 180，181，197，199，205，209，218，222，284，349，350，365，366，376，389，390

W

外补州县班次轮次归并办法 381

外官制 6，10，11，15，21，23，25，28，33，35，42，43，45，53，57，63，65，72，79，108，110，112，121，122，124，125，185，223，230，236，240，242，243，283，286，347，348，379，382，420，432，433

外省省城商埠各级审判厅补订章程 212

违警律 76，270，368

文案处 7，95，96，98

X

锡良 17，28，29，31，32，40，41，56，75，81，92，115~121，123，226，228，233，239，243，244，282，420

县视学 248，254，278，363，428

宪政编查馆 7，42，68，69，72，74，75，91~93，102，110，113，114，120~123，133~139，143~151，153，160~163，165，166，174，175，180，186，188，189，204，208~211，214，216，259，266，269，270，286，289，296~298，

451

307，308，310，320～322，332，343，348，349，360，364，367，368，374，375，382，388～390，397，398，408，416，420，421，431

乡董　257，273，289～292，294，295，299，309，311，317，332，345

乡官　26，301，302，304，324，385

乡谳局　39，172，184，190～193，409

乡镇巡警　42，268，269，272，274

写生　100，284

行政裁判院　401～403

行政纲目　113，123，431

行政司法分立办法说帖　65，192，193，206

胥吏　64，271，281，284，379，386

徐世昌　17，35，40，67，73，104，233，234，268，279，284，285，415

宣讲所　146，249，251，252，256，296，303，312

学部　37，38，48～53，59，74，81，101，103，105～107，111，112，248～254，257，259，276，355～358，360～364，368，375，397，399，402

学务处　47，48，247，248，361，362，378

学务纲要　47，247

学务公所　50，247，363

学务总董　254，363

学务佐治员　278，428

巡长　75，264～267，340

巡道　22～24，38，67，72，74，76，80，116，120，224，226～230，232～235，237，243，311，373，395，418，427

巡董　265，266

巡官　75，263～266，268，271，273，276，339，368，369

巡警道　4，9，41，43，59，60，63，70，72～77，80～82，99，101～103，109，110，112，142，231，246，264～271，273，279，280，328，338，367～369，399，400，407，408，417

巡警教练所　266

巡警局　71，262～265，270，273～276，278，325，338，349，362，426

巡警司　70，107，177

Y

衙参制　392，393

杨晟　12，70，79，84，236，385

养廉银　411，412，417，418，423

乙级选民　289，316

奕劻　11，17，28，36，39，66，97，169，206，307，385，401，408

优拔考试　354～356

优贡朝考　356

游学毕业生廷试录用章程　360

于式枚　135～137

袁世凯 5, 17, 18, 37, 39, 48, 49, 70, 111, 231, 234, 281, 282, 302~304, 351, 352, 367, 370, 372, 378, 414, 415

匀定州县公费 280, 415

Z

载泽 16, 17, 19, 20, 39, 46, 64~66, 152, 192, 276, 386

增韫 98, 116, 119, 160, 163, 164, 246, 247, 264

张鸣岐 115, 117, 118, 163, 207, 280, 283

张人骏 29, 78, 91, 117, 121, 123, 125, 141, 216, 217, 243, 282, 326

张之洞 5, 7, 17, 18, 30, 31, 34, 38, 47, 56, 70~73, 77, 79, 95, 111, 175, 228, 232, 234, 284, 351, 352, 359, 369, 370, 376~379, 405, 414

赵炳麟 44, 45, 58, 427, 433

赵尔巽 30, 71, 78, 84, 91, 228, 231, 232, 284, 301, 305, 319, 405, 407, 415, 416

正俸 411, 412

政治速成科 372

执法司 65, 172, 176, 177, 183~185, 191, 409

直接官治 108, 109, 113, 114, 431

职俸 421~423

中央政府特设官吏 109

州县事实考核 397, 399

周馥 17, 28, 29, 38, 57, 71, 79, 229, 234

周树模 91, 92, 116, 117, 119, 233, 279

逐年筹备事宜清单 41, 43, 45, 420

主簿 180, 182, 183, 198, 350, 358, 376, 387

酌拟考试毕业游学生章程 361

资政院 18~20, 42, 108, 109, 112, 127, 131, 134, 135, 141, 152, 153, 155~159, 162~166, 169, 257, 307, 308, 404, 419, 420

谘议局 3, 7, 11, 18, 33, 87~94, 108, 109, 112, 115, 127~167, 251, 253, 255, 256, 267, 275, 284, 285, 290, 299, 312, 313, 323, 326~328, 332~335, 338, 343, 345, 402, 404~408, 410, 425, 426, 430

谘议局筹办处 139, 142, 146, 154, 312

谘议局联合会 155~157, 165, 166

谘议局选举权限简章 133

谘议局议员选举章程 134, 139, 141, 142, 144, 149

谘议局章程 87, 91, 93, 130, 131, 134~140, 144~146, 148, 149, 154, 162, 165, 166, 332, 404, 425

谘议局章程草案 130, 132

453

自治监督　294，295，297
自治经费　256，290，291，293~295，
　324，325，327，329，330，332~
　334，337~339，343~345
自治行政　293，298，427
自治学务　256~258，277
自治研究所　142，302，303，307，

309~313，342
奏定各学堂奖励章程　359
遵旨核议学堂选举鼓励章程折　357
佐贰　243，263，266，276，279~283，
　371，373，375，386~388，392
佐治员　25，34，37，112，116，235，
　241~243，258，275~281，283，306

后　记

　　本书是教育部人文社会科学重点研究基地华中师范大学中国近代史研究所重大项目"清末地方官制改革研究"（08JJD770094）的结项成果。

　　华中师范大学中国近代史研究所是一个在国内外有相当影响的学术研究团体。在德高望重的学术前辈、学科带头人章开沅先生的带领下，经过三十多年的努力和积淀，不仅积累了斐然的研究成果、丰富的研究资料，更形成了浓厚的学术氛围和求真、务实的学术传统。正是在这样的学术氛围和环境中，我们先后从一名普通的学生成长为专业的史学工作者，开始了自己的教学与研究事业。

　　项目立项之时，学术界对晚清政治史的研究已经取得了长足的进步。特别是中山大学关晓红教授关于外官制改革研究的系列成果所展现的新颖视角和独到见解，在使我们得到启发的同时，也让我们倍感压力，甚至一度有难以超越和改换题目的念头。然而最终使我们坚持下来的，是对该课题的兴趣和信心。我们三个人，长期以来一直都在围绕"晚清政治"展开研究，各自的研究课题和成果多少都触及清季官制改革这个话题，都想在这个领域有所深入、有所发现。近几年来，有关晚清史的影印资料和数据库先后出版和建设，使我们有机会接触到更多的史料，也看到了更多的新问题。虽然第一历史档案馆的数字化进展缓慢，目前能够看到的资料有限，但大量的官方和私人文献、报刊资料还是能够通过影印本和数据库获得，这就使研究的深入有了基本的条件和可能。

本项目原定题目是"清末地方官制改革研究"，后改为"清季外官制改革研究"，是受到关晓红教授的启发。在学术会议的交谈中，在论文中，她多次指出：在清朝的官制中，只有"内""外"官制之别，而无"中央"与"地方"的表述，"地方官"只是指府厅州县官员。这一指正符合历史的客观性。与此同时，我们还以为，清季的外官制改革还有其独特性。由于清代的外官体制实际是诸权合一的，而清季预备立宪的目标是行政、司法、立法分立，所以外官制改革也就必然会突破原有范畴，成为包含行政、司法、立法各项权力确立和调整的外官体制改革。本书就是依据我们的这一理解确定体例结构，力图依照外官制改革的自身逻辑发展设置研究角度，反映这一改革的基本脉络。至于我们的这一理解是否得当，有待于学术界的检验。如果能够由此引起同仁的讨论，也是对我们最大的鞭策和鼓励。

本项目立项后，由于参与者各自还有其他承担的课题，其间还参加了一些集体项目，有的还兼任行政工作，所以经历六年之久才最终结项。虽然研究开始时我们给自己定下了较高的目标，但当最终成果拿出来时，却又有很大的不满足。虽然清季外官制改革只有短短的六七年，但其中涉及的问题非常广泛和复杂，要做全景式的研究往往会带来疏漏和不够深入的局限。故而书中还有许多问题没有谈深谈透，或者有些该研究的问题没有研究，甚至还有不少由于误读、误判史料而产生的错误。我们对此深表不安，也期待学术界的批评指正。

尽管还有许多遗憾，但我们还是要感谢华中师范大学中国近代史研究所的诸位老师和同仁，正是平日与你们的交流与切磋，使我们不断受到新的启发；也正是你们埋头实干的工作态度和精神，不断地激励和鞭策着我们前行。

感谢社会科学文献出版社的编辑在本书出版过程中所付出的艰辛和工作，正是你们的细致、认真和负责，才减少了本书的许多失误之处。

后 记

最后需要说明的是,本书在写作过程中,吸收了许多学术界同仁的研究成果,虽然书中做了说明,但我们还是要向各位表示深深的谢意!

本书是课题组三位成员共同完成的,各章执笔者如下:

刘伟(华中师范大学)撰写绪论、第二章、第五章、余论。

彭剑(华中师范大学)撰写第一章、第三章、第四章。

肖宗志(南华大学)撰写第六章、第七章。

2015 年 6 月于武昌桂子山

图书在版编目(CIP)数据

清季外官制改革研究/刘伟,彭剑,肖宗志著.—北京:社会科学文献出版社,2015.11
 ISBN 978-7-5097-8209-5

Ⅰ.①清… Ⅱ.①刘… ②彭… ③肖… Ⅲ.①官制-政治改革-研究-清后期 Ⅳ.①D691.42

中国版本图书馆 CIP 数据核字(2015)第 250755 号

清季外官制改革研究

著　　者 /	刘　伟　彭　剑　肖宗志
出 版 人 /	谢寿光
项目统筹 /	宋荣欣
责任编辑 /	宋　超
出　　版 /	社会科学文献出版社・近代史编辑室 (010) 59367256
	地址:北京市北三环中路甲 29 号院华龙大厦　邮编:100029
	网址:www.ssap.com.cn
发　　行 /	市场营销中心 (010) 59367081　59367090
	读者服务中心 (010) 59367028
印　　装 /	三河市尚艺印装有限公司
规　　格 /	开本:787mm×1092mm　1/16
	印张:29　字数:418 千字
版　　次 /	2015 年 11 月第 1 版　2015 年 11 月第 1 次印刷
书　　号 /	ISBN 978-7-5097-8209-5
定　　价 /	118.00 元

本书如有破损、缺页、装订错误,请与本社读者服务中心联系更换

▲ 版权所有 翻印必究